Der Autor

Prof. Dr. Wilhelm Treue, geboren 1909 in Berlin, lehrte an den Universitäten Göttingen, Würzburg, Oxford, Berlin und Salzburg, war 1947–1976 Ordinarius für Geschichte an der Technischen Universität Hannover und hatte einen Lehrauftrag an der Universität Göttingen. Er ist Mitglied der Historischen Kommissionen von Berlin und Niedersachsen, Vorsitzender des Studienkreises Rundfunk und Geschichte, des Wissenschaftlichen Beirates der Georg Agricola Gesellschaft, Präsident der Deutschen Gesellschaft für Schiffahrts- und Marinegeschichte und Vorsitzender der Gesellschaft für Unternehmensgeschichte. Er veröffentlichte zahlreiche Arbeiten zur Kultur- und Sozialgeschichte, vor allem aber zur Geschichte der Wirtschaft und der Technik, u. a.: ›Illustrierte Kulturgeschichte des Alltags‹ (1952); ›Der Krimkrieg und die Entstehung der modernen Flotten‹ (1954); ›Kulturgeschichte der Schraube‹ (zus. mit R. Kellermann, 2. Aufl. 1962); ›Deutsche Geschichte‹ (5. Aufl. 1978); ›Wirtschaftsgeschichte der Neuzeit‹, 2 Bde. (3. Aufl. 1974); ›Achse, Rad und Wagen‹ (1965); ›Naturwissenschaft, Technik und Wirtschaft im 19. Jahrhundert‹ (Hrsg. mit K. Manel, 1976).

Gebhardt
Handbuch der deutschen Geschichte

Neunte, neu bearbeitete Auflage,
herausgegeben von
Herbert Grundmann

Band 17

Wilhelm Treue:
Gesellschaft, Wirtschaft und Technik Deutschlands im 19. Jahrhundert

Deutscher
Taschenbuch
Verlag

dtv

Band 17 der Taschenbuchausgabe enthält den ungekürzten Text des HANDBUCHS DER DEUTSCHEN GESCHICHTE, Band 3: Von der Französischen Revolution bis zum Ersten Weltkrieg, Teil IV.

Unsere Zählung Kapitel 1–23 entspricht den §§ 67–89 im Band 3 des Originalwerkes.

1. Auflage Juli 1975
3. Auflage Juli 1978: 22. bis 27. Tausend
Deutscher Taschenbuch Verlag GmbH & Co. KG, München

Umschlaggestaltung: Celestino Piatti
Gesamtherstellung: C. H. Beck'sche Buchdruckerei, Nördlingen
Printed in Germany · ISBN 3-423-04217-6

Inhalt

Abkürzungsverzeichnis

Abh. Ak.	Abhandlung(en) der Akademie der Wissenschaften . . ., phil.-hist. Klasse (wenn nicht anders angegeben)
ADB	Allgemeine Deutsche Biographie (56 Bde. München 1875–1912)
AHR	The American Historical Review (New York 1895 ff.)
AKG	Archiv für Kulturgeschichte (1903 ff.)
AÖG	Archiv für österreichische Geschichte (Wien 1848 ff.)
APP	Die auswärtige Politik Preußens, hg. v. d. Histor. Reichskommission (1933 ff.)
B.	Bischof; Bt. = Bistum
DALVF	Deutsches Archiv für Landes- und Volksforschung (1937–1943)
Diss.	Dissertation; Diss. Ms. = ungedruckte Dissertation in Maschinenschrift
Dt., dt.	deutsch; Dtld. = Deutschland
DVLG	Deutsche Vierteljahrsschrift für Literaturwissenschaft und Geistesgeschichte (1923 ff.)
DW^9	Dahlmann-Waitz, Quellenkunde der deutschen Geschichte, 9. Aufl., hg. v. H. Haering (1931, Registerband 1932)
DW^{10}	dasselbe, 10. Aufl., hg. v. H. Heimpel u. H. Geuss (seit 1965 im Erscheinen)
Ehg.	Erzherzog
EHR	The English Historical Review (London 1886 ff.)
FBPG	Forschungen zur brandenburgischen und preußischen Geschichte (1888–1944)
FM	Feldmarschall
GV	Geschichtsverein
GWU	Geschichte in Wissenschaft und Unterricht, Zeitschrift des Verbandes der Geschichtslehrer Deutschlands (1950 ff.)
hg. v.	herausgegeben von; (Hg.) = Herausgeber
Hg.	Herzog; Hgt. = Herzogtum
HJb	Historisches Jahrbuch der Görresgesellschaft (1880 ff.)
HZ	Historische Zeitschrift (1859 ff.)
Jb.	Jahrbuch
Kf.	Kurfürst; Kft. = Kurfürstentum
Kg.	König; Kgr. = Königreich
MA	Mittelalter; mal. = mittelalterlich
MIÖG	Mitteilungen des Instituts für österreichische Geschichtsforschung (Wien 1880 ff.); Bd. 39–55 (1923–1944) als Mitteilungen d. österr. Inst. f. Geschichtsforschung (MÖIG)
MÖStA	Mitteilungen des Österreichischen Staatsarchivs (Wien 1948 ff.)
NA	Neues Archiv der Gesellschaft für ältere deutsche Geschichtskunde (50 Bde. 1876–1935; Zeitschrift der MGH, fortgesetzt im DA = Deutsches Archiv für Erforschung des Mittelalters)
Ndr.	Neudruck, Nachdruck
NF	Neue Folge
NZ	Neuzeit
RH	Revue historique (Paris 1876 ff.)
RH Dipl.	Revue d'histoire diplomatique (Paris 1887 ff.)
Rhein. Vjbll.	Rheinische Vierteljahrsblätter, Mitteilungen des Instituts für geschichtl. Landeskunde der Rheinlande (1931 ff.)

Sachsen u. Anh.	Sachsen und Anhalt, Jahrbuch der landesgeschichtlichen Forschungsstelle für die Provinz Sachsen und für Anhalt (1925–1943)
SB	Sitzungsberichte der Akad. d. Wiss. ..., phil.-hist. Klasse
Tb.	Taschenbuch
VSWG	Vierteljahrsschrift für Sozial- und Wirtschaftsgeschichte (1903 ff.)
V.u.G.	Vergangenheit und Gegenwart, Zeitschrift für den Geschichtsunterricht und für staatsbürgerliche Erziehung (Leipzig 1911 bis 1944)
WaG	Die Welt als Geschichte, Zeitschrift für universalgeschichtliche Forschung (1935–1963)
ZA	Zeitalter
ZGORh	Zeitschrift für die Geschichte des Oberrheins (1850 ff., NF seit 1886)
ZRG GA	Zeitschrift der Savigny-Stiftung für Rechtsgeschichte, Germanistische Abteilung (1880 ff.)
ZRG KA	dasselbe, Kanonistische Abteilung (bei Sonderzählung ihrer Bände entspricht Bd. 1 [1911] dem Jahrgang 32 der gesamten Zeitschrift)
Zs.	Zeitschrift

Quellen- und Literaturverweise innerhalb des Handbuchs wurden auf die neue Einteilung in Taschenbücher umgestellt. So entspricht z. B. Bd. 8, Kap. 4 dem § 4 im Band 2 der Originalausgabe.
Bei Verweisen innerhalb eines Bandes wurde auf die Angabe des Bandes verzichtet und nur das Kapitel angegeben.

Allgemeine Bibliographie

Bibliographien: DW^{9} (1931) 14933–15050, 16028–16044, 16051–16116. DW^{10} (1969), Abschnitte 37 u. 38. Spezialbibliographien z. Wirtschafts- u. Sozialgesch. fehlen; zu benutzen sind wirtschaftswissenschaftl. u. histor. Bibliogr. Literaturberichte: W. Fischer u. W. Zorn regelmäßig in den Bll. f. dt. Ldsgesch. W. Treue, Wirtschaftsgesch., GWU 2–6 (1951–1955). Ders., Wirtschafts- u. Sozialgesch., GWU 7 (1956) u. 13 (1962). Allgemein: L. Beutin, Einführung in die Wirtschaftsgesch. (1958).

Quellen: N. W. Posthumus, Recueil de documents internationaux relatifs à l'histoire économique de 1814–1924, Bd. 1 (1925). E. Schraepler, Quellen z. Gesch. d. sozialen Frage in Dtld. 1800–1945 (2 Bde., Quellensammlung z. Kulturgesch. 6 u. 9, ^{2}1960/61). W. Treue, H. Pönicke u. K.-H. Manegold, Quellen z. Gesch. der industriellen Revolution (Quellensammlung z. Kulturgesch. 17, ^{2}1977). K. E. Born, Quellensammlung z. Gesch. d. dt. Sozialpolitik 1867–1914, Bd. 1 (1966, Einführungsband). K.-H. Manegold u. W. Treue (Hg.), Documenta Technica (seit 1969).

Allgemeine Literatur: W. Köllmann, Zur Situation des Faches Wirtschafts- u. Sozialgesch. in Dtld., in: Festschr. W. Treue (1969). Hdwb. d. Sozialwissensch., Bd. 12 (1965), Stichwort »Wirtschaftsgesch.«. H. Rössler u. G. Franz, Sachwörterbuch z. dt. Gesch. (1956 ff.); in diesen u. and. Hdbn. ausführl. Lit.hinweise. K. Helfferich, Dtlds. Volkswohlstand 1888–1913 (^{7}1917), dort ältere Lit. Die wirtschaftl. Kräfte Dtlds., überreicht v. d. Dresdner Bank (1913). A. Sartorius von Waltershausen, Dt. Wirtschaftsgesch. 1815–1914 (^{2}1923). L. Pohle u. M. Muss, Das dt. Wirtschaftsleben seit Beginn d. 19. Jh. (^{6}1930). P. Mombert, Soz. u. wirtschaftspolit. Anschauungen in Dtld. (^{2}1928). R. Häpke u. E. Wiskemann, Wirtschaftsgesch., Teil 2, 1800–1914 (^{4}1933). W. Sombart, Die dt. Volkswirtschaft im 19. Jh. u. im Anfang d. 20. Jh. (^{8}1954). J. E. Clapham, The Economic Development of France and Germany 1815–1914 (^{4}1951). G. Stolper, Dt. Wirtschaft seit 1870, fortgeführt von K. Häuser u. K. Borchardt (1964). F. Schnabel, Dt. Gesch. im 19. Jh., Bd. 3 (^{3}1954). E. R. Huber, Dt. Verf.gesch., Bd. 3 u. 4 (1969). F. Lütge, Dt. Soz.- u. Wirtschaftsgesch. (^{3}1966). H. Bechtel, Wirtschafts- u. Sozialgesch. Dtlds. (1967). H. Mottek, Wirtschaftsgesch. Dtlds., Bd. 2 (1964). W. Treue, Wirtschaftsgesch. d. Neuzeit (^{3}1974). H.-P. Seraphim, Dt. Wirtschafts- u. Sozialgesch. (^{2}1966). K. E. Born, Moderne dt. Wirtschaftsgesch. (1966). H. U. Wehler, Moderne dt. Sozialgesch. (1966). W. Hofmann, Ideengesch. der sozialen Bewegung des 19. u. 20. Jh. (^{2}1968). W. O. Henderson, The Industrial Revolution on the Continent. Germany, France, Russia 1800–1914 (1961). A. Brusatti, Wirtschafts- u. Sozialgesch. d. industr. Zeitalters (1967). F. Facius, Wirtschaft u. Staat. Die Entwicklung d. staatl. Wirtschaftsverwaltung in Dtld. vom 17. Jh. bis 1945 (1959). W. G. Hofmann, Das Wachstum d. dt. Wirtschaft seit der Mitte des 19. Jh. (1965). J. Kuczynski, Die Gesch. d. Lage d. Arbeiter unter dem Kapitalismus, Bd. 1 ff. (1960 ff.). F. A. Schmitt, Beruf u. Arbeit in dt. Erzählung (1952). F. Klemm, Technik, eine Gesch. ihrer Probleme (1954). M. Clausnitzer, Dt. Zollgesch. (1933). W. Braeuer, Hdb. z. Gesch. d. Volkswirtschaftslehre (1952). L. J. Zimmermann, Gesch. d. theoret. Volkswirtschaftslehre (^{2}1961). E. Salin, Polit. Ökonomie. Gesch. d. wirtschaftspol. Ideen von Platon bis z. Gegenwart (^{5}1967). G. Stavenhagen, Gesch. d. Wirtschaftstheorie (^{3}1964). A. Spiethoff, Die wirtschaftl. Wechsellagen (2 Bde. 1955). Ch. Rist, Gesch. d. Geld- u. Kredittheorien von John Law bis heute (1947). D. Landes, Industrializ. and Econ. Development in 19th Cent. Germany (1960). W. Seibicke, Versuch einer Gesch. der Wortfamilie um τέχνη in Dtld. vom 16. Jh. bis 1830, Technikgesch. in Einzeldarstellungen 10 (1968).

Biographien: Eine Bibliogr. d. für die Wirtschafts- und Sozialentwicklung wichtigen Biographien gibt es nicht. Die NDB (seit 1953) wird in diesem Bereich grundlegende Bedeutung erhalten. Vgl. Rheinisch-Westfäl. Wirtschaftsbiographien (seit 1931 8 Bde.) u. die anderen landesgeschichtl. biogr. Werke.

Firmengeschichte: Ein vielschichtiges, sehr ungleichmäßig bearbeitetes Feld bildet die Firmengeschichte. Bibliographien: H. Corsten, 100 Jahre dt. Wirtschaft in Fest- u. Denkschriften (1937). Katalog d. Fest- u. Denkschriften wirtschaftl. Betriebe (Dr.-H.-Schacht-Sammlung) (1937). Verzeichnis d. Fest- u. Denkschr. von Unternehmungen u. Organisationen d. Wirtschaft im Hamburger Welt-Wirtschafts-Archiv (1961). I. Neumann, Bibliogr. z. Firmengesch. u. Unternehmerbiogr., in: Tradition (seit 1967). Die Wirtschaft Westfalens u. d. Ruhrgebiets in Firmenfestschr. (1952). – Literaturberichte: W. Fischer in Bll. f. dt. Landesgesch. (1958 u. 1961). W. Zorn in VSWG 45 (1958); s. auch W. Treue in VSWG 41 (1954) u. HZ 172 (1951). F. Redlich, Anfänge u. Entwicklung d. Firmengesch. u. Unternehmerbiographie, Tradition, Beih. 2 (1959). Ders., Der Unternehmer. Wirtschafts- u. sozialgeschichtl. Studien (1964). W. Zorn, Die gewerbl. Struktur Dtlds. um 1820 u. d. Erkenntnismöglichkeiten hierzu aus Archiven d. Wirtschaft, in: Festschr. W. Treue (1969).

Wichtige Zeitschriften: Vierteljahrsschrift für Sozial- u. Wirtschaftsgeschichte (VSWG). Zs. f. Agrargesch. u. Agrarsoziologie. Tradition, Zs. f. Firmengesch. u. Unternehmerbiographie. Jahrbücher f. Nationalökonomie u. Statistik. Schmollers Jahrbuch. Jahrbuch f. Wirtschaftsgesch. Archiv f. Sozialgeschichte. Technikgeschichte. Viele wichtige histor. Beiträge in Fachzeitschriften f. Bergbau, Industrie, Technik, Landwirtschaft usw. sowie in den führenden deutschen Werkszeitschriften und deutschsprachigen des Auslands. Zs. f. Unternehmensgesch.

Kapitel 1
Bevölkerung

Erst seit 1816 liegen genaue Ergebnisse allgemeiner Volkszählungen vor. In den folgenden 50 Jahren wuchs die Bevölkerung der (seit 1814/15) 35 Staaten und vier Freien Städte im Deutschen Bund von 23,5 auf 34,6 Millionen mit Schwergewichten in Ostdeutschland[1] (Landesausbau), Königreich und Provinz Sachsen mit Kern Leipzig-Magdeburg[2] (Gewerbe), Rheinland (alte Gewerbelandschaften: Aachen, Bergisches Land, Sauerland, langsamer im Ruhrgebiet: durch Zuwanderung) sowie durch Wanderungen Berlin (2,2% jährlich), Bremen (1,5), Hamburg (1,2) bei 1,1% Durchschnitt. Fast ohne Bevölkerungsbewegung blieben die Gebiete des »ausgebauten Hofbauerntums« und der »dichtbesetzten Realteilung« (Köllmann)[3]. Das Wachstum der Geburtenziffern war in den Zonen reiner extensiver Landwirtschaft am stärksten und wurde geringer mit dem Ansteigen der Intensivierung und Industrialisierung. Die Sterblichkeit sank allgemein, doch in umgekehrter

Richtung. Die große *ost-westliche Bevölkerungswelle* begann östlich der preußischen Ostseeprovinzen und in diesen, obwohl die Ackerfläche in Preußen bis 1864 verdoppelt, der Arbeitsaufwand vervierfacht wurde, u. a. weil auch Einlieger und Gesinde zur Familiengründung gelangten, der Besatz der Güter mit Familien und die dörflichen Kleinstellen verdreifacht, die Landfamilien insgesamt verdoppelt wurden; sie brandete über die westlichen und nordwestlichen Grenzen nach Übersee. 1819–1867 erreichte die *Bevölkerungszunahme* der preußischen Ostseeprovinzen mit 78,3% mehr als der Staatsdurchschnitt für die ländliche Bevölkerung (68,6%), 1867–1900 nur 7,4% (gegen 20,2); in ganz Preußen stieg die Stadtbevölkerung 1819–1867 von 3 auf 6,3 Millionen, 1867–1900 auf 12,5 Millionen. Die Entwicklung bis 1867 spiegelte im wesentlichen die »natürliche« Bevölkerungsbewegung, die spätere den Einfluß von Binnen- und Auswanderung[4]. Bis 1868 behinderten die Regierungen diese Entwicklung durch Gesetze (Preußen 1842, Hannover 1827, Kgr. Sachsen 1834, Baden 1831 und 1851, Württemberg 1828, 1833, 1852, Bayern 1825, 1834) aus Sorge vor Übervölkerung, Anwachsen der politisch labilen Unterschicht, der Armenlasten und Kriminalität. Das Norddeutsche Bundesgesetz vom 4. Mai 1868, seit 1871 für das Deutsche Reich, hob alle Landes- und Kommunalbestimmungen bezügl. Ehekonsens usw. auf. Die Auswanderung, 1820–1850 etwa 740000, mit Höhepunkten in Krisen durch Hunger, soziale und politische Unruhe, schnellte 1846–50 durch Revolution, soziale Mißstände im Rahmen der Industrialisierung, Verkehrsverbesserungen und -verbilligung bei Eisenbahn und Schiffahrt sowie Pressewerbung so sehr in die Höhe, daß der Kongreß landwirtschaftlicher Vereine im November 1848 zwecks Eindämmung derselben die Nationalversammlung in Frankfurt zur Förderung der Inneren Kolonisation aufforderte.

Seit Beginn der zweiten Hälfte des 19. Jh. kam es zu einer gewaltigen *Bevölkerungsverdichtung* in einem komplizierten, im einzelnen schwer exakt nachweisbaren Zusammenhang mit der Wirtschaftsweise des Kapitalismus, mit der immer häufigeren Verwendung von Maschinen, dem Erstarken rationaler Denk- und Lebensformen, der bedeutenden Steigerung der Erträge von Ackerbau und Viehzucht, der Verbesserung des Lebensstandards. Zwar sank die Geburtenzahl (1841–1850–1913 von 37,6 über 39,3 auf 28), und mehr als 6 Millionen Deutsche wanderten aus. Aber noch weit stärker ging die Sterblichkeit zurück (von 28,2 auf 16‰); Hungersnöte und Seuchen forderten immer weniger Opfer, Kriege wurden seltener. Die Übervölkerung bildete eine wesentliche Ursache für den Pauperismus und das Massenelend, die ihren Höhepunkt in der großen Hungersnot seit 1846 erreichten. Einen bemerkenswerten Einfluß übten Trinkwasserreinigung, Impfung, anti- und aseptische Behandlung und Beseitigung des Kindbettfiebers aus. Bis 1913 stieg die Bevölkerung auf 65 Millionen bei einer durchschnittlichen Jahreszunahme von 8,9% (gegen 3,4% in Frankreich, 11,3% in Rußland), seit 1871 (41 Millionen) um annähernd 60% – fast ausschließlich durch Geburtenüberschuß, da die Auswanderung mit Ausnahme von 1896 bis 1905 die Einwanderung überwog.

Der *Gebietsumfang* des Deutschen Reiches betrug seit 1871 541000 km². Die Senkung der Geburten- und Sterbeziffern bewirkte eine tiefgreifende Veränderung im *Altersaufbau* (»Überalterung«). Mit der Verwandlung vom Agrar- zum Industriestaat verschob sich die *Bevölkerungsverteilung*. Der Anteil der ländlichen Siedlungen und Landstädte (unter 5000 Einwohner) und der der Kleinstädte (5000–20000) sank erheblich, der der Mittel- und Großstädte[5] stieg: Industriebevölkerungsballung in Berlin, an Ruhr (»Ruhrvolk«, »städtebildende Kraft der Wirtschaft«, Croon)[6], Emscher, Lippe, Niederrhein, Hellweg, Aachen, Berg. Land, Sauerland, Saargebiet, Lothringen, Kgr. u. Prov. Sachsen, Oberschlesien, Küstengroßstädte. Die berufliche Gliederung war in den einzelnen Gebieten sehr verschieden; es umfaßte in den 60er Jahren nach allerdings nicht ganz zuverlässiger Zählung die landwirtschaftliche Bevölkerung in Nordostdeutschland 66, in der Provinz Westfalen 42, im Kgr. Sachsen 25%, die gewerbliche Bevölkerung dagegen 18 bzw. 41 bzw. 46%. Um 1800 gab es in Europa zwölf Großstädte (über 100000 Einwohner), in Deutschland drei (Wien, Berlin, Hamburg), 1850 fünf (zusätzlich Breslau und München), 1871 acht, 1880 14, 1890 26, 1900 33, 1910 48 mit 13,8 Millionen Einwohnern. Das Wachstum der Städte beruhte auf Zuwanderung, Geburtenüberschuß und Erweiterung des Weichbildes der Städte (Eingemeindungen, Vorortsbildung führten z. B. in Berlin 1871–1910 zur 18fachen Zahlengröße der dort zuvor lebenden Bevölkerung)[7]. Die Konzentration vieler Menschen auf geringem Raum war am deutlichsten in Berlin. Im Reichsgebiet von 1913 wohnten 1830 je km² 55, 1871 76, 1900 104 Menschen, in Berlin entsprechend

6679, 13951, 29793. Das führte zur Bildung neuer Unterschichten der städtischen Bevölkerung, deren Anteil an der Gesamtbevölkerung der Städte häufig noch erheblich größer war als im späten Mittelalter – in Hamburg um 1850 60–80%, in Bremen außergewöhnlich gering[8]. 1871 lebten 64, 1910 nur noch 40% der (um 50% gewachsenen) Bevölkerung in Landgemeinden. Um 1870 waren etwa 50% aller Erwerbstätigen in der Land- und Forstwirtschaft beschäftigt; der Prozentsatz sank bis 1913 auf etwa 33%, während der der in Industrie und Handwerk Beschäftigten von 30 auf etwa 40 anstieg, mit den Beschäftigten in Handel und Verkehr auf über 50%, was der Entwicklung vom Agrar- zum Industriestaat entsprach. Gleichzeitig verdoppelte sich der Anteil der weiblichen Erwerbstätigen.

Die *Binnenwanderung*[9], die »soziale Entlastung des Landes«, nicht jedoch die Ursache für die soziale Frage der Industriegesellschaft, die schon älter war, führte hauptsächlich vom näheren und weiteren Umland der Städte in diese, wobei der Sog der Großstädte durch die kleineren hindurch den größten Einzugsbereich erfaßte (Berlin seit 1850 Schlesien, seit 1860 Nordostdeutschland, nach 1890 stärkeres Wachstum durch Eingemeindung als durch Einwanderung; 1911 Gründung des Zweckverbandes Großberlin u. a. auch gegen die liberale Bewegung). Sie führte vom Osten nach dem Westen (1910 etwa 4 Millionen Ostdeutsche und deren erste Nachkommengeneration außerhalb Ostdeutschlands, davon annähernd 2 Millionen in Großberlin/Brandenburg; seit 1865–70 akzentuiert durch Freizügigkeit im Bergbau, verstärkt seit 1880; Siedlungspolitik der Bergwerke, die seit 1873 in Konjunkturzeiten für sehr viele Menschen reizvoller erschien als die Auswanderung). Ihr entsprach kein Zug in den Süden. Die Saisonarbeiterwanderung (um 1910 in Europa 1,5–2 Millionen) trug wesentlich zur Mobilisierung bei.

Die *Auswanderung*[10] betrug 1861–1913 3,6 Millionen Personen – vorwiegend aus Nordost-, Nordwest- und Südwestdeutschland, seit 1900 zunehmend Weiterwanderung aus Westdeutschland (davon 1866–70 0,5, 1881–85 0,9 1886–90 0,5, 1911–13 0,05 Millionen) – mit Schwerpunkten in Verbindung mit Mißernten wie 1846/47, nach Beendigung des Sezessionskrieges bei Verstärkung der Westexpansion der USA (freie Farmer) und Rückschlägen durch deren Abschluß, Rezessionen und Industrialisierungsaufschwung in Deutschland selbst. Sie lieferte eines der Argumente für eine deutsche (Siedlungs-) Kolonial- und Weltpolitik; sie hatte andererseits aus Amerika Rückwirkungen auf die Demokratie-Vorstellungen in Deutschland. Im europäischen Ausland lebten 1900 etwa 0,74 Millionen, in den deutschen Kolonien 1913 nur 24000 Deutsche.

Die *Einwanderung* (häufig im Endergebnis Durchwanderung oder umgekehrt Seßhaftwerdung nach anfänglicher Auswanderungsabsicht – vorwiegend aus Österreich, Holland, Russisch-Polen, Italien) betrug 1900–1910 0,5 Millionen Personen, die Zahl der Saisonarbeiter 1913 aus dem Russischen Reich 0,85, aus Italien 0,15 Millionen.

Die *Verstädterung* stand um 1870–1900 vor den Problemen der Stadthygiene, des innerstädtischen Verkehrs, der Bauplanung, der Verwaltung, des Wohnungsbaues (Mietshaus), der Bodenspekulation, der Raumplanung, der Wohnungsreform, des Stadtbaurechts, der Finanzierung und damit des Steuerrechts.

In den Jahren 1810, 1880, 1910 bzw. 1925 wohnten 0,20 bzw. 0,437 bzw. 0,615 (davon 79000 Ausländer) bzw. 0,568 Millionen *Juden*[11] in Deutschland (Gebietsstand 1936), also 0,97% bzw. 1,09 bzw. 0,92 bzw. 0,9% der Gesamtbevölkerung, davon in Großstädten 1871 19,5%, 1900 47,8, 1910 58,3, 1925 66,6%, in Berlin bzw. Frankfurt bzw. Breslau allein 3,92 + 10,99 + 6,69%, 4,03 + 7,6 + 4,67%, 3,86 + 6,33 + 3,95%. In Preußen lebten 1817 50%, 1910 fast 70%, in Bayern mehr als 10% aller deutschen Juden (Annexionen von 1866, Rückständigkeit der Judenpolitik in Süddeutschland). Der jüdische Bevölkerungsanteil in Preußen stieg beträchtlich durch die polnischen Teilungen; noch 1843 lebten fast 50% der Juden Preußens, beinahe 30% der Juden Deutschlands in den durch die Teilungen zu Preußen gelangten Gebieten, aus denen in den 50 auf die Gewährung der Freizügigkeit 1848 folgenden Jahren zwei Drittel nach Westen abwanderten. Lebten 1840 noch 40% der preußischen Juden in der Provinz Posen, so wohnten 1910 43% von ihnen in Berlin und den später eingemeindeten Vororten (= 30% aller Juden in Deutschland). Bis zur Judenemanzipation gab es in Deutschland im wesentlichen drei Gruppen von Juden: wenige relativ einflußreiche Geld- und Handelsjuden, den Großteil der Juden in Gettos, die zur Gewerbeausübung die – meist bewilligte – Konzession brauchten, und schließlich von allen Seiten beargwöhnte und gemaßregelte vagabundierende »Betteljuden«.

Die Haupterwerbsquelle aller drei Gruppen war der Handel in freilich sehr unterschiedlichen Formen. Die Erwerbsstruktur änderte sich seit 1843 wenig: Rund 50% der jüdischen Erwerbstätigen waren im Handel einschließlich Gastwirtschaft beschäftigt, besonders häufig in selbständiger Stellung, 20% in Handwerk, Manufaktur und Industrie, 1% in der Landwirtschaft. Seit 1895 ging der Anteil bei allen Handelssparten erheblich zurück. Der quantitative und soziale Anteil der Juden an der Bevölkerung Deutschlands war, beginnend mit der »Periode der unvollständigen Emanzipation« (Hamburger), durch mehrfach einander folgende Perioden von Emanzipation und Reaktion gekennzeichnet (1808–15, 1815–47, 1848/49, 1849–58, 1859–71).

W. Köllmann, Bevölkerung u. Raum in neuerer u. neuester Zeit, Bevölkerungs-Ploetz, Bd. 4 (1965). St. Reekers, Westfalens Bevölkerung 1818–1955 (1956). J. Griesmeier, Die Entwicklung d. Wirtschaft u. die Bevölkerung v. Baden u. Württemberg im 19. u. 20. Jh., Jbb. f. Stat. u. Landeskde. von Baden-Württemberg 1 (1954).

[1] B. Geitze, Ostdt. Wirtschaft (1956).

[2] G. Mohs, Die Bevölkerungs- u. Siedlungsentwicklung im Ballungsgebiet Halle-Leipzig, Wiss. Veröffentl. d. Dt. Inst. f. Länderkunde, Leipzig, 21/22 (1964).

[3] J. Griesmeier (s. o.).

[4] G. Rhode, Die Ostgebiete d. dt. Reiches (1955). P. Quante, Die Bevölkerungsentwicklung der preuß. Ostprov. im 19. u. 20. Jh., Zs. f. Ostforsch. 8 (1959).

[5] H. Croon, Zur Entwicklg. d. Städte im 19. u. 20. Jh., Studium Generale 16 (1963). G. Albers, Das Stadt-Land-Problem im Städtebau d. letzten 100 Jahre, ebd. R. Klöpper, Stadt u. Land im Industriezeitalter, ebd. W. Hebebrand, Stadt u. Umland, ebd. Gesch. d. Gemeinnützigen Wohnungswirtschaft in Berlin (1957).

[6] F. Mogs, Die sozialgeschichtl. Entwicklung d. Stadt Oberhausen 1850 bis 1933 (1956). W. Brepohl, Der Aufbau d. Ruhrvolkes im Zuge d. Ost-West-Wanderung (1948). H. Croon, Rhein. Städte, in: W. Först (Hg.), Das Rheinld. in preuß. Zeit (1965). H. G. Steinberg, Phasen d. Bevölkerungsentwicklung, ebd.

[7] R. Hartog, Stadterweiterungen im 19. Jh. (1962). L. A. Tolxdorff, Der Aufstieg Mannheims im Bilde seiner Eingemeindungen 1895–1930 (1961).

[8] H. Herzfeld (Hg.), Berlin u. die Prov. Brandenburg im 19. u. 20. Jh. (1968). A. Kraus, Die Unterschichten Hamburgs in der 1. H. d. 19. Jh. (1965). H.-L. Schaefer, Bremens Bevölkerung in d. 1. H. d. 19. Jh. (1957). H. Entholt, Die Bremer Revol. von 1848 (1951). U. Böttcher, Anfänge u. Entwicklg. d. Arbeiterbewegung in Bremen (1953).

[9] W. Köllmann, Industrialisierung, Binnenwanderung u. »Soz. Frage«, VSWG 46 (1959). G. Ipsen, Die atlant. u. die dt. Wanderung d. 19. Jh., Ostdt. Wiss. 8 (1961). Glänzende Regionaluntersuchung: R. Graafen, Die Aus- u. Abwanderung aus der Eifel 1815 bis 1955 (1961). H. Seeling, Belg. Ziegel-Wallonen u. Feldbrand-Ziegelei am Nd.-Rhein, Düsseld. Jb. 51 (1963). H.-L. Schaefer, Bremens Bevölkerung in der 1. Hälfte d. 19. Jh. (1957). E. W. Wrigley, Industrial Growth and Population Change (1961).

[10] Wichtiger Einzelfall (m. Übertreibung): H. Winkler, Der Texasverein, ein Beitrag zur Gesch. d. dt. Auswan-

derg. im 19. Jh., VSWG 55 (1969). W.-H. STRUCK, Die Auswanderung aus dem Hgt. Nassau (1966). FR. MÜLLER, Westfäl. Auswanderer im 19. Jh., Beitr. z. Westfäl. Familienforsch. 22/24 (1964/1966). B. HEYNE, Schles. Auswanderung nach Südaustralien, Jb. d. Schles. Friedr.-Wilhelms-Univers. zu Breslau 10 (1965). CH. ERICKSON, American Industry and the Europ. Immigrant (1968). M. WALKER, Germany and the Emigration 1816–1885 (1964). J. MERGEN, Umfang u. Gründe der Amerika-Auswanderung aus dem Saarland in d. 1. H. d. 19. Jh., Saarbrücker Hefte 12 (1960). Ders., Innere Kolonisation z. Verhinderung d. Auswanderung im Trierer Raum im 19. Jh., Trierisches Jb. (1956); vgl. auch Kap. 4.

[11] Stat. d. Dt. Reiches 68 (1894); 150 (1903); 240 (1913); 451 (1936). E. HAMBURGER, Juden im öffentl. Leben Dtlds. (1968, große Bibliogr.). J. LESTSCHINSKY, Das wirtschaftl. Schicksal d. dt. Judentums (1932).

Kapitel 2
Deutschland und die Kontinentalsperre

Die französische Kontinentalsperre und die englischen »Orders in Council« bezeichneten nach der kriegsentscheidenden Schlacht bei Trafalgar den zweiten, letzten Höhepunkt der englisch-französischen Auseinandersetzungen, zugleich den Schlußakt in dem langen englisch-französischen Wettstreit um Seegeltung, Kolonialbesitz und Handelsmacht. Da nun die französische Seemacht zunächst vernichtet war, mußte auf französischer Seite die längst eingeleitete wirtschaftliche Kampfführung erweitert, die Ausschließung des englischen Handels vom *gesamten* Kontinent erzwungen werden, wenn man England niederringen wollte, nachdem die Idee der militärischen Invasion hatte aufgegeben werden müssen.

Diese Zielsetzung drängte Napoleon über die wohlerwogenen Grenzen seines Systems hinaus, machte neue Kriege, Grenzerweiterungen nötig und führte schließlich ins Verderben.

Aus Berlin erließ Napoleon im Anschluß an Verbote von 1803 am 21. 11. 1806 das entscheidende *Blockadedekret* über England: die *Handelssperre*. Durch die Presse ließ er bekanntgeben, er wolle die Hälfte des Erlöses aus Konfiskation verbotener Waren zur Entschädigung derer anwenden, die durch diese »Piratennation« zugrunde gingen; wenigstens die Firma Obwexer in Augsburg erhob daraufhin Forderungen. Das Blockadedekret wurde von England im Januar und November 1807 durch nicht weniger einschneidende »Orders in Council«

beantwortet, was wiederum das französische Dekret von 1808 und den Tarif von Trianon (5. 8. 1810) zur Folge hatte. Napoleon versuchte gelegentlich einzulenken, erstrebte nach Tilsit einen Ausgleich durch den Zaren, begegnete aber bei England der Entschlossenheit zum Kampf bis zur Entscheidung, zumal Frankreich die Grundlage seines kolonialen Reichtums, die westindischen Zuckerinseln, durch Revolutionen eingebüßt hatte. Napoleons Niederlage auch mit der Waffe der Kontinentalsperre war letztlich darin begründet, daß England nur durch Flotten gefährdet werden konnte. Die Kontinentalsperre überspitzte den Merkantilismus von zwei Jahrhunderten und verkehrte eine unter gewissen Umständen sinnvolle politische Maßnahme in Widersinn: Ihre Wirkung und die durch sie herausgeforderten Gegenmaßnahmen mußten dem ganzen Kontinent schaden.

Die Wirkungen der Kontinentalsperre auf Deutschland waren zwiespältig. Wo linksrheinisch unter Napoleons unmittelbarer Herrschaft die Handelssperre mit allem Nachdruck durchgeführt wurde, entwickelte sich die Industrie zum Teil fast so schnell und stark wie in Frankreich selbst. Das *Herzogtum Berg* aber, ein von altersher handwerklich-industriell sehr aktives Gebiet mit Düsseldorf, Elberfeld, Barmen, Solingen, Remscheid, Essen und Bochum, das seit dem Ende des 18. Jh. einen schnellen Aufschwung erlebt und bis Anfang 1807 die Befreiung von den Sperrmaßnahmen erlangt hatte, bekam sehr stark die Bevorzugung der französischen Industrie zu spüren. Der französische und der wichtige italienische Markt wurden der bergischen Industrie gesperrt, das Land von anderen Staaten, vom Seeverkehr, schließlich auch von Holland abgeschlossen. Mit Neid blickte man auf das linke Rheinufer, das einen glänzenden, wenn auch kurzfristigen und übersteigerten Aufschwung nahm.

Napoleon überging alle Hinweise auf das Leiden von Berg und auf die Bedeutung der bergischen Gewerbe für den Kampf gegen England; insbesondere gab er im Zusammenhang mit der großen Krisis, die 1810 Frankreichs Wirtschaft und das Vertrauen des Bürgertums zum Kaiser erschütterte, dem Gewinnstreben der französischen Fabrikanten und dem Zwang zur Arbeitsbeschaffung für die Pariser Arbeiter nach: Er hielt Frankreich die rechtsrheinische Konkurrenz fern und beantwortete Klagen mit dem nicht unberechtigten Hinweis auf den Vorteil, den auch die bergische Wirtschaft durch die Ausschaltung der englischen Fabrikate genoß. Spione und Agenten berichteten ihm über die Wirtschaftsentwicklung im deutschen Gebiet und über den Schmuggel englischer Waren dorthin.

Ähnlich wie in Berg stand im ganzen deutschen Westen dem Exportrückgang, besonders über See, eine Absatzsteigerung auf dem Kontinent, meist in der Heimat, gegenüber, während *Baden*[1], wie die Schweiz, stärker unter der Grenzziehung gegen Südeuropa litt.

Hamburg[2] stieg während der Kontinentalsperre trotz vieler Lasten und Verluste vom untergeordneten englischen Kommissionsplatz zu bedeutender Selbständigkeit auf. Die Sperre traf zwar zunächst jeden Kaufmann, denn alle legalen Beziehungen nach England wurden unterbunden; Dänemark schloß sich 1807 Frankreich an (während allerdings der Handel mit Preußen und Rußland gleichzeitig freigegeben wurde), und die Schmuggelgeschäfte über Helgoland sowie die halblegalen über Göteborg wurden von Napoleon seit 1810 durch die Einverleibung der Hansestadt in das Kaiserreich so sehr erschwert, daß sie 1811 ein »Massensterben von Handlungen« und 1813/14 eine »Schreckenszeit« erlebte. Aber der Strukturwandel der Weltwirtschaft seit 1806 und die staatliche Selbständigkeit der Hansestädte (Bundesakte 1815) boten große Möglichkeiten für den Überseehandel. Hamburgs Handelsflotte zählte 1801 295 Seeschiffe (höchster Stand überhaupt), 1806 259, 1812 145, 1822 114 (tiefster Stand). In Ostfriesland[3], das 1813 zu Preußen, 1815 zu Hannover kam, gab es sofort nach dem Ende der Fremdherrschaft eine Belebung der Wirtschaft: Die Kaufleute begrüßten zunächst die Zunahme des Handels, die Landwirte die Wiederherstellung des Exports nach England, die Gewerbetreibenden beklagten die der Einfuhr von dort. Lange Zeit blieb der Überseehandel auf Zwischenmärkte wie Amsterdam und Bremen angewiesen.

In *Frankfurt*[4] gab es zwar durch den Zwang zur Verlagerung der Handelsrichtungen Unbequemlichkeiten, im ganzen aber Vermehrung der Handelsunternehmungen, Wohlstandssteigerung, Rückgang der Fallimente und andere Konjunkturerscheinungen.

Auch in *Österreich* hatte die Sperre auf die einzelnen Wirtschaftszweige sehr verschiedene Auswirkungen. Die Woll- und Baumwollgewerbe, bisher unter englischem Druck, nahmen »einen schönen Aufschwung«, Leinen- und Glaserzeugung erlitten »starke Einbußen. Die günstigen Auswirkungen . . .

wurden aber weitgehend durch die Schäden des Finanzkrachs von 1811 zunichte gemacht« (Matis). Die anschließende Depression dauerte bis 1830 und zwang zur Aufgabe des Freihandels, was für die Entwicklung des preußisch-deutsch-österreichischen Verhältnisses schwere Folgen hatte (vgl. Kap. 5 und 6)[5].

Durch Mangel an den gewohnten natürlichen Rohstoffen entstand der Anreiz zur Entwicklung von *Ersatzgütern* und -gewerben aufgrund jüngster naturwissenschaftlich-technischer Entdeckungen: Die erste ins Große gehende Zuckerrübenfabrikation wie bedeutende Fortschritte des chemischen Gewerbes (Ersatz für die kolonialen Farbstoffe) beruhten auf der Kontinentalsperre, die zugleich Verbots- und Schutzpolitik war – freilich eine unnatürliche und befristete: ihre Beendigung mußte den Zwang zur schmerzhaften, verlustreichen Anpassung der neu entstandenen bzw. aufgeblähten Wirtschaftszweige an die von liberalen Auffassungen und englischen Handelsinteressen bestimmte Weltwirtschaft zur Folge haben. Dieser Prozeß dauerte nach 1815 länger als ein Jahrzehnt.

Stark waren die handwerklich-industriellen Fortschritte im Königreich *Sachsen*, das außerhalb der engsten Kontrolle lag und von einem Fürsten regiert wurde, dem Napoleon bis zu einem gewissen Grade vertraute. Sachsens Textilgewerbe erlebte den Anfang des Überganges zum industriellen Großbetrieb durch Einrichtung von Maschinenspinnereien, die das ferngehaltene englische Garn ersetzen sollten. Auch in den kleinen thüringischen Staaten wirkte die Entwicklung sich aus. In diesem Zusammenhang kam es zum ersten Maschinenbau größeren Ausmaßes. Englands industrielle Revolution griff, durch die Sperre zugleich behindert und gefördert, nach Deutschland und führte zum Übergang von der Haus- zur Fabrikindustrie mit all den wirtschaftlichen, politischen, gesellschaftlichen Folgen, die erst viel später deutlich werden sollten. Mit der Entwicklung der englischen Baumwollindustrie konnte allerdings die sächsische während der Kontinentalsperre so wenig Schritt halten wie die französische, so daß die britische mit großem Vorsprung in die Friedenszeit eintrat.

Sehr schädlich war die Blockadewirkung im *östlichen Deutschland*. Das ostelbische Gebiet wurde fast durchweg schwer getroffen. Preußen sollte seit 1808 120 Millionen Taler Kriegsentschädigung zahlen; die Aufstellung von Teilen der Großen Armee und deren zwei Durchmärsche verursachten sehr hohe

Kosten. Der gewohnte Absatz landwirtschaftlicher Erzeugnisse, besonders von Getreide und Wolle nach England, schrumpfte; die Getreidepreise stürzten in Ostpreußen 1806 bis 1810 um 60 bis 80%; in Memel verfaulten riesige Holzmengen, die für England bestimmt gewesen waren. Brandenburgs Tuche, Berlins Seide, Schlesiens Leinen verloren ihre Exportmöglichkeit und zugleich große Teile des heimischen Marktes, da durch Kriege, Steuern, Kontributionen und Kontinentalsperre die Kaufkraft im Lande stark nachließ. Entsprechend litt die Reederei der Ostseehäfen: Königsbergs Schiffsverkehr sank um 60%. Das z. T. enorme Anwachsen des Schmuggelverkehrs in kleinen Ostseehäfen bot so wenig einen Ausgleich für die Einbußen des soliden Reeders, Kaufmannes usw. wie der wachsende Königsberger Landhandel, der aus dem niemals wirklich ganz zum Gebiet der Kontinentalsperre gehörenden Rußland die Waren heranzuschaffen suchte, die auf normalen Wegen unerreichbar geworden waren. Die Nordseereederei erlitt ähnlich schwere Verluste, vermochte sich jedoch nach 1813 viel schneller zu erholen als die Ostseehäfen, die im 19. Jh. immer stärker ihre vom großen Weltverkehr entfernte Lage verspürten. Jahrzehntelang war nach 1813 die Reederei des preußischen Ostens von der englischen Kornzollpolitik abhängig, von der wechselnden Getreideeinfuhr Englands für seine schnell wachsende Bevölkerung; der Getreideabsatz aber bildete in diesen östlichen Provinzen das Fundament der Wirtschaft.

Die Kontinentalsperre gab dem *wirtschaftlichen Unterschied von West- und Ostdeutschland* neue, durch Industrialisierung und Verkehrssteigerung im Westen für die Zukunft entscheidende Akzente, die sich auch auf Gesellschaft, Parteipolitik, Sitten, Gebräuche, Wohlstandsverteilung, gegenseitige Wertschätzung, Einstellung zu Staatsform und Dynastien, schließlich auf die Haltung gegenüber Ost- und Westeuropa auswirkten; denn die verstärkte Industrialisierung bzw. das Beharren bei der agrarischen Wirtschafts- und Sozialgrundlage hatte eine gewisse Verwandtschaft mit den wirtschaftlichen und politischen Daseins- und Denkformen der jeweiligen Nachbarvölker zur Voraussetzung, aber auch zur Folge. Preußen[6] geriet dabei in die paradoxe Lage, daß es während des ganzen 19. Jh. der industriewirtschaftlich und technisch-naturwissenschaftlich fortschrittlichste und bedeutendste Teil Deutschlands mit aufstrebendem Unternehmertum war, zugleich aber gesellschaftlich, innen- und außenpolitisch am stärksten landwirtschaftlich-großagrarisch bestimmt blieb. Die Sperre bot einen Ansporn für die Entstehung eines von merkantilistisch-physiokratischem Denken freien, zu eigener Verantwortung bereiten *Unternehmertums*. Der von innen her angestrebten Hebung der politischen Mitarbeit am Staate begegnete eine wesentlich von außen veranlaßte Neigung zu wirtschaftlicher Emanzipation vom Staate. Unter Mitarbeit von Beuth, der bis 1806 die praktische Seite der Steinschen Gewerbeförderung kennengelernt hatte, begann seit 1809 die Reform und staatlich geförderte Aktivierung des *Gewerbelebens*, zweifellos unter Berücksichtigung der technologischen und schulischen Erfahrungen in Frankreich seit Gründung der École Polytechnique 1796. Auch die Anfänge des modernen *Fabrikarbeitertums*, in Berlins Gewerben seit 1763 vorbereitet, lagen – außer bei den Auswirkungen der Bauernbefreiung – mit in diesen Zusammenhängen.

Für die Aufrechterhaltung der Existenz Preußens und für die Vorbereitung des Befreiungskampfes wichtig waren die Staatseinnahmen aus Scheinkonfiskationen und Lizenzen für die Zulassung englischer Waren; sie betrugen von August 1810 bis Anfang 1813 etwa 12 Millionen Taler, verhinderten den Staatsbankrott und ermöglichten den Aufbau des Reform-Heeres. Negativ wirkte sich aus, daß die junge, kapitalarme deutsche Industrie nach Aufhebung der Sperre in dem wirtschaftsliberalen Preußen schutzlos dem plötzlichen Zufluß großer Mengen englischer Industriewaren zu Dumpingpreisen ausgesetzt wurde, während gleichzeitig die englischen Getreidezölle zum Schutz der eigenen Landwirtschaft gegen den wieder möglich gewordenen Getreideexport aus Deutschland stiegen. So litt der Westen unter dem deutschen Liberalismus und der Osten unter dem englischen Protektionismus. Das Zollgesetz von 1818 (s. Kap. 5), selbst liberalem Denken entsprungen, suchte durch die Zusammenfassung Preußens zu einem großen Zoll- und Handelsgebiet eine gewisse Hilfe zu bieten.

E. F. Heckscher, The Continental System (1922). F. L. Huillier, Étude sur le blocus continental (1945). Beste Übersicht für Dtld.: R. Hoeniger, Die Kontinentalsperre u. ihre Einwirkung auf Dtld. (1905). Ders., Die Kontinentalsperre in ihrer geschichtl. Bedeutung, Meereskunde 1 (1907). P. Remigolski, Die Kontinentalsperre in ihrer Wirkung auf Industrie u. Handel (1930). W. Vogel, Handelskonjunkturen u. Wirtschaftskrisen in Auswirkung auf den Seehandel d. Hansestädte 1560 bis 1805, Hans. Gesch.bll. 74 (1956). A. König, Die sächs. Baumwollindustrie am Ende d. vorig. Jh. u. während d. Kontinentalsperre (1899). H. Saring, Die Rolle d. Geh. Staatsrats v. Heydebreck bei der Durchführung der Kontinentalsperre in Preußen,

FBPG 44 (1932). M. BARKHAUSEN, Die sieben bedeutendsten Fabrikanten des Roerdepartements 1810, Rhein. Vjbll. 25 (1960).

[1] W. ZORN, J. A. P. P. v. Obwexer, in: Lebensbilder aus dem Bayer. Schwaben 5 (1956).

[2] P. E. SCHRAMM, Kaufleute während Besetzung, Krieg u. Belagerung (1806 bis 1815), Der Hamburger Handel in d. Franzosenzeit, Tradition 4 (1959). Ders., Dtld. u. die Weltwirtsch. (1950). Ders., Neun Generationen, Bd. 1 (1963). E. HIEKE, Rob. M. Sloman jr. (1968). W. KRESSE, Materialien z. Entwicklungsgesch. d. Hamburger Handelsflotte 1765–1823 (1966). W. VOGEL, Die Deutschen als Seefahrer (1949). K. H. SCHWEBEL, Bremen unter franz. Herrschaft 1810–1813, Brem. Weihnachtsbll. 10 (1949).

[3] H. PLADIES, Ostfriesland während d. Befreiungskriege u. z. Z. d. Wiener Kongresses, Jb. d. Ges. f. bild. Kunst u. vaterländ. Altertümer zu Emden 46 (1966).

[4] H. ARENZ, Die Beeinflussung d. Frankfurter Handels durch d. Kontinentalsperre 1806–1813 (1932). F. BECK, Die wirtschaftl. Entwicklg. in der Stadt Greiz während d. 19. Jh. (1955).

[5] H. MATIS, Zwei Jahrhunderte österr. Industriepolitik (1648–1848), Österr. in Gesch. u. Lit. 12 (1968).

[6] I. MIECK, Preuß. Gewerbepolitik in Berlin 1806–1844 (1965). H. THIERFELDER, Rother als Finanzpolitiker unter Hardenberg, FBPG 46 (1934). G. WEBERSINN, Chr. v. Rother, Jb. d. Schles. Friedr.-Wilh.-Univ. 10 (1965).

Kapitel 3
Die Bauernbefreiung

Die sogenannte Bauernbefreiung[1] war nicht nur ein deutsches oder mitteleuropäisches, sondern ein allgemein-europäisches Ereignis, das sich in den einzelnen Ländern zu verschiedenen Zeiten und je nach ihrer politischen, wirtschaftlichen und gesellschaftlichen Ausgangslage mit unterschiedlichen Ergebnissen abspielte. Sie vollzog sich im Rahmen der großen Revolution, welche die feudal bestimmte ständische Gesellschaft in eine vorwiegend industrie-bürgerlich und -proletarisch bestimmte Gesellschaft der großen Menschenmengen überführte. Die Ausgangslage der Bauernbefreiung um 1800 war in Deutschland weit stärker agrarisch akzentuiert als der Abschluß des Prozesses, der hier in die Industrialisierung fiel und mit der politisch-sozialen revolutionären Erschütterung um 1848 eng zusammenhing.

Überblickt man die Vielfalt der agrarwirtschaftlichen und gesellschaftlichen Verhältnisse um die Wende vom 18. zum 19. Jh. – vier Fünftel des deutschen Volkes lebten auf dem Lande und auch viele Stadtbewohner als Ackerbürger unmittelbar von der Landwirtschaft –, so zeigen sich zunächst einige

Agrarverfassungstypen und -gebiete: 1. das Gebiet der älteren Grundherrschaft in der »versteinerten« Agrarverfassung des deutschen Südwestens, gekennzeichnet durch überwiegende Realteilung (die frühzeitig zur Übervölkerung der Freiteilungsgebiete und zu Auswanderung führte); 2. das Gebiet der »neueren Grundherrschaft« im Nordwesten; 3. das Gebiet der südostdeutschen (bayerisch-alpenländischen) Agrarverfassung; 4. die Gebiete der Gutsherrschaft in Böhmen, Mähren, Schlesien und im sog. Ostelbien[2]; 5. die mitteldeutsche Grundherrschaft[3].

Trotz dieser Verschiedenheiten gab es viel Gemeinsames. Der Bauer lebte in der doppelten Gebundenheit als Untertan eines Herren und als Genosse einer Dorf- oder Markgenossenschaft: Herrschaft und Genossenschaft bestimmten sein Leben. Mit wenigen Ausnahmen im Norden und Süden war das Bauerntum nicht mehr ein Stand im politischen Sinne, sondern in der Untertanenschaft seiner geistlichen oder weltlichen, adligen oder fürstlichen Herren. Von diesen als Untertan schroff getrennt, schied das Bauerntum sich energisch, auf seine Vorrechte bedacht, von der schnell wachsenden unterbäuerlichen Schicht der Häusler und Einlieger ohne Recht der Dorfgenossenschaft.

Die bäuerlichen Besitzrechte und Unterstellungen unter die Herrschaft waren in den einzelnen Landschaften und Territorien sehr verschieden, vielfach bis zum einzelnen Dorf und Hof uneinheitlich. Man unterscheidet Leibherrschaft, Grundherrschaft und Gerichtsherrschaft[4]. Dem Leibherren war der Bauer persönlich »eigen« oder »leibeigen«, so daß rechtlich die *Leibeigenschaft* ein die Person betreffendes, deren Freiheit beschränkendes oder aufhebendes Verhältnis bildete. Praktisch bedeutete die Leibeigenschaft allerdings meist nur noch den Rechtsanspruch auf Gaben bei besonderen Anlässen (Tod, Heirat usw.), besonders in Bayern und Südwestdeutschland; sie existierte fast gar nicht im Bereich des nordwestdeutschen Meierrechtes und der mitteldeutschen Grundherrschaft. Die *Grundherrschaft* war Herrschaft über Grund und Boden – nicht nur im römisch-rechtlichen Verhältnis »dominium directum« des Grundherrn und »dominium utile« des Bauern, sondern wenigstens ursprünglich in einem weit tieferen Gegenseitigkeitsverhältnis von Wehrstand und Nährstand, Kriegeradel und Bauern im Rahmen mittelalterlicher Ordnung, das nach 1525 zugunsten des Grundherrn entartete. Die niedere und höhere *Gerichtsherrschaft* bis zum Blutbann befand sich weithin im Besitz der adligen Gerichtsherren, die so eine entscheidende, die staatliche Gewalt ausschließende Hoheitsbefugnis und die Rechtsgrundlage für bäuerliche Abgaben und Dienste oft erheblichen Umfanges innehatten. Dazu kam schließlich der alte, längst weltlichen Herren gehörende kirchliche *Zehnt*, so daß der Gesamtumfang der im einzelnen vielfach geringen Lasten auf den bäuerlichen Stellen häufig sehr groß war. Zudem waren – abgesehen von Bayern, Niedersachsen und Mitteldeutschland – diese vier Herrschaften und Rechte, besonders in Südwestdeutschland, oft nicht in einer Hand vereint; andererseits hatten viele adlige Herren nicht einen geschlossenen Herrschaftsbesitz, sondern Ansprüche in weiter Streulage.

Die stärkste Konzentration dessen, was in Altdeutschland durch die Begriffe der Leib-, Grund- und Gerichtsherrschaft ausgedrückt war, existierte in der sogenannten *Gutsherrschaft des ostdeutschen* Koloniallandes, gekennzeichnet durch die Vereinigung aller Herrschaftsrechte in einer Hand, geschlossenen Besitzkomplex und wachsende Eigengutswirtschaft. Dadurch wurde die bäuerliche Leistung – Frondienst, Gesindezwangsdienst – viel stärker beansprucht, die bäuerliche Freiheit also enger eingeschränkt als in Altdeutschland, so daß der Übergang von der *Erbuntertänigkeit zur Leibeigenschaft* im 18. Jh. nicht selten war.

Gegen diese Erstarrung und Vermehrung der Abhängigkeiten wandten sich im 18. Jh. einsichtige, aufgeklärte Fürsten und ein immer stärkerer religiös, menschlich, politisch und wirtschaftlich begründeter Protest von Gelehrten, Philanthropen und Landwirten, die das gutsherrlich-bäuerliche Verhältnis sowie die Verteilung des Grundeigentums und die Notwendigkeit eines neuen Kreditsystems diskutierten, hauptsächlich aber zunächst einmal die *Befreiung des Bauern* forderten und ihn aus einem schwer bedrückten Untertanen in einen freien Staatsbürger mit steigender Arbeitslust verwandelt sehen wollten[5]. Dazu bedurfte es außer der Aufhebung jener Lasten auch der Auflösung der alten Dorfgenossenschaften mit Gemengelage, Flurzwang und Allmende, d. h. der Verkoppelung bzw. Zusammenlegung einerseits, der Gemeinheitsteilung andererseits. Beide Maßnahmen – in Preußen als »Separation«, als Auflösung der alten Zusammenhänge in Privatbesitzungen bezeichnet – gehörten sinngemäß zusammen, wurden aber meist nicht gleichzeitig durchgeführt. Bauernbefreiung und Separation gemeinsam bildeten den Komplex der *liberalen Agrarreformen*.

In Frankreich gab die Revolution gewaltsam den entscheidenden Anstoß; in Deutschland wurde die Bauernbefreiung seit dem Ende des 18. Jh. in Teilabschnitten von den Territorialstaaten durchgeführt und erhielt ihren Abschluß durch Maßnahmen im Anschluß an die Revolution von 1848. Das *Österreich* des aufgeklärten Absolutismus ging voran[6] – beginnend mit vorsichtigen Schritten Maria Theresias im Sinne einer »Regulierung«, gipfelnd 1781–1789 in physiokratisch-radikalen Reformen Josephs II., die allerdings nach dessen Tod entscheidend reduziert wurden: Nur die Aufhebung der Leibeigenschaft und die eingeführten Bauernschutzbestimmungen blieben bestehen, so daß der befreite deutsche und tschechische Bauer nicht schutzlos wurde. Das grundherrlich-bäuerliche Verhältnis wurde noch nicht angetastet – auch nicht bei der Aufhebung der Leibeigenschaft 1783 durch Markgraf Karl Friedrich von *Baden*. Für die späteren Maßnahmen in Deutschland bildeten die westeuropäischen Zusammenhänge von Befreiung und landwirtschaftlicher Revolution im 18. Jh. ohne deutliches Erkennen ihrer Schwächen ein Vorbild, das verschiedentlich den Anstoß zu Reformen in den kleinen Verhältnissen einzelner Gutsherren gab, besonders dort, wo man in lebhaftem Gedanken- und Wirtschaftsaustausch mit England stand (Ostpreußen, Schleswig-Holstein). Die bedeutendsten Einfallstore für die englischen Ideen des kapitalistischen Agrarliberalismus wie des Liberalismus überhaupt (Ad. Smith) bildeten Königsberg (mit Chr. J. Kraus, Schrötter, Auerswald, Schön) und Celle (mit Thaer, dem Verf. des preußischen Ediktes zur Beförderung der Landeskultur von 1811). Zunächst waren die Widerstände der Feudalgesellschaft noch stärker. Die Auseinandersetzung erhielt Impulse und Akzente durch »fortschrittliche« Teilaktionen und die Französische Revolution. Dabei erwies sich, daß die Bauernbefreiung kein allein agrarisches, sondern ein allgemeines Problem bildete, da sie die Grundlagen von Staat, Gesellschaft und Wirtschaft, von Bevölkerungsstruktur und ständischer Ordnung in Mitleidenschaft zog und selbst religiöse Fragen berührte (einerseits Adam Müller und F. A. L. v. d. Marwitz[7], andererseits Albrecht Thaer, E. M. Arndt, der von Möser, germanischer Tradition und skandinavischer Erfahrung kam, in einer zeitgeschichtlich interessanten Vermeidung beider Extreme).

3. Die Bauernbefreiung

Französische Revolution und Napoleonische Zeit boten auch in diesem Zusammenhang viele Anregungen. In den Gebieten, die dem Kaiserreich Napoleons einverleibt wurden, und im Königreich *Westfalen* wurden Gesetze nach französischem Vorbild erlassen, nach 1815 aber meist wieder aufgehoben. Auch in den neuen und vergrößerten *süddeutschen Mittelstaaten* kam die Befreiung weder vor noch unmittelbar nach 1813–1815 in Gang. In mehrfachen Ansätzen wurde in *Bayern und im Großherzogtum Hessen* zwischen 1808 und 1820 nur die Befreiung der Person durchgeführt, die Grund- und Gerichtsherrschaft und damit die eigentliche Agrarverfassung dagegen unberührt gelassen – trotz des Überwechselns dieser Staaten zu konstitutionellen Verfassungsformen. Im Gebiet des alten Herzogtums *Württemberg* wurde der Lehensverband 1817 aufgehoben; die Bauern verkauften Teile ihres Bodens vorwiegend an die – nun schnell verschuldenden – unterbäuerlichen Schichten, die in Zeiten der Agrardepression viele Bankrotte erlitten und Auswanderer stellten. Im Gebiet der Standesherren dagegen blieb die Feudalverfassung bis 1848 bestehen; die Zertrennung des Bodens wurde ebenso lange untersagt, das Anerbenrecht danach erhalten; der Bauernboden blieb unzerteilt.

Ganz anders verlief die Bauernbefreiung im *Königreich Preußen.* Dort wurde sie, vor dem Ende des 18. Jh. in einer fortschrittlichen und blühenden Landwirtschaft beginnend, von Stein, der den moralischen Grund legte, und Hardenberg, dem größeren Realisten, bis 1816 umfassend durchgeführt, die persönliche Freiheit verliehen und für den größten Teil des mittleren und großen Bauerntums die Grundentlastung durch Verleihung des Eigentums und Fortfall aller Dienste und Abgaben gegen Entschädigung gesetzlich durchgeführt (»Regulierung«). Einige Gruppen, besonders die nicht »spannfähigen« Kleinbauern, blieben jedoch bis 1850 von der Regulierung ausgeschlossen; die gutsherrliche Gerichtsbarkeit wurde einstweilen vollständig erhalten.

Die *Bedeutung des preußischen Vorgehens* liegt im zeitlichen Vorsprung – nicht vor Bayern –, im Umfang der Reformen, in der Art, wie diese Reformgesetzgebung durch das agrarkapitalistische Interesse einer Minderheit des Grundadels beeinflußt wurde, schließlich im Ausmaß der so eingeleiteten Umwandlung der Sozialordnung und Bevölkerungsbewegung. Nirgendwo im übrigen Deutschland haben die Reformen so tiefgreifende Umwälzungen verursacht, wurde die ländliche Verfassung so schnell auf neue Grundlagen gestellt, trat die Verbindung von Bauernbefreiung und großer Politik so sichtbar in Erscheinung, wurde gleichzeitig eine so große Menge von Menschen unmittelbar und mittelbar betroffen.

Diese preußische *Bauernbefreiung in den ostelbischen Gebieten*, die bei der Gutsherrschaft begann, betraf aufs stärkste die ländliche Arbeitsverfassung. Da der bisher ständig verschärfte und ausgedehnte Arbeitsdienst scharwerkender Bauern fortfiel, mußte die Betriebsweise der Güter auf Lohnarbeit umgestellt, also eine neue breite Landarbeiterschicht gebildet werden. Für sie standen aus der schon vor den Reformen erheblich angewachsenen klein- und unterbäuerlichen Schicht viele Menschen zur Verfügung. Schließlich wurde die Befreiung in diesem Raum nach den Verzögerungen durch die Bauernschutzgesetzgebung im 18. Jh. zum letzten ausschlaggebenden Anstoß für die Entwicklung vom mittelalterlichen »Rittergut« zum neuzeitlichen kapitalistischen Großgrundbesitz. Die Bauernbefreiung entsprach also nicht allein einem humanitären Bedürfnis, sie kam auch den Tendenzen des Gutsbesitzes und des Bauerntums, nicht so sehr und nur über viele wirtschaftliche und soziale Zwischenstufen auch den Besitzlosen auf dem Lande entgegen, die immerhin die freilich ökonomisch sehr beschränkte Freizügigkeit erhielten – im Endergebnis eine wesentliche, von den Reformern jedoch nicht bedachte oder gar beabsichtigte Voraussetzung für die Entstehung des »freien« Industrie- (und Land-)Proletariats aus dem unfreien Agrarproletariat.

Erste *Reformansätze* wurden unmittelbar nach der Thronbesteigung Friedrich Wilhelms III. sichtbar. In der Provinz Preußen, wo sich um den Provinzialminister v. Schrötter ein Kreis von Reformern bildete, und in dem 1793–1795 erworbenen Neu-Ostpreußen schloß man an Maßnahmen Friedrich Wilhelms I. und Friedrichs II. an und bestätigte 1804 endgültig die persönliche Freiheit der Domänenbauern. In den übrigen Provinzen wurde diese meist erst im Zusammenhang mit den Reformen nach dem Tilsiter Frieden verordnet; doch war sie auch dort vereinzelt schon früher eingeführt worden, meist seit 1799 in Verbindung mit der Ablösung der Frondienste der Domänenbauern durch Geldentschädigung, ohne Aufgabe der grundherrlichen Abhängigkeit. Als die Katastrophe von 1806/07 den Staat erschütterte, waren also die

Agrarreformen im Zuge einer allgemeinen Entwicklung und unter den Druck der französischen Rechtsreformen seit 1789 bei dem Domänenbauern weit fortgeschritten, bei den adligen Gutsherren in Diskussion, nicht selten bereits im Gange. Danach traten sie im Zusammenhang mit der gesamten Reorganisation der Staatsverfassung unter Stein und Hardenberg in ein neues, stark durch das Ziel des Wiederaufbaues von Absolutismus und Machtstaat bestimmtes Stadium.

Auch die *Separationsgesetzgebung* war bereits von Friedrich II. in Anlehnung an das englische Vorbild begonnen und vor allem in Ostpreußen durch die Reformer fortgeführt worden. Nach 1816 blieb es aus der Erkenntnis der inneren Zusammenhänge von Bauernbefreiung und Separation bei dieser Parallelität der Gesetzgebung auf beiden Gebieten. In der Rheinprovinz vollendeten die Reformen die schon weit fortgeschrittene Auflösung der Grundherrschaft. Die Bauern sträubten sich jedoch in den Depressionsjahren gegen den Anfang der Ablösung: die Umwandlung der Naturalabgaben in Geldrenten, die nicht mehr den inzwischen gesunkenen Getreidepreisen entsprachen und sie daher mit Verschuldung bedrohten. Im Gegensatz zum Osten blieb den Bauern ihr Besitztum ungeschmälert erhalten.

Zwar trat die Gesetzgebung zur Bauernbefreiung erst nach dem Anstoß durch die Niederlage, durch die anschließende Agrarkrisis und durch das allgemeine Reformwerk in die *entscheidende Phase*. Doch lag der grundsätzliche und wesentliche Anfang der Agrarreformen, wie angedeutet, zwischen 1799 und 1806. Auch *Stein* brachte in diese seit 1807 beschleunigte Entwicklung keine prinzipiell neue Wendung: Das berühmte »Oktoberedikt« vom 9. 10. 1807, das allen Bauern der preußischen Monarchie – auf den Domänen 1808, allgemein zum Martinitag 1810 – die persönliche Freiheit gab, war bereits entworfen, als Stein die Geschäfte übernahm. Er veränderte es inhaltlich nicht, sorgte nur für seine Ausdehnung über die ganze Monarchie. Freilich blieben alle am Grundbesitz haftenden Verpflichtungen der Bauern bestehen, Gerichtshoheit und Polizeigewalt des Gutsbesitzers erhalten.

Allerdings bildete die Bauernbefreiung in *Steins Plan* zur Weckung aller Kräfte für die Selbstverantwortung vom kleinsten Kreis der Gemeinde aufwärts ein entscheidendes Kernstück. Bei keinem anderen Reformer, auch nicht bei Hardenberg, tritt der politisch-staatsbürgerliche Beweggrund, ein politisch mithandelndes Bauerntum zu schaffen, so deutlich zutage wie bei Stein. Hier wurde, nach den Physiokraten, z. T. im Anschluß an sie, versucht, die politischen Folgen des Bauernkrieges und der fürstlich-landadligen Auseinandersetzung seit dem 16. Jh. – die Ausschaltung des Bauerntums aus dem politischen Leben – den gegenwärtigen Bedürfnissen des Staates entsprechend aufzuheben, mindestens zu modifizieren. Man verlor sich also ebensowenig wie Friedrich II. beim Bauernschutz in humanitäre Sentimentalität: Stein wollte, wie Schön, die für die Mitarbeit im Staate zu dessen Restauration zu gewinnende Masse der Bauern gegen die Ausbreitungstendenzen des Großgrundbesitzes schützen, die Bildung eines gleichfalls expansiven Großbauerntums jedoch ebensowenig behindern wie die Ausbreitung des gewerblichen Unternehmertums in den Städten. Andererseits forderten führende preußische, besonders ostpreußische Adelskreise mit Schrötter in radikal smithianischer und egoistischer Einstellung zum Ausgleich für die ihnen durch Reformen entstehenden Einbußen die Möglichkeit unbeschränkter Einziehung von Bauernland. Schließlich war eine durchgreifende Reform nötig, weil die Steuerfreiheit des zum Teil unverkäuflichen und unbelastbaren adligen Großgrundbesitzes nicht mehr zu erhalten war. Die Verordnung vom 14. 2. 1808 mit den näheren Bestimmungen zu den umstrittenen Paragraphen 6 und 7 des Oktoberedikts hielt die Mitte zwischen beiden Richtungen. Stein konnte sich nicht voll durchsetzen[8].

Hardenbergs wirtschafts- und gesellschaftspolitische *Gesetzgebung* war weniger durch wirtschaftsliberale Überzeugung als »durch die Finanzkalamität des preußischen Staates bedingt« (Klein, Mieck), die ihn nach neuen Steuerquellen suchen ließ[9]. Die Bewertung seiner fortwirkenden Leistungen im Vergleich mit denen Steins leidet allerdings noch immer unter der unhistorischen Anwendung moralischer Maßstäbe (wegen seines Ehe- und Privatlebens) auf seine Politik und unter der Nachwirkung von Steins Urteil über den erfolgreichen Rivalen. Die Gesetzgebung unter Hardenbergs Leitung neigte immer mehr dazu, alle Bindungen ohne Rücksicht auf Schaffung und Erhaltung eines gesunden Bauerntums zu beseitigen und die Forderungen der am stärksten durch den radikalen Marwitz vertretenen Gutsbesitzer zu erfüllen[10]. Sie behaupteten mit der Patrimonialgerichtsbarkeit eine äußerst wichtige Position und erreichten die immer stärkere Einschränkung der Regulierungsfähigkeit, insbesondere die Ersetzbarkeit der Geldablösung durch beträchtliche Landabtrennung (½ bzw. ⅓ der bäuerlichen Stellen) sowie den Fortfall des Bauernschutzes: Preußens traditionelle Bauernschutzpolitik im Interesse des gesellschaftlichen Gesamtorganismus wurde jetzt unter dem Schleier liberal-wirtschaftlicher Begründung auf Verlangen der politisch, gesellschaftlich und wirtschaftlich im Staate führenden Gruppe preisgegeben. Daher brachten fortan die Regulierungen seit 1811/16 die Einschränkung der Regulierungsfähigkeit auf Spannfähige mit dem Stichjahr 1763 eine starke Ausdehnung des Großgrundbesitzes durch gesetzlich vorgesehene Landabgaben, Einziehungen und Aufkauf von Bauernland, während das mittlere und große Bauerntum geschwächt, das kleine in Verbindung mit der Entwicklung des besitzlosen ländlichen Arbeiterstandes erheblich eingeschränkt wurde[11]. Diesen Besitzgrößen- und -zahlenverschiebungen standen bemerkenswerte Gewinne für Rittergüter und ebenso für bäuerliche Betriebe aus den Separationen gegenüber, so daß, während das Gutsland vergrößert wurde, die Verluste an Bauernland wenigstens zu einem beträchtlichen Teil ausgeglichen wurden und neben den großen Gutswirtschaften auch die bäuerlichen Betriebe lebensfähig blieben, falls sie – in viel schlechterer Kreditlage als jene – die Krisis der 20er Jahre überstanden.

Die *Auswirkungen der preußischen Agrarreformen* festzustellen, ist 1960 und – aufgrund umfangreichen Materials – 1963 versucht worden[12]. Danach gingen 1816–1859 an bäuerlichen Betriebsflächen bei den spannfähigen Bauern durch freien Grundstücksverkehr 445 000 ha, durch Eigentumsregulierung 480 000 ha, durch Einziehungen der Gutsherren etwa 300 000 ha, insgesamt 1,2 Millionen ha verloren, während durch die Separationen 0,6 Millionen Hektar gewonnen wurden, dagegen 0,4 Millionen Hektar bei den Regulierungen verlorengingen, so daß ein Landgewinn von 208 000 Hektar übrigblieb, der die Gesamtverluste auf 232 000 Hektar = 2,7% des Bestandes von 1816 reduzierte. Der Gesamtverlust an Vollbauernhöfen betrug 6870 = 2%. Die Umschichtung in der Besitzstruktur war also gering. Die Vollbauernhöfe konnten ihren Landbesitz durch die Zuteilungen aus der Gemeinheit (rd. 600 000 ha) ungefähr behaupten. Durch die Eigentumsregulierungen gingen ihnen jedoch alle Ansprüche an die Gemeinheit verloren. Dieses große Landreservoir, dessen Umfang etwa der Ackerfläche gleichkam, nutzten in der Folge die Gutsherren für den Ausbau ihrer Güter zu Großbetrieben. Die Rittergüter dürften in der gleichen Zeit ihren Besitz um etwa 18% (13,5% aus Regulierungen, 4,5% im freien Verkehr) vergrößert haben. Die Zahl der Kleinstellen wuchs ständig durch Gemeinheitsteilungen und erhebliche Landkäufe.

Die nach den Reformen einsetzende *Bevölkerungszunahme* bis zur Verdoppelung der ländlichen Einwohnerzahlen um die Jahrhundertmitte verursachte vorübergehende ernste Krisenerscheinungen durch »Übervölkerung« auf dem gutswirtschaftlich bestimmten Lande, die seit etwa 1850 durch die west- und mitteldeutsche Industrialisierung aufgesogen wurde (vgl. Kap. 1). Die wirtschaftlichen Reformen wirkten fort, während politische ausblieben: »Was die neuere Zeit politische Freiheit nennt, ist den Untertanen dieses Staates (Preußen) nicht gar reichlich zugemessen; dagegen genießen sie der bürgerlichen Selbständigkeit in höchstem Grade« (1840, Dt. Vjschr.).

Außerhalb Preußens geriet in Deutschland mit dem Beginn der Restauration die Bauernbefreiung überall nach dem ersten Schritt der persönlichen Befreiung ins Stocken. In *Bayern* ergab 1803 eine Enquête, daß bei mehr als der Hälfte der Gerichte, Kastenämter und Klosteradministrationen der (inzwischen säkularisierten) kirchlichen Besitzungen Leibeigenschaft nicht mehr existierte; diese wurde generell entschädigungslos am 31. 8. 1808 aufgehoben[13]. Die grund- und gerichtsherrliche Verfassung wurde meist erhalten oder nur durch Ablösungsmöglichkeit, nicht -zwang, abgeschwächt (z. B. in Baden). Erst nach der Revolution von 1830 geriet der Komplex in Hannover[14], Sachsen[15] und Kurhessen[16] wieder in Bewegung.

In *Sachsen*[17] erschien nach der Staatsreform von 1831 am 17. 3. 1832 als erstes und entscheidendes einer Reihe von Agrargesetzen das Gesetz über die Ablösungen und Gemeinheitsteilungen. Zwar dominierte auch hier die Geldabfindung, doch übernahm die am 1. 1. 1834 gegründete Landrentenbank die Geldabfindung der Verpflichteten an die Grundherren, während die Pflichtigen sofort frei von Grundlasten wurden, über ihren Boden ohne Einschränkung verfügen konnten und 55 Jahre Tilgungsfrist erhielten. Das führte zu einer fast vollständigen Erhaltung des bäuerlichen Grundbesitzes und zu großzügiger Neugestaltung vieler bäuerlicher Höfe: wohlhabende Mittel- und Großbauernhöfe in den Dörfern, nicht

Rittergüter und Häuslersiedlungen, »wurden seitdem zu einem landschaftlichen Leitbild der sächsischen Ackerbaulandschaften« (Benedict).

Unter maßgeblicher Beteiligung des Osnabrücker Juristen C. B. Stüve brachte die *hannoversche* Ablösungsordnung von 1831 mit dem Ausführungsgesetz von 1833 die Beseitigung der Grundherrschaft. In der gesamten Bauernbefreiung bildete Stüves Gesetzgebung den gelungensten Abschnitt, da sie mit einem Schlage abgeschlossen wurde und die niedersächsischen Verhältnisse glücklich berücksichtigte, Tradition und Fortschritt nahezu ideal mit gerechtfertigten Befürchtungen in bezug auf die Gefahren des Industrie- und Handelskapitalismus für die Bauern in Betracht zog und daher das Anerbenrecht institutionalisierte. So wurde in Hannover, ähnlich in Sachsen, die Ablösungsgesetzgebung Anfang und Grundlage einer gesunden Entwicklung des Bauerntums ohne nennenswerte Verschiebung der Besitzgrößenverteilung, die allerdings von Anfang an günstiger lag als in Preußen.

Die *Revolution von 1848* setzte in einigen *thüringischen Staaten* sowie in *Bayern*[18] die Ablösung überhaupt erst in Gang, brachte aber unter stärkster, z.T. revolutionär-aufständischer Anteilnahme der Bauern, die am Jahrhundertanfang nur wenig Interesse für ihr eigenes Schicksal gezeigt hatten – in *Braunschweig* gab es eine »soziale Krisis des Dorfes«, vorwiegend des unterbäuerlichen Elements, das sich gegen die auch ökonomische Herrschaft des ständischen Prinzips empörte –, fast überall in Deutschland den Abschluß der Befreiung – ein halbes Jahrhundert nach dem Anfang und der Erkenntnis ihrer Notwendigkeit. Dieser Abschluß erschien so selbstverständlich, daß man in der Paulskirche nur noch Einzelfragen, nicht mehr die Prinzipien der Befreiung diskutierte. Zu den bleibenden Erfolgen der Revolution gehörte, daß überall Grund- und Gerichtsherrschaft beseitigt wurden, teils ohne, teils mit (Geld-)Entschädigungen, die für die Bauern tragbar waren und durch die Staaten über Landeskreditanstalten und Provinzialhilfskassen erleichtert wurden – zwei Menschenalter nach der Gründung der »Landschaften« für den Adel, die seit 1808 in Ostpreußen schon den »Köllmern« zugänglich waren[19]. In Mitteldeutschland und anderen Gebieten hatte die Geldablösung von jeher eine stärkere Rolle gespielt als in Altpreußen. In Preußen wurden die bisher von der Regulierung ausgeschlossenen Bauern, soweit sie sich über die Zeit hatten behaupten können, durch das Gesetz vom 2. 3. 1850 ablösungsberechtigt. Damit und mit der Beseitigung der Patrimonialgerichtsbarkeit wurde das Werk der Bauernbefreiung in Deutschland abgeschlossen. Freilich bedeutete die materielle »Befreiung« entsprechend dem Gesetz durchaus nicht überall die Befreiung aus ideologischer, schulischer, kirchlicher und vielfach – mindestens in persönlichen und allgemeinen Not- und Krisenzeiten – auch materieller Abhängigkeit vom Gutsbesitzer als dem wirtschaftlich, politisch und gesellschaftlich stärksten Faktor in Gemeinde und Kreis (Drei-Klassen-Wahlrecht; Stellung des Landrats).

In *Österreich*[20] erfolgte nach dem Dekret von 1846 die von Hans Kudlich beantragte revolutionäre Gesamtablösung durch das Gesetz vom 7. 9. 1848, das in den 50er Jahren gegen hochadlige Änderungsbestrebungen behauptet werden konnte und den Bauern als revolutionären Faktor sofort ausschaltete.

Insgesamt[21] verband sich so um die Jahrhundertmitte die Bauernbefreiung mit »Kulturgesetzgebung« und Industrialisierung; gemeinsam legten sie mit der Einführung der Gewerbefreiheit die Grundlage für die soziale Wandlung, aber auch für die damit verbundene Unruhe in Deutschland während der zweiten Jahrhunderthälfte. Die *preußische* Bauernbefreiung hat G. Ipsen mit dem Blick mehr auf den Staat als auf die »Befreiten« »im wesentlichen' einen staatlich bewirkten Landesausbau« genannt; »ihr Schlüsselwort ist die Verdichtung des Arbeitsbesatzes; ihr Erfolg die rationelle Landwirtschaft durch hochgesteigerten Arbeitsaufwand; ihre Wirkung die Züchtung einer Arbeitsgesinnung in der Pflicht an der Sache«. Die ländliche Bevölkerungszunahme betrug – vorwiegend im Kleinbauern- und Landarbeitertum, wo Kinder Arbeitskraft bedeuteten – in Ost- und Westpreußen 1819–1849 53%, die städtische nur 27%. Unter diesem Bevölkerungsdruck bei freiem Arbeitsvertrag setzte seit den 40er Jahren die große Wanderung ein, die in wenigen Generationen den Anteil der Stadtmenschen an der Gesamtbevölkerung von unter einem Drittel auf die Hälfte, in einigen Ländern bis auf drei Viertel hob[22]; obendrein stammten sehr viele Auswanderer aus dem ostdeutschen Bauerntum.

Die *Bauern*befreiung war zugleich vielfach auch eine Befreiung der *Herren*, die ihren Gutsbesitz durch Landentschädigung der Bauern, freihändigen Erwerb bzw. Einziehung von ungeschützten Bauernstellen vergrößerten, Arbeitskräfte, technische Reformen und Feldbereinigungen erhielten, die für einen modernen Betrieb nötig waren, mit Ablösungsgeldern die Wirtschaft verbesserten, gewerbliche Anlagen schufen – Rübenzuckerfabriken, Schnapsbrennereien, holzwirtschaftliche Betriebe, Mühlen usw. –, schließlich die steigende Kaufkraft einer schnell wachsenden Bevölkerung mit höheren Ansprüchen nutzen konnten. Solchen modernen Anforderungen und Möglichkeiten gegenüber erschienen die mit Diensten und Pflichten traditionell verbundenen Rechte der Abhängigen vielfach als hoch und hinderlich, so daß man bei allmählicher Lockerung christlicher Fürsorge-Vorstellungen von einer Befreiung der Grund- und Gutsherren von ihren »hochberechtigten« bäuerlichen Arbeitskräften hat sprechen können[23].

Im *rechtsrheinischen Preußen* haben die Großgrundbesitzer die ihnen aus der Ablösung zufließenden Beträge »offenbar meist für Entschuldung und Landzukauf, allenfalls für den Erwerb von Eisenbahnaktien« verwendet (Zorn). Auch in- und ausländische Staatspapiere wurden dort sowie in Süd- und Südwestdeutschland viel gekauft, zumal das Angebot an Grund und Boden bald erschöpft war. Eine Unternehmertätigkeit mit Hilfe der Ablösungskapitalien setzte jedenfalls nicht ein, abgesehen von einigen Ansätzen in Nassau und mit Ausnahme der großen süddeutschen Standes- und Grundherrschaften, die Millionenbeträge an Gulden erhielten und »nicht zuletzt durch ihre eigene Gebietsausdehnung weit mehr Anlagemöglichkeiten zur Verfügung hatten« (Winkel). »Die Umstellung der gutsherrlichen Großgrundbesitzerbetriebe auf die kapitalistische Produktion erfolgte vornehmlich mit Hilfe der hohen Loskaufgelder, die die Bauern ... entrichten mußten ... Aus dem Umstand, daß der Entwicklung des Kapitalismus in Preußen nicht durch eine siegreiche bürgerliche Revolution freie Bahn geschaffen worden war, sondern daß sie durch Reformen unter Kontrolle der alten Klasse der Gutsherren bzw. ihres Staates eingeleitet wurde, ergab sich die Eigentümlichkeit einer Vorzugsstellung der sich entwickelnden Schicht von Agrarkapitalisten vor der in ihrer Entwicklung vielfach gehemmten Schicht der Industriebourgeoisie« (Bleiber).

Bei der Diskussion über den »Kapitalmangel« in der ersten Hälfte des 19. Jh. ist diese Seite bisher nicht ausreichend berücksichtigt worden[24]. Brachte die »Bauernbefreiung« mit allen Folge- und Nebenereignissen dem Staat zunächst große neue Ausgaben, so zog dieser sich nach deren Erledigung ganz auf die Domänenverwaltung zurück, so daß der Weg über offizielle Interessenvertretungen zu Selbstverwaltungseinrichtungen geöffnet wurde. Veränderten die Reformen den Status der Sozial- und Wirtschaftsgruppen auf dem Lande in verschieden starkem, insgesamt aber großem Ausmaß, so bleibt die Frage nach dem »Einfluß ... auf Höhe und Zusammensetzung der preußischen Staatseinkünfte«, die bisher nur für Ostpreußen untersucht worden ist[25].

Die Befreiung der Bauern von Bindungen und die Verleihung des Eigentums geschah unter Übernahme neuer Abgaben und Bezahlung der Betriebsausstattung. Ein großer Teil der Bauern war insbesondere in den 20er Krisenjahren den verbliebenen alten und den neuen Ansprüchen des Staates nicht gewachsen. Noch dazu wurden die vor Generationen festgesetzten Dienst- und Barleistungen den gegenwärtigen Realitäten nicht angepaßt, so daß viel zu hohe Dienstbefreiungsgelder gezahlt werden mußten, deren Bemessung sich nach den abnorm hohen Getreidepreisen von 1806/07 richtete und für angemessen gehalten wurde. Insgesamt kamen die direkten Gegenleistungen der Bauern für die Eigentumsverleihung und die zusätzliche Ablösung der kapitalisierten grundherrlichen Renten vielfach der Doppelbezahlung des Eigentums gleich. Diese außerordentlich starke finanzielle Belastung wurde mindestens anfangs nicht oder nur unzulänglich durch Produktivitätssteigerungen ausgeglichen. Der Staat hatte kurzfristig durch Entschädigung der Domänenpächter, zusätzliche Verwaltungsausgaben für die Reformen und Landarbeiter-Wohnungsbau ein Defizit von etwa ⅓ der Netto-Domäneneinnahmen eines Jahres, nach der Übergangsperiode aber jährlich etwa 28% Mehreinnahmen gegenüber 1805/06.

Bismarck betrachtete seine Arbeiter- und Sozialgesetzgebung u. a. als die zeitgemäße Fortführung der Bauernbefreiung. Wilhelm I. wollte den Anstoß dazu geben, »daß für die heutzutage schwächste Klasse unserer Mitbürger, wenn auch nicht die gleichen Vorteile und Ziele wie für den Bauernstand vor 70 Jahren, aber dennoch eine wesentliche Besserung der Gesamtsituation, des Vertrauens« erreicht werde; er habe es sich zum Ziel gesetzt, »auf diesem Gebiete nach einem früher oder später erreichbaren analogen Zustand der Arbeiter zu streben«, wie sein Vater Friedrich Wilhelm III. »in der ewig denkwürdigen Emanzipation der Bauern« (Reichstagsrede 9. 1. 1882).

1 S. o. Bd. 14, Kap. 17. Durch G. RITTER, Stein (2 Bde. 1931, [3]1958) wurde »der Blick frei für eine neue Ansicht der Agrarreform«. G. WINTER, Das Bild d. Frhr. v. Stein i. J. 1931, FBPG 44 (1932). Hauptquellen: Frhr. v. Stein, Briefe u. amtl. Schriften, Bd. II 2 (1960), hg. v. W. HUBATSCH u. P. G. THIELEN (dort die wichtige Lit.). E. R. HUBER, Dt. Verf. seit 1789, Bd. 1 ([2]1967). W. CONZE, Quellen z. Gesch. d. Bauernbefreiung (1957). W. TREUE, Die preuß. Agrarreform zw. Romantik u. Rationalismus, Rhein. Vjbll. 20 (1955). W. GÖRLITZ, Die Junker (1956). RÖSSLER-FRANZ, Sachwörterbuch (1956 ff.), Art. ›Bauernbefreiung‹. Parteipolitisch verzerrt die an F. ENGELS, Zur Gesch. d. preuß. Bauern (1886 in W. WOLFF, Die schles. Milliarde, Sozialdemokrat. Bibliothek 6, gesondert [3]1946), anschließende Lit. H. ROSENBERG, Probleme der dt. Soz.gesch. (Tb. 1969).

2 Zum Beispiel Artikel »Agrargeschichte« und »Bauernbefreiung« im Handwb. der Staatswissenschaft u. im Wb. d. Volkswirtschaft.

3 F. LÜTGE, Die mitteldt. Grundherrschaft ([2]1957). Ders., Die dt. Grundherrschaft, Zs. f. Agrargesch. u. Agrarsoziol. 3 (1955). Ders., Die Ablösung d. grundherrl. Lasten in Mitteldtld., Jbb. f. Nat.ök. u. Stat. 142 (1935); dort Lit. über die mitteldt. Gebiete einschl. Westfalen u. Kgr. Sachsen. J. GRIESMEIER, Die Entwicklung d. Wirtschaft u. die Bevölkerung von Baden u. Württ. im 19. u. 20. Jh., Jbb. f. Stat. u. Landeskde. v. Bad.-Württ. 1 (1954).

4 Selbst in den Gesetzen d. Bauernbefreiung wurden die Ausdrücke »Leibeigenschaft«, »Erbuntertänigkeit«, »Gutsherrschaft« usw. in oft unrichtiger Bedeutung gebraucht.

5 M.-E. VOPELIUS, Die altliberalen Ökonomen u. die Reformzeit (1968).

6 K. GRÜNBERG, Die Bauernbefreiung u. die Auflösung d. gutsherrl.-bäuerl. Verhältnisse in Böhmen, Mähren u. Schlesien (1894). E. SCHREMMER, Die Bauernbefreiung in Hohenlohe (1963). W. ENGELS, Ablösungen u. Gemeinheitsteilungen in der Rheinprovinz (1967).

7 F. LÜTGE, F. A. L. v. d. Marwitz, der große Gegner Stein-Hardenbergs, Jbb. f. Nationalök. u. Statistik 139 (1933). Gesamtproblem: C. v. DIETZE, Wege zur Agrarpolitik, ein Stück Methodengesch. d. Nationalök. in Dtld. von Moeser bis Roscher, HJb 62/69 (1949).

8 G. WINTER, Zur Entstehungsgesch. d. Oktoberedikts u. d. Verordnung vom 14. 2. 1808, FBPG 40 (1927). K. THIEDE, Die Ansichten d. Frhr. v. Stein über das Zunftwesen u. die Bauernbefreiung, Jb. f. Gesetzgebung 49 (1925). M. GROSSE-EGGEBRECHT, Der Ständegedanke beim Frhr. v. Stein (1935). H. RÖSSLER, Reichsfrhr. v. Stein (1957). B. SCHUMACHER, Gesch. Ost- u. Westpreußens ([4]1959). Bevor Stein erschien, »war das Edikt ... im wesentlichen unter Schöns Einfluß schon entworfen«; auch in Brands Plan d. neuen Stadtverfassung für Königsberg war bereits ein »Grundzug der Steinschen Städteordnung vorausgenommen«. H. ROTHFELS, Siebenhundert Jahre Königsberg, in dess. Zeitgeschichtl. Betrachtungen (1959). H. HAUSSHERR, Stein u. Hardenberg, HZ 190 (1960). Stein kritisierend GRAF H. v. BORCKE-STARGORDT, Aus der Vorgesch. zu den preuß. Agrarreformen, Jb. d. Albertus-Univ. 8 (1958): Stein habe »durch seine ... Ausweitung des Oktoberedikts auf die damalige Gesamtmonarchie weder den Bauern noch den Gutsbesitzern der außerhalb Ost- und Westpreußens gelegenen Gebiete einen Dienst geleistet«. Erst das Regul.-Gesetz von 1811 habe die durch Stein geschaffenen Schwierigkeiten beseitigt.

9 E. KLEIN, Von der Reform zur Restauration (1965). I. MIECK, Preuß. Gewerbepol. in Berlin 1816–1844 (1965).

10 Das »Unrecht« den »Umständen« gegenüberstellend: G. IPSEN, Die preuß. Bauernbefreiung als Landesausbau, Zs. f. Agrargesch. u. Agrarsoziol. 2 (1954). H. u. G. MORTENSEN, Über d. Entstehung d. ostdt. Großgrundbesitzes, Nachr. Ak. Göttingen phil.-hist. Kl.

(1955). O. EGGERT, Die Maßnahmen der preuß. Reg. zur Bauernbefreiung in Pommern (1965).

[11] J. FRHR. V. D. GOLTZ, Auswirkungen d. Stein-Hardenbergschen Agrarreform im Laufe d. 19. Jh. (1936). W. ENGELS, Ablösungen u. Gemeinheitsteilungen in der Rheinprov., Rhein. Archiv 51 (1957), dazu G. FRANZ, HZ 190 (1960).

[12] G. FRANZ, Kleine Gesch. d. dt. Bauerntums (1952). TH. HÄBICH, Dt. Latifundien ([3]1947). H. W. GRAF FINCK V. FINCKENSTEIN, Die Entwicklung d. Landwirtsch. in Preuß. u. Dtld. 1800 bis 1930 (1960). D. SAALFELD, Zur Frage d. bäuerl. Landverlustes in Zusammenhang mit den preuß. Agrarreformen, Zs. f. Agrargesch. u. Agrarsoziol. 11 (1963).

[13] A. SANDBERGER, Entwicklungsstufen d. Leibeigenschaft, Zs. f. bayer. Landesgesch. 25 (1962).

[14] W. CONZE, Die liberalen Agrarreformen Hannovers im 19. Jh. (1947). W. VOGEL (Hg.), J. C. B. Stüve, Briefe 1: 1817–1848 (1959).

[15] F. LÜTGE, Ablösung d. grundherrl. Lasten (s. Anm. 3). E. BENEDICT, Die agrarrechtl. Reformen des 19. Jh. in Sachsen als gestaltende Kraft der Kulturlandschaft, in: Festschr. E. Lehmann (1965).

[16] Dort wurde 1832 die Landeskreditkasse als erstes ländl. Kreditinstitut für die Bauern im 19. Jh. gegründet. K. SCHARLAU, Landeskulturgesetzgebung u. Landeskulturentwicklung im ehem. Kurhessen seit dem 16. Jh., Zs. f. Agrargesch. u. Agrarsoziol. 1 (1953).

[17] K. BLASCHKE, Bevölkerungsgesch. von Sachsen bis z. Industr. Revol. (1967). G. SCHMIDT, Die Staatsreform in Sachsen in der 1. H. d. 19. Jh. (1966). R. GROSS, Die bürgerl. Agrarreform in Sachsen in der 1. H. d. 19. Jh. (1968).

[18] F. LÜTGE, Ablösung (s. Anm. 3). G. FRANZ, Die agrar. Bewegung i. J. 1848, Hess. Jb. f. Landesgesch. 9 (1959). E. W. BUCHHOLZ, Ländl. Bevölkerung an der Schwelle d. Industriezeitalters (1966). L. ZIMMERMANN, Die Einheits- u. Freiheitsbeweg. u. die Revol. in Franken 1848 (1951). W. ZORN, Kleine Wirtsch.- u. Sozialgesch. Bayerns (1962).

[19] K. TSCHERKINSKY, Les Landschaften et leurs opérations de crédit hypothécaire en Allemagne 1770–1920 (1920). F. LERNER, Wirtschafts- u. Sozialgesch. d. Nassauer Raumes 1816–1964 (1965).

[20] J. BLUM, Noble Landowners and Agriculture in Austria 1815–1848 (1948), dazu HASSINGER, VSWG 39. J. BUCHINGER, Der Bauer in der Kultur- u. Wirtschaftsgesch. Österreichs (1952). O. BRUNNER, Adeliges Landleben u. europ. Geist (1949). F. PRINZ, H. Kudlich (1962).

[21] F. LÜTGE, Über die Auswirkungen der Bauernbefreiung in Dtld., Ges. Abhandlungen (1963). R. KOSELLECK, Preußen zw. Reform u. Revol. (1967).

[22] W. ABEL, Schichten u. Zonen europ. Agrarverfassg., Zs. f. Agrargesch. u. Agrarsoziol. 3 (1955).

[23] A. WALD, Die Bauernbefreiung u. die Ablösung d. Obereigentums – eine Befreiung der Herren? HV 28 (1934).

[24] W. ZORN, Die Struktur d. rhein. Wirtschaft in der Neuzeit, Rhein. Vjbll. (1963). H. WINKEL, Die Ablösung d. Grundlasten im Hgt. Nassau im 19. Jh., VSWG 52 (1965). K. BORCHARDT, Zur Frage d. Kapitalmangels in der 1. Hälfte d. 19. Jh. in Dtld., Jbb. f. Nat.ök. u. Stat. 173 (1961). H. BLEIBER, Zur Problematik d. preuß. Weges der Entwicklung des Kapitalismus in der Landwirtschaft, Zs. f. Gesch.wiss. 13 (1965).

[25] F. FACIUS, Wirtschaft u. Staat (1959). V. GROPP, Der Einfluß der Agrarreformen des beginn. 19. Jh. in Ostpreuß. auf Höhe u. Zusammensetzg. d. preuß. Staatseinkünfte (1967).

Kapitel 4
Die Entwicklung der Land- und Forstwirtschaft

Den Hauptteil der deutschen Wirtschaft bildete bis gegen 1870 die Landwirtschaft. Deutschland war überwiegend landwirtschaftliches Produktionsgebiet; noch bis 1846, dem Jahr der Aufhebung der englischen Kornzölle, bildete besonders Nordostdeutschland Britanniens Kornkammer[1]. Von 1802 (36,5%) bis 1900 (52,6%) stieg in den altpreußischen Provinzen der Anteil der Äcker an der Gesamtfläche um fast die Hälfte; ähnlich war es im übrigen Deutschland[2].

Etwa seit dem Regierungsantritt Friedrichs II. gab es in Preußen Reformansätze[3], am Ende des 18. Jh. eine starke *agrarische Literatur*. Sie betraf neben der wirtschaftlichen und technischen Seite (Thaer, Schubart, Edler v. Kleefeld) die Stellung der Bauern in reformierender (Gentz, Krug, Schubart) wie in gegen Adam Smith gerichteter konservierender Absicht (Marwitz, Ad. Müller: der Staat sei nicht nur »eine bloße Manufaktur, Assekuranzanstalt oder merkantilische Sozietät«). Dabei kam es zu erregten Diskussionen über Wesen und Aufgabe der Landwirtschaft[4]. Thaers moderner Gewerbeauffassung antwortete man aus Bayern: »Die preußischen Provinzen ... sind reich und stark nur, wenn sie sich eine mäßige Bevölkerung ... erhalten und nicht nur den fabrikmäßigen Industrie-Ackerbau, sondern auch die aus vielen Gründen ihrem Wesen ganz widersprechenden Manufakturen fernhalten[5].« Diese *Agrarlehre* aus romantischer Geschichtsphilosophie entsprach nicht der Wirtschaftsrealität, sondern war Ergebnis der *Agrarpolitik* der Romantiker[6]; ihre Auffassungen tauchten 1848, dann gegen Caprivis Wirtschaftspolitik, verstärkt im Nationalsozialismus wieder auf, zuweilen als heilsames Gegengewicht[7]. Der preußische Staat stand auf der Gegenseite, die Albrecht Thaer repräsentierte[8] mit seiner Neigung zum Aufgreifen englischer Erfahrung und seinem Streben nach »möglichst hohem Gewinn, da die Landwirtschaft ein Gewerbe ist«. Thaers Wirkung reichte weit über Preußen und sein eigenes Leben hinaus. Sein Hauptschüler war zunächst Joh. Gottl. Koppe[9], sodann als der bedeutendste Joh. Heinr. v. Thünen[10], der infolge eines Irrtums sein eifrigster Gegner wurde. Schüler von Adam Smith, schrieb Thünen über den ›Isolierten Staat in Beziehung auf Landwirtschaft und Nationalökonomie‹ als Streitschrift gegen Thaers mißverstandene Lehre von der

Fruchtwechselwirtschaft. Caspar Voghts Mustergut Flottbek bei Hamburg bildete wie aus Schottland übernommene Baumschulen (Douglas-Fichte) ein Einfallstor des englischen Einflusses in Norddeutschland auf land- und forstwirtschaftlichem Gebiet[10a]. In West- und Süddeutschland wirkten Thaers Schüler Joh. Nep. v. Schwerz und M. Schönleutner, der Thaers Gedankengut in Bayern mit seiner ›Theorie des Ackerbaus‹ weiterentwickelte; noch stärker wirkte er durch praktische Lehrtätigkeit an der von ihm errichteten Landwirtschaftsschule Weihenstephan[11]. Diese Männer arbeiteten gewissermaßen in der Überleitung vom 18. Jh. und von der Naturphilosophie zu Liebig und der modernen Chemie in der Landwirtschaft, womit betriebswirtschaftlich und technisch der Schritt zur Landwirtschaft des hochkapitalistischen Industriestaates getan wurde[12] (während das soziale Selbstverständnis der Landwirte im Laufe der Zeit entsprechend dem Anwachsen der Industriebevölkerung und des Sozialismus immer stärker zu einer erfolgreichen Mischung von wirtschaftlicher Interessenpolitik mit Romantik und Konservatismus neigte). Liebigs Hauptwerk ›Die organische Chemie in ihrer Anwendung auf Agricultur und Physiologie‹ erschien wie Friedrich Lists Hauptwerk 1840.

Hauptwege für die Entwicklung der Landwirtschaft im 19. Jh. bahnten *landwirtschaftliche Schulen* vieler Typen[13]: höhere landwirtschaftliche Lehranstalten (Akademien)[14], die schließlich alle an Universitäten angeschlossen wurden (außer König Wilhelms I. berühmter Gründung Hohenheim, des ersten Instituts dieser Art in Deutschland nach Thaers Anstalt in Möglin, auf der Grundlage des landwirtschaftlichen Vereins von 1817 und in Verbindung mit Tierarzneischule und Gestüt). Dazu kamen Musterwirtschaften, Versuchsstationen[15], staatliche und private Landwirtschaftsvereine[16] (Anfänge in Bayern 1809, in Preußen 1811, in Württemberg 1817). Bis 1848 entstand ein dichtmaschiges Netz sehr verschiedener Typen, verschieden auch in ihrem Verhältnis zum Staat. Dadurch wurde wie durch die Einführung der Schulpflicht auf dem Lande allgemein der Emanzipationsprozeß fortgeführt, der Landwirt aus der räumlichen und geistigen Isolierung befreit. Daraus erwuchsen auch Genossenschaften mit Kritik am individualistisch-liberalen Kapitalismus, aber in einer Gegenposition zum Sozialismus, zuerst seit der Not von 1846 unter Raiffeisens Führung[17] (1887 preußisches Genossenschaftsgesetz), ferner

Beratungsstellen anfangs unter Thaers, dann bis in die 80er Jahre unter Liebigs Einfluß. Feste, Versammlungen, Ausstellungen[18], Zeitungen wirkten in gleicher Richtung. Bei alledem lag die Initiative zunächst im privaten Bereich; nach 1848 traten Staat, Provinzen, Verbände und Kammern in den Vordergrund. Mehr als in technischen Gewerben behauptete trotz vieler Neuerungen die Tradition eine starke Geltung, so daß auch die modernisierte Landwirtschaft bis zur Mitte des 20. Jh. vielfach als »natürlicher Gegenpol« der als »unnatürlich« betrachteten Technik bezeichnet wurde.

Das *landwirtschaftliche Organisationswesen* reicht in Deutschland bis zu Schubarts »Thüringischer Landwirtschaftlicher Gesellschaft« in Weißensee von 1762 zurück. Ihr folgten ökonomische, physikalische, patriotische Gesellschaften und Sozietäten vorwiegend in West- und Süddeutschland, weniger in Preußen. Dort setzte das Vereinsleben erst 1808 mit Thaers »Landwirtschaftlichem Verein« zu Möglin ein. Der Bildung dieser landwirtschaftlichen Vereine auf Orts-, Kreis- und Bezirksebene durch die Landwirte selbst (1820 in Preußen 15) folgte seit den 20er Jahren die Gründung von solchen für Regierungsbezirke und Provinzen mit Lokalabteilungen (1870: 18) zur gemeinsamen Verfolgung von Berufsinteressen und zur »Vermehrung der Kenntnisse«. 1842 wurde in Preußen das Landesökonomiekollegium gegründet als technische Deputation des Staates zur Förderung der landwirtschaftlichen Vereine in den Provinzen, 1848 in Sachsen der Landeskulturrat, in Hessen-Darmstadt eine staatliche Zentralstelle – überall also Versuche der Zusammenarbeit, Leitung und Kontrolle von Staats wegen, nicht zuletzt, weil die Vereine begannen, sich wirtschaftspolitisch zu betätigen. Auch in Bayern und anderen Ländern kam es zu entsprechenden Gründungen, in Kurhessen 1848 aber zur Auflösung aller Vereine[19].

Während Agrarreformen, Besitzverschiebungen, Gemeinheitsteilungen, Regulierungen, Mobilisierung und Zersplitterung des bäuerlichen Landes, Entstehung des Landarbeitertums, Binnenwanderung und Saisonarbeiterschaft sowie politische Agitation von links und rechts die ländliche Gesellschaft erschütterten und veränderten, mußte die Landwirtschaft *Notzeiten* verschiedener Art meistern. Dazu gehörten nach den Hungerjahren um 1816 besonders die großen Krisen der 20er[20] und der 40er[21] Jahre: die erste belastete mehr den großagrarischen, getreideexportierenden Osten, die zweite den durch

Teilungen geschwächten Westen und Südwesten; beide entstanden im Gefolge von Mißernten und Hungersnöten und brachten die äußere Entwicklung des Betriebes zum Stocken, verwirrten das Gleichgewicht von Ernteergebnis und Aufwand und beeinflußten Verschuldung, Auswanderung, Landflucht, Einführung von Maschinen, Rationalisierung und Arbeiterlöhne. Das Ende der ersten Krisis war etwa 1826 zu erkennen – gekennzeichnet durch lebhafte Bevölkerungsvermehrung, Getreide- und entsprechende Bodenpreissteigerung. Die der 40er Jahre erwuchs aus Bodenspekulation und wurde seit 1844 durch schwere Mißernten verschärft; die Wirkung der Hungersnot unter der seit 25 Jahren stark angewachsenen Landbevölkerung, etwa in Oberschlesien, vereinte sich mit Cholera und anderen Krankheiten, Rinderpest und Überschwemmungen. Die Krisis führte in die Revolution von 1848 und trug in manchen Gebieten (Schlesien) erheblich zu deren Formen und Ausmaßen bei, zumal die Behörden wenig zur Linderung taten. Den Städtern ergab sich überraschend ein Bild, das man in Deutschland für unmöglich gehalten hatte und häufig mit der Not vor der großen Revolution in Frankreich in Parallele setzte[22]. Die auffälligste Folge war starkes Anschwellen der Auswanderung mit entsprechenden Verlusten an Arbeitskraft und Vermögen sowie Wertminderung des Bodens durch Überangebot.

Friedrich List hat 1844 auf der »Wanderversammlung teutscher Land- und Forstwirthe« sehr klar auseinandergesetzt, daß von einem bedeutenden Getreideexport fortan keine Rede mehr sein könne, während der Inlandsabsatz ständig bessere Möglichkeiten und damit solche zur Maschinisierung und Intensivierung bieten werde. Er prophezeite also richtig die Wechselwirkungen der »beiden produzierenden Nahrungsstände«.

Ebenso wichtig wie die Bauernbefreiung war für die Landwirtschaft im allgemeinen die *Reform des Steuerwesens:* »Nichts hat die Entwicklung der Landwirtschaft so beeinflußt, so die Formen der Landgutswirtschaft geprägt wie die Besteuerung des Grundbesitzes nach Höhe, Erhebungsweise und Sicherung des Steuereingangs« (Aereboe). Die Steuerpolitik wurde von den Bundesstaaten vielfach bewußt als Mittel der Förderung der rationellen Landwirtschaft eingesetzt. In die gleiche Richtung wirkte die Entwicklung des Agrarkreditwesens (insbesondere die Neuordnung des Hypothekar- und des Personalkredits) sowie die Entstehung und Ausbreitung des Versicherungswesens (Feuer, Hagel, Vieh).

Die »Unruhe auf dem Gebiet der Ernährungswirtschaft vor 1848 hat zweifellos dazu beigetragen, die politischen Ereignisse zu beschleunigen« (Haushofer). Roscher wies im Frühjahr 1847 auf »die große Gefahr jeder bedeutenden Theuerung ... Die großen Revolutionen in der Geschichte sind gar häufig durch große Theuerungen vorbereitet worden«. Das bestätigt die von anderer Seite belegte Tatsache, daß die Revolution von den Konsumenten ausging, nicht von den landwirtschaftlichen Produzenten. Das Jahr 1848 hatte in der Landwirtschaft neben dem politischen einen besonderen wirtschaftlich-sozialen Akzent. Die Bauern wollten Verbesserung der sozialen Lage, Beseitigung der letzten Grundlasten und Fronen, die Landarbeiter, das ländliche Proletariat, nur Land, nicht politische Macht zum Umsturz, während das Kommunistische Manifest gleichzeitig bereits den bäuerlichen Betrieb als durch den vergesellschafteten Großbetrieb überholt bezeichnete und »Errichtung industrieller Armeen, besonders für den Ackerbau« forderte.

Die Bewegung auf dem Lande zerlegte sich also in eine bäuerliche[23] vorwiegend im Westen und Südwesten, die zu erheblichen Erfolgen führte, und eine landarbeiterschaftliche[24], die nahezu ganz auf den Osten beschränkt blieb und die Beteiligung am Landbesitz erstrebte, aber nicht erreichte. Das Gemeinsame der bürgerlich-stadtarbeiterschaftlichen und der bäuerlich-landarbeiterschaftlichen Empörung lag darin, daß beide gegen einen unerträglich gewordenen Zustand angingen, das Bürgertum mit vorwiegend politischer, nationaler, die anderen Gruppen mit gewöhnlich provinzieller, wirtschaftlich-sozialer Zielsetzung. Überall schied die Revolution die Besitzenden, zu denen auch die Bauern gehörten, von denen, die gewaltsam nach Besitz strebten. »Die bäuerlichen Grundbesitzer verlangen schleunige Bewaffnung gegen die Masse der Besitzlosen ... Das Dorf ist aufgespalten ..., die unterbäuerliche Schicht ... sozial freigesetzt« (Buchholz). Nur in Schlesien und in Posen[25] wurde diese Parteibildung beeinträchtigt, hier durch Armut und Not der kleinen Bauern, dort durch die polnische Frage: Polnische Rittergutsbesitzer versprachen ihren Arbeitern nach der Wiedererrichtung Polens Land aus Bauernbesitz und trieben damit die Bauern, auch die polnischen, auf Preußens Seite. Das Ergebnis der Revolution war auf dem Lande das gleiche wie in der Stadt: Bauerntum und Bürgertum waren, von ihren Fesseln befreit, in der Lage, sich in der Folge in der freien kapitalistischen Wirtschaft mit proletarischer Arbeitsverfassung kräftig zu entwickeln. Das Proletariat ging in Stadt und Land leer aus. Die innere Kolonisation, von Ministern und Abgeordneten häufig erwähnt, wurde nicht verwirklicht, ein Ansiedlungswerk für Landarbeiter nicht begonnen; die niedere Gerichtsbarkeit und Polizeigewalt der Grundherrschaft über die Grundholden wurde auf den Staat übertragen (Amts- statt Patrimonialgericht), das Eigenland der Gutsherren in die politische Gemeinde einbezogen (mit Ausnahme der etwa 12000 preußischen »Gutsbezirke«, die selbständig blieben), jeder persönliche Frondienst sowie der Kirchenzehnt wurde überall aufgehoben[26].

»Der Konservatismus der Gebildeten mag theoretische Überzeugung sein; der Konservatismus des Bauern ist seine Sitte. In den sozialen Krisen unserer Tage [1848] hat der Bauer eine wichtigere Rolle gespielt, als die meisten ahnen, denn er hat den natürlichen Damm gebildet gegen das Überfluten der französischen Revolutionsdoktrin in die unteren Volksschichten. Nur die Passivität der Bauern hat im März 1848 die Throne gerettet ... Es war aber jene Passivität keine zufällige, sie quoll vielmehr aus dem innersten Wesen des deutschen Bauern. Der Bauer hat in unserem Vaterlande eine politische Bedeutung wie in keinem anderen Lande Europas. Der Bauer ist die Zukunft der deutschen Nation. Die innere Erfrischung und Verjüngung unseres Volkslebens kann nur noch von dem Bauernstande ausgehen« (Riehl). Diese Auffassung gewann in der zweiten Hälfte des 19. Jh. trotz wachsender Industrialisierung immer mehr Anhänger und bestimmte Politik und Gesellschaft, wenngleich in wechselnder Verkleidung über den »Bund der Landwirte« und den »Reichslandbund« bis zur nationalsozialistischen Bauernpolitik für den »Reichsnährstand«.

Im Zusammenhang mit der Hungersnot begann man, sich mit der Problematik des *Kornhandels* zu beschäftigen (Roscher) und dessen Organisation zu studieren. Durch die Eisenbahnen kam es zu einer Zentralisierung des Getreidehandels, was seit etwa 1850 zur Verhinderung von Hungersnöten nach Mißernten beitrug, etwa gleichzeitig zur Einführung des Terminhandels. Seit 1869/70 trat der Getreide-Import aus Rußland, später auch aus Amerika, an die Stelle der Ausfuhr; damit kam es zur Bildung von Getreidebörsen. Bald folgte eine bedeutende Ausdehnung des Landwarenhandels (künstl. Dünger, Saatgut, Pflanzenschutzmittel, Kartoffeln, Maschinen) bei scharfer Trennung von Getreide- und Viehhandel. Dem Landwarenhandel des Eigenunternehmers entstand seit ca. 1865 eine starke Konkurrenz im genossenschaftlichen Ein- und Verkauf[27].

Die *Industrialisierung wirkte auf die Landwirtschaft* nach Industrie- und Stadtnähe, Wirtschaftsweise, Vermögen und Person, Neigung und Interesse sehr verschieden. Auch gilt der Begriff »Industrialisierung« hier nur mit Vorbehalt. Zwar haben die Entstehung der Industrie, ihre Bedürfnisse, der Absatz ihrer Erzeugnisse deutlich sichtbare Spuren in der Landwirtschaft hinterlassen, aber im ganzen drängte doch grundsätzlich mehr der neue kapitalistische *Wirtschaftsgeist* durch die Agrarreformen von der einen, durch Industrie und Verkehr von der anderen Seite her den alten Geist der Land- und Hauswirtschaft zurück. Die erste Auswirkung der Industrie auf die Landwirtschaft betraf den Boden. Viele Beobachter haben beschrieben, wie Entdeckung und Förderung von z. T. sehr tiefliegender, nur im modernen Tiefbauverfahren abbaufähiger Steinkohle zwischen Ruhr und Emscher in kurzer Zeit der Industrie lebhaftesten Aufschwung vermittelten, das Wirtschaftsleben in ganz neue Bahnen lenkten, den Charakter der Landwirtschaft veränderten, neue Zustände, Bedürfnisse und Werte schufen. Die industrienahen Landbaugebiete nahmen schneller als die anderen Thaers und Liebigs Lehren an und gingen von der extensiven zur intensiven, zur rationellen Bodenbearbeitung über, nicht zuletzt mit Kunstdünger und Maschine[28]. An der Ruhr wie in Oberschlesien traten Umstellung auf die Verkehrswirtschaft, Belieferung von alten und neuen Städten, verstärkte Pferdezucht für den umfangreich werdenden Verkehr, Bergwerks- und Kavalleriebedarf hinzu: Das Pferd wurde Kapital, seine Zucht Gewerbezweig; freigewordene Bauern traten als Fuhrleute in den Dienst von Bergwerken, Hütten, Industriebetrieben – bis die Eisenbahn auch diesen durch Pferdehaltung noch entfernt bauernähnlichen Beruf einschränkte und viele seiner Angehörigen zu ungelernten Arbeitern machte[29]. Guter Milchabsatz führte in den industrienahen westfälischen Gebieten zur reinen Abmelkwirtschaft und zu starkem Händlerverkehr zwischen dem Land und Städten wie Soest, Hamm, Dortmund, Bochum[30]. Dort stieg ebenso die Hühnerhaltung für Eierverkauf zwischen 1830 und 1850 von 12 auf 80–100 Tiere je Durchschnittshof, weil auch die Bäuerin zur Geldwirtschaft überging. Spezialkulturen und Qualitätssteigerung wurden von der Konkurrenz und von wachsenden Ansprüchen gut verdienender Eisenbahnbauer und Industriearbeiter veranlaßt. Das führte zur Steigerung der Boden- und Hauspreise und trug mit bei zu Entstehung und Gewicht der Krisis von 1857[31]. Allerdings ging durch Industrialisierung und Straßen- und Eisenbahnbau auch manches Stück Ackerland verloren, so daß z. B. von der »Umwandlung der Naturlandschaft in die Aachener Industrielandschaft« gesprochen werden konnte[32]. Andererseits haben Ödland- und Moorkultur[33] Neuland geschaffen.

Der Übergang zur Erwerbs- und Geldwirtschaft war verbunden mit Rentabilitäts- und Gewinndenken, Geräte- und Maschinenkauf, mit Rückgang der Heimarbeit, Zunahme der dem kapitalistischen Denken entsprechenden Realteilung[34], der Bestimmung von Altenteil und Mitgift in Geld, der Mobilisierung der Wirtschaften[35], der Verschuldung bei oft nicht entsprechender Wertsteigerung der Höfe, mit Kreditverteuerung durch wachsenden Geldbedarf und bessere Realverzinsung bei Bergbau, Industrie und Eisenbahn, während andererseits aus dem Gewinn bei Aktienspekulationen häufig erhebliche Summen in die Landwirtschaft gingen (Repräsentations-Musterbetriebe, Verbindung mit landwirtschaftlicher Nebenindustrie, gesellschaftliche »Veredelung« von Spekulationsgewinnen nach 1870)[36].

Ein weiteres wichtiges Kapitel bildete die *Arbeiterfrage*. Industrie und Bergbau zogen besonders in Westfalen, Rheinland und Schlesien viele Menschen in die Städte, ließen neue Städte wie Oberhausen[37] entstehen, veranlaßten Nachwanderung aus dem Osten (Saisonarbeiter), Lohnsteigerungen auch in der Landwirtschaft, ergriffen immer neue Gebiete[38] – überall das Gemeindeleben umgestaltend, häufig auflösend. Bei der Industrialisierung Oberschlesiens[39] tauchte in diesem Zusammenhang zum ersten Male der Begriff »Menschenmaterial« auf. Landmaschine und Industrialisierung veränderten die Landarbeit; die Revolution verstärkte die Problematik. Das 1811 angekündigte preußische Landesökonomie-Kollegium von 1842 veranstaltete eine Enquête über »die materiellen Zustände der arbeitenden Klasse auf dem platten Lande«; die Preußische Landarbeitsordnung von 1854 zog daraus die Konsequenzen: Die Trennung der ländlichen Arbeiter von den Bauern, ihre

Konstituierung als besondere Gruppe der Bevölkerung führte zu ähnlichen Erscheinungen wie in der Industrie. Dagegen blieb im industriearmen Bayern die Gesindeordnung von 1781 z. T. noch bis in das Bayerische Ausführungsgesetz zum BGB von 1896 erhalten. Noch 1918 fehlte eine einheitliche klare Rechtsgrundlage für den Landarbeiterstand und den Landarbeitervertrag. Die Landarbeiterlöhne stiegen 1825–1875 um etwa 50%, in Bayern bis 1860 um annähernd 100% bei gleichzeitiger Vergeldlichung der Beziehungen zum Arbeitgeber. Im allgemeinen blieben Koalitions- und Streikverbot bis 1918 erhalten. Diese Langsamkeit der Entwicklung führte zu Abwanderung und Arbeitermangel, beschleunigte aber Rationalisierung und Technisierung der Betriebe.

So ergaben sich z. T. sehr plötzlich in Oberschlesien, im Ruhrgebiet, im Aachener Raum, in Sachsen, auch in Richtung auf Berlin, Hamburg und andere Großstädte *Bevölkerungsverschiebungen* von weittragender soziologischer, rassischer, gesundheitlicher, politischer Wirkung[40]. Gleichzeitig setzten im Ostelbischen Stadtwanderung und Leutenot ein, die trotz ausländischer Wanderarbeiter, Mechanisierung und Subventionierung nie wieder beseitigt wurden; selbst in Krisenzeiten (1857, 1873, 1931) konnten sie nicht überall durch Rückwanderung qualifizierter Arbeitskräfte ausgeglichen werden, zumal die Industrie zuerst geringwertige Kräfte entließ, die meist die Arbeitslosigkeit in der Stadt der schweren, ungewohnten, zeitlich unbegrenzten, sozialgesetzlich weniger geschützten Landarbeit vorzogen. Dieser Menschenverlust der Landwirtschaft trug bei zur (vorwiegend allerdings durch Industrialisierung verursachten) Verringerung oder Einstellung der Heimspinnerei, -weberei, -brauerei und -brennerei, Rückgang des Brauchtums (Trachten), Förderung von Parzellierung und Gartenbau mit Spezialkulturen, in Südwestdeutschland zur Verbindung von Industriearbeit und ländlicher Kleinstelle mit den Folgen gesteigerter wirtschaftlicher und politischer Krisenfestigkeit einerseits, des volkswirtschaftlichen Ertragsrückganges andererseits. Die negativen Wirkungen der Industrialisierung auf die Landwirtschaft wurden jedoch von den positiven überwogen. Zweifellos erleichterten Dampfmaschinen, später Benzinmotor, Kraftwagen und Elektrizität die landwirtschaftliche Arbeit; der Kohleversand schonte den Wald, während Grubenholz- und Eisenbahnschwellenbedarf ihn stark beanspruchte. Im ganzen mußte die Entwicklung unabhängig von Beifall oder Bedauern zur immer stärkeren Industrialisierung auch der Landwirtschaft drängen, dieser wirtschaftlich ihre historisch begründete Sonderstellung nehmen und Thaers und Liebigs Voraussagen erfüllen.

Der *Wucher* wurde auf dem Lande besonders bis zur Jahrhundertmitte vor allem in Verbindung mit Grundstücks- und Güterhandel um so bedeutender, je weiter die Mobilisierung der Landwirtschaft fortschritt. In erster Linie litt darunter der bäuerliche Besitz, dem vor 1848 fast keine Kreditinstitute zur Verfügung standen. Besonders in Gebieten des Klein- und Kleinstbesitzes, des starken Besitzwechsels bei unrationeller Bewirtschaftung (Württemberg, Bayern, Rheinland, Hessen, Saargebiet, Thüringen, Ostpreußen, Schlesien, Posen) war dieser dem oft wohlorganisierten Wucher[41] fast hilflos ausgeliefert. Er führte vom Viehhandel über Geldleihe bis zur »Gütermetzgerei« (»Hofschlächterei«). Uneinsichtiger prinzipieller Liberalismus erreichte 1861 in Bayern, in Norddeutschland 1867 die Aufhebung der allerdings wenig wirksamen Wuchergesetze und bot damit auch den Wucherern die »Gewerbefreiheit«. Am wenigsten von diesen heimgesucht wurden Sachsen, wo Ablösung und Kredit früh vorbildlich geregelt wurden, und das bauernlose Großgrundbesitzerland Mecklenburg. Der Wucher jeder Form befand sich auch nach der Emanzipation hauptsächlich in den Händen von Juden[42].

Die *Auswanderung* aus den ländlichen Gebieten, die deren weitaus stärkstes Kontingent stellten, hing eng zusammen mit Reformen, Krisen, Mißernten, Wucher, nahm seit den 20er und 30er Jahren bemerkenswerten Umfang an und mündete in den großen Auswanderungsstrom in der zweiten Hälfte des Jahrhunderts, der sich hauptsächlich nach Nord-, weniger nach Südamerika wandte. Weitere Gründe waren Ausnutzung der Freizügigkeit, Lockung der Literatur über Amerika[43], Verlangen nach eigenem großen, freien Grundbesitz. Den ersten Anstoß im Osten gaben Auskäufe, Bauernlegen, Nichtbeteiligung an Gemeinheitsteilungen usw.[44]; in Mecklenburg verursachte die harte Gesetzgebung seit 1821 eine Massenauswanderung[45]; im Westen und Südwesten spielten Bodenzersplitterung und dadurch verschärfte Krisenerscheinungen in industriearmen Gebieten die Hauptrolle[46]. Bei revolutionären Ausbrüchen um 1830 und 1848 und der Krisis von 1857 gab es Auswanderungsspitzen. Nach dem Sezessionskrieg entstand eine neue starke Welle. Eine gute Ernte mit reichlichen Einnahmen reizte seit etwa 1860 kaum weniger zur Auswanderung an als Mißernten. Erst nach 1850 wurden Bedenken laut gegen diesen Verlust an Menschen, Volkskraft, Nationaleinkommen und -vermögen. Fortan blieb die starke Abwanderung, die Landflucht zur Stadt und nach Übersee, eine der Hauptsorgen des Staates[47]. Insgesamt wurden so der Landwirtschaft und damit dem deutschen Volke schon von 1820 bis 1860, also vor der Massenauswanderung, etwa 2 Millionen Menschen entzogen[48].

In der ersten Hälfte des 19. Jh. erfolgte eine vollständige *Umgestaltung des landwirtschaftlichen Betriebes*. Sie erstreckte sich auf die Organisation im ganzen, auf die technische Handhabung sowie auf Erfolg und Ertrag. Damit war trotz Not und Erschütterung ein erheblicher Aufschwung verbunden, der in erster Linie auf den geistigen Fortschritten von Thaer bis Liebig, auf der Arbeit staatlicher und privater Schulen, Verbände, Vereine und Zeitschriften sowie auf den Agrarreformen beruhte. West- und Südwestdeutschland waren dem Osten in der Ausgangslage vielfach voraus, daher die im Osten erzielten Fortschritte vergleichsweise größer; auch waren dessen Gutswirtschaften mit literarisch-schulisch relativ gebildeten Besitzern oder Verwaltern besonders geeignet, den Wert der ersten Stufen landwirtschaftlicher Modernisierung zu erweisen[49].

So wurde die Dreifelderwirtschaft verbessert, die Brache beseitigt, der genutzte Raum um 50% vermehrt; verstärkte Viehhaltung und bessere Fütterung ergaben größere Dung- und daher größere Bodenerträge. Um die Jahrhundertmitte war die Dreifelderwirtschaft selbst in Mecklenburg nur noch eine seltene Ausnahme. Häufig bildete die verbesserte Dreifelderwirtschaft nur den Übergang zur Fruchtwechselwirtschaft Thaers und zu Koppes »Märkischer Koppelwirtschaft«. Für jede neue Wirtschaftsweise bildeten die Separation und der Aufwand erheblichen Kapitals (oder Kredits) für Tiere, Geräte, Maschinen, Gebäude die Voraussetzung, was eine Steigerung des Risikos bedeutete. Dieses konnte in erster Linie von Gutsbesitzern getragen werden, wurde auch meist nur von Menschen mit einer gewissen Bildung und Initiative übernommen, während der Bauer nur zögernd folgte. Fortschrittlichkeit und Intelligenz der ostdeutschen Gutsbesitzer wurden in den 30er bis 60er Jahren von Ausländern verschiedentlich hervorgehoben[50]. Die ostdeutsche Gutswirtschaft leistete erhebliche Pionierdienste, tat am energischsten den Schritt in den Kapitalismus, übernahm Thaers Rentabilitätsdenken, konservierte und förderte aber zugleich auch nach außen die ständisch unterbaute romantisch-traditionalistische Betrachtung und Beurteilung der Landwirtschaft. Auch das Eindringen wohlhabender bürgerlicher Elemente in die Gutsbesitzerkreise trug zur Hebung der Landwirtschaft erheblich bei[51]. In der Mechanisierung ist die deutsche Landwirtschaft lange, trotz Thaers und Schwerz' Anregungen, hinter anderen Staaten weit zurückgeblieben. Max Eyth hat das auf die durch unglückliche politische Verhältnisse verursachte Wendung des deutschen Geistes vom praktischen Leben zu Spekulation, Wissenschaft und Literatur zurückgeführt: Damals sei den Deutschen der »mechanische Sinn abhanden gekommen«, während »in England und Amerika die Welt entstand, in der wir heute leben«[52]. In der Tat kamen Maschinen, züchterische Konkurrenzen, Ausstellungen meist aus England und Amerika nach Deutschland, insbesondere nach der Londoner Weltausstellung von 1851[53]. Nur langsam entstand in Deutschland, beginnend 1819 mit der Hohenheimer Ackergerätefabrik, eine Landmaschinenindustrie, die den Landwirt mit den seiner von Verkehrslage, Bodenqualität usw. abhängigen Wirtschaft entsprechenden Maschinen versorgte und Enttäuschungen mit amerikanischen Maschinen vermeiden half[54]. Neben dem Naturdünger traten immer stärker Mergel, Kalk, Gips, Asche, seit 1853 Chilesalpeter, seit 1857 Kali aus Staßfurt[55] (dessen Entdeckung auf den Übergang zu Tiefbohrungen auch im Salzbergbau zurückging), seit 1904 auch aus dem Elsaß, und seit der Erfindung des Thomas-Verfahrens für die Verhüttung stark phosphorhaltiger Eisenerze Ende der 70er Jahre auch das dabei gewonnene Thomasmehl[56].

Getreide wurde stets in erster Linie angebaut[57]. In den ersten Jahrzehnten des 19. Jh. eroberte sich die *Kartoffel* ihren Anteil am deutschen Ackerland, sie ergab 1913 ein Drittel der Weltkartoffelernte. »Vor der Aufhebung des Flurzwanges gelangte der Kartoffelbau nicht über den Zaun des bäuerlichen Gartens hinaus« (Szoldrski). Dann paßte er sich hervorragend in die moderne Fruchtwechselwirtschaft ein. Ohne die Kartoffel ist die Entstehung des menschenreichen vierten Standes und damit die Mehrzahl der sozialen, soziologischen, wirtschaftlichen, politischen Ereignisse und Entwicklungen seit jener Zeit nicht zu denken[58]. Sie wurde im 19. und 20. Jh. Massennahrungs- und Hauptfuttermittel, ebenso Grundlage für Spiritus, Stärke- und Flockenindustrie. Mit zunehmender Verstädterung und

Nachfrage nach Schweinefleisch stieg der Kartoffelkonsum 1835–1880 um 100%. Die Kartoffelkrankheit brachte 1845 bis 1855 einen schweren Rückschlag[59]. Danach begann die Hauptzeit der Industrialisierung, der Ansammlung großer, armer Menschenmassen auf engem Raum, des starken Bevölkerungszuwachses, also die große Zeit von Kartoffeln und fettem Schweinefleisch als der billigsten Nahrungsmittel für die »arbeitende Klasse«, auch das untere und mittlere Beamtentum, das Heer und die Marine.

Die zweite im 19. Jh. in Kultur genommene Pflanze, die die deutsche Landwirtschaft stark beeinflußte, ist die *Zuckerrübe*[60]. Ihr Anbau wurde zweimal begonnen: während der Kontinentalsperre als Ersatz für das Zuckerrohr (Achard und Marggraf, nach 1815 gingen die meisten preußischen, bayerischen und sächsischen Fabriken wieder ein), das zweite Mal in den 30er Jahren: 1830 wurde in Hohenheim eine erste moderne Zuckerfabrik gebaut, 1847 die erste in Sachsen von J. G. Boltze; die Fachliteratur nahm sich des landwirtschaftlich-industriell-kapitalistischen Komplexes energisch an (Koppe 1841). Seit der Jahrhundertmitte nahmen Rübenanbau und Zuckerindustrie, häufig auf genossenschaftlicher Basis, einen schnellen Aufschwung, wobei die östlichen Provinzen, mit Posen an der Spitze, den Vorrang behaupteten: In Guben war 1913 die größte Zuckerfabrik des Kontinents[61]. Während Futter- und Zuckerrüben sich als vorzügliche Brach- und Hackfrüchte gut in die neue Wirtschaftsweise einpaßten, auch erheblichen Gewinn abwarfen, wurde die vielfach genossenschaftlich organisierte Rübenzuckerindustrie bei stark steigendem Zuckerkonsum ein Hauptpfeiler der modernen Landwirtschaft. Infolge technischer Fortschritte bei der Zuckerausbeute sank die Effektivbesteuerung der Zuckerfabriken seit 1840 auf etwa die Hälfte. Die Konkurrenz zwischen Rohrzucker und Rübenzucker führte zu den ersten planwirtschaftlichen Elementen innerhalb der nationalen Volkswirtschaften und durch die Brüsseler Zuckerkonvention vom 5. 3. 1902 zum ersten Versuch, auf einem wichtigen Gebiet des Wirtschaftslebens zwischenstaatliche Verständigung auf breiter Basis zu verwirklichen[62].

Während bei der Pflanzenzüchtung die Wiederentdeckung der Mendelschen Regeln (1900) eine große Rolle spielte, gab es zwar keinen »Mendel der Tierzucht«, aber es begann seit 1864 durch vier Mitglieder der Familie Nathusius die Auseinandersetzung mit Darwin. Doch auch schon vorher nahm die *Viehzucht* einen lebhaften Aufschwung, besonders die von Rindvieh[63], aber auch die von Pferden und Schweinen, bei gleichzeitig großen züchterischen Fortschritten (Zunahme des Schlachtgewichtes, Steigerung und Verbesserung der Milchleistung, Stallfütterung, Anwachsen der Tierarztzahlen und -leistungen, Einführung der Viehversicherung seit 1845) und ständig wachsender Nachfrage nach Fleisch, Milch, Milchprodukten in den Städten. Die *Schafzucht*, bedeutsam für die Rentabilität der Land-, besonders der Gutswirtschaft, förderte zwar die Einziehung von Bauernland als Ersatz für aufgeteilte Allmenden, war aber auch bis 1870/80 Grundlage eines wichtigen Teiles der Textilindustrie und des Exports, zumal seit Beginn des Jahrhunderts energisch Zuchtverbesserungen betrieben wurden, wobei allerdings die Zuchtziele mehrmals von feinster Wolle zu Wollreichtum, zu Fleisch oder zu Wolle und Fleisch wechselten.

In den 50er und 60er Jahren gelangten zahlreiche Reformen und Veränderungen zu einem gewissen Höhepunkt und Abschluß. Umstellungen und Krisen hatten die gesunden Wirtschaften von den weniger lebenstüchtigen geschieden. Der nach 1813/15 begonnene wirtschaftliche Fortschritt fand nun immer weniger Widerstand. Die Bedingungen der Natur wie der äußeren und inneren Politik boten die Grundlage für einen schnellen, ungehemmten Aufstieg der Landwirtschaft wie der Industrie.

»Die Mitte des 19. Jh. wird als eine Blütezeit der ostdeutschen Agrarwirtschaft bezeichnet« (Borchardt). Von 1815 bis 1864 wurde, auch im Zusammenhang mit dem Übergang zur Fruchtwechselwirtschaft, die Ackerfläche um 150% gesteigert; damit waren Eigenbedarf bei wachsender Bevölkerung und Berlin-Versorgung gesichert sowie große Exportüberschüsse entstanden. »Das Grundrenteneinkommen der Exporteure aber scheint vielfach den direkten Weg in die westlicheren Landesteile gefunden zu haben« (Borchardt) – für Ausgaben in der Hauptstadt, Bezug »westlicher« Produkte und »im Weg des Kapitaltransfers« aus der östlichen Zone des damals höheren Wohlstandes in die westliche des einstweilen noch niedrigeren und des Kapitalbedarfs für die Industrialisierung. »Die Auffassung, Gewerbe und Handel verdanken ihre Blüte dem Wohlstande der ackerbauenden Gesellschaft« (Baumstark), war zu dieser Zeit noch richtig. Seit der Jahrhundertmitte wuchs jedoch vorwiegend im Westen und Südwesten die Auffassung, daß die Gewerbe das Wohlstandswachstum besser sicherten[64]. Auch das Genossenschaftswesen fand in Raiffeisens Hauptwerk über ›Darlehnskassenvereine als Mittel zur Abhilfe der Not der ländlichen Bevölkerung sowie auch der städtischen Handwerker und Arbeiter‹ 1866 eine feste organisatorische und literarische Gestalt[65].

Sorge um die Volkstums-Auseinandersetzungen im Osten bei ständiger Abwanderung vieler Menschen nach dem Westen, eine starke Zunahme der slavischen Saisonarbeiter und wachsende alldeutsche Kultur- und Wirtschaftspionier-Vorstellungen führten zur Aktivierung der *Inneren Kolonisation*[66] zunächst im preußischen Osten. Im Jahre 1886 wurden aufgrund dieser Tatsachen und Zielsetzungen viele polnische Landarbeiter aus Preußen ausgewiesen sowie das Gesetz »betr. die Beförderung deutscher Ansiedlungen in der Provinz Westpreußen und Posen« erlassen und die Königliche Ansiedlungskommission für Westpreußen und Posen gegründet, die in gewisser Weise an die Bemühungen Flottwells in Posen in der Frühzeit des Jahrhunderts anknüpfte. Sie schuf bis 1918 etwa 23000 Rentenguts-Stellen, davon rund 4600 in Ostpreußen (seit 1896 mit Anerbenrecht) – ein »Kolonisationswerk von unvergleichlicher Größe« (Skalweit), womit zwar in gewisser Weise die »Sünden« von 1816 am Kleinbauerntum ausgeglichen, zugleich aber auch in der Zeit der Bewegung zum Großbetrieb viele Tausend bald lebensunfähige Klein- und Mittelbetriebe geschaffen wurden mit einer Durchschnittsgröße von 14,2 ha. Der preußische Staat wollte durch Gesetzgebung das nationalpolitische Prinzip durchsetzen und – wie Goßlers Industrialisierungsversuch in Danzig – das deutsche Element stärken. Die Arbeit der Kommission hatte also mehr politische als wirtschaftliche Absicht und Bedeutung. 1890/91 wurde sie durch das Rentengutsgesetz auf die Gesamtmonarchie ausgedehnt. Eine Gefährdung der Arbeit ergab sich, als die Kommission seit 1897 im Gegensatz zu ihrer ursprünglichen Zielsetzung nicht nur polnischen Besitz erwarb, sondern auch deutschen aufkaufen mußte. Der »Wettlauf um das Land« führte 1908 dazu, daß die gesetzliche Enteignung von Land in den Bezirken möglich wurde, »in denen die Sicherung des gefährdeten Deutschtums nicht anders als durch Stärkung und Abrundung deutscher Niederlassungen mittels Ansiedlungen möglich erscheint«. 1912 wurde das Verfahren auch auf Ostpreußen, Pommern, Schlesien und Schleswig-Holstein ausgedehnt. Angeregt durch das staatliche Vorgehen kam es zur Gründung der Landbank auf kapitalistischer Grundlage (1895) und der Deutschen Ansiedlungsgesellschaft (1898), der Pommerschen Ansiedlungsgesellschaft (1903), der Ostpreußischen Landgesellschaft (1905), der Landgesellschaft »Eigene Scholle« für Schlesien (1910) usw.; sie zielten stark auf Landarbeitersiedlungen, hatten aber nur geringen Erfolg, konnten also die Struktur der ländlichen Bevölkerung kaum beeinflussen – weit weniger jedenfalls als die immer schneller fortschreitende Industrialisierung: Seit 1905 begann auch durch Geburtenrückgang auf dem Lande die Kleinfamilie der Industriegesellschaft zu entstehen. Max Weber betonte 1893, daß der landwirtschaftliche (Groß-)Betrieb mit polnischen Wanderarbeitern »der gefährlichste Feind unserer Nationalität, daß er unser größter Polonisator ist«. Groß- und Kleinbetriebe hatten also außer wirtschaftlichen und sozialen auch politische Vor- und Nachteile. Der Arbeitermangel auf dem Lande führte seit den 80er Jahren zu starker polnischer Saisonarbeiterschaft, die man zeitweise durch Italiener und selbst Chinesen ersetzen wollte, zur Gründung der »Deutschen Feldarbeiter-Zentralstelle« (1908) und infolge von vielen Mißgriffen und Übelständen zur Politisierung dieses Komplexes. 1910–1914 gab es in der deutschen Landwirtschaft 350000 bis 450000 ausländische Arbeiter.

Die Land- und Forstarbeiter wurden in Bismarcks Sozialversicherung von vornherein einbezogen, auch der Teil der bäuerlichen Bevölkerung, der Klein- und Kleinstbetriebe mit Nebenerwerb verband. Landarbeiterkoalitionen waren bis 1918 verboten, doch wurden 1913 sozialistische und christliche Verbände geschaffen.

Liebigs Arbeiten[67] schufen mit der ›Chemie in ihrer Anwendung auf Agricultur und Physiologie‹ (Titel von Liebigs Werk, 1840) die *Agriculturchemie* und gaben ihr Impulse, die über Schultz-Lupitz[68] bis ins 20. Jh. reichten. »Die Pflanzen erzeugen das Blut der Tiere« (Liebig). Diese neuen Erkenntnisse und Fähigkeiten und die Möglichkeit starker Absatzsteigerung bei einer Bevölkerung, die in Deutschland zwischen 1800 und 1900 von 40–45 auf 104 Menschen je km² stieg, verursachten eine starke Intensitätssteigerung in der Landwirtschaft. Während Deutschland aus einem Agrarland zu Beginn des Jahrhunderts über ein agrarisch-industrielles Land um 1850 zu einem industriell-agrarischen Staat sich entwickelte, wuchsen die Anforderungen an die Landwirtschaft, auch unter militärpolitischen Gesichtspunkten; andererseits wurde sie gezwungen, auf sich verengendem Produktionsraum und bei steigender Auslandskonkurrenz bessere Produkte in größerer Menge zu erzeugen, was nur durch immer stärkere Maschinisierung, Verwendung von Kunstdünger, Pflanzenzüchtung (Lochow), Vergrößerung und Veredelung des Viehbestandes, Verbesserung der alten und Einführung neuer Geräte möglich war.

Um die Wende vom 18. zum 19. Jh. begann eine neue Zeit für die *Landtechnik*. Die landwirtschaftlichen Geräte, insbesondere der Pflug, wurden nicht mehr vorwiegend handwerklich, sondern immer häufiger industriell hergestellt, ihre Bauart nach halbwissenschaftlichen Prinzipien berechnet, vielfach erprobt, statt Holz immer häufiger Eisen und Stahl verwendet. 1819 entstand in Hohenheim eine erste *Ackergerätefabrik*, während im Norden Thaer englische Pflüge und Geräte importierte und nachahmte – wie Beuth und Berliner Handwerker englische Maschinen. 1847 gab es in Berlin, 1850 und 1851 in Leipzig (Rud. Sack und Hamm), 1854 in Ulm *Landmaschinenfabriken*, die über den Pflugbau hinausgingen; 1861 konstruierte M. Eyth bei Fowler in England den ersten brauchbaren Dampfpflug. Sack lieferte 1883 den 10000., 1904 den 1000000., 1911 den 2000000. Pflug. Sä- und Mähmaschinen, englischen und amerikanischen Modellen nachgeahmt, Dresch- und Reinigungsmaschinen, Jauchepumpe und Zentrifuge traten später hinzu. 1862 wurde die Lokomobilen- und Dreschmaschinenfabrik Wolf in Buckau gegründet; seit 1859 baute Hr. Lanz Landmaschinen – 1866 50 verschiedene Typen; 1879 lieferte er den ersten Dampfdreschsatz. Seit den 50er Jahren gab es Drainagerohre aus Ton, gegen 1900 Drillmaschinen, Düngerstreumaschinen und Heuerntemaschinen. 1907 wurden 3000 Dampfpflüge verwendet, die 1% der Ackerfläche bestellten; weit mehr Dampfmaschinen wurden beim Dreschen verwendet. Bereits 1880 glaubte man, die Maschinisierung der Landwirtschaft sei abgeschlossen, nachdem die landtechnischen Berufe (Schmied, Wagner, Maschinenbauer) stark verändert, neue Industrien erwachsen und die Probleme der landwirtschaftlich-industriellen »Preisschere« entstanden waren. Bald danach wurden der Verbrennungsmotor, später die Elektrizität zu neuen Stimulantien[69]. Doch ist festzustellen, »daß aus der technischen Entwicklung der Landmaschinen im 19. Jh. keine entscheidenden Impulse zu durchgreifenden Produktionsumstellungen der Agrarbetriebe erfolgt sind. Vielmehr hat die Technik mit den Erfordernissen Schritt gehalten, die die Tiefkultur, der Anbau der Hackfrüchte und die immer mehr verbesserten Methoden der Bodenbearbeitung an sie stellten« (Finckenstein).

Die geographische Verteilung der *Verwendung von Sichel und Sense* um 1865 zeigt Zonen der Fortschrittlichkeit und solche der Rückständigkeit in Verbindung mit Betriebsgrößen. Die Verbreitung der fortschrittlicheren rationelleren Sense deckte sich mit der des Großgrundbesitzes, während der Gebrauch der Sichel auf die Gebiete des Kleinbesitzes beschränkt blieb. Beides wirkte sich auf die Arbeitsteilung und auf die Tätigkeit von Männern und Frauen auf den Erntefeldern aus: Mit der Sense arbeiteten die Männer (also in den Guts- und Bauernlandschaften). In manche Gebiete brachten die Wanderarbeiter den Fortschritt[70].

Der starken Preissteigerung für landwirtschaftliche Erzeugnisse standen ähnliche Lohnsteigerungen, Landflucht, durch vorwiegend polnische Wander- und Saisonarbeiter und Pendelwanderung nicht ausgeglichene Auswanderung, Preissteigerungen für Maschinen usw. gegenüber. Dennoch kam es durch Intensivierung, wachsenden Zollschutz und staatliche Hilfe (Pferdezucht usw. für das Heer) besonders in der zweiten Jahrhunderthälfte zu einem lebhaften, wenn auch hinter England, Dänemark, Holland zurückbleibenden Aufschwung der Landwirtschaft, zu immer weiterer Zurückdrängung der Bedeutung von Klima und Bonität des Bodens, spürbar in der Steigerung der Pacht- und Bodenpreise (preußische Domänen-Pacht 1849–1914 von 14 auf 37 Mark/ha), der Preisangleichung für gute und schlechtere Böden und der damit gebotenen, besonders im Großgrundbesitz auch stark ausgenutzten Steigerung der Verschuldungsfähigkeit, schließlich in der Steigerung der gesamten landwirtschaftlichen Produktion auf das 3- bis 3,5fache, je Arbeitskraft auf das 2- bis 2,5fache bei Anwachsen der Bevölkerung auf das 2,3fache, der landwirtschaftlichen Arbeitskräfte 1800–1900 von 9,5 auf 11,4 Millionen.

Trotz des wachsenden Übergewichts der Industrie bei Beschäftigtenzahl und Beteiligung am Nationaleinkommen, trotz zunehmender Industrialisierung der *Landwirtschaft* selbst wurde diese stets von ihren Angehörigen, auch von den Regierungen und großen Teilen des Volkes in ihrem *Kulturwert höher eingeschätzt* als die anderen Wirtschaftszweige; sie vermochte sowohl von seiten der vorwiegend adligen Großgrundbesitzer in Preußen wie von bäuerlicher Seite mehr Einfluß auf die Politik auszuüben als jene und wurde im Rahmen einer immer stärker überholten Tradition als eigentliche geschichtliche, moralische und wirtschaftliche Grundlage des Volksganzen angesehen und in der Öffentlichkeit berücksichtigt[71]. 1905 kam von den deutschen Rekruten weniger als ein Drittel aus der Landwirtschaft, und deren physische Tauglichkeit war nicht besser als die der Stadtgeborenen und -beschäftigten, während bei zunehmender Technisierung von Heer und besonders Marine immer mehr Wert auf gelernte, mit Maschinen vertraute Mechaniker, Schlosser, Elektriker usw. gelegt werden mußte.

1882 waren 42,2% aller Erwerbstätigen in der Land- und Forstwirtschaft tätig, 33,8% in Industrie und Handwerk, 8,6% in Handel und Verkehr; 1925 waren die entsprechenden Zahlen 30,5%, 41,4% bzw. 16,5%. Mit dieser Berufsverschiebung war eine Wanderung von größter Bedeutung vom Lande zur Stadt verbunden: 1871 wohnten 63,6% der Gesamtbevölkerung in ländlichen Gemeinden mit weniger als 2000 und 12,4% in Gemeinden von 2000 bis 5000 Einwohnern (zus. 76%); 1925 35,6% in ländlichen, 10,8% in Gemeinden von 2000 bis 5000 Einwohnern (zus. 46,4%). Diese Landbevölkerung konnte im Gegensatz zu der der Großstädte im Durchschnitt als zuverlässig monarchisch, als »staatserhaltend« angesehen werden, was z. T. ihre starke politisch-soziale Berücksichtigung durch den Staat erklärt. Die Landwirtschaft bestimmte, als sie bereits wesentliche Teile ihrer das Volksleben gestaltenden Kraft und Bedeutung verloren hatte, die Lebensauffassung noch immer so stark, daß der Schritt vom Agrarstaat ostdeutscher, konservativer land- und militäradliger Prägung zum Industriestaat westeuropäisch liberalbürgerlicher politischer und gesellschaftlicher Ordnung allzulange Zeit hinausgezögert wurde. Wesentliche Schuld an diesen Verhältnissen trug jedoch auch die geringe Anteilnahme des wirtschaftlich prosperierenden Bürgertums an der Politik. »Der Tanz um das goldene Kalb förderte eine freiwillige, wenn auch oft unbewußte Flucht vor der eigenen politischen Verantwortung« (Schraepler)[72].

Die 1837 aufgrund einer alten Anregung Thaers gegründete (Wander-)*Versammlung deutscher Landwirte*, die 1838 auch die Forstwirte in sich und ihren Titel aufnahm, tagte jährlich mit starkem Übergewicht der Guts- und Rittergutsbesitzer (im Mitgliederverzeichnis kein »Bauer«) zur Behandlung vorwiegend technischer und wissenschaftlicher, daneben auch politischer Themen. Auf der 21. Versammlung 1860 in Heidelberg wurde nach dem Vorbild der Royal Society of Agriculture in London außerdem eine Deutsche Ackerbaugesellschaft, 1866 in Frankfurt gegen Preußen eine »Ackerbau Gesellschaft für das südwestliche Deutschland« gegründet; beide gingen 1869 ein. 1883/85 wurde von dem Ingenieur Max Eyth, wieder nach englischem Vorbild, die deutsche Landwirtschaftsgesellschaft (DLG) »zur sachlichen Förderung der Landwirtschaft« ohne politische Stellungnahme ins Leben gerufen; sie hatte 1896 bei Eyths Rücktritt 12000 Mitglieder und gab damit den »deutlichen äußeren Ausdruck der optimistischen Grundstimmung einer in die Expansion drängenden Landwirtschaft« (Haushofer). Sie wurde 1933 aufgelöst. 1872 gründeten nach der Bildung der Landwirtschaftlichen Zentralstelle für das Gebiet des Norddeutschen Bundes (1870) die landwirtschaftlichen Zentralvereine Deutschlands den *Deutschen Landwirtschaftsrat*, ein »Bauernparlament«. »Die Forderungen nach einer amtlichen Landwirtschaftsbehörde wurden schließlich in Preußen durch die Verordnung vom 17. November 1880 betr. die Errichtung eines Volkswirtschaftsrates und gegen den Widerstand vieler erfolgreicher, um ihre Selbständigkeit fürchtender Vereine durch das Gesetz über die Landwirtschaftskammer vom 30. November 1894 als Zwangsorganisation erfüllt« (Erdmann). Neben diesem vorwiegend den begüterten landwirtschaftlichen Schichten in Preußen dienenden Vereinswesen gab es seit 1862/71 westfälische Bauernvereine, die, vorwiegend katholisch, sich z. T. am Kulturkampf beteiligten und damit Bismarcks Zorn auf sich zogen[73].

Das Jahrzehnt 1870/80 bildete einen gewissen Einschnitt in der Geschichte der Landbewirtschaftung: 1878 war die größte Ausweitung der landwirtschaftlichen Nutzfläche erreicht; gleichzeitig kam es zur Aufhebung der Brache und zum Übergang zu spezifisch intensiveren Kulturen. Danach gab es nicht mehr eine so stürmische Veränderung, sondern die Ertragssteigerung erfolgte hauptsächlich durch Erhöhung des Aufwandes bei der Kultur (Handelsdüngemittel, Sortensaatgut). Die überseeischen und osteuropäischen Gebiete wurden Hauptversorger der europäischen Importländer (Getreide, Wolle; Ende der deutschen Schafzucht zwischen 1867 und 1881;

Baumwolle statt Leinen; Petroleum, Gas, Elektrizität statt vegetabilischen Leuchtöls; Margarine). Das Produktionsprogramm der deutschen Landwirtschaft konzentrierte sich immer stärker auf Getreide und Hackfrüchte, geriet dabei jedoch seit den 70er Jahren in die internationale Weizenkonkurrenz.

Bismarck anerkannte 1876–1879 die Notwendigkeit des *Zollschutzes für die Landwirtschaft* gegen den Getreidestrom aus Osteuropa und Amerika; er steigerte und erweiterte den Zoll 1885 und 1887. Am 18. 2. 1893 wurde unter heftigen Auseinandersetzungen über die Aufgaben der zugleich florierenden und hochverschuldeten deutschen Landwirtschaft – gegen Caprivis Zollpolitik, die Industrie, Industriearbeiter und Landwirtschaft gleichmäßiger berücksichtigte – der »Bund der Landwirte« gegründet[74]. Bei vorwiegend großgrundbesitzerlicher Leitung und mit 1894 bereits 200000 Mitgliedern trug er stark zu Caprivis Sturz bei, trieb auch danach einseitig agrarische Interessenpolitik, erschwerte und verzögerte die notwendig gewordene Einordnung der Landwirtschaft in die industriell stark veränderte Gesamtwirtschaft. Die z. T. wesentlich älteren Bauernvereine (Westfalen, Rheinland, Bayern) waren vielfach konfessionell, teilweise auch anti-adlig fundiert; sie distanzierten sich in der Mehrzahl von der Methode, z. T. auch vom Ziel des betont preußischen Bundes der Landwirte, hatten aber viel weniger Mitglieder als dieser und daher weit geringeren Einfluß. Caprivi schätzte den nationalen und militärischen Wert landwirtschaftlicher Unabhängigkeit hoch ein, erkannte aber, daß die Fürsorgepolitik der Sozialgesetzgebung für die Industriearbeiterschaft nicht mehr ausreichte und das Staats- und Wirtschaftsleben der Entwicklung zum Industriestaat angepaßt werden mußten. Seine Maßnahmen brachten ihn in Konflikt mit den im alten Sinne »staatserhaltenden« Kreisen der Landwirtschaft; und der Kaiser, dem Bismarck 1890 nicht reformfreudig genug gewesen war, ließ Caprivi fallen, als dieser 1894 bei der ursprünglichen Politik Wilhelms II. beharrte. Bülows Zolltarif von 1902 bildete einen Kompromiß zwischen kosmopolitischem Freihandel und einer Verbindung von nationalistischem Schutz- und Kriegsdenken einerseits, patriotisch verbrämter Interessenpolitik andererseits; er sicherte auf Kosten der Industriewirtschaft die Blüte der Landwirtschaft und ließ durch hohe Zollmauern deren Anpassung an die weltwirtschaftlichen Zusammenhänge überflüssig erscheinen. Agrarhistorikern erscheint die von 1879 bis 1914 reichende Phase als eine »der glücklichsten der deutschen Agrargeschichte« (Haushofer), andererseits infolge der Auswirkungen des »Agrarprotektionismus« als eine solche der »reaktionären Einstellung des Bauerntums«, des »betriebswirtschaftlichen Traditionalismus«, der »marktwirtschaftlichen Desintegration« und der »dogmatischen Agrarpolitik« (Herlemann). Für die wirtschaftliche, betriebliche und soziale Entwicklung der deutschen Agrarwirtschaft und Landbevölkerung war nachteilig die enge Verbindung von Militärpolitik und Agrarpolitik, d. h. das Streben nach Selbstversorgung des Reiches mit Agrarprodukten ohne Rücksicht auf die Wirtschaftlichkeit (später Autarkie genannt), ein in der Industriewirtschaft teils unmöglicher, teils überholter Gesichtspunkt. 1914 war dieses Ziel bei Getreide zu 80% erreicht, bei Fett und Fleisch weniger. Die Zollpolitik hat diese Steigerung »wenigstens nicht verhindert« (Dietze). »Dank der Vertiefung der Naturwissenschaften ..., dank der zahlreichen Erfindungen auf dem Gebiet der Maschinentechnik steht die deutsche Landwirtschaft heutzutage unbestritten an der Spitze aller Kulturländer der Erde« (H. G. Dade, ›Die deutsche Landwirtschaft unter Wilhelm II.‹, 1913)[75].

Seit dem Ende des 19. Jh. (1898 Bund dt. Bodenreformer) wurde die *Bodenreformbewegung* in Deutschland hauptsächlich von Adolf Damaschke, einem Friedrich Naumann nahestehenden Berliner Volksschullehrer und Journalisten, formuliert, organisiert und verfochten, »eine Art Volksbewegung, der sich sehr viele wohlmeinende und um das Volkswohl besorgte Männer aus allen Kreisen der Bevölkerung anschlossen« (Frauendorfer). Die Sozialisten hielten sich ebensosehr zurück wie die mißtrauischen Landwirte. Für das Siedlungs- und Heimstättenwesen wurde die Bodenreformbewegung eine wertvolle Unterstützung[76].

Eine Sozialgeschichte der deutschen Landwirtschaft gibt es kaum in Ansätzen; ebenso fehlt eine Geschichte des kleinen, mittleren und großen Unternehmertums in der Landwirtschaft[77].

Von etwa 1790 bis 1850 dauerte die Zeit der *klassischen Forstwirtschaft*[78], der ersten Verbindung von theoretischer Erkenntnis und praktischer Tätigkeit. Nur zehn Prozent des jährlichen Holzaufkommens in Mitteleuropa wurde um 1800 als Nutzholz verwendet. Sehr stark war der Brennholzbedarf von Bergwerken und Metallindustrie; erheblich war die preissteigernde Wirkung von Kriegskonjunkturen. Der Anteil der deutschen

Länder am Waldbesitz war im Vergleich zu anderen Staaten sehr groß (Preußen 1800 1,6 Millionen ha von 5 Millionen insgesamt, 1820 2,4 Millionen ha; Österreich 2 Millionen von 6 Millionen insgesamt bei viel Adelsbesitz; Bayern 25%, nach bald darauf vorgenommener Säkularisierung und Mediatisierung 90%). Die Reformen und Ablösungen bäuerlicher Forstnutzungsrechte brachten in Preußen bis etwa 1870 Fortfall der staatlichen Forstaufsicht und Verkauf sowie Aufteilung von annähernd 15% der Staatswälder, so daß der Bauernwald stark anwuchs. 1858 nahm der Privatwald 4 Millionen ha = 59% der preußischen Gesamtwaldfläche ein (dazu gehörten auch Kronfideikommisse, Standesherrschaften mit Mittelpunkt Schlesien, Gutsherrschaften mit Schwerpunkten östlich der Elbe, genossenschaftliche Forsten in Ostpreußen und Mitteldeutschland, Haubergsgenossenschaften im Siegerland). Der Stadtwald (mit Schwerpunkten in Brandenburg und Schlesien) umfaßte 0,3 Millionen ha, der ländliche Gemeindewald 0,6 Millionen ha; der Staat besaß noch 1,8 Millionen ha = 27%, Preußen war damit größter Waldbesitzer in Mitteleuropa (Bayern 0,8, Kurhessen, Hannover, Württemberg je 0,2, Sachsen 0,15 Millionen ha).

Seit etwa 1850/60 verlor das *Holz* seine Bedeutung als Energielieferant (in Preußen 1850 25% Kokshochöfen, 1860 70%; Steinkohlentransporte auf Eisenbahn, Binnen- und Seeschiffahrt) und wurde Rohstoff (Bauwirtschaft, Bergwerke, Eisenbahnschwellen, Möbel; Dampfsägewerke an Verkehrsknotenpunkten). Die Preise stiegen 1800–1880 um 300 bis 500%, die Erträge der Staatsforstverwaltungen 1850–1870 um 50 bis 75%. Seit den 30er/40er Jahren bezog man die Forstwirtschaft in das volkswirtschaftliche Denken ein. Durch die Annexionen von 1866 stieg der preußische Staatsforst auf 2,5 Millionen ha. »Fast ebenso wesentlich wie das vermehrte Ansehen und die erhöhte Einflußnahme der größten Staatsforstverwaltung ist die Tatsache, daß viele preußische Forstbeamte dank ihrer Zugehörigkeit zum Feldjägerkorps sich gesellschaftlich und geistig der Armee verwandt fühlten. Wohl hatten die Könige die Ansprüche dieses Korps auf die Besetzung der akademischen Forststellen schrittweise reduziert, doch auch im Bismarckreich blieben die Offiziere in Verbindung mit dem Forstwesen und umgekehrt.« Außerdem war auch der niedere Forstdienst im Fußjägerkorps militärisch zusammengefaßt.

Die Berufsstatistik von 1895 führte für das Reich 90000 Waldarbeiter (davon 53000 mit Nebenberuf) auf = 5% aller Erwerbstätigen (1903: 103000). Die Staatsforstverwaltungen von Preußen und Bayern zählten mit 35000 bzw. 15000 Vollarbeitern zu den größten Arbeitgebern im Reich (vergleichbar mit Krupp). Die Löhne (auch Wohn- und Sozialverhältnisse) waren bis 1895/1900 sehr schlecht, am niedrigsten in Schlesien, gefolgt von Ostpreußen, so daß »Waldflucht« und Arbeitermangel seit den 70er Jahren stiegen und ein »Verband der Land-, Wald- und Weinbergarbeiter« mit sozialistischer Tendenz gegründet werden konnte.

Der deutsche *Gartenbau*[79] hatte seinen Mittelpunkt in Erfurt. Dort knüpfte F. A. Haage nach Unterbrechung in der Napoleonischen Zeit 1817 an eine lange Tradition an; 1823 trat die Firma I. C. Schmidt (Blumen-Schmidt), 1843 Ernst Benary, 1848 F. C. Heinemann hinzu. Seit 1863 entwickelte sich die Firma Haage & Schmidt zur führenden Sortimentsgärtnerei der Welt, die 1900 über 13000 Samenarten und 90 Katalogseiten Stauden und Pflanzen anbot. Daneben stand die Rosenzüchtung mit über 500 Sorten zur Zeit der großen Gartenbau-Ausstellung von 1865, die die Weltexportstellung Erfurts unterstrich. Um 1900 boten die Exportkataloge der Erfurter Firmen 1000 Sorten Blumenzwiebeln und Knollengewächse, 3000 Sorten Warm- und Kalthausgewächse, 1500 Sorten Zweijahresblumen und Stauden neben zahllosen einjährigen Sommerblumen sowie Kakteen und Sukkulenten an. Bei Beginn des Weltkrieges wurde davon sofort mehr als 70% stillgelegt.

[1] R. Koselleck, Preußen zw. Reform u. Revol. (1967). W. Conze (Hg.), Staat u. Gesellsch. im dt. Vormärz (1962). C. J. Fuchs, Die Bedeutung der Agrargesch. für die dt. Volkswirtschaftslehre, Schmollers Jb. 56 (1932). Th. v. d. Goltz, Gesch. d. dt. Landwirtsch. 2 (1903). W. Abel, Die Lage d. dt. Land- u. Ernährungswirtsch. um 1800, in: Die wirtschaftl. Situation in Dtld. u. Österr. um die Wende vom 18. zum 19. Jh. (1964). H. Haushofer, Die dt. Landwirtschaft im techn. ZA (1963, sehr gute Bibliogr.). W. Abel, Agrarkrisen u. Agrarkonjukturen in Mitteleuropa vom 13. bis zum 19. Jh. (1935). S. v. Frauendorfer, Ideengesch. der Agrarwirtsch. u. Agrarpolitik im dt. Sprachgebiet (1957). H. W. Graf Finck v. Finckenstein, Die Entwicklung d. Landwirtsch. in Preußen u. Dtld. 1800 bis 1930 (1960). Ders., 130 Jahre Strukturwandel u. Krisen d. intensiven europ. Landwirtschaften (1937). E. Bittermann, Die landwirtschaftl. Produktion in Dtld. 1800–1950, Kühn-Archiv 70 (1956). A. Schlögl, Bayer. Agrargesch. (1954). E. J. Glasel, Die Entwicklung der Preise landwirtschaftl. Produkte u. Produktionsmittel während d. letzten 50 Jahre u. deren Einfluß auf Bodenbenutzung u. Viehhaltung im Dt. Reich (1917). C. v. Dietze, Wege zur Agrarpolitik, HJb 62/69 (1949). G. Franz,

Dt. Bauerntum 2 (1939). ROSENBERG (s. Kap. 3, Anm. 1).

[2] W. KELLERMANN, Die Steigerung der Roherträge des Ackerlandes in Dtld. seit Anfang des 19. Jh., Landwirtsch. Jbb. 35 (1906).

[3] F. LENZ, Agrarlehre u. Agrarpolitik der dt. Romantik (1912).

[4] W. J. FISCHEL, Der Historismus in der Wirtschaftswissenschaft, VSWG 47 (1960). A. MÜLLER, Von der Notwendigkeit einer theologischen Grundlage der gesamten Staatswissenschaft u. der Staatswirtschaft insbesondere (1819); gegen das »schimmernde Kunststück vom Jahresertrag« wies er auf den »Jahrhundertertrag«, den eine wahre Landwirtschaft erstreben müsse. Auch an Vinckes Forderung: »Die Bauernfamilie ist wie der Boden immobil« sei erinnert; s. W. STEFFENS, E. M. Arndt u. Vincke, ihre Anschauungen über den Bauernstand in den Strömungen ihrer Zeit, Westfäl. Zs. 91 (1935). A. SCHMIEDECKE, Joh. Chr. Schubart (1956).

[5] G. v. BELOW, Die Fürsorge des Staates für die Landwirtschaft, in: Probleme d. Wirtschaftsgesch. (1920).

[6] Ebd. u. G. v. BELOW, Die Anfänge einer konservat. Partei in Preußen, Intern. Wochenschr. (2. 9. 1911).

[7] Schöns Radikalkuren in Ostpreußen: W. MAURENBRECHER, Zur Beurteilung Schöns, Grenzboten 37 (1878). G. v. BELOW, Fürsorge d. Staates (s. Anm. 5). H.-H. MÜLLER, Die Entwicklung der Anbauverhältnisse in der märk. Landw. vor den Agrarreformen von 1807, Jb. f. Wirtsch.gesch. (1964).

[8] Grundlegend. v. D. GOLTZ (Anm. 1). R. EHRENBURG, Thünen u. Thaer, Thünen-Archiv 1 (1906). A. PETERSEN, A. D. Thaer, Eine krit. Würdigung zu s. 200. Geb., SB d. Dt. Akad. d. Landw.-Wiss. 1 (1952); am verständnisvollsten TH. FONTANE ›Möglin‹ (in ›Wanderungen durch die Mark Brandenburg‹); über Fortwirkung E. WOERMANN, A. Thaer als Begründer d. wiss. Landbaus, Vorträge u. Ber. d. A.-Thaer-Gesellschaft (1952).

[9] M. KÜHNER, Pflügende Hand – forschender Geist (1934).

[10] v. D. GOLTZ (Anm. 1). Festschr. z. 150. Geb. v. J. H. v. Thünen (1933). K. ACKERMANN, Der ethisch-ökonom. Erklärungsdualismus ... bei Thünen und die neuere Thünenforschung (1954).

[10a] G. AHRENS, C. Voght u. s. Mustergut Flottbek, engl. Landwirtschaft in Dtld. (1969).

[11] H. HAUSHOFER, M. Schönleutner u. die Entstehung der Schule d. rationellen Landwirtsch. in Bayern, Zs. f. Agrargesch. u. Agrarsoziol. (1958). G. FRANZ, J. N. H. Schwerz (1960).

[12] v. D. GOLTZ (Anm. 1). F. SCHNABEL, Dt. Gesch. im 19. Jh. 3 (^{3}1952). M. TREMEL, Zur Frühgesch. d. Agrikulturchemie, Berliner Forschung u. Lehre in der Landwittschaftswiss. (1956).

[13] H. DÖRFLER-SIX, Bäuerl. Berufsbildung (1932). Ders., Die Landwirtsch. in Bayern (1929). R. DICK, Die niedersächs. Bauern u. ihre berufsbild. Schulen seit Anfang d. 19. Jh. (1963). H. GEBAUER, Die Volkswirtsch. im Kgr. Sachsen 1 (1893). HAUSHOFER (Anm. 11). E. HASSELHOFF u. H. BREME, Die Entwicklg. d. Landeskultur in der Prov. Westfalen im 19. Jh. (1900). J. GRAF SZOLDRSKI, Die landw. Entwickl. d. Prov. Großhgt. Posen 1772–1900 (1903). W. LEHZEN, Hannovers Staatshaushalt 2 (1854). R. BÜRSTENBINDER, Die Landwirtsch. d. Hgt. Braunschweig (1881). G. HAVENSTEIN, Der landwirtschaftl. Verein f. Rheinpreußen u. seine Wirksamkeit (1883). A. JELITTO, Gesch. d. oberschles. Landw. (1910). C. ZELLER, Die Wirksamkeit d. landw. Vereine d. Großhgt. Hessen (1857).

[14] H. SETTEGAST, Der Betrieb d. Landwirtsch. in Proskau u. die höhere landwirtschaftl. Lehranstalt daselbst (1856). E. BAUMSTARK, Die staats- u. landwirtschaftl. Akad. Eldena, in: H. BERGHAUS, Hdb. v. Neuvorpommern u. d. Insel Rügen 1 (1866). G. FRANZ (Hg.), Die Univ. Hohenheim 1813–1968 (1968). E. KLEIN, Die akad. Lehrer d. Univ. Hohenheim (1968). K. BIRN-

BAUM, Fr. G. Schulze als Reformator d. Landwirtschaftslehre (1860). NUSSBAUM, Zur Gesch. des dt. Landmaschinenbaues, Landmaschinenadreßbuch (1923). E. HEINRICH, Landwirtschaftl. Betriebslehre (1854). A. THAER, Gesch. meiner Wirtschaft zu Möglin (1815). H. FRANZ, Die Landwirtsch. in Thüringen (1896). K. BÖHME, Gutsherrl.-bäuerl. Verhältnisse in Ostpreußen 1770–1830 (1901). v. D. GOLTZ u. a., Festschr. z. Feier d. 50jähr. Bestehens d. kgl. preuß. Landwirtschaftl. Akad. Poppelsdorf (1897). H. v. PETERSDORFF, Kleist-Retzow (1907). J. v. LIEBIG, Rede z. Vorfeier d. 102. Stiftungstages d. k. Akad. d. Wiss. (1861).

[15] Denkschr. betr. d. landwirtsch. Zustände u. Bedürfnisse d. Monarchie vom Min. d. Inn., Lengerkes Annalen d. Landwirtsch. 3 (1844). O. HÜBNER, Das Kgr. Württbg., Jb. f. Volkswirtsch. u. Stat. 3 (1855). P. GEHRING, Das Wirtschaftsleben in Württbg. unter Wilhelm I. (1816–1864), Zs. f. Württ. Landesgesch. 9 (1949/50). S. HAUSMANN, Die Grundentlastung in Bayern (1892).

[16] Festschr. z. Versammlg. d. Land- u. Forstwirte (1865). H. KRETZSCHMAR, Das ländl. Genossenschaftswesen im Kgr. Sachsen (1914). H. v. MENDEL-STEINFELD, 50 Jahre Landwirtsch. d. Prov. Sachsen (1894). Über die »ersten« Vereine, Gründungszeiten, Mitgliederzahlen, Vermögen wenig Speziallit.; Angaben müssen aus der Landes- u. Provinzial-, z. T. aus Lokallit. zusammengestellt werden, z. B. R. STADELMANN, Das landwirtschaftl. Vereinswesen in Preußen (1874); Die landwirtschaftl. Vereine in den preuß. Staaten, Lengerkes Annalen d. Landwirtsch. 3 (1844); Die Landwirtsch. in Bayern (1862); M. LAUBERT, Die landw. Anfänge d. Vereinswesens in der Prov. Posen, Hist. Mon.bll. f. Posen (1923); K. REIS, Die poln. Bauernsch. Posens, ebd. 11 (1910); GEHRING (Anm. 15); F. KISTLER, Die wirtschaftl. u. sozial. Verhältnisse in Baden 1849–1870 (1954); C. JENSSEN, Die Gesch. d. landwirtschaftl. Zeitschriften Dtlds., Landwirtschaftl. Jbb. 18 (1889); R. AHRENS, Die dt. Landmaschinenindustrie, Entwicklung u. heutige Lage (1926); F. BENSING, Der Einfluß d. landwirtschaftl. Maschinen auf Volks- und Privatwirtsch. (1898); A. R. LÜBEN, Die dt. Landmaschinenindustrie (1926).

[17] F. MÜLLER, Die gesch. Entwicklung d. landwirtschaftl. Genossenschaftswesens in Dtld. (1901). H. WINKLER, Die landwirtschaftl. Kreditgenossenschaften u. die Grundsätze Raiffeisens, Jbb. f. Nat.ök. u. Stat. 138 (1933).

[18] H. SCHIFF, 100jähr. Bestehen der Landwirtschaftsschule u. Beratungsstelle Kaiserslautern (1964). A. PAQUET, Das Ausstellungsproblem in der Volkswirtsch. (1908). S. u. Kap. 10.

[19] M. ERDMANN, Die verf.pol. Funktion d. Wirtschaftsverbände in Dtld. 1815–1871 (1968).

[20] E. LAGLER, Theorie d. Landwirtschaftskrisen (1935). A. UCKE, Die Agrarkrisis in Preußen während der 20er Jahre (1887). W. ABEL (s. Anm. 1). G. DEHLINGER, Überblick über die Entwicklung d. Landwirtsch. in Württ. seit der Mitte d. 18. Jh., Württ. Jbb. f. Stat. u. Ldskde. (1897). H. WESTPHAL, Die Agrarkrisis in Mecklenburg in den 20er Jahren d. vor. Jh. (1925).

[21] M. MORGENBESSER, Gesch. von Schlesien (1908). Die oberschles. Hungerpest – eine Frage an die preuß. Regierung (1848). R. ADAM, Ernst v. Saucken-Tarputschen, Altpreuß. Forsch. 8 (1931). BÄRSCH, Auswanderung aus dem Reg.-Bez. Trier 1842, Zs. d. Vers. f. dt. Stat. 2 (1848). v. HERRMANN, Ein- u. Auswanderung im Kgr. Bayern, Beitr. z. Stat. d. Kgr. Bayern 11 (1863). R. VIRCHOW, Mitteil. über die in Oberschlesien herrsch. Typhusepidemie, Arch. f. pathol. Anatomie u. Physiol. u. f. klin. Medizin 2 (1849). H. HAUSHOFER, Der Münchner Vortrag Fr. Lists, Zs. f. bayer. Landesgesch. 25 (1962).

[22] E. JORDAN, Die Entstehung d. konservat. Partei u. d. preuß. Agrarverhältnisse von 1848 (1914).

[23] W. H. RIEHL, Die bürgerl. Gesellschaft (1851). H. KESSLER, Polit. Be-

wegungen in Nördlingen u. dem bayer. Ries während der dt. Revol. (1939). F. SCHAAF, Der Kampf d. dt. Arbeiterbewegung um die Landarbeiter u. werktät. Bauern 1848–1890 (1962).

[24] E. v. BÜLOW-KUMMEROW, Ein Punkt aufs I oder Belehrung über d. Schrift: Die Verwaltung d. Staatskanzlers Fürsten v. Hardenberg (1821). K. REIS, Agrarfrage u. Agrarbewegung in Schlesien 1848 (1910). E. W. BUCHHOLZ, Ländl. Bevölkerung an der Schwelle d. Industriezeitalters (1966).

[25] K. REIS (s. Anm. 16).

[26] K. HOFMANN, Die Unruhen d. Jahre 1848 u. 1849 im bad. Frankenland (1911). C. GEYER, Polit. Parteien u. öffentl. Meinung in Sachsen von der Märzrevolution bis z. Ausbruch d. Maiaufstandes (1915). ERNST II. Hg. v. Sachs.-Coburg-Gotha, Aus m. Leben u. aus m. Zeit 1 (1887). K. SCHNEIDER, Altenburg in der revol. Bewegung 1848/49 (1913). K. F. LOHE, Die staatsrechtl. Stellung von Landesreg. u. Volksvertretung in Reuß ält. Linie (1937).

[27] G. FRANZ u. a., Der dt. Landwarenhandel (1960).

[28] F. BECKMANN, Der Bauer im ZA. d. Kapitalismus, Schmollers Jb. 51 (1927), auch zum Folgenden. W. AVERECK, Die Landwirtsch. unter dem Einfluß von Bergbau u. Industrie im rhein. Ruhrkohlengebiet (1913).

[29] K. REIS, Agrarfrage (s. Anm. 24).

[30] A. v. LENGERKE, Der Hellweg in d. Gfsch. Mark, Lengerkes Annalen d. Landwirtsch. 9 (1847). H. DITT, Schrifttum zur westfäl. Landwirtsch. 1939–1953 in landeskundl. Sicht, Westfäl. Forsch. 7 (1953/54).

[31] G. LINNEWEBER, Die Landwirtsch. in den Kreisen Dortmund u. Hörde (1909).

[32] F. WILLEMS, Die geogr. u. wirtschaftl. Grundlagen der Volksdichte im Reg.-Bez. Aachen (1934).

[33] F. X. WISMÜLLER, Gesch. d. Moorkultur in Bayern 2 (1934).

[34] R. HIRSCH, Die Vererbung des ländl. Grundbes. im Kgr. Preußen 2 (1899). A. v. WENCKSTERN u. K. BÖHME, ebd. 12 (1905).

[35] J. N. v. SCHWERZ, Beitr. zur Kenntnis der westfäl. Landwirtsch., Möglinsche Annalen d. Landwirtsch. 1 (1817). K. T. EHEBERG, Allgem. bäuerl. Verhältnisse in Bayern, in: Bäuerl. Zustände in Dtld. 3 (1883).

[36] FISCHER, Über einige landwirtschaftl. Interessen, insbes. d. Kreditwesens, in: Raus Arch. d. polit. Ökon. NF 5 (1846). A. KOTELMANN, Die preuß. Landwirtsch. nach den amtl. Quellen statistisch dargestellt (1863).

[37] F. KEMPKEN, Die wirtschaftl. Entwicklung d. Stadt Oberhausen (1917).

[38] E. KNIRIM, Die Verschiebung d. Volksdichte im engeren westfäl. Ruhrgebiet 1815–1925 (1930). LINNEWEBER (s. Anm. 31).

[39] K. FRANZKE, Der oberschles. Industriearbeiter (1936).

[40] REEKERS (vgl. Kap. 1). A. ZANDER, Die wirtschaftl. Entwicklg. d. Prov. Sachsen im 19. Jh. (1934). H. HAUFE, Die Bevölkerung Europas (1936). R. HEBBERLE, Die Abwanderung aus Schleswig-Holstein nach Hamburg-Altona, Jbb. f. Nat.ök. u. Stat. 147 (1938): höhere soz. Lage d. aus Schl.-Holst. Zuwandernden gegenüber den aus Mecklenburg u. Pommern Kommenden.

[41] DEHLINGER (s. Anm. 20). M. PRUNER, Bericht über Spalt u. Umgegd., in: Bäuerl. Zustände in Dtld. 3 (1883). Schriften d. Ver. f. Soz.pol. 35 (1887): Der Wucher auf dem Lande in Thüringen (FRANZ), im Reg.-Bez. Kassel, in der bayer. Rheinpfalz (MAHLA), im Kgr. Sachsen (LANGSDORFF), im Großhgt. Mecklenburg (v. POGGE-ROGGOW); vgl. Moses u. David in Fritz Reuters ›Stromtied‹.

[42] Die bürgerl. Verhältnisse d. Juden in Dtld., Die Gegenwart 1 (1848). S. HAENLE, Gesch. d. Juden im ehem. Fürstentum Ansbach (1867). W. KOHTE, Volkstum u. Wirtschaft d. preuß. Ostens im 19. Jh., Dt. Wiss. Zs. f. Polen 29 (1935). Ders., Dt. Bewegung u. preuß. Politik im Posener Lande 1848/1849, ebd. 21 (1931). L. RAU, Studien über

südtdt. Landwirtsch. (1852). R. BODENHEIMER, Beitr. z. Gesch. d. Juden in Oberhessen (1931).

[43] Vgl. Kap. 1; RÖSSLER-FRANZ, Sachwörterbuch z. dt. Gesch. (1956), Art. »Auswanderung«. W. ENGEL, Wirtschaftl. u. soz. Kämpfe in Thüringen vor 1848, Zs. d. Ver. f. thüring. Gesch. NF Beiheft 11 (1927). RUTENBERG, Die Ursachen d. dt. Auswanderung, Zs. d. Ver. f. dt. Statist. 2 (1848). M. MÜLLER, Ursachen u. Ziele d. schwäb. Auswanderung, Württ. Vjh. f. Landesgesch. 42 (1936). W. H. RIEHL, Die Pfälzer (1857).

[44] A. v. MIASKOWSKI, Erwerbs- u. Verkehrsstatistik d. Kgr. Preußen 1 (1853).

[45] F. SCHRÖDER, Die Bevölkerung d. Großhgt. Strelitz, Zs. d. Ver. f. dt. Statist. 1 (1848). F. BOLL, Gesch. Mecklenb. (1856). v. FENSCH, Bevölkerungsabnahme im Gebiet der mecklenburg. Ritterschaft 1850–1905 (1908).

[46] DEHLINGER (s. Anm. 20). ENGEL (s. Anm. 43). MIASKOWSKI (s. Anm. 44). F. KISTLER, Die landwirtschaftl. u. soz. Verhältn. in Baden 1849–1870 (1954).

[47] F. WÜNSCH, Strukturveränderungen d. sächs. Landwirtsch. seit der Mitte d. 19. Jh. (1936).

[48] Die Auswanderertransporte im Zusammenhang mit der Entwicklung der Schiffahrt können hier nicht behandelt werden. Vgl. F. THISTLEWAITE, Migration from Europe Overseas in the 19th and 20th Centuries, XIe Congrès internat. des Sciences Historiques, Rapports V (1960) mit vorzügl. Bibliogr.

[49] TH. V. D. GOLTZ (s. Anm. 1). W. KALTSCHMIDT, Der landwirtschaftl. Großbetrieb d. Frhrn. v. Richthofen Boguslawitz (1929).

[50] E. JOHN, Landwirtschaftl. Mitteilung aus West- u. Ostpreußen (1859).

[51] W. GÖRLITZ, Die Junker (1956). K. H. WOLFF, An Early Case of Agricultural Entrepreneurship, Explorations in Entrepreneurial History 9 (1956). W. TREUE, Die landwirtschaftl. Unternehmer in Ostdtld., Tradition 3 (1958); doch fehlt eine Gesch. d. landwirtschaftl. Unternehmertums. A. WERNER, Die polit. Bewegungen in Mecklenburg u. der außerord. Landtag im Frühjahr 1848 (1907). A. THAER, Beschreibung d. nutzbarsten neuen Ackergeräte 1 (1803). A. R. LÜBEN (s. Anm. 16). G. FISCHER, Die Entwicklungsbedingungen d. landwirtschaftl. Maschinenwesens, Arbeit. d. DLG 177 (1910).

[52] M. EYTH, Die Entwicklung d. landwirtschaftl. Maschinenwesens in Dtld., England u. Amerika, Journal f. Landwirtsch. (1893). A. REITZ, Max Eyth (1956).

[53] Außer Eyth s. M. HOFER, Der Landmaschinenbau (1929). W. HAMM, Die landwirtschaftl. Maschinen um die Wende d. 18. u. in der 1. H. d. 19. Jh., Jbb. f. Nat.ök. u. Stat. 139 (1933).

[54] E. KLEIN, Die Hohenheimer Ackergerätefabrik, Zs. f. württ. Landesgesch. 22 (1963). G. FISCHER (s. Anm. 51). ZANDER (s. Anm. 40). LÜBEN (s. Anm. 16). R. SACK, Leipzig-Plagwitz 1863–1913, Lebensgesch. d. Begründers, Entwicklung u. heutiger Stand d. Werkes (1913). Gesch.kalender d. Eckertwerke (1921). Die 20. Versammlung dt. Land- u. Forstwirte, Dt. Vjschr. 1 (1858).

[55] O. HÜBNER (s. Anm. 15). 100 Jahre Chilesalpeter (1930). Die Prov. Preußen, Gesch. ihrer Kultur u. Beschreibung ihrer land- u. forstwirtsch. Verhältnisse (1863). G. SCHÜLER, 75 Jahre Aktienges. d. Chem. Produkten-Fabriken Pommerensdorf-Milch, Stettin (1922). J. WESTPHAL, Gesch. d. kgl. Salzwerkes zu Staßfurt unter Berücks. d. allg. Entwicklung d. Kaliindustrie (1901).

[56] NDB 1 (1955), Art. »Ed. S. Bökking«. W. TREUE, Die Gesch. d. Ilseder Hütte (1960).

[57] J. R. MUCKE, Dtlds. Getreideertrag (1883). A. KOTELMANN (Anm. 36). A. TRENDE, Aus der Werdezeit d. Provinz Westfalen (1933).

[58] V. RENNER, Die Züchtung d. Kartoffel, Pfälz. Heimatkunde (1907). Die Kartoffel u. ihre Kultur, Amtl. Ber. über die Kartoffelausstellung zu Altenburg (1876). Festschr. z. 21. Versamml. dt. Land- u. Forstwirte (1860). A. FRHR. V. HAXTHAUSEN, Die ländl. Verfassung in der Prov. Ost- u. Westpreußen (1839).

59 J. Münter, Materialien zur Förderung d. Kenntnis d. i. J. 1845 im Kgr. Preußen beobachteten Krankheit d. Kartoffeln, Lengerkes Annalen d. Landw. 9 (1847).

60 E. v. Lippmann, Die Entwicklung d. dt. Zuckerindustrie 1850–1900 (1900). Ders., Gesch. d. Zuckers (1929). T. Schuchart, Die volkswirtsch. Bedeutung d. techn. Entwicklung d. dt. Zukkerindustrie (1907). A. E. Kiehl, 60jähr. Erlebnisse u. Erfahrungen eines alten Rübenbauers (1911). 150 Jahre Samenzucht, Gesch. d. Firma H. Mette (1934). W. Katzenstein, Die dt. Zuckerindustrie u. Zuckerbesteuerung (1897). W. Stieda, F. K. Achard u. die Frühzeit d. dt. Zuckerindustrie, Schmollers Jb. 52 (1928). NDB 1 (1955), Art. »J. G. Boltze«.

61 T. Oberländer, Die Landwirtsch. Posen-Pommerellens (1937). Denkschrift z. 75jähr. Bestehen d. Vereins d. dt. Zuckerindustrie 1850–1925 (1925). J. Baxa, Studien zur Gesch. d. Zuckerindustrie in den Ländern d. ehem. Österreich (1950).

62 M. Schwemann-Sackur, Die Gesch. d. Weltzuckerversorgung von ihren Anfängen bis z. Beginn d. 1. Weltkrieges (1947).

63 J. D. G. Memminger, Beschreibung von Württemberg (1941). Der Viehstand im Kgr. Bayern, Beitr. z. Stat. d. Kgr. Bayern 12 (1864). Haxthausen (Anm. 58). L. A. Masius, Gesch. u. Statistik d. Viehversicherung in Dtld., Zs. d. Vereins f. dt. Stat. 2 (1848). 100 Jahre Berliner Hagel-Assekuranz-Ges. v. 1832 (1932). Zum 100jähr. Bestehen d. Schwedter Hagel- u. Feuer-Vers.Ges. a. G. (1926). E. V. Viebahn, Statistik d. zollvereinten u. nördl. Dtlds. 3 (1868). G. Quandt, Die Niederlausitzer Schafwollindustrie in ihrer Entwicklung zum Großbetrieb u. zur mod. Technik (1895). W. Mäcking, Die Beziehungen d. Preuß. Seehandlung zum Wollhandel 1826–1848 (1953). H. Janke, Die Wollproduktion unserer Erde u. die Zukunft d. dt. Schafzucht (1864).

64 K. Borchardt, Regionale Wachstumsdifferenzierung in Dtld. im 19. Jh. unter bes. Berücksicht. d. West-Ost-Gefälles, in: Wirtsch. u. soz. Probl. d. gewerbl. Entwicklung im 15.–16. u. 19. Jh. (1968). Ders., Zur Frage d. Kapitalmangels in der 1. H. d. 19. Jh., Jbb. f. Nat.ök. u. Stat. 173 (1961). J. Griesmeier, Die Entwicklung d. Wirtsch. u. d. Bevölkerung von Baden und Württemberg im 19. und 20. Jh., Jbb. f. Stat. u. Landeskunde von Bad.-Württ. 1 (1954). H. Wirth, Die Entwicklung der Landwirtsch. in Baden-Württemberg (Zahlenmaterial seit 1880), ebd. 5 (1960).

65 W. P. Watkins, Die internat. Genossenschaftsbewegung (1969). F. W. Fassbender, F. W. Raiffeisen (1902). F. Kaiser, F. W. Raiffeisen (1968). W. Treue, F. W. Raiffeisen heute, in: Welt-Raiffeisentag (1968). I. Bauert-Keetmann, F. W. Raiffeisen (1968). Dies., F. W. Raiffeisen, Tradition 15 (1969).

66 M. Laubert, Der Flottwellsche Güterbetriebsfonds in der Provinz Posen (1929). F. Richter, Preuß. Wirtschaftspol. in den Ostprovinzen, der Industrialisierungsversuch d. Oberpräsid. v. Goßler in Danzig (1938). E. Lang, Das Werk d. ländl. Siedlung in Dtld. (1933). M. Weber, Die ländl. Arbeitsverfassung, Schrift d. Ver. f. Soz.pol. 58 (1893). J. Nichtweiss, Die ausländ. Saisonarbeiter in der Landwirtsch. d. östl. u. mittler. Gebiete d. Dt. Reiches (1959).

67 M. Tremel, Zur Frühgesch. d. Agrikulturchemie, in: Berliner Forsch. u. Lehre in der Landwirtschaftswiss. (1956). A. v. Nagel, Stickstoff, Schr.-reihe d. Firmenarchivs d. BASF, H. 3 (1969). H. v. Dechend, J. v. Liebig in eigenen Zeugnissen u. solchen seiner Zeitgenossen (1953). Briefwechsel Liebig-Wöhler, hg. v. A. W. v. Hoffmann (1888): »Die Landwirtschaft ist eine Industrie, die ein jeder Bauer betreiben kann; sie aber in der richtigen Weise zu betreiben, erfordert mehr Kenntnisse als irgendeine andere Industrie« (Liebig an Wöhler 12. 10. 1864). E. Welte, Die Bedeutung der mineral. Düngung und

der Düngungsmittelindustrie in den letzten 100 Jahren, Technikgesch. 35 (1968).

[68] C. v. SEELHORST, Schultz-Lupitz, Journal f. Landwirtsch. (1899).

[69] G. FRANZ (Hg.), Die Gesch. der Landtechnik im 20. Jh. (1969); dort Spezialbeiträge und Literatur.

[70] G. HELLING, Zur Entwicklung der Produktivität in der deutschen Landwirtschaft im 19. Jh., Jb. f. Wirtschaftsgesch. (1966). J. WEBER-KELLERMANN, Betrachtungen z. W. Mannhardts Umfrage von 1865 über Arbeitsgerät und bäuerliche Arbeit, Zs. f. Agrargesch. u. Agrarsoz. 14 (1966). S. MUSIAT, Zur Lebensweise d. landwirtschaftl. Gesindes in der Oberlausitz (1964).

[71] Das beeinträchtigt den Wert zahlreicher Werke zur Gesch. d. Landwirtsch.; s. H. RÖSSLER u. G. FRANZ, Sachwörterbuch z. dt. Gesch., Art. »Agrarier« u. »Bauernvereine«.

[72] R. KUCZYNSKI, Ist die Landwirtsch. die wichtigste Grundlage d. dt. Wehrkraft? (1905). E. SCHRAEPLER, Die polit. Haltung d. liberalen Bürgertums im Bismarckreich, GWU 5 (1954). P. HESSE, Wechselbeziehungen zw. Agrarstruktur u. Industrialisierung d. Landes Baden-Württ., Zs. f. Agrargesch. u. Agrarsoz. 11 (1963).

[73] v. D. GOLTZ (Anm. 1), Bd. 2. H. HAUSHOFER, Die Furche d. DLG 1885–1960 (1960). S. RAMM, Die Landwirtschaftskammer f. die Provinz Pommern zu Stettin, Balt. Studien NF 47 (1960). ERDMANN (Anm. 19). T. THYSSEN, Bauer u. Standesvertretung in Schleswig-Holstein (1958).

[74] C. v. DIETZE, Dt. Agrarpol. seit Bismarck, Zs. f. Agrargesch. u. Agrarsoz. 12 (1964). H.-J. PUHLE, Agrar. Interessenpol. u. preuß. Konservatismus im Wilhelmin. Reich (1966). W. TREUE, Die dt. Landwirtsch. z. Z. Caprivis u. ihr Kampf gegen die Handelsverträge (1933). K. H. KRÖGER, Die Konservativen u. die Politik Caprivis (1937). RÖSSLER-FRANZ, Sachwörterbuch, Art. »Bund d. Landwirte« u. »Hansabund«. A. SMOLNY, Das Pressearchiv d. Bundes d. Landwirte 1893 bis 1943, Zs. f. Agrargesch. u. Agrarsoz. 4 (1956). H. HORN, Die Rolle d. BDL im Kampf um den Bau d. Mittellandkanals, Jb. f. Gesch. Mittel- u. Ostdtlds. 7 (1958). G. D. v. TIPPELSKIRCH, Agrarhist. Ausschnitte aus der Zeit von 1893–1924 im Lichte d. Wirkens von Dr. G. Roesicke (o. J. c. 1957), dazu G. FRANZ, HZ 188 (1959). A. HUNDHAMMER, Gesch. d. bayer. Bauernbundes (1924).

[75] H. O. MEISNER, Der Rk. Caprivi, Zs. f. die ges. Staatswiss. 111 (1955). O. BAUMGARTEN, Freihandel u. Schutzzoll als Mittel d. Agrarpol. 1860 bis z. Gegenwart (1935). J. RYBARK, Die Steigerung d. Produktivität der dt. Landwirtsch. im 19. Jh. (1905). S. R. TIRREL, German Agrarian Politics after Bismarcks Fall (1951). Über die allmähl. »Demokratisierung d. Rittergutsbesitzer-Klasse« materialreich u. pointiert H. ROSENBERG, in: Festschr. H. Herzfeld (1958). H.-H. HERLEMANN, Vom Ursprung d. dt. Agrarprotektionismus, Forschungs- u. Sitzungsber. d. Akad. f. Raumforschg. u. Landesplanung 30 (1965).

[76] A. DAMASCHKE, Die Bodenreform ([8]1913). FRAUENDORFER (s. Anm. 1).

[77] Vgl. W. KALTSCHMIDT, Der landwirtsch. Großbetrieb d. Frhrn. v. Richthofen Boguslawitz (1929).

[78] H. RUBNER, Forstgesch. im ZA d. industr. Revol. (1967). K. F. BAUR, Forststatistik d. dt. Bundesstaaten (1842). O. v. HAGEN, Die forstl. Verhältnisse Preußens (1867). E. W. MARON, Forststatistik d. sämtl. Wälder Dtlds. (1862). A. RICHTER, Zur Entwicklung d. Waldverbreitung in den letzten 150 Jahren, Arch. f. Forstwesen 6 (1957). G. BREITHAUPT u. a., Über die Auswirkungen des Kapitals auf die Entwicklung d. dt. Forstwirtsch. (1959). AHRENS (s. Anm. 10[a]).

[79] G. MÜLLER, Geschichtl. Entwicklung d. internat. Handelsbeziehungen d. Erfurter Gartenbaues, in: Aus d. Vergangenheit d. Stadt Erfurt 3 (1961).

Kapitel 5
Der Deutsche Zollverein und der Steuerverein bis 1856

Auch die *wirtschaftliche Einigung* war ein Ziel der deutschen Politiker und Staatsmänner von Steins Art. Bundesgrenzzölle und Beseitigung aller innerdeutschen Schranken hatte Stein schon in Chaumont empfohlen. Der Deutsche Bund ließ jedoch wirtschaftlich wie politisch die Aufgaben der Zukunft im Bereich einzelstaatlicher Lösungen. Reformpreußen war der erste Staat, der an ihre Erledigung ging. Unbeabsichtigt übernahm er seit den Anfängen zoll- und steuergesetzlicher Erwägungen die wirtschaftliche Führung in Deutschland: Das Gesetz vom 26. 5. 1818 wurde Kristallisationskern des Deutschen Zollvereins und in vieler Hinsicht auch des kleindeutschen Reiches von 1866/1871[1].

Dieses nach Auseinandersetzungen zwischen schutzzöllnerischen (Oberpräs. von Brandenburg v. Heydebreck) und freihändlerischen Gruppen (Staatsrat Kunth, Generalsteuerdirektor Maassen) von den Smithianern unter den preußischen Beamten entworfene Gesetz vom 26. 5. 1818[2], das erst nach schutzzöllnerischer Milderung seiner Aufgabe entsprach, erregte durch die Zusammenfassung Preußens zu einem einheitlichen Zollgebiet Befürchtungen der kleineren, teilweise zu Enklaven gewordenen Staaten, besonders der drei anhaltinischen Herzogtümer. Daraus entwickelte sich eine von Anhalt-Köthen geführte, von Adam Müller als österreichischem Generalkonsul in Leipzig unterstützte Auseinandersetzung, die nach Zwangsmaßnahmen 1828 mit Preußens vollem Erfolg endete.

Nach Ansätzen von Stein[3], W. v. Humboldt u. a. zu einer gesamtdeutschen Zoll- und Handels-, Post- und Münzpolitik kam es im Hungerjahr 1817 zu ersten Reformversuchen bei der *Zollpolitik* und infolge englischen Einfuhrdrucks zu Boykottmaßnahmen, deren Höhepunkt die Gründung des »Deutschen Fabrikantenvereins« 1816 (E. Weber) und des »Deutschen Handels- und Gewerbevereins« 1819 (Friedrich List u. a.) bildete[4]. Lists Bittschrift der »deutschen Kaufleute und Fabrikanten« um Aufhebung der Zölle in Deutschland und Aufstellung eines deutschen, auf dem Prinzip der Retorsion beruhenden Zollsystems gegen die angrenzenden Staaten konnte den Bundestag und die Fürsten, die er 1819/20 aufsuchte (u. a. Kaiser Franz) nicht beeindrucken. List ist damals und später aus nationalpolitischen Gründen häufig überschätzt worden. Sein Verein blieb in der Zeit politischer Restauration und Reaktion ohne Wirkung und mußte die Neuregelung der Verhältnisse der staatlichen, d. h. fürstlichen Initiative überlassen. Das Volk war an der Entwicklung, die zum Zollverein führte, nicht beteiligt, und List selbst hat wirtschaftspolitisch durch seine Werke nach 1871 mehr gewirkt als vor seinem Tode (1846).

Den Bemühungen Lists u. a. entgegen, erbrachten die Wiener Konferenzen von 1828[5] den *Zusammenschluß der Mittelstaaten*, des »dritten Deutschland«, zur Zollpolitik unter eigenen politischen Gesichtspunkten; dieser Partikularismus verzögerte die Erledigung auch der wichtigsten Fragen. Als seit 1823 Hessen-Darmstadt sich allmählich nach Norden wandte, begann die Spaltung in eine bayerisch-württembergische und eine badisch-hessisch-nassauische Gruppe. Bayern und Württemberg entwarfen im Februar 1825 einen Grundvertrag über einen süddeutschen Zoll- und Handelsverein als Vorstufe zur Verwaltungsform des späteren Deutschen Zollvereins; Baden trennte sich von diesen Tendenzen. Nach dem Präliminarvertrag vom 27. 4. 1827 kam es am 18. 1. 1828 zum Zollvereinsvertrag zwischen ebenbürtigen Partnern: Bayern (unter Ausschluß der Pfalz) und Württemberg.

Preußen[6], vom drohenden Staatsbankrott zu teurer Rothschild-Anleihe und zur wirtschaftsanregenden Liberalisierung gezwungen, führte entgegen österreichisch orientierten gesamtdeutschen Plänen das Zollgesetz von 1818 für 10 Millionen Menschen ein, betrieb rücksichtslose Politik gegen Enklaven, führte Zollkämpfe mit Kurhessen seit 1819, in denen sich sein Interesse an diesem Verbindungsstück zu Süddeutschland abzeichnete, dahin, daß Mitte 1825 Hessen-Darmstadt (du Thil)[7] die Annäherung begann. Die von Preußen angestrebte gleichzeitige Einigung mit beiden Hessen war unmöglich. Der bayerisch-württembergische Vorvertrag änderte für Süddeutschland die Lage einschneidend. Da forderte Motz[8] in Verhandlungen mit Darmstadt seit August 1827 zur Erweiterung von Preußens Sphäre und Einengung des süddeutschen Vereins Zollanschluß statt Handelsvertrag; am 14. 2. 1828 konnte mit Darmstadt auf der Grundlage des preußischen Zollgesetzes von 1818 ein Zollverein gegründet werden. Der selbstherrliche Kurfürst lehnte für Kurhessen jede Einigung mit Nord und Süd ab. Die allgemeine Bedeutung des Vertrages bezeichnet weniger die Freude in diesen beiden Staaten als die Erregung im »Auslande«: Bayerns und Österreichs Empörung und die Furcht westeuropäischer Staatsmänner vor einem geeinten, erstarkenden deutschen Industrie- und Verkehrsstaat. Nur Württemberg und Baden erkannten zustimmend die deutsche Bedeutung des Ereignisses.

Zwei handelspolitische Gruppen standen nun einander gegenüber, beide bestrebt, Einfluß zu gewinnen. Preußen blieb Kurhessen, Nassau und Hannover gegenüber erfolglos, da man seine Vorherrschaft in Norddeutschland fürchtete; Sachsen-Weimar schwenkte, besorgt um seine Souveränität, in die antipreußische Richtung ein.

Nach einer am 23. 12. 1822 abgeschlossenen, 1823 »einstweilen ausgesetzten« Vereinigung der sächsischen Häuser, stellte *Sachsen* – ein bedeutsamer Schritt – mit der Punktation von Oberschöna zwischen das preußische und das bayerische ein drittes, vorerst aus dem königlichen, großherzoglichen und herzoglichen Sachsen bestehendes neutrales System, dessen Idee antipreußische, antibayerische albertinische Hegemoniebestrebungen zum Inhalt hatte. Zugleich betrieb Metternich die Bildung einer Handelskoalition gegen Preußen. Hannover lehnte ab; Braunschweig folgte zögernd den sächsischen Anregungen. Am 21. 5. 1828 kam es zur »Frankfurter Erklärung«, die von Sachsen, Hannover, Kurhessen, Weimar, Altenburg, Coburg, Dessau, Schwarzburg-Rudolstadt, Frankfurt, später von Braunschweig, Oldenburg, Meiningen, Hessen, Homburg, den Reuß und Bremen unterzeichnet wurde, aber kaum Bedeutung gewann: Die Abneigung gegen Preußens und Bayerns Pläne steigerte sich ohne echtes Ziel nicht zu gemeinsamer, positiver Handelspolitik, obwohl diese schwächste dritte Partei naturgemäß die stärkste Förderung durch das westeuropäische Ausland erhielt.

Am 22. 8. 1828 wurde der *mitteldeutsche Handelsvereinsvertrag* für sechs Jahre unterzeichnet, damit aber nicht die wirtschaftliche und die politische Einigkeit erreicht. Sondershausens Ausfall vernichtete wichtige Straßenbaupläne und verursachte, wie die Wiederaufnahme der Verhandlungen zwischen Meiningen und Bayern, manche Ungewißheiten. Der Verein war mehr destruktiv als konstruktiv[9].

Zu Preußens beabsichtigter Ausdehnung[10] seines Zollsystems über Norddeutschland war die Gewinnung *Kurhessens* nötig, des Verbindungsstücks zwischen seinen östlichen und westlichen Provinzen, später die von Nassau, Waldeck, Lippe und den thüringischen Staaten. *Motz*' Versuch, *Hannover*, das nördliche Verbindungsstück, durch einen Handelsvertrag zu gewinnen, schlug fehl. Zwar empfand man Sympathie und Bewunderung für Preußen; jedoch stärker war, wie in Holland, die Befürchtung, Preußen könne durch Einigung mit Kurhessen den Nord-Süd-Verkehr beherrschen. So erschien die Abwehr preußischer Pläne wichtiger als die Schaffung einer norddeutschen Zoll- und Handelsgemeinschaft, bei deren Herstellung auch die Einfuhr aus England und die wirtschaftliche Verschiedenartigkeit Preußens und Hannovers bedeutende Schwierigkeiten bereitet hätten.

Von den drei Vereinssystemen konnten nur das nördliche und das südliche wirklich Handelsvereine genannt werden. Frei von Vertragsbindungen waren die Rand- oder Splitterstaaten: Österreich wegen seiner außerdeutschen Besitzungen, Baden wegen vorteilhafter Wirtschaftsbeziehungen zu Frankreich und der Schweiz, wegen des Streites mit Bayern und der Schmuggelgewinne, Hamburg und ähnlich Mecklenburg wegen geringen Interesses an binnendeutschen Fragen, Holstein und Lauenburg, weil Dänemark eine einheitliche Wirtschafts- und Zollpolitik behalten wollte.

Die Existenz des Mittelvereins führte den nord- und süddeutschen Vereinigungen die Gemeinsamkeit ihrer Interessen deutlich vor Augen und sicherte den Grund zu Verhandlungen, die mit dem großen Zusammenschluß des Jahres 1833 endeten.

Motz erkannte in der *Politisierung des Straßenbaues*[10a] ein vorzügliches Kampfmittel gegen den Mittelverein; außerdem waren Sachsen-Hildburghausen und Sachsen-Coburg-Gotha, die den wichtigen Weg Leipzig–Frankfurt beherrschten, wirtschaftlich von ihren Nachbarn Preußen und Bayern abhängig. Als Meiningen sich 1828 wegen des Ausbaues des preußischen Teiles der Straße Saalfeld–Pößneck, die durch den preußischen Kreis Ziegenrück lief und Teil einer geplanten Handelsstraße über Altenburg nach Leipzig war, an Preußen wandte, trat fast gleichzeitig Coburg-Gotha, das eine Straßenverbindung zwischen Coburg und Gotha durch den preußischen Kreis Schleusingen herstellen und Handelserleichterungen auf dieser Straße erreichen wollte, an Preußen heran. Dieses entsprach den Anträgen. Am 3./4. 7. 1828 kamen Verträge mit Meiningen und Coburg zustande: Straßenbau und wechselseitige Handelserleichterungen wurden mit der Zusage beider thüringischer Staaten gekoppelt, spätestens am 1. 1. 1835 dem preußischen oder dem bayerischen Zollsystem beizutreten.

Das sprengte praktisch den mitteldeutschen Verein. Bei seiner Verlängerung im Oktober 1829 behielten sich das Königreich Sachsen und Sachsen-Weimar bereits den Beitritt zu einer nord-süddeutschen Vereinigung vor. Außerdem bildeten sich verschiedene Untergruppen, deren eine mit Hannover, Kurhessen, Oldenburg und Braunschweig am 27. 3. 1830 den Vertrag zu Einbeck schloß, die Grundlage des späteren Steuervereins. Im Februar 1831 sagte Weimar für den 1. 1. 1835 seinen Beitritt zum preußisch-hessischen Verein zu. Im August schloß nach revolutionär veranlaßtem Thronwechsel Kurhessen einen Vertrag mit Preußen, der dem preußisch-hessischen entsprach. Das bedeutete das *Ende des mitteldeutschen Vereins*, da Preußen die Verbindung seiner Gebietsteile erreicht und den Zusammenhang der mitteldeutschen Staaten unterbrochen hatte. Zum vollen Sieg der preußischen Zollpolitik fehlte nur noch die Vereinigung mit dem süddeutschen Verein.

Bayern[11] hatte schon 1826/27 Schritte zur Verständigung beider Vereine durch einen Handelsvertrag getan. Nun näherte Preußen sich dem süddeutschen Verein und vollzog damit die grundsätzliche Wendung von der preußischen, höchstens norddeutschen zur deutschen Politik – »unter dem Zwange der Umstände gewiß, aber einem geschichtlichen Gesetz folgend« (Vorgeschichte ..., s. Anm. 1).

Über den Besuch des bedeutenden Verlegers Cotta bei Motz begann 1828 *Preußens Annäherung an Bayern*, die auf um so stärkere Bereitschaft traf, als Kurhessen, Frankreich und Österreich bayerische Hoffnungen enttäuscht hatten und der Mittelverein letzten Endes österreichisch und damit ebenso bayern- wie preußenfeindlich war. Cotta wurde vom König und von führenden preußischen Staatsmännern mit Auszeichnung empfangen, trug ein neues, richtigeres Bild Preußens nach München und schuf nicht zuletzt mit diesen Imponderabilien des Gemütes die Basis gegenseitigen Verständnisses für die folgenden Verhandlungen. Noch einmal erhob sich in diesen Jahren, da allgemein schon der Druck der Reaktion den idealen Schwung hemmte, gerade auch in Preußen der staatliche Gedanke zu neuen nationalen Höhen. Motzens Äußerungen bewiesen den Süddeutschen, daß Preußen nicht dem Zerrbild mancher Agitatoren entsprach. Vorzüglich hat H. Oncken hervorgehoben, wie gerade bei diesen Verhandlungen durch

Goethes Verleger die Verbundenheit von Potsdam und Weimar zu reinster Wirkung kam.

Ende März 1829 stand man vor dem Abschluß eines Handelsvertrages, als der hessische Bevollmächtigte im Einverständnis mit dem preußischen die Vorzüge eines Zollvereins zu preisen begann. Die Bedeutung einer *Vereinigung der beiden Handelsvereine* wurde auch von dem bayerischen Gesandten Graf Luxburg sofort mit allen Vorteilen und Perspektiven erkannt. So entstand im preußisch-süddeutschen Vertrage vom 27. 5. 1829[12], der 20 Millionen Einwohner betraf, der Separatartikel 9, der Bayern und Württemberg die Möglichkeit des Abschlusses eines Zollvereins mit Preußens westlichen Provinzen und Hessen-Darmstadt offenhielt.

Ein Vertragssystem von größter Bedeutung, in Europa schon jetzt auf seine Tragweite untersucht, die Beseitigung des Mittelvereins und der Ausschluß Österreichs aus Deutschland standen vor dem Abschluß. Sachsen und Coburg überlegten die Neuorientierung ihrer Politik, die badische Frage tat sich auf – der ganze deutsche Komplex geriet durch die preußisch-bayerischen Verhandlungen in Bewegung. *Motz* konnte sich in diesen seinen letzten Monaten als Urheber einer der größten staatlichen Ideen empfinden: Er blickte weit über die Begriffe des »Handels«- oder »Zoll«-Vereins hinaus in die Machtsphäre und sah dort eine Revision der Bundesverfassung, die Stärkung der nationalen deutschen Kraft nach außen »unter Schutz und Schirm von Preußen« sich anbahnen. Seine staatsmännische Phantasie berührte auch in den Zeiten kleinerer Verhandlungsthemen das, was Bismarcks Werk werden sollte. Der Vertrag bedeutete den Sieg über den mitteldeutschen Handelsverein, die letzte Vorstufe für den Deutschen Zollverein. »Beim Tode von Motz 1830 war der volle Sieg der preußischen Handelspolitik nur noch eine Frage der Zeit« (Huber). »Originally defensive, Prussian economic policy during the 1830's assumed an aggressive character« (Meyer).

Nach einer bayerisch-badischen Verständigung 1830, einer preußisch-sächsischen Einigung 1831 und Verträgen mit Sachsen und Thüringen[13] am 30. 3. 1833 konnte das große Werk, der *Deutsche Zollverein*, am 1. 1. 1834 in Kraft treten, wenn auch die Abschlüsse mit Baden, Nassau und Frankfurt erst später zustande kamen.

Zum ersten Male hatten die Regierungen großer und kleiner deutscher Staaten freiwillig auf bedeutende Teile ihrer Rechte, ihrer Souveränität im Interesse der Gemeinschaft verzichtet. Die Möglichkeit eines geeinten Deutschlands über den engeren wirtschaftlichen Rahmen hinaus tat sich auf[14]. Treitschkes berühmte, auf Falk zurückgreifende Schilderung der Nacht des Jahreswechsels 1833/34 bietet ein Bild der Wünsche, Hoffnungen und Erwartungen, welche im ganzen deutschen Volke mit dieser großen Tat wach geworden waren. Die nationale Revolution Kleindeutschlands hatte – unbewußt ausgehend von einem partikularistischen preußischen Gesetz – ihren ersten Abschnitt vollendet[15].

Hannovers Zollanschluß[16] an Preußen war mehrfach diskutiert worden, doch überwog in Hannover die Partei der Selbständigkeit und der Gegnerschaft zu Preußen, was auch die Beteiligung an der Gründung des Mittelvereins und an seiner Erhaltung bewies. Eben dabei tauchte der Gedanke eines Zollvereins zwischen Hannover, Braunschweig und Oldenburg zur Stützung des Mittelvereins und der Kleinstaaten auf. Das Ergebnis war der sogenannte Einbecker Vertrag vom März 1830. Nach dem Zerfall des mitteldeutschen Handelsvereins betrieb Hannover die Bildung eines Zollverbandes, der als dessen tätigerer Erbe auftreten konnte, denn es gab gewichtige Gründe gegen Hannovers Beitritt zum Zollverein[17]: Furcht vor Preußens Hegemonie, Bindungen an England, Abneigung gegen die bei Annahme des preußischen Systems entstehenden Mehrkosten durch strengere Kontrolle und gegen zu erwartende Zollausfälle, der in bezug auf Kolonialwaren hohe Lebensstandard in Hannover, Rücksichten auf die durch Preußen gefährdeten heimischen Wirtschaftsbetriebe. So kam es nach einem Vorvertrag zwischen *Hannover und Braunschweig* (1831) am 1. 5. 1834 zu einem *Zollvereinigungsvertrag*, der wie das preußische System im Innern freien Verkehr, nach außen eine gemeinsame Zollgrenze schuf, die Erträge nach der Bevölkerungszahl verteilte; er trat am 1. 6. 1835 in Kraft. Oldenburg[18] schloß sich am 1. 8. 1835, Schaumburg-Lippe im November 1837 diesem *Steuerverein* an; damit stand er auf der Höhe seiner Entwicklung und erfüllte die in ihn gesetzte Hoffnung: die Bannung der Anschlußgefahr an Preußen. Auch vergrößerte er den hannoverschen Markt. »An die Verschmelzung von Steuerverein und Handelsverein dachte vorläufig noch niemand« (Strecker).

Braunschweigs Ausscheiden 1841 entsprach einem alten Wunsch Preußens. Es sah seine Interessen in dem sich gut entwickelnden Zollverein besser berücksichtigt als bei Hannover[19]. Doch waren die ersten Folgen so enttäuschend, daß Braunschweig Hannovers Beitritt wünschte[20]. Auch Preußen erstrebte diesen, da der Zollverein mit 25 Mill. Einwohnern noch immer nur die Binnenstaaten umfaßte und nach Hannovers Anschluß auch der Mecklenburgs und der Hansestädte zu erwarten gewesen wäre. Aber Hannover, im Grunde industriefeindlich[21], erwog erst, als es 1848 durch Verwaltungsreform in finanzielle Bedrängnis geriet, die preußische Möglichkeit. So führte auf der hannoverschen Seite ein finanzieller Grund zum Anschlußvertrag von 1851, auf der Preußens ein politischer, indem es in einer Zollvereinskrisis *Hannovers Anschluß* zur Stützung des Vereins benutzte. Hannover und der gesamte Steuerverein traten am 1. 1. 1854 dem Zollverein bei.

Die Stellung der *Hansestädte*[22] zur Frage der deutschen Zolleinheit beruhte, besonders in Hamburg, auf alten außerdeutschen, insbesondere englischen Handelsverbindungen und -vorteilen, auf partikularistischem Patrizierselbstbewußtsein, aber auch auf der 1815 mühsam geretteten Unabhängigkeit, schließlich auf Fr. Lists ungeschickter Propaganda. Erst der preußisch-hannoversche Vertrag brachte nach vielem Hin und Her – auch zwischen Hamburg und Bremen – eine Wendung. Der großdeutsche Gedanke, den Österreich vertrat und Bremen – wo man allerdings 1848 auch die Erhaltung hanseatischer und kleinstaatlicher Freiheit sowohl gegenüber Preußen wie der Revolution betrieb – noch 1849 begrüßt hatte, trat hinter den preußisch-kleindeutschen an Aktualität und Gewicht zurück. Preußen stand vor Bremens Toren, und die Stadt, die Hamburgs Freihandelsgedanken längst abgeschworen hatte, wandte sich Preußen zu. Sie nahm am Kampf des aufblühenden Hamburg um den Steuerverein nicht teil, sondern erwog die Aussicht, mit dem Zollverein den Konkurrenten zu überflügeln. Noch die Bezeichnung »Norddeutscher Lloyd« war 1856/57 wie »Österreichischer Lloyd« in Triest programmatisch gemeint. Beide Städte hätten sich vollends gegeneinander gewandt, wenn nicht Hamburg, um völliger Isolierung zu entgehen, die Gemeinsamkeit der Interessen betont hätte. Der preußisch-österreichische Vertrag wurde 1853 in Bremen als Schritt zur deutschen Einigung begrüßt, vom freihändlerischen Hamburg verurteilt[23]. Die Spaltung der Interessen beider Städte nahm ihren Fortgang.

W. Roscher[24] schrieb 1870 in einer vorwiegend militärischpolitisch denkenden Zeit unter dem Eindruck der jüngsten Vergangenheit: »In den 51 Jahren zwischen Waterloo und Königgrätz ist die Gründung und Entwicklung des Zollvereins unstreitig nicht allein das segensreichste, sondern auch das größte Ereignis deutscher Geschichte.« Die Entwicklung des Vereins bis 1866/1871 war ein Spiegelbild der deutschen Zerrissenheit und des Kampfes zwischen Preußen und Österreich. Vergleichsweise ruhig verlief die Entwicklung des Tarifwesens[25]; der wirtschaftliche Erfolg wurde bei steigender Bevölkerung immer sichtbarer[26]. Mehrfach wurden *Handelsverträge* abgeschlossen – die mit den Niederlanden 1837–1839[27] und Belgien waren die bedeutsamsten, umstrittensten, von den Hansestädten am heftigsten bekämpften[28], so daß der erstere schließlich von den Zollvereinsstaaten gekündigt wurde. Bedeutsamer aber als die Außenhandelsverhältnisse waren die Überwindung innerer Schwierigkeiten dieses komplizierten vielstaatlichen Gebildes und der preußisch-österreichische Hegemonie- und Existenzkampf. Metternich erkannte 1841 die Gefahr der Isolierung Österreichs[29], die Geschicklichkeit Preußens in der politischen Ausnutzung wirtschaftlicher Mittel[30] und die Unmöglichkeit, Bayern dem Zollverein wieder zu entfremden[31]. Die von Preußen zum Scheitern gebrachte Verhandlung von 1847 über ein Zollkartell leitete in die Wirren von 1848–1850. Der »nächste Weg«[32] zur Zoll- und Handelsvereinigung Deutschlands, ganz Deutschlands Beitritt zum Zollverein, erwies sich bald als ungangbar, der handelspolitische Partikularismus wurde schon im Dreikönigsbündnis vom 26. 5. 1849 restituiert. Da fielen v. Brucks Zeitungsaufsatz vom 26. 10. 1849 sowie seine berühmten Denkschriften[33] vom 30. 12. 1849 und 30. 5. 1850 über eine großdeutsch genannte, groß-österreichisch gemeinte und daher von Schwarzenberg begrüßte Zolleinigung – Grundlage fast aller späteren Mitteleuropapläne – mit inneren Reformen zusammen. Ihr Ziel war, den norddeutschen Verkehr, Bremens und Hamburgs Schifffahrt nach Süden, ins Mittelmeer, in die Adria, nach Triest zu leiten, woher Bruck kam. Schließlich wurde durch Delbrücks Maßnahmen aus den Plänen Brucks, der 1851 zurücktrat, nicht mehr als der deutsch-österreichische Postverein[34]; auch Schwarzenbergs Versuch, Preußen zu isolieren, schlug fehl. Die Kasseler Konferenzen[35] führten die Vereinsmitglieder enger zusammen und verschlechterten Österreichs Position; die Dresdener Verhandlungen[36] im Februar 1851 bedeuteten einen

Mißerfolg, und die Wiener[37] und Berliner[38] Konferenzen führten 1852 auch nicht weiter. Der Zollverein wurde im November neu begründet. Nicht ein Zollvereinigungsvertrag mit Österreich, sondern nur der *preußisch-österreichische Handelsvertrag*[39] kam am 18. 2. 1853 zustande, dem die Zollvereinsmitglieder beitraten und der bald auf die österreichische Textilindustrie belebend wirkte. Die Diskussion der Zolleinigungsfrage, der Streit um die Vorherrschaft in Deutschland, wurde auf 1860 verschoben; Preußen verzögerte auch Verhandlungen über Verkehrserleichterungen und verhinderte die Aufhebung der Transitzölle. 1860 aber war Österreich so schwach, daß es seine alte Politik nicht wieder aufnehmen konnte. 1866 wurde es politisch wie wirtschaftlich endgültig von Deutschland getrennt. Der Streit um die wirtschaftliche Vormacht, von Preußens Zollgesetz des Jahres 1818 ausgegangen, von beiden Seiten stets partikularistisch, von Preußen auch mit dem Selbstbewußtsein erfolgreicher Bemühungen um Handels- und Verkehrserleichterungen geführt, war mit Königgrätz im kleindeutschen Sinne entschieden. Bereits vorher aber hatte sich erwiesen, daß eine rein wirtschaftliche Verständigung und Vereinigung Preußens und Österreichs sowenig möglich war wie eine politische, die nicht auf der Herrschaft des einen Teiles über den anderen beruhte. Friedrich Lists ›Nationales System der politischen Ökonomie‹ (1840), nach Ad. Müller der »zweite historische Reaktionsversuch gegen Smith« (Fischel), ein nationalökonomisches Werk, das »sein Jahrhundert überdauern wird« (Roscher 1875), hat auch mit den Begriffen der England »nachstrebenden Nationen« und der »Kontinentalallianz«, zu der Englands späterer Beitritt vorgesehen war, diese politischen Entwicklungen nicht beeinflußt[40].

E. R. Huber, Dt. Verf.gesch. seit 1789 (^{2}1967). G. Bondi, Dtlds. Außenhandel 1815–1870 (1958).

[1] Vorgesch. u. Begründung d. Dt. Zollvereins 1815–1834, bearb. v. W. v. Eisenhart-Rothe u. A. Ritthaler, eingel. v. H. Oncken, Bd. 1 (1934). A. H. Price, The Evolution of the Zollverein (1949). Knappe Zusammenfassung: W. Fischer, The German Zollverein, A Case Study in Customs Union, Kyklos 13 (1960).

[2] Zur Gesch. u. Wirkung d. Gesetze: W. Treue, Wirtschaftszustände u. Wirtsch.pol. in Preußen 1815–1825, VSWG Beih. 31 (1937). F. Facius, Wirtsch. u. Staat, Die Entwicklung d. staatl. Wirtsch.-Verwaltung in Dtld. vom 17. Jh. bis 1945 (1959).

[3] Vorgesch. u. Begründung (s. Anm. 1).

[4] H. P. Olshausen, Fr. List u. der dt. Handels- u. Gewerbeverein (1935). F. Lenz, Fr. List (1936); dazu: G. Albrecht, Jbb. f. Nat.ök. u. Stat. 144

(1936). F. LENZ, Fr. Lists Staats- u. Gesellschaftslehre (1967); vgl. H. ROGGE, England, Fr. List u. der Dt. Zollverein (1939). H. RITSCHL, Fr. Lists Leben u. Lehre (1948); dazu: H. HERZFELD, VSWG 39 (1952). P. GEHRING, Fr. List, Jugend- u. Reifejahre 1789 bis 1825 (1964). G. WEIPPERT, Der späte List (1956). A. SOMMER, Über Fr. List u. sein Werk, Mitt. d. List-Ges. 4, 11/12 (1964). H. GEHRIG, F. List u. Dtlds. polit.-ök. Einheit (1956).

[5] M. DOEBERL, Bayern u. die wirtsch. Einigung Dtlds. (1915).

[6] Wichtigste Darstellung: Vorgesch. u. Begründung (s. Anm. 1), Bd. 2. H. SCHMIDT, Die Begründung d. preuß.-hess. Zollvereins vom 14. 2. 1828 (1926). CH. ECKERT, Zur Vorgesch. d. Dt. Zollvereins, die preuß.-hess. Zollunion, Schmollers Jb. NF 26 (1902). E. KLEIN, Preußens 30-Millionen-Anleihe in London 1818, Zs. f. Gesch.wiss. 4 (1956).

[7] K. V. v. RIECKE, Zur Vorgesch. d. Dt. Zollvereins, Württ. Vjh. f. Landesgesch. 2 (1879). H. ULMANN, Denkwürdigkeiten aus dem Dienstleben d. Hess.-Darmst. Staatsministers Frhr. du Thil 1803–1848 (1921).

[8] Die Auffassung, Motz habe den Vereinigungsvertrag vom bayer.-württ. Bunde sozusagen abgeschrieben (DOEBERL), ist verfehlt. H. v. PETERSDORFF, Fr. v. Motz, Bd. 2 (1913), S. 114 ff.

[9] R. KÖTZSCHKE u. H. KRETZSCHMAR, Sächs. Gesch. 2 (1936), S. 143. H. FESTERLING, Bremens dt. u. hanseat. Politik in d. 1. H. d. 19. Jh. (1964).

[10] Vorgesch. u. Begründung (s. Anm. 1), Bd. 3.

[10a] P. THIMME, Straßenbau u. Straßenpolitik in Dtld. z. Z. d. Gründung d. Zollvereins 1825–1835, VSWG Beih. 21 (1931). W. MENN, Zur Vorgesch. d. Dt. Zollvereins: Nassaus Handels- u. Schiffahrtspolitik 1815–1827 (1930). S. WOLLHEIM, Staatsstraßen- u. Verkehrspolitik in Kurhessen 1815–1840 (1931). H. PATZE, Die Zollpolitik d. thüring. Staaten 1825–1833, VSWG 40 (1953). C. v. HUGO, Verkehrspolitik u. Straßenbau im Reg.-Bez. Trier 1815–1875 (1962). W. F. BECKER, Die preuß. Militärstraßen im Dt. Bund 1815–1866, vornehml. in Hessen, Hess. Jb. f. Landesgesch. 8 (1958).

[11] H. GRUBER, Die Entwicklung d. pfälz. Wirtschaft 1816–1834 (1961). L. ZIMMERMANN, Die Einheits- und Freiheitsbewegung nach der Revolution von 1848 in Franken (1951).

[12] O. WESTPHAL, System und Wandlungen der auswärtigen Politik Bayerns in den ersten Jahren Ludwigs I. 1825 bis 1830, in: Staat u. Volkstum (Festgabe f. K. A. v. MÜLLER 1933). H. C. MEYER, Mitteleuropa in German Thought and Action (1955).

[13] C. D. v. WITZLEBEN, H. A. v. Zeschau (1874).

[14] Das bedeutete nicht, daß Preußen mit der Schaffung des Vereins nationaldeutsche Ziele anstrebte.

[15] Reaktion des benachbarten Auslandes: E. DIETSCHI, Die Schweiz u. der entstehende Dt. Zollverein 1828–1835, ZGORh NF 44 (1931). A. HAUSER, Die wirtsch. Beziehungen d. Schweiz zu Dtld. in d. 1. H. d. 19. Jh., Schweizer Zs. f. Gesch. 8 (1958).

[16] R. STRECKER, Der Widerstand Hannovers gegen die Entstehung d. Zollvereins u. die Gründung d. Steuervereins (1932). H. ARNING, Hannovers Stellung zum Zollverein (1930).

[17] G. v. GÜLICH, Beantwortung d. Frage: Ob Hannover durch den Anschluß an den preuß. Zollverband gewinnen würde? Der Nationalökonom 1 (1834). W. v. HASSEL, Gesch. d. Kgr. Hannover 1 (1898). H. A. OPPERMANN, Zur Gesch. d. Kgr. Hannover 1832 bis 1860, Bd. 1 (1860). H. BORKENHAGEN, Ostfriesland unter der hannoverschen Herrschaft 1815–1866 (1924). Das Hannoversche Wendland, Festschr. des Zentralausschusses der kgl. Landwirtschaftsgesellschaft zu Celle (1862).

[18] Über den Beitritt Oldenburgs zu dem Hannov.-Braunschweig. Zollverband (1835).

[19] Der Anschluß Braunschweigs an den Zollverein, dessen Gründe u.

nächste Folgen . . . Eine Staatsschrift, Braunschweig im März 1844.

[20] G. HANSSEN, Die volkswirtsch. Zustände d. Kgr. Hannover, Zs. f. d. ges. Staatswiss. 9 (1853).

[21] Dr. G. FABER (G. Zimmermann), Polit. Predigten, gehalten i. J. 1843 auf verschiedenen Dächern d. Hauptstadt xxx (1843). E. BAASCH, Hamburg u. Bremen u. die dt. wirtschaftl. Einheitsbestrebungen von der Begründung d. Zollvereins bis zum Anschluß Hannovers, Hans. Gesch.bll. 47 (1922). Der große Zollverein dt. Staaten u. der Hannov.-Oldenburg. Steuerverein am 1. 1. 1844, eine Staatsschrift (Hannover 1844). Bemerkungen auf Veranlassung d. kgl. hannov. Staatsschrift . . . (Amtlich, Berlin 1844). B. MÜHLHAN, Hannover u. sein Ministerium Stüve im preuß.-österr. Spiel . . . 1849/50, Niedersächs. Jb. f. Landesgesch. 22 (1950).

[22] E. BAASCH, Die dt. wirtschaftl. Einheitsbestrebungen, die Hansestädte u. Fr. List bis z. J. 1821, HZ 122 (1920), s. auch Anm. 21 u. ders., Der Verein für Handelsfreiheit in Hamburg 1848–1868, Zs. d. Ver. f. hamb. Gesch. 24 (1921). H. SIEVEKING, Karl Sieveking, Bd. 3 (1928). Ders., Hans. Handelspol. unter dem Deutschen Bund, Hans. Gesch.bll. 27 (1922). H. PAHL, Hamburg u. das Problem dt. Wirtschaftseinheit im Frankf. Parlament (1930). W. v. BIPPEN, Joh. Smidt (1921). G. BESSELL, Bremen ([2]1961). Ders., Preußentum u. Hanseatentum u. ihre Bedeutung f. d. Entstehung d. Dt. Reiches, Preuß. Jbb. 216 (1929). D. EHMCK, Arnold Duckwitz, Brem. Jb. 21 (1906). FESTERLING (vgl. Anm. 9). H. ENTHOLT, Die Bremer Revol. v. 1848 (1951).

[23] F. H. GEFFCKEN, Die Stellung d. Hansestädte (1853). A. WOHLWILL, Aus 3 Jh. hamburg. Gesch. 1648–1888, 5. Beih. z. Jb. d. hamburg. wissensch. Anstalten 14 (1897). Der Zollverein u. die Hamburger Freihändler, Volkswirtsch. Mon.schr. f. d. Dt. Zollverein (1852). V. BÖHMERT, Die Stellung d. Hansestädte z. Dtld. in den letzten 3 Jahrz., Vjschr. f. Volkswirtsch. u. Kulturgesch. 1 (1863).

[24] W. ROSCHER, Zur Gründungsgesch. d. Zollvereins (1870).

[25] C. KRÖKEL, Das preuß.-dt. Zolltarifsystem seit 1818, Bd. 1 (1881).

[26] (L. KÜHNE), Der Dt. Zollverein während d. Jahre 1834–1845 (1846).

[27] F. HAUMER, Die Handelspol. d. Niederlande 1830–1930 (1936). J. KORTMANN, Die Niederlande in den handelspol. Verhandlungen mit Preußen v. Wiener Kongreß bis z. Schiffahrtsvertrag v. 1837 (1929).

[28] BAASCH, Hamburg u. Bremen (s. Anm. 21).

[29] A. BEER, Die österr. Handelspol. im 19. Jh. (1891). K. HUDECZEK, Österreich. Handelspol. im Vormärz 1815 bis 1848 (1918). S. BECKER, Die dt. Zoll- u. Handelsverhältnisse in ihrer Beziehung z. Anbahnung d. österr.-dt. Zoll- u. Handelsvereinigung (1850).

[30] J. BOWRING, Bericht über den dt. Zollverb. (1840). K. MAMROTH, Die Entwicklung d. österr.-dt. Handelsbeziehungen 1849–1865 (1887).

[31] Aus den Papieren d. kgl. bayr. Staatsministers Max Frhr. v. Lerchenfeld (1887).

[32] Der nächste Weg z. Zoll- u. Handelseinigung Dtlds. (1848). Fragen d. nationalen Fortbildung d. Zollvereins, Dt. Vjschr. 1 (1947).

[33] H. BÖHME, Dt. Handelspol. 1848 bis 1881 (1966). W. O. HENDERSON, Mitteleurop. Zollvereinspläne 1840 bis 1940, Zs. f. d. ges. Staatswiss. 122 (1966).

[34] Über K. L. v. Bruck, NDB 1 (1955).

[35] R. v. PATOW, Beleuchtung d. auf der Zollkonferenz in Kassel vorgeschlag. Zolltarifveränderungen (1850).

[36] C. FRHR. v. HOCK, Die Zollverhandlungen über ein österr.-dt. Zollbündnis 1849–1859, Österr. Revue 1 (1864).

[37] Die Zollkonferenz in Wien u. ihre notwendigen Folgen für das ges. Dtld. (1852). (TOEGEL), Preußen u. die dt.-österr. Zolleinigungsfrage (1852).

[38] A. KOTELMANN, Vgl. statist. Übersicht über die landwirtsch. u. industr.

Verhältnisse Österr. u. d. Dt. Zollvereins sowie seiner einzelnen Staaten (1852). K. H. Rau, Über die Krisis d. Zollvereins im Sommer 1852 (1852). F. Werner, Die Zollvereinspolitik d. dt. Mittelstaaten im Frühjahr 1852 (1934).

[39] Hock (Anm. 36). K. Mamroth, Die Entwicklung d. dt.-österr. Handelsbeziehungen v. Entstehen d. Zollvereinigungsbestrebungen bis z. Ende d. ausschließlichen Zollbegünstigung (1887). Ders., Entwicklung (Anm. 30). A. Matlekovits, Die Zollpolitik d. österr.-ungar. Monarchie von 1850 bis z. Gegenwart (1877). H. Benedikt, Die wirtschaftl. Entwicklung in der Franz-Joseph-Zeit (1958).

[40] Beste Ausgabe v. A. Sommer (1959). W. J. Fischer, Der Historismus in der Wirtsch.wissensch., VSWG 47 (1960). E. Salin, Frankfurter Rede (1959).

Kapitel 6
Der Entscheidungskampf um die wirtschaftspolitische Führung in Deutschland (1856–1867)

Der Vertrag vom 18. 2. 1853 (vgl. Kap. 5) bestimmte, daß 1854 über Verkehrserleichterungen verhandelt werden sollte. Sofort begann ein »verdeckter Kampf« um die wirtschaftliche und damit auch um die politische Vorherrschaft in Deutschland, der bis 1862 dauerte[1]. Beiden Partnern ging es dabei um die Hegemonie ihres Staates in Deutschland, wobei Wien stärkere Aktivität, Berlin größere Umsicht zeigte. Der Krimkrieg verzögerte die Verhandlungen; *die Weltwirtschaftskrise seit 1857* unterstrich die seit langem deutlichen Unterschiede in den Wirtschaftsauffassungen. Österreich antwortete auf die Krisis, welche Banken in Schwierigkeiten und zum Zusammenbruch brachte, unter dem Druck des Hochadels mit verstärktem Schutzzoll und Einführung der Gewerbefreiheit bei Fortdauer konservativer Grundhaltung (1859). In Preußen brauchte der grundbesitzende Adel für seinen Getreideexport den Freihandel, und der Staat benutzte ihn unter dem Beifall auch des politisch liberalen Bürgertums als eine den Sieg über Österreich sichernde Waffe. So wurde *Österreichs Versuch der Zolleinigung* leicht durch Preußen und Bayern *vereitelt.* Damit begann unter maßgeblicher Beteiligung von Prince-Smith in Verbindung mit dem Volkswirtschaftlichen Kongreß die zweite Epoche der deutschen Freihandelsbewegung, die Zeit wirtschaftspolitischer Auseinandersetzungen in Vereinen und Kongressen, wobei die Freihändler die Führung übernahmen, der »Nationalverein« dagegen die volle politische Bedeutung des Kampfes nicht erkannte. Diese Phase dauerte bis zu Bismarcks Wechsel zur Politik des Schutzes nationaler Arbeit. Wie sehr in Österreich das wirtschafts- und machtpolitische Selbstverständnis – wie gegen Ende des 18. Jh. – von Illusionen beeinflußt wurde, zeigt der Vorschlag Brucks (seit 1855 Finanzminister) und Lorenz von Steins 1857 in der Anfangsdiskussion über den 1859–1869 gebauten Suez-Kanal: Frankreich brauche im Interesse des Kanals als Verbündeten Österreich, das den Kolonien Portugals und Spaniens maritimen Schutz gewähren, »das ganze Holländisch-Ostindien dereinst für das ganze Mitteleuropa als Gesamtkolonie erwerben« und aus dieser Position die Aufnahme in den Zollverein fordern solle[2].

Grundlegenden *Wandel gegen Österreich* schufen 1859/60 der Krieg um die verlorengehende textilreiche Lombardei und seine schweren finanziellen Wirkungen, der englisch-französische Handelsvertrag von 1860 und das Vertragsangebot Napoleons an Preußen. »Die Jahre 1859–1862 bedeuten wirtschaftspolitisch den Wendepunkt in der Mitte des 19. Jh. für Europa, wie der Krimkrieg in staatspolitischer Hinsicht beides in Ursache und Wirkung miteinander verkettet« (E. Franz). Die Kosten des italienischen Krieges schwächten Österreich außerordentlich, das obendrein 1860 seinen besten, wenngleich häufig illusionistischen Wirtschaftspolitiker Bruck verlor, der sich das Leben nahm, da man ihn zum Sündenbock für die Kriegskosten und Unterschlagungen bei der Heeresversorgung machen wollte. Der französisch-englische Cobden-Vertrag machte Napoleon III. im Rahmen weitgespannter politischer sowie wirtschafts- und verkehrspolitischer Pläne zum Bundesgenossen Preußens, mit dem er wie mit anderen Staaten einen ähnlichen Freihandelsvertrag plante. Diese Initiative Napoleons, die drei Tage nach Abschluß des Vertrags mit England einsetzte, stärkte zwar Preußens wirtschaftspolitische Stellung, weckte aber auch erneut das Mißtrauen deutscher Mittelstaaten gegen preußische, durch Napoleon bestärkte Hegemoniepläne in Deutschland. Daher hielt Preußen, in dessen Landtag von 352 Abgeordneten 183 Beamte aller Gruppen waren, sich Frankreich gegenüber bis zum Vertragsabschluß zurück und ließ sich umwerben, obgleich Bismarck sich als Botschafter in Paris sehr für den Vertrag verwandte und seine Ziele in Deutschland mit den umfassenderen Napoleons grundsätzlich übereinstimmten. Der Gedanke der wirtschaftlichen und politischen Integration auf kleindeutscher Grundlage gehörte von

Anfang an auch zu den wirtschaftspolitischen Programmpunkten der (Industrie- und) Handelskammern, die unter der Initiative von Th. Frey 1860/61 den Deutschen (Industrie- und) Handelstag gründeten[3]. Österreich konnte nur wie früher versuchen, die mitteldeutschen Staaten für sich einzuspannen, hatte damit jedoch gegenüber Preußens starker Position nur geringe Erfolge. Auch die sogenannte identische Note Österreichs und der meisten deutschen Mittelstaaten vom 2. 2. 1862 blieb erfolglos. Österreich konnte den preußisch-französischen Vertrag nicht verhindern. Die Mittelstaaten waren zumeist nicht daran interessiert, da er auch ihnen beträchtliche wirtschaftliche Vorteile in Aussicht stellte. »Negation« war das Merkmal der »großdeutsch« genannten, österreichisch gemeinten Wirtschaftspolitik; »die Defensive war ihre Stärke, aber auch ihre Schwäche« (Franz).

Zwar bildete eine aus Hannover, Oldenburg, Kurhessen, Braunschweig und Frankfurt bestehende Gruppe das Zünglein an der Waage; sie hatte noch immer für die Verbindung der preußischen Provinzen große Bedeutung. Doch Preußen konnte darauf zählen, daß die Bevölkerung auch dort den Zollverein als wichtige nationale Schöpfung betrachtete und seiner Auflösung aus materiellen und ideellen Motiven widerstrebte.

Der *preußisch-französische Vertrag*, am 29. 3. 1862 abgeschlossen, war das »handelspolitische Königgrätz, das der Entscheidung auf dem böhmischen Schlachtfeld vorgriff« (Benedikt). Die Meistbegünstigungsklausel machte jede Bevorzugung Österreichs unmöglich, bedrohte dessen Ausfuhr und steigerte die Gefahr des ausländischen Wettbewerbs. Sachsen (Beust) trat dem Vertrag alsbald im Interesse seiner Industrie und des Leipziger Großhandels bei. Bismarck war auf handelspolitischem Wege unter Napoleons Protektion der Hegemonie in Kleindeutschland nahe. In Preußen trat gleichzeitig 1862 ein neues, in den künftigen nationalen Zusammenschluß weisendes Handelsgesetzbuch in Kraft. Neue Sammlungsversuche Österreichs (Programm vom Juli 1862) bei den Mittelstaaten beantwortete Preußen 1863 durch das *Handelsabkommen mit Belgien* und die Kündigung des Zollvereins (15. 12. 1863), während Österreich die wirtschaftspolitische Gemeinsamkeit mit den Mittelstaaten zur Sicherung des gemeinsamen politischen Vorgehens mit Preußen in Schleswig-Holstein aufgegeben hatte. Das führte zur Auflösung der mittelstaatlichen Wirtschaftsfront. Am 12. 10. 1864 wurde der *Zollverein erneuert*. Das mit Frankreich abgeschlossene, von der Mehrzahl der deutschen Staaten bereits anerkannte Vertragssystem wurde nun, trotz energischer Bemühungen des im Zusammenhang mit der politischen Gefahr gegründeten Vereins der österreichischen Industriellen in München, von allen Regierungen, von den weitaus meisten Industriellen sowie vom Deutschen Handelstag akzeptiert; dem Grundsatz der Meistbegünstigung für Frankreich wurde zugestimmt ohne Rücksicht auf Österreich, das nicht beitreten konnte, weil die Zollsätze »das ganze österreichische Zollsystem in eine verderbliche Abhängigkeit von Frankreich« gebracht hätten (österreichischer Gesandter Fürst Schönburg in München). »Die Partie ist ungleich: Was vermögen die Mittelstaaten gegen Frankreich und Preußen verbunden? In Frankreich und Preußen handeln die Regierungen, und hier übergibt man die Sache den Handelskammern« (ders.). »Das war der Sieg Preußens; das war eine der größten Entscheidungen auf dem Gebiete der Einigung Kleindeutschlands auf dem überragend wichtigen wirtschaftspolitischen Feld« (Franz). »Nunmehr hatte Preußen wirtschaftspolitisch mit Frankreich die Freundschaft, mit Österreich den Frieden nach dessen Niederlage gesichert. Die Mittelstaaten hatten ihre 1853 eroberte Stellung zwischen Preußen und Österreich völlig eingebüßt. Der Bundestag war machtlos. Wohl fehlte noch ein geschriebenes Vorrecht Preußens in der Wirtschaftspolitik, das tatsächliche aber war in hartnäckigem Kampf errungen ... Preußen hatte ... der Wirtschaft Kleindeutschlands, dieses bevormundend, Bedingungen verschafft, die anspornend und befruchtend wirkten und so den Abstand von dem wirtschaftlich schwächeren Österreich noch vergrößerten« (ebd.). Der Zoll- und Handelsvertrag mit Österreich vom 11. 4. 1865 und der neue Zollvereinsvertrag vom 16. 5. 1865 waren die Früchte dieser langen Kämpfe. Das Jahr 1867 brachte die Reorganisation des Zollvereins und dem 1866 politisch siegreichen *Preußen*, das von dem ohnehin finanzschwachen Österreich 30 Millionen Silbergulden Kriegsentschädigung erhielt, die *Wirtschaftshegemonie in Kleindeutschland*. Das Zollparlament, das nur drei Jahre existierte, schuf die Grundlagen der deutschen Wirtschaftseinheit, die mit den Reichsverfassungen von 1871 und 1919 ihre staatsrechtliche Form erhielt. »Da die Wirtschaft eine der existentiellen Bedingungen der Politik ist, war die wirtschaftliche Einigung Deutschlands im Zollverein eine der logischen Vorstufen des politischen Zusammenschlusses ... Nicht durch Blut und Waffen allein, sondern auch durch Kohle und Stahl vollzog sich in Deutschland in diesen Jahrzehnten der Durchbruch zur staatlichen Einheit« (Huber). Die auf die erste Welle der preußischen Expansion im 19. Jh. folgende erste Konzentration war abgeschlossen; ihr folgte 1871 eine neue Expansion.

Österreich schloß zu spät 1866 einen Handelsvertrag mit Frankreich auf der Grundlage von Zollsenkungen, konnte aber – in »desolater« finanzieller Lage – durch den »Ausgleich« von 1867 seine inneren Schwierigkeiten nicht bewältigen. Damit »begann der Untergang des Habsburger Reiches« (Th. Mayer). Sein Übertritt aus dem deutsch-österreichischen Münzverein in Napoleons Lateinische Münzunion (1867) brachte nicht die erhofften politischen Folgen[4]. »Nachdem bereits das Kgr. Hannover voll in die gesellschaftliche und politische Entwicklung der Nation integriert war, haben die preußische Militärregierung und die Annexion nicht nur keine der in den Jahrzehnten vor 1866 entsprungenen Entwicklungslinien geknickt, sondern etlichen unter ihnen verbesserte Möglichkeiten zur Entfaltung geboten« (Pitz).

Die Bedeutung dieser wirtschaftspolitischen Ereignisse für die »Große Politik«, für die staatlichen und militärischen Entscheidungen dieser Jahre wird trotz der Forschungen von E. Franz u. H. Böhme noch oft verkannt, wie auch die Jubiläums-Publikationen über 1866 zeigen[5]. Königgrätz war – abgesehen von Preußens Vergrößerung – nur eine machtpolitische Bestätigung der Ergebnisse von 1860–1865 durch das Militär, selbst von der preußischen Bevölkerung vielfach kritisiert.

[1] E. Franz, Der Entscheidungskampf um die wirtschaftspol. Führung Dtlds. 1856–1867 (1933). Dort Lit., bes. Aufsätze von E. Franz zu Einzelfragen; er hat als erster die Bedeutung dieser Ereignisse für die wirtschaftl. Entwicklung u. die kleindt. Reichsbildung erkannt. G. Bondi, Dtlds. Außenhandel (1958). H. Böhme, Dt. Handelspolitik 1848 bis 1881 (1966). E. R. Huber, Dt. Verf.-Gesch. ([2]1967). W. Treue, Konzentration u. Expansion als Kennzeichen d. polit. u. wirtschaftl. Gesch. Dtlds. im 19. u. 20. Jh., Gesellsch. f. westfäl. Wirtschaftsgesch. 13 (1965). Auf österr. Seite: H. Benedikt, Die wirtschaftl. Entwicklung in der Franz-Joseph-Zeit (1958). T. v. Borodajkewicz, Gewerbefreiheit u. konservat. Geist, in: Walter-Heinrich-Festschr. (1963). A. Brusatti, Österr. Wirtschaftspolitik vom Josephinismus zum Ständestaat (1965). S. Pressburger, Österr. Notenbank 1816 bis 1966 (1966).

[2] W. O. Henderson, Britain and Industrial Europe (1954).

[3] Böhme (s. Anm. 1). Der dt. Industrie- u. Handelstag in den ersten

hundert Jahren (1962). A. HESS, Das Parlament, das Bismarck widerstrebte (1964).

[4] D. C. LONG, The Austro-French Commercial Treaty of 1867, AHR 41 (1935/36). H. BÖHME, Graf Henckel v. Donnersmarck, Bismarck u. der Krieg von 1866, Tradition 12 (1967). Der österr.-ungar. Ausgleich von 1867, hg. v. TH. MAYER (1968). BENEDIKT (s. Anm. 1). G. BONDI, Zur Vorgesch. d. kleindt. Lösung 1866–1871, Jb. f. Wirtschaftsgesch. (1966).

[5] H. BÖHME (s. Anm. 4). Ders., Vor 1866 (1966), u. E. PITZ, Dtld. u. Hannover im J. 1866, Niedersächs. Jb. f. Landesgesch. 38 (1966), ordnen die Bedeutung d. Wirtschaftspolitik ein; unterlassen wird das von R. DIETRICH (Hg.), Europa u. der Nordd. Bund (1968). A. WANDRUSZKA, Schicksalsjahr 1866 (1966). W. SCHÜSSLER, Königgrätz 1866 (1958). TH. SCHIEDER, W. BUSSMANN u. H. HANTSCH, Entscheidungsjahr 1866, in: Aus Pol. u. Zeitgesch. 24 (1966). E. DEUERLEIN u. W. PÖLS, Entscheidungsjahr 1866, ebd. 25 (1966). H. RÖSSLER, Das Jahr 1866 u. seine Folgen, Nass. Annalen 77 (1966). W. FRAUENDIENST, Das Jahr 1866, Preußens Sieg die Vorstufe d. Dt. Reiches (1966). Vermittelnd W. CONZE, Die Ermöglichung d. Nationalstaates, in: Entscheidung 1866, hg. v. W. v. GROOTE (1966). Vgl. auch W. ZORN, Wirtsch.- u. soz.gesch. Zusammenhänge d. Dt. Reichsgründungszeit (1850–1879), HZ 197 (1963).

Kapitel 7
Wirtschaft und Gesellschaft in der Revolution von 1848/49

Die in den Kap. 7–9 behandelten Fragen sind so eng miteinander verbunden, daß Wiederholungen in verschiedenen Zusammenhängen unvermeidlich sind.

Die Revolution von 1848, nach den (in jüngster Zeit vielseitig untersuchten) sozialen und politischen Entwicklungen im »Vormärz« Höhepunkt der liberalen und bürgerlichen Bewegung in Deutschland im Kampfe um staatliche Einheit, auch *Wirtschaftseinheit* in bezug auf Handel, Zoll, Verkehr, Münzen, Maße und Gewichte sowie innenpolitische Freiheit, bildet von der wirtschafts- und sozialpolitischen Seite her für die Forschung einen ähnlich komplizierten, in einer kaum noch übersehbaren Literatur detailliert behandelten Gegenstand wie der Bauernkrieg[1]. Wie dieser war sie obendrein von jeher bei Staatsveränderungen (1918, 1945, 1969) und Parteigründungen der Gefahr parteipolitischer Umdeutung in besonders hohem Maße ausgesetzt. Wie der Bauernkrieg ist die Revolution nicht in erster Linie einer besonders starken Häufung und radikalen Zuspitzung von Mißständen entsprungen. »Die Zustände, unter denen gerade der kleine Mann in den vierziger Jahren ... lebte, waren fast ausnahmslos um vieles besser, als sie in den letzten Jahrzehnten des 18. Jh. gewesen waren« (R. Stadelmann). Mittelstand und »arbeitende Klasse« erfreuten sich nach Spätmerkantilismus, Kontinentalsperre, Kriegen und Krisen einer deutlichen Besserung ihres Lebensstandards. Die Industrialisierung brachte mehr Verbesserungen als Schäden, fing die Landflucht auf, ermöglichte vielfach die vorteilhafte Verknüpfung von Landarbeit und Fabrikarbeit. Im ganzen überwog noch die alte Wirtschafts- und Gesellschaftsordnung auf dem Lande und in der Stadt; der Siegeslauf des Maschinenzeitalters hatte noch kein revolutionäres Tempo. Wirtschaftsgeschichtlich bedeutete die Revolution keinen Einschnitt; auch fortan lag der Schwerpunkt der freien Gewerbetätigkeit noch, wie im Vormärz, bei Handwerk (1816–1846 400000–842000, d. h. 11,6 bzw. 14% der Bevölkerung) und Textilgewerbe. Klassenkämpferische Ansätze waren selten. Das ›Kommunistische Manifest‹ wurde erst viele Jahre nach seiner Veröffentlichung wirksam. Die Revolutionäre verlangten wirtschaftlich – ähnlich denen von 1525 – mehr Beharren bei den alten Wirtschafts- und Sozialformen sowie bei Zunft und Kleingewerbe, als daß sie ein modernes proletarisches Klassenbewußtsein bezeugten. Gewerbefreiheit war bis in die Revolution hinein nicht die Parole des Handwerkers, sondern die der Bürokratie, die seit 1810 in wachsendem Maße überall die Zunftschranken niederlegen, die Initiative beflügeln, die Technik beleben, den Wohlstand befördern wollte. Die Sorge vor der sozialen Unruhe und Bewegung der Unterschicht, die durch die Tätigkeit umstürzlerischer deutscher Vereine in Paris, London, Brüssel usw. bestärkt wurde, drängte sich vor; so kam (in Preußen 1845) jener erste Kompromiß des Dreiklassenwahlrechts zustande, der schließlich als Folge der Revolution auf den ganzen Staat ausgedehnt wurde. »Im ganzen ging die gesamtstaatliche Sozial- und Wirtschaftsgesetzgebung für die neuentstehende Gesellschaft deren Beteiligung voraus, und das zu einer Zeit, da sie zunehmend ihre Mitsprache forderte« (Koselleck)[2]. Dieser bürokratische Wirtschaftsliberalismus war nicht populär. Doch mußten der Wirtschaftsentwicklung seit 1806/11 in den 40er Jahren unausweichlich politische Konsequenzen folgen, wobei Junker, Unternehmer, Handwerker und Arbeiter in Konflikt miteinander gerieten. Das Handwerk erhielt 1845 die Gewerbeordnung, die liberal den Grundsatz der Gewerbefreiheit beibehielt, die Bildung freiwilliger Innungen aber gestattete; sie erfaßte zugleich auch den Fabrikarbeiter durch ein gegen kommunistische Tendenzen gerichtetes Koalitionsverbot, das offiziell auch für die Arbeitgeber galt. Um die staatsbürgerliche Hilfe der führenden Wirtschaftsbürger zu aktivieren, wurden in Preußen im Februar 1848 die Handelskammern als halbamtliche Selbstorganisation der Kaufleute und Unternehmer eingerichtet. Radikale Ziele erstrebten am stärksten Gesellen (in Preußen 1816–1846 180000–380000) und Industriearbeiter, was die ursprünglich fortschrittlichen Handwerksmeister und Unternehmer gegenrevolutionär vereinte; sie richteten sich im Protest gegen die Verschleppung der Arbeiterschutz-Gesetzgebung, gegen Kinderarbeit, überlange Arbeitszeit, hygienische Mängel, Unfall- und Krankheitsgefahr usw. Von dort her sind beginnender Industrialismus und notleidende Hausindustrie als Triebkräfte der Revolution zu betrachten, wie es etwa die Berliner Verhältnisse und die schlesischen Weberunruhen seit 1844 zeigten – ein Jahr bevor Fr. Engels' (unter K. Marx' Einfluß entstandenes) Buch über ›Die Lage der arbeitenden Klasse in England‹ erschien, noch frei von doktrinärer Enge. Um die gleiche Zeit entwickelte Marx seinen Proletariatsbegriff (1843).

Das *Bewußtsein der Übelstände* war im betrachtenden Bürgertum und in der Ministerialbürokratie früher, auch artikulierter vorhanden als im leidenden Arbeitertum. Selbst das Freizügigkeitsgesetz von 1842, das, an die preußische Reformpolitik anknüpfend, auch die Armenpflege regelte und ein »Grundrecht« betraf, bewies Einsicht und Weitblick dieser Bürokratie. Und der Mediziner an der Charité Rud. Virchow erhielt im Februar 1848 vom preußischen Kultusminister den Auftrag, von der wissenschaftlichen Seite her den Hungertyphus in Oberschlesien zu untersuchen. Er erkannte die materiellen Übelstände als Grundlage der Epidemie und schrieb in seinem Bericht, nachdem er vorzeitig am 10. März zurückgekehrt war, er habe nach seinen Beobachtungen »keine Bedenken getragen«, im Sinne des Sturzes »unseres alten Staatsgebäudes« in der Versammlung der Wahlmänner für die Nationalversammlung in Berlin die »volle und unumschränkte Demokratie« zu fordern. Bettina v. Arnim sammelte seit 1844 Dokumente über die Verelendung breiter Bevölkerungsschichten für ein ›Armenbuch‹ und bat in öffentlichen Aufrufen um Material dafür. Die z. T. furchtbaren Belege für Hunger, Elend und Verkommenheit, die bekannt wurden, machten sie der Regierung verdächtig: Sie geriet in den Verdacht, Sozialrevolutionärin zu sein;

ihr Briefwechsel wurde überwacht, während der König, dem sie 1843 ein Buch gewidmet hatte, zur Überwindung der Not auf seine Weise den Schwanenorden gründete. Als der Weberaufstand ausbrach, gab sie um der eigenen Sicherheit willen den Buchplan auf.

Darüber hinaus war die *soziale Gärung* im Bauernstand weiter verbreitet als bei den Industriearbeitern. Abschluß der Bauernbefreiung (s. Kap. 3), Erfüllung der bäuerlichen Restforderungen bildeten die entscheidende agrarpolitische Forderung der Revolution; das jüngere Landarbeiterproblem wurde kaum berührt. So waren z. B. in Pommern Bewegungen mit dem Ziel allgemeiner Landaufteilung im Sinne eines gewissen Agrarkommunismus stärker als entsprechende Bewegungen in den Städten. An der Diskussion der politischen Ideale war die Masse der bäuerlichen Bevölkerung nicht beteiligt.

Beim fortschrittlichen Bürgertum innerhalb der vom Staat freigesetzten Wirtschaftsgesellschaft haben *sozialpolitische Vorstellungen* und Maßnahmen zur sozialen Sicherung und zur sozialen Integration der neuentstehenden Unterschichten in die bürgerliche Gesellschaft eine erhebliche Rolle gespielt. Sie erstrebten Verbesserung des Schulwesens, Assoziationen, gerechte Landverteilung, Aufstiegsmöglichkeiten, Eigentum und Gewinnbeteiligung für die Arbeiter, hielten allerdings reformfreudig und revolutionsfeindlich die politischen Probleme für dringender als die sozialen oder gar die wirtschaftlichen –, abgesehen von Rheinland und Westfalen, wo Harkort, Camphausen, Hansemann, Mevissen u. a. schon seit den 30er Jahren Anpassung der Sozialordnung an die Wirtschaftsformen und mehr Berücksichtigung von Handel und Industrie gegenüber den Rittergütern empfahlen. Stärker und wirksamer waren auch hier die innen- und außenpolitischen Probleme, das Verlangen nach politischer Freiheit. Immerhin entstand in den 40er Jahren unter dem Druck der materiellen Ereignisse und geistigen Auseinandersetzungen bei Bürgertum und Verwaltung ein *sozialkritisches Bewußtsein*, »ein beredtes Zeugnis für die wachsende Unzufriedenheit in weiten Kreisen der handarbeitenden Bevölkerung« (Volkmann). Es beruhte nicht zuletzt auf der Beobachtung, daß das entstehende Industrieproletariat seit den 30er Jahren seine schlechteste Zeit durchmachte: Die Kapitalbildung hielt nicht Schritt mit den Kosten der Industrialisierung; die von sozialpolitischen Bindungen freien Unternehmer finanzierten daher ihren Aufstieg zumeist durch

Lohn- und Arbeitszeitdruck auf die vielfach nur formal freien Arbeiter (Kartoffelland, Wohnung und Stall statt Geldlohn). In Ostpreußen haben anscheinend die Cholera 1830 und 1847/48 sowie staatliche Bedrückung seit 1844 zur Unruhe unter den Arbeitern (allein 1500 bei der Festungsbauverwaltung Königsberg) im März 1848 zum Aufstand geführt.

Die politischen Revolutionsereignisse wurden im Bd. 15, Kap. 7 aufgeführt. In Berlin, wo bei den Kämpfen am 18./19. März 24 (nicht 1100 bis 1600) Soldaten den Tod fanden[3], erwies sich, daß Gesellen in Berufen, die sich im Übergang vom Handwerk zur Lohnarbeit befanden, wie Tischlerei und Schlosserei, häufig die Führung übernahmen. »Artisans and not industrial workers were the major source of mass revolutionary unrest in mid-nineteenth century's Europe« (Noyes). Die Übelstände wurden vielfach verschärft durch Kartoffelmißernten seit 1846 – die Deutsche Vierteljahresschrift nannte 1847 in unmittelbarem Zusammenhang die »durch die Kartoffel wohlfeil gemachte Ernährung«, die »frühzeitigen Heiraten« und die »Güterzerstückelung« –, auch durch das wachsende Wanderarbeitertum für Chaussee- und Eisenbahnbauten, dem in Preußen ein Gesetz vom 21. 12. 1846 eine staatliche Organisation zu geben versuchte. Sehr stark waren, besonders in Südwestdeutschland, Vagabundieren und die damit zusammenhängende Kriminalität.

Den Typus »Arbeiter« im Sinne von Industriearbeiter gab es in Deutschland vor 1848 nur in geringem Ausmaß, am meisten im dichtbevölkerten, industrialisierten Rheinland, etwa in Essen[4], noch nirgends aber als Vertreter einer politischen Bewegung. Auch die Träger der »Allgemeinen deutschen Arbeiterverbrüderung« (Gründungskongreß 23. 8. bis 3. 9. 1848; zwei Jahre später 52 Lokal- und Bezirksvereine, etwa 18000 Mitglieder), politisch ohne Beziehungen zu Marx und seinen Anhängern, ohne bindende Ideologie und Programm, sind berufssoziologisch nicht als »Arbeiter« zu bezeichnen. Die deutschen Arbeiter-Auslandsvereine nach 1830 standen »in der Tradition der Gesellenverbindung. Sie müssen auch im Zusammenhang mit Vereinigungen von Angehörigen der sozialen Unterschicht gesehen werden« (W. Schieder), die es in Deutschland, nicht nur zu Wirtschaftskämpfen, schon seit dem Jahrhundertanfang gegeben hat. Da sie aber überlokal waren, wurden sie erstmals zur »Bewegung«. Da sie auch nicht berufsgebunden waren, sondern Gesellen aller Handwerke offenstanden, trat durch sie der »vierte Stand« dem Anspruch nach erstmals politisch in Erscheinung.

Die *»sozialen Unterströmungen« der Revolution* waren also noch zaghaft; »von einem Aufmarsch des Proletariats als einer neuen Klasse im politischen und gesellschaftlichen Gefüge des damaligen Deutschlands« konnte noch keine Rede sein. Die deutsche Arbeiterbewegung der Folgezeit hat zwar ihre Ursprünge mit Vorliebe auf das Jahr 1848 als erstes Einsetzen des Klassenkampfes zurückgeführt. Doch gab es 1848 noch kein klassenbewußtes Proletariat, sondern nur einen Arbeiter*stand*, der zahlenmäßig und an politischem Gewicht weit hinter Handwerkern und Bauern zurücklag. In diesem eben sich bildenden *vierten Stand*, dem Träger und Nutznießer der Revolutionen des 20. Jh. – wie der dritte Stand von den Revolutionen von 1789 bis 1848 profitierte –, trafen abgesunkene Handwerksmeister, verheiratete Dauer-Gesellen, Fabrikarbeiter, Handlanger, Tagelöhner ohne Aufstiegsmöglichkeit und schließlich das von K. Marx so bezeichnete »Lumpenproletariat« zusammen. Dieser vierte Stand von 1848 fächerte sich innerlich in drei Klassen auf: gelernte Arbeiter als eigentliche Träger des Standes, die Massen ungelernter Arbeiter und »der sechste Stand der Galgenvögel und armen Teufel, die sich bei Barrikadenkämpfen zwar außerordentlich nützlich erweisen mochten, aber bei wiederkehrender Ordnung auch recht störend und unbequem wurden. Schon diese tiefgehende soziale Differenzierung schloß eigentlich die Idee einer Diktatur des Proletariats aus ... Es war vorauszusehen, daß hinter dem Sieg des vierten Standes alsbald neue Kämpfe sich erhoben, und die Idee von der klassenlosen Gesellschaft, wie sie Marx verkündete, war offenbar eine Utopie, die dem dynamischen Prozeß der Geschichte ein sehr willkürliches Ende setzte«[5]. Ähnlich fließend war der Übergang zum dritten Stand. »Es gab, streng genommen, in Deutschland weder eine machtvolle Bourgeoisie noch einen machtvollen vierten Stand, sondern nur ein gewerbliches Kleinbürgertum, das nach oben und nach unten gewisse Gruppen aus sich zu entlassen begann« (Stadelmann).

In diese Entwicklungen trugen Intellektuelle, von philosophischen Überlegungen und Beobachtung der Entwicklung in England und Frankreich her, die Idee des Klassenkampfes hinein, die bei Männern wie Weitling[6] und Heinzen keine Resonanz finden und zunächst nicht Arbeiter, sondern wieder nur

Intellektuelle gewinnen konnte. Der einzige Arbeiterführer, der 1848 eine feste Organisation zusammenbrachte, Stephan Born, »früher Typus eines Gewerkschaftlers«, entfernte sich schnell von Engels und Marx, deren ›Manifest‹ vom Arbeiter jener Zeit weder gelesen noch in seiner schwierigen Sprache ohne ausführliche Interpretation verstanden werden konnte und auch nicht die viel engeren Forderungen der Notleidenden und Unzufriedenen ausdrückte. Beide Männer vermieden 1848 in Deutschland ein offenes Bekenntnis zum Kommunismus. An die Stelle eines kurzlebigen Kölner Kommunistenbundes ließen sie eine »demokratische Gesellschaft« treten. Sie selbst gingen in die Schweiz bzw. nach London. So zeigte die Berliner Bewegung unter Born, entsprechend ihrer Zusammensetzung aus Handwerkern und Gesellen, eher zünftlerische als radikal proletarische Tendenzen. Die von London her aufgebaute kommunistische Organisation entsprach also fast nur den Vorstellungen jener Zentrale. Die Kongresse der Handwerker und Gesellen, die Handwerker und Arbeiter in Berlin, Hamburg, Frankfurt (Allgem. Handwerker- und Gewerbekongreß als Parallel-Unternehmen zur politischen Nationalversammlung gemeint), wandten sich gegen die drohende Proletarisierung, an der Liberalismus, Gewerbefreiheit und Industriefreundschaft der Regierung Schuld tragen sollten. Gesellen wie Meister forderten Rückkehr zur Gebundenheit, Sicherheit gegen Deklassierung und »Entbürgerlichung des Kleingewerbestandes«, im ganzen eine maßvolle Sozialpolitik in der Form einer demokratischen »Organisation der Arbeit«. Selbst Borns Arbeiterkongreß in Berlin, eine Art Zentralinstanz der Arbeiter mit über 40 Delegierten aus 25 Städten, verlangte eine »soziale Volkscharta«, eine Verfassung mit besonderen Menschenrechten für die gewerbliche Wirtschaft, und errichtete hauptsächlich eine Gewerkschaft, die Arbeiterwohnungen und -kreditkassen schaffen sollte und auch sonst kleingewerblichen Charakter trug[7].

Seit der Niederwerfung der Maiaufstände und dem Sommer 1849 ging die Arbeiterbewegung überall zurück, während die der Handwerker sich als lebensfähig erwies. Erst als die Kluft zwischen Handwerkern und Arbeitern sich wirtschaftlich und politisch zunehmend erweiterte und Lassalle, Liebknecht und Bebel die Selbsthilfe des Arbeiterstandes organisierten, entwickelte sich gegen 1870 eine marxistische *Arbeiterpartei* mit klassenkämpferischen Zielen, aber ohne die Gesetzmäßigkeit der von Marx »vorausgesagten« historischen Entwicklung und mit einer nicht immer sichtbaren, doch von vornherein vorhandenen »revisionistischen« Tendenz ohne weltrevolutionäre Ziele. Während Marx und Engels im August 1850 erklärten, nach den USA auswandern zu wollen, da die Alte Welt zur sozialen Revolution unfähig sei – »es sei ihnen ganz gleichgültig, ob dieses erbärmliche Europa zugrunde gehe«[8] –, konnten die deutschen Arbeiter, in ihren praktischen Nöten 1848 von jenen Theoretikern allein gelassen, Hilfe und Verständnis eher im eigenen Lebens- und Volkskreis erwarten als von denen, die zunächst nach Revolution strebten. Die sozialkritischen und politischen Ansätze von *Ketteler* –, der schon auf dem ersten der im Revolutionsjahr beginnenden Deutschen Katholikentage erklärte, die soziale sei »die schwerste Frage, die bei allen gesetzlichen Bestimmungen, bei allen Staatsformen noch nicht gelöst ist«, und, der wie die Hauptredner auf allen späteren Katholikentagen bis 1864 meinte, nur Kirche, Caritas und Selbsthilfe (nicht auch der Staat) könnten die soziale Frage lösen –, sowie von Wichern über Schulze-Delitzsch bis zu Lassalle standen der Wirklichkeit entschieden näher. Aus diesen Kreisen erwuchs auch seit den 60er Jahren die *christlich-soziale Arbeiterbewegung*[9].

Die Revolution von 1848/49 versuchte, den Selbstverwaltungsgedanken Steins aus dem Bäuerlichen und Kleinbürgerlichen ins Unternehmerbürgerliche zu übersetzen und anstelle des freien Grundeigentümers einen mündig gewordenen städtischen Mittelstand zum Mitträger des Staates zu machen. Die *wirtschaftlichen und sozialen Ergebnisse* waren: Abschluß der Bauernbefreiung, wichtige rechtliche Modernisierungen wie Aufhebung der gutsherrlichen Gerichtsbarkeit, Einführung der preußischen Strafgerichtsordnung von 1849 sowie des Strafgesetzbuches von 1851, Einrichtung von Kreditbanken und -vereinen, von Produktionsgenossenschaften und Konsumvereinen und ein spürbarer Wandel der Sitten und Gebräuche, der Abhängigkeits- und Autoritätsverhältnisse. Die eigentlichen Gewinner der Revolution waren also die »gebildeten Stände« und das Besitzbürgertum. »Wie die Reformzeit das Beamtentum und den Adel einander angenähert hatte, so verhalf die Revolution den führenden Wirtschaftsbürgern, die Verfassung ihrer sozialen Rolle zu adjustieren, ohne daß der Beamtenstaat je seiner administrativen Kontinuität beraubt worden wäre. Die Revolution erfüllte, soweit überhaupt, die konstitutionellen Wünsche jener Gesellschaft, deren wirtschaftlichen Spielraum die Verwaltung im Vormärz freigelegt hatte« (Koselleck). Damit wurde die Kontinuität von 1806 bis 1848 hergestellt und die Grundlage für die wirtschaftliche und wirtschaftspolitische, soziale und sozialpolitische Entwicklung bis 1914 gelegt. Zugleich erkannte man, daß die Anpassung der staatlich-gesellschaftlichen Lebensform an die wirtschaftliche von den »Untertanen« und Bürgern notfalls selbst in die Hand genommen und erzwungen werden konnte. Doch sind in der Übergangssituation von 1848/49 noch keine »ernsthaften Anzeichen einer sozialrevolutionären Auflehnung festzustellen, trotz der seit den 40er Jahren und dann im besonderen während der 48er Revolution unverkennbaren sozialistischen und kommunistischen Anerbietungen« (Jantke). Friedrich Engels hat 1844 selbst bemerkt, daß die Arbeiterbevölkerung des Wuppertals nur eine geringe Affinität für die kommunistische Idee besaß; wenig später hielt Marx sozialistische Kritik und Aktivität in Deutschland (bei ihm immer auch antipreußisch und profranzösisch gefärbt) für verfrüht. Immerhin erlebte 1848 das liberale Bürgertum, was das vom Assoziationsgedanken erfaßte Emanzipationsstreben der »arbeitenden Klassen« zu erreichen vermochte. Während das Bürgertum also auf die eigene politische Emanzipation zugunsten der ökonomischen, auf Demokratie und Republik zugunsten des Ausbaues der privatkapitalistischen Wirtschaft verzichtete und den eigenen »Assoziationsgeist« im wesentlichen auf Aktiengesellschaften, Berufsverbände und Kammern konzentrierte, empfahl es die Assoziation, die »zu den Grundanschauungen des vormärzlichen Liberalismus« gehörte und das »Gegenstück zu den Forderungen nach Freiheit« bildete (Teuteberg), in ihren drei harmlos unpolitischen, ja antipolitischen Grundformen: Produktionsgenossenschaft für die Gütererzeugung, Kreditgenossenschaft für die Kapitalbildung und Konsumgenossenschaft für den Verbrauch als ökonomisch-soziales Tätigkeitsfeld der Bauern, Handwerker und Arbeiter, das weitere Selbständigkeitsbestrebungen (Gründung von Gewerkschaften und Parteien) überflüssig mache[10]. Die Wirtschaftswissenschaft nahm die soziale Frage einstweilen noch nicht zur Kenntnis. Für die Öffentlichkeit aber, auch für die Parlamentarier, bildete die Revolution »eine Schule des sozialen Sehens« (Volkmann).

Für *Preußen*[11] ist die aus politischen Gründen erlassene Notverordnung vom 9. 2. 1849 als »Auswirkung der Revolution ...

auf sozialpolitischem Gebiet« bezeichnet worden, die besonders von Handwerkern gewünscht wurde und Gewerberäte, Handelsschutz, Unterstützungskassen und Vorschriften zugunsten der Arbeiter zur Folge hatte. Vieles davon, z. B. die Arbeitnehmervertretung, ging in der Zeit des Liberalismus wieder verloren, bis Bismarck in den 80er Jahren auch Überlegungen aus der Revolutionszeit wieder aufgriff. »Die Konzeption der Reaktionsregierung begünstigte die Wirtschaft« (Köllmann), was die Industrialisierung von innen her ebenso förderte wie die außenpolitische Situation in den 50er Jahren. Erheblichen Einfluß hatte die Revolution auf die Entwicklung der Auswanderung, besonders nach den USA. Die wirtschaftlich-soziale Auswirkung der ausgewanderten Achtundvierziger und deren Rückwirkung auf die Auffassung der Amerikaner von Deutschland, der Deutschen von Amerika ist ein kompliziertes, von Nationalismus und »Zeitgeist« gefährdetes Forschungsproblem[12]. Die Auswanderung selbst bot unmittelbar eine Entlastung des Arbeitsmarktes und damit der sozialen Frage.

Während Marx und Engels England und Frankreich, die meistindustrialisierten Länder, als Zentralräume der kommunistischen Entwicklung, Deutschland als unterentwickeltes und für das »letzte Gefecht« nicht reifes Land ansahen, wirkte *Lassalle* in Deutschland. Nachdem er erlebt hatte, daß die wenigen deutschen Arbeiter, die überhaupt schon für eine politische Klassenbewegung Interesse zeigten, noch kein vollständiges politisches Klassenbewußtsein besaßen, sondern zum Anhängsel des liberalen Fortschritts-Bürgertums geworden waren, wollte er diesen »unnatürlichen Zustand« (Rosenberg) der Mitläuferschaft bei den Revolten des Bürgertums (1830, 1848) beenden. Dabei wurde er zum »Erwecker der Arbeiterbewegung« (Na'Aman) und zum »Begründer der Sozialdemokratie«[13].

E. Schraepler, Neue Quellenpublik. zur Gesch. d. Arbeiterbewegung u. d. Sozialismus in Dtld., in: Internat. Wissenschaftl. Korrespondenz zur Gesch. d. dt. Arbeiterbewegung 4 (1967). W. Mommsen, Größe u. Versagen des dt. Bürgertums ([4]1964).

[1] Vgl. Bd. 15, Kap. 7. R. Koselleck, Preußen zwischen Reform u. Revol. (1967). Th. Schieder, Staat u. Gesellschaft im Wandel unserer Zeit (1959). H. J. Teuteberg, Gesch. der industr. Mitbestimmung (1961). C. Jantke, Der 4. Stand (1955). Ders. u. D. Hilger, Die Eigentumslosen (1965). Kommunist. Gegenstück: J. Kuczynski, Bürgerl. u. halbfeudale Literatur aus den Jahren 1840–1847 z. Lage d. Arbeiter (1960). W. Fischer, Soz. Unterschichten

im ZA d. Frühindustrial., Internat. Rev. of Soc. Hist. 8 (1963). W. TREUE, K.-H. MANEGOLD u. a., Quellen z. Gesch. d. industr. Revol. (1968). W. KÖLLMANN, Gesellschaftsanschauungen u. soz.pol. Wollen Fr. Harkorts, Rhein. Vjbll. 25 (1960). L. ZIMMERMANN, Die Einheits- u. Freiheitsbewegung in der Revol. von 1848 in Franken (1951). P. H. NOYES, Organization and Revol. (1966). Die anläßl. d. Jh.-Gedenkens 1948 erschienene Lit. steht vielfach stark unter dem Eindruck d. Nachwirkungen d. Krieges, bes. d. Teilung Dtlds. in Zonen u. der entspr. pol.-soz. Auffassungen. 18 Jahre später wurde anläßlich d. 20. Jahrestages d. Gründung d. SED ein »geschlossenes Bild der Gesch. d. dt. Arbeiterbewegung« mit neuen Beiträgen für die Zeit vom Vormärz bis 1963 vorgeführt: Zs. f. Gesch.wiss. 14 (1966); alle frühere Lit., bes. frühere Aufsätze in dieser Zs., wurde damit gewissermaßen zusammengefaßt; anläßl. d. 140. Geburtstages von Engels erschien, hg. von d. Kommiss. d. Historiker d. DDR u. d. UdSSR, dt. Sektion: Friedrich Engels u. die Internat. Arbeiterbewegung (1962). – K. GRIEWANK, Ursachen u. Folgen d. Scheiterns d. dt. Revol. von 1848, HZ 170 (1950). R. STADELMANN, Soz. u. pol. Gesch. d. Revol. von 1848 (1948). A. RÖRIG, Die Anschauungen über den Pauperismus in d. 1. H. d. 19. Jh. (1920), daran anschließend W. CONZE, Vom »Pöbel« zum »Proletarier«, VSWG 41 (1954). RÖSSLER-FRANZ, Sachwb. z. dt. Gesch., Art. »Kommunistisches Manifest«. E. KAEBER, Berlin 1848, zur Jh.-feier d. Märzrevol., im Auftrag d. Magistrats v. Groß-Berlin (1948). Auch die 1933–1945 entstandene Lit. zur sozialist. Seite d. Revol. ist mit Vorsicht zu benutzen, z. B. K. H. NEUMANN, Die jüd. Verfälschung d. Sozialismus in der Revol. von 1848 (1939). Wissenschaftl. Auswahl bei E. SCHRAEPLER, Quellen z. Gesch. d. soz. Frage 1800–1870 (²1959). Die Lokal- u. Territoriallit. ist ähnlich umfangreich u. unterschiedlich im Wert wie die über Bauernkrieg u. 30jähr. Krieg; für die Auswirkungen der Ereignisse über den preuß. Verfassungskonflikt K. E. BORN, Sozialpolit. Probleme u. Bestrebungen von 1848 bis zur Bismarckschen Sozialgesetzgebung, VSWG 46 (1959). W. ENGEL, Wirtsch. u. soz. Kämpfe vor dem Jahre 1848 in Thüringen (1927). Zu den wirtsch. Ergebnissen: F. FACIUS, Wirtschaft u. Staat (1959), sowie F. WIELANDT, Die Frankf. Bundesvers. u. die Frage d. dt. Münzeinheit, Bll. f. Münzfreunde u. Münzforschung 80 (1956). G. FRANZ (s. Kap. 3, Anm. 18), erster materialreicher Überblick über die ländl. Unruhen 1848. K. FORSTREUTER, Eine Stimme zu der Schrift von F. Engels über ›Die Lage d. arbeit. Klasse in England‹, VSWG 53 (1966). R. VIRCHOW, Mitt. über die in Oberschlesien herrschende Typhus-Epidemie (1848). B. v. ARNIM, Das Armenbuch, hg. v. W. VORDTRIEDE (1969). H. SCHINKEL, Armenpflege u. Freizügigkeit in der preuß. Gesetzgebung 1842, VSWG 50 (1964). L. SCHNEIDER, Der Arbeiterhaushalt im 18. u. 19. Jh. (1967).

[2] R. KOSELLECK (s. Anm. 1). Gegenüber den Forschungsergebnissen von W. SCHIEDER, Anfänge d. dt. Arbeiterbewegung (1963) u. F. BALSER, Sozialdemokratie 1848/49–1863 (1962) kann von einem »Handwerksburschen-Kommunismus in d. polit. Glanzzeit 1841 bis 1843« (W. KOWALSKI, Vorgesch. u. Entstehung d. Bundes d. Gerechten [1962]) keine Rede sein. E. SCHWALM, Volksbewaffnung 1848–1850 in Schleswig-Holstein (1961). H. WACHENHEIM, Die dt. Arbeiterbewegung 1844–1914 (1967).

[3] K. SCHWARZ, Die Verluste d. preuß. Armee in der Berliner Märzrevol. 1848, Der Bär von Berlin 13 (1964). W. MATULL, Anfänge d. Arbeiterbewegung in Ostpreußen, Jb. d. Albertus-Univ. z. Königsberg 14 (1964).

[4] P. MÖLLERS, Die Essener Arbeiterbewegung in ihren Anfängen, Rhein. Vjbll. 25 (1960).

[5] H. VOLKMANN, Die Arbeiterfrage im preuß. Abgeordnetenhaus 1848–1869 (1968). A. CORNU, Karl Marx et Fried-

rich Engels, Bd. 1 (1955), dort Quellenpublik. u. Biographien. E. SCHRAEPLER, Die Entwicklung d. Karl-Marx-Bildes in der biograph. Lit., GWU 6 (1955). Ders., K. Marx (1966).

[6] Zu Weitling: SCHRAEPLER (s. Anm. 1). O. BRUGGER, Gesch. d. dt. Handwerkervereine in d. Schweiz 1836–1843, Die Wirksamkeit Weitlings 1841–1843 (1932).

[7] H. J. TEUTEBERG, Gesch. d. industr. Mitbestimmung in Dtld. (1961). E. TODT, Die gewerkschaftl. Betätigung in Dtld. 1850–1859 (1950). E. NEUSS, Entstehung u. Entwicklung d. Klasse d. besitzlosen Lohnarbeiter in Halle, Abh. Ak. Leipzig 51/1 (1958).

[8] G. MAYER, Fr. Engels, Bd. 1 (1920). P. STADLER, Karl Marx (1966). A. KÜNZLI, K. Marx (1966).

[9] E. FILTHAUT, Dt. Katholikentage 1848–1958 und die soziale Frage (1960). A. KALIS, Die christl.-soz. Arbeiterbewegung in Essen, Heimatstadt Essen 17 (1965/66).

[10] RÖSSLER-FRANZ, Sachwb. z. dt. Gesch., Art. »Genossenschaften«. H. STEIN, Pauperismus u. Assoziation, Internat. Rev. f. Social Hist. 1 (1936).

[11] M. TILMANN, Der Einfluß d. Revolutionsjahres 1948 auf d. preuß. Gewerbe- u. Sozialgesetzgebung (1935). H. PFLAUME, Organisation u. Vertretung d. Arbeitnehmer in d. Bewegung von 1848–1849 (1934). R. BENARIO, Wirtschaftsräte in der dt. Lit. u. Gesetzgebung 1840–1849 (1933).

[12] V. L. HANSEN, The Revol. of 1848 and German Emigration, Journal of Econ. and Business Hist. 2 (1929/30). C. F. WITTKE, Refugees of Revol. (1952).

[13] C. SCHMID, F. Lassalle u. die Politisierung d. dt. Arbeiterbewegung, u. S. NA'AMAN, Lassalle – Demokratie u. Sozialdemokratie, beide Arch. f. Soz.gesch. 3 (1963). G. ECKERT, Die Braunschweiger Arbeitervereinsbewegung (1850 bis 1855), Braunschweig. Jb. 37 (1956).

Kapitel 8
Allgemeine Wirtschaftspolitik und Gewerbegesetzgebung

Indem Preußen eine liberalwirtschaftliche Einigung eines großen Teiles von Deutschland anstrebte und erreichte, veränderte es auch seine ursprünglich merkantilistische Wirtschaftspolitik in Richtung auf eine liberale deutsche Wirtschaftspolitik. Planer derselben und Träger war das *Ministerialbeamtentum*, die gouvernementale Intelligenz, der »Hauptteil des Mittelstandes« (Hegel), ein quasi-Parlament auf hohem Niveau. Juristen und Kameralisten bildeten seit den 20er/30er Jahren die stärksten Fakultäten der preußischen Hochschulen.

Die Wirtschaftspolitik ging weit über Bauern- und Gewerbebefreiung sowie Verkehrs-Großraumbildung hinaus und erreichte die Konsolidierung der Staatsschulden, eindeutige Überführung der Domänen auf den Staat, Schaffung einer freien Geldwirtschaft als eines der wichtigsten Pfeiler des bürgerlichen Privatkapitalismus, Bildung eines freien Boden-, Güter- und Arbeitsmarktes auf dem Lande sowie die Herstellung der freien gewerblichen Konkurrenz in den Städten. Dagegen fehlte diesem liberal-bürgerlichen Beamtentum die reformerische Aufmerksamkeit sowie Einsicht und Phantasie, um den Lauf der Entwicklung und die Bedürfnisse auch der Proletarier in der entstehenden Industriegesellschaft vorauszusehen und berücksichtigen zu können, nachdem die Freisetzung der unternehmerischen Kräfte den Gedanken an Sozialpolitik zunächst ausgeschlossen hatte.

Mit der *Allgemeinen Gewerbeordnung von 1845* setzte dann eine neue Periode ein, die auch in den Ministerien einen neuen Akzent erhielt, als die revolutionären Ereignisse von 1848 erkennen ließen, daß die radikale Fortsetzung des Gesellschaftsliberalismus die Gefahr der proletarischen Revolution heraufbeschwor.

Zum ersten Male 1848 gab es in der deutschen Geschichte ein Reichshandelsministerium unter dem Bremer Kaufmann A. Duckwitz und in diesem *Ansätze zu einer Reichswirtschaftspolitik*, die an Zentralismus weit über den »Reichsmerkantilismus« des 17. Jh. hinauszielte. Allerdings kam es noch nicht zu einem Reichswirtschaftsministerium. Wie sich auch in den Ländern zeigte, existierte noch bis 1917/18 kein in sich geschlossener Komplex »Wirtschaftspolitik«, diese war vielmehr auf eine ganze Reihe von Behörden aufgeteilt. Auch das Frankfurter Parlament behandelte wirtschafts- und sozialpolitische Probleme; es hatte einen Volkswirtschaftlichen Ausschuß, aus dessen Tätigkeit zwar keine greifbaren Leistungen hervorgingen, der immerhin aber die Bedeutung der wirtschaftspolitischen Einigung für die nationale unterstrich, wenngleich die meisten Abgeordneten in Frankfurt, in Agrarstaaten aufgewachsen und in der Landwirtschaft oder ihr verwandten Berufen tätig, ins Theoretisieren oder in literarisch begründete Weitschweifigkeit verfielen, sobald die Verhandlung auf Handwerk, Industrie, Proletariat, Zölle usw. kam.

Welche politische Kraft dem Wirtschaftsbeamtentum vor und nach 1848 innewohnte, zeigt deutlich die äußerlich nur handelspolitische Auseinandersetzung zwischen Österreich und Preußen, die gewiß nicht weniger Intelligenz, Klarsicht und Zielstrebigkeit erforderte als die Diplomatie, vielfach mit dieser identisch war. Die wirtschaftlich bedeutungsvollsten Gesetze des Norddeutschen Bundes waren Ergebnisse dieser ununterbrochenen Fortarbeit in den 50er und 60er Jahren: über die Freizügigkeit 1862, über Maße und Gewichte 1868, über Gewerbeordnung 1869 mit dem Höhepunkt des Handelsgesetzbuches von 1861–1869 als den beiden Endpunkten liberaler Entwicklung der Gewerbe- und Sozialpolitik in Preußen und Deutschland – große wirtschaftspolitische Gemeinschaftsleistungen von preußischen Beamten und Kaufleuten, nachdem seit 1862 durch Bismarck eine Dynamisierung der Wirtschaftspolitik im Interesse der Großen Politik eingetreten war. Den Höhepunkt bildete der Aufbau des Bundeskanzleramtes mit dem vorzugsweise in Zoll-, Handels- und anderen Wirtschaftsfragen erfahrenen Delbrück an der Spitze auf der Basis der freihändlerischen Tradition der preußischen Regierung. Bismarck erkannte Ende der 60er Jahre (2. 2. 1868 an Handelsminister von Itzenplitz), daß der Regierungsapparat erneut (wie nach 1806) auf die Beobachtung und Berücksichtigung der neuen Wirtschafts- und Gesellschaftsformen hin modernisiert werden mußte.

In Deutschland wurde *Gewerbefreiheit*[1] zuerst eingeführt, wo französische Fremdherrschaft bestand. Später bildete sie neben der »Bauernbefreiung«, die die Wanderung in die Städte ermöglichte, den zweiten Hauptbestandteil der preußischen Reform. Durch Edikte vom 2. 11. 1810 und 7. 9. 1811 (Gewerbepolizei-Gesetz) wurde unter Einführung einer im Westen nach französischem Vorbild bereits erhobenen Gewerbesteuer im Rahmen einer umfassenden Finanzreform das Konzessionswesen aufgehoben; der Gewerbebetrieb wurde von der Zugehörigkeit zu einer Zunft oder Innung unabhängig; die Zünfte blieben als freie Körperschaften bestehen: Die innerstädtische »Mobilität der Arbeitskräfte« (Ritter) war erreicht. In den 1815 mit Preußen verbundenen Landesteilen blieb die alte Gewerbegesetzgebung zunächst bestehen. Stein war stets ein Anhänger der Zünfte als moralischer, nicht ökonomischer Institute sowie organischer Reformen auch in der Gewerbegesetzgebung gewesen und distanzierte sich nun von der »Neuerungssucht« Hardenbergs, der sich mit Schön und anderen radikalen Liberalen schließlich auch hier durchsetzte –, aufgrund wirtschaftsliberaler Überzeugungen, aber auch wegen der Finanzkalamität des preußischen Staates, der in der Gewerbesteuer eine neue Einnahmequelle sah[2]. Bald erhob sich jedoch so bedeutender Widerspruch, daß der König und Hardenberg selbst Modifizierungen für nötig hielten, wenn auch unter grundsätzlicher Beibehaltung der Gewerbefreiheit. Das Gesetz vom 30. 5. 1820 über die Entrichtung der Gewerbesteuer versprach eine allgemeine Reform, deren Beratung durch Hardenbergs Tod 1822 erleichtert wurde. Immer stärker wurde die Bewegung der bei Lehr- und Arbeitsverhältnissen sowie in der Handhabung des Befähigungsnachweises noch sehr mächtigen Zünfte gegen die Gewerbefreiheit[3], die noch nicht von einer starken Gruppe gewerblicher Großunternehmer verteidigt werden konnte. Sie fanden in der romantischen Zeitanschauung starken Rückhalt. Und wie bei der Landwirtschaft mußte die Regierung auch bei den Gewerben dem restaurativen Zeitgeist entsprechen. Zugleich vollzog sich beim Schöpfer der Allgemeinen Gewerbeordnung vom 17. 1. 1845, Hoffmann, die Wendung von der liberalen Begeisterung des jungen zur konservativen Skepsis des alternden Beamten. Die aus dieser Haltung stammende Gewerbeordnung bildete die letzte große Leistung der bürokratisch-staatlichen Richtung, die wie die ganze Gesetzgebung 1816–1850 zugleich noch liberal und schon konservativ war, im ganzen freilich Zeitbedürfnissen und wirtschaftlichen Verhältnissen besser entsprach als der liberale Überschwang der Anfangsjahre.

Die *Gewerbeordnung von 1845*[4], ein Kompromiß also, blieb beim Prinzip der Gewerbefreiheit und erleichterte die Anlage gewerblicher Großbetriebe; aber die freiwilligen Korporationen hatten Lehrlinge, Gesellen und Gehilfen auszubilden, zu erziehen und zu beaufsichtigen. Dieser Kompromiß von Innung und Freiheit genügte weder den Liberalen noch den Handwerkern, die Schutz gegen Fabriken, Händler, Magazine, Frauenarbeit, Ausländer, schließlich gegen eigene Gewerbegenossen wünschten. Beuth gab nicht zuletzt wegen dieser Unentschiedenheit der Gewerbepolitik, deren seinen eigenen Gewerbeförderungsanfängen ähnlichen Übergangscharakter er nicht erkannte, sein Amt auf. Dem Handwerk war es seit den 20er Jahren nie gut gegangen; die Notjahre 1844–1846 brachten weitere Schwierigkeiten. Die Handwerke waren überbesetzt; eine Steigerung der Beschäftigtenzahlen kam nur bei Hilfsbetrieben für Industrie und Eisenbahn sowie bei Reparaturbetrieben vor. Hier nicht allein eine Entwicklung zu sehen, die man glaubte aufhalten zu können, sondern auch eigene Schuld und letztlich schicksalhaften Wandel, war von den Handwerkern nicht zu erwarten. Sie verlangten nach der guten alten Zeit zurück. Nachdem die Gewerbefreiheit ihre Hoffnungen nicht erfüllt hatte, gaben sie ihr geradezu Schuld am ganzen Elend. So trieb die Handwerkerbewegung, von den verschiedensten Seiten genährt, in seltener Einigkeit der Negation in die Revolution von 1848.

Die preußische Novelle zur Gewerbeordnung vom 9. 2. 1849, das einzige sozialpolitische Gesetz während der Revolutionsjahre in Preußen, kam den zünftlerischen Wünschen weit entgegen, um den gewerblichen Mittelstand, die »besseren Elemente«, von den anarchistischen und kommunistischen zu trennen. Innungszwang und Befähigungsnachweis bei vielen Gewerben, Beschränkung der Gesellenarbeit in Fabriken und der gleichzeitigen Ausübung mehrerer Gewerbe, schließlich die Einrichtung der Gewerberäte (sozialpolitische Lokalparlamente aus Vertretern von Handwerk, Handel, Fabrikanten und Arbeitnehmerschaft) belebten im Handwerkerstand wieder das Interesse an den Korporationen; das Truckverbot führte erstmals einen Lohnschutz ein, das Hilfskassenwesen wurde erweitert. Ergebnisse der Gewerberäte-Arbeit nach 1849 waren Handwerkerfortbildungsschulen und Leistungssteigerung der preußischen Handwerker. Manchen Fortschritt erzwang auch die Handwerkernot. Gewerberäte erwiesen sich freilich bald als eine Fehlschöpfung. Und da die Regierung sich immer stärker der Industrie, wo das Kinderschutzgesetz von 1853 nach Ansätzen 1817 und 1839 die sozialpolitische Einsicht in die Notwendigkeit speziell industriesozialpolitischer Maßnahmen bezeugte, der Eisenbahn und der Schiffahrt zuwandte, entstand bald eine neue Handwerkerbewegung. So bietet sich dem historischen Betrachter ein eigenartiges Bild: Parallel zur Entwicklung zum Hochkapitalismus, zu intensiver Technisierung und Kapitalisierung lief eine steigende Flut von Petitionen zur Wiedereinführung des Zunftzwanges. Aus dem Landeshandwerkertag im August 1860 zu Berlin erwuchs 1862 in Weimar der »Deutsche Handwerkerbund« mit dem Ziel, »diese Pest und den Schwindel gewerblicher und gewerbefreiheitlicher Zustände auf Leben und Tod zu bekämpfen«. Diese falsch angelegte Bewegung mußte erfolglos verlaufen, weil sie den Hauptlinien der Zeit verneinend gegenüberstand. Zweifellos war für die Handwerker die erste Hälfte des 19. Jh. eine schwere Zeit, die in mancher Hinsicht an die bäuerlichen Zustände aufgrund der Befreiungsgesetzgebung erinnert. Wenn aber die Gewerbegesetzgebung von 1845–1849 nicht die gleiche Wirkung hatte wie die Agrargesetze von 1850, so lag das sehr stark an den Formen handwerklicher Arbeit. Die bäuerlichen Betriebe paßten sich viel besser Thaers und Liebigs Forderungen und Lehren an, als dem Handwerker eine Annäherung an den Fabrikbetrieb gelang und vielfach möglich war. So hatte es der »Volkswirtschaftliche Kongreß« von 1858, einer der vielen Vereine von Akademikern und anderen Angehörigen »gebildeter« Berufe, nicht schwer mit seiner Agitation gegen die Handwerkerwünsche, zumal die Regierung selbst auf seiner Linie stand. Die preußische Erfahrung schreckte die übrigen deutschen Staaten zunächst ab. Schon 1859 führte *Österreich* die Gewerbefreiheit ein, 1860 folgte *Nassau*, 1861 *Sachsen*, 1862 folgten *Württemberg und Baden*, nachdem die Zunftordnung des 18. Jh. fast unverändert geblieben war.

Die *sozialpolitische Diskussion* im engeren Sinne kam in *Preußen* wieder in Gang, als mit dem Indemnitätsstreit und dem Regierungsantritt Bismarcks der Konflikt zwischen Staat und Gesellschaft erneut ausbrach: Bismarck griff das Bürgertum »auf der sozialpolitischen Front« an. Die Einführung des allgemeinen Wahlrechts leitete 1867 eine »kritische Auseinandersetzung mit der liberalen wirtschaftlichen Doktrin und den Vorstoß eines christlich-patriarchalischen Prinzips gegen das ›heidnische laisser-faire‹« ein (Rothfels). Die Gewerbeordnung für den Norddeutschen Bund von 1868/69 (»die erste umfassende staatliche Regelung des Arbeiterschutzes in den gewerblichen Betrieben«, Herschel), die mit der Wiederherstellung der Gewerbefreiheit die Rückkehr zur Gesetzgebung von 1810/11 brachte –, nachdem die gewerblich-industrielle Entwicklung die Erhaltung mittelalterlicher und merkantilistischer Institutionen bei einem einzigen, wenngleich noch immer sehr starken Wirtschaftszweig als unmöglich erwiesen hatte –, bildete andererseits aber auch bereits einen Kompromiß von liberaler Gewerbepolitik und sozialen Verantwortungsvorstellungen Bismarcks, der überdies den nationalen Liberalismus gewinnen wollte. Sie war somit Ende und Anfang oder Rückkehr zugleich – wie viele Ereignisse und Maßnahmen in diesen Jahren; denn nach der Auffassung auch des späten 19. Jh. konnte *Sozialpolitik* im eigentlichen Sinne nur der Staat treiben. Dabei wirkte sich auch die Aktivität von Lassalle aus, der 1863 sein ›Offenes Antwortschreiben‹ veröffentlichte: Schulze-Delitzschs ›Arbeiterkatechismus‹ (1863) und Kettelers ›Arbeiterfrage‹ (1864), Grundschriften der liberalen und der katholischen Arbeiterpolitik, sind »durch Lassalle provoziert worden« (Volkmann), dessen mehr tastende als beeinflussende Gespräche mit Bismarck in der gleichen Zeit stattfanden[5].

Bayern[6] wurde nach der Gewerbegesetzgebung von 1804 und reaktionären Handwerkeropposition der Nachkriegszeit das klassische Land der Konzession. Die Gemeindeordnung legte 1818 Genehmigung der Ansässigmachung und Heiratskonsens in das Belieben der Gemeinden. Die Gewerbeordnung von 1825 brachte zwar nicht die Gewerbefreiheit, aber durch die Lockerung des Konzessionswesens eine teilweise Rückkehr zum Standpunkt von 1804. Seit 1830 wurde die Handhabung der Gewerbe- und Niederlassungsgesetze immer engherziger, 1834 das Recht der Behörden wesentlich zugunsten der Meister verkürzt, damit die Konzessionserteilung erschwert, die Zunahme handwerklicher Arbeitskräfte und Steuerzahler verlangsamt, die Durchführung von Enquêten und gesetzlichen Veränderungen verhindert. Die Gewerbeinstruktion von 1853 zeigte entsprechend den Handwerkerforderungen von 1848 ähnlich der preußischen von 1849 einen stark zünftlerischen Einschlag. Aber gerade diese äußerste Reaktion war hier wie in Preußen nur imstande, ihre Sinnlosigkeit zu beweisen. Die Gewerbeinstruktion von 1862 kehrte zur Verordnung von 1825 zurück und kündigte einen Umschwung an, das Jahr 1868 brachte nach dem Sieg der liberalen Freihandelspolitik im Zollverein die Gewerbefreiheit.

Sachsen[7] ging einen ähnlichen Weg. Der Versuch der Regierung, seit 1829 mit den Agrarreformen solche im Handwerk zu verbinden, scheiterte. Erst seit 1856 wurde in langen Beratungen der Versuch der Regierung, durch eine Kombination von Gewerbefreiheit und Zunftwesen »die materiellen Anforderungen der neueren Zeit mit gewissen höheren sittlichen und gesellschaftlichen Ideen in Einklang zu bringen«, mit dem freiheitlichen Gewerbegesetz vom 15. 10. 1861 abgeschlossen.

In *Hannover* wurde 1847 eine geplante freiheitliche Gewerbeordnung von den Zünftlern unter Stüves Führung, der sich hier als historisierender Anhänger Mösers und des Zunftwesens zeigte, im Sinne der teilweisen Erhaltung des Zunftzwanges verändert. Stüves Schöpfung blieb bis 1866 erhalten, so daß selbst die Handwerker schließlich größere Freiheit wünschten.

Im allgemeinen verlief die Gewerbegesetzgebung auch der anderen Staaten in den hier angedeuteten Bahnen: Nach gelegentlichen Reformansätzen in den ersten Jahrzehnten des Jahrhunderts und Rückschlägen seit 1848 fand seit 1859 (Coburg, Österreich) unter starker Agitation von Gewerbevereinen und des 1858 gegründeten Kongresses deutscher

Volkswirte[8], die Gewerbefreiheit Anklang und Aufnahme: in den Hansestädten 1861–1867, in den thüringischen Staaten 1863–1866, 1860 im Herzogtum Nassau[9].

Gegen die Einführung völliger Gewerbefreiheit und Auflösung der Zünfte wandte sich das Handwerk seit 1860 durch Handwerkertage, durch den 1862 gegründeten Deutschen Handwerkerbund und (seit 1870) durch *freiwillige Innungen*, die bald die Nachfolge der Zünfte und deren soziale, berufsordnende und wirtschaftliche Funktion übernahmen, nicht aber die kirchliche, politische und gerichtliche wie im Mittelalter, dessen Sozialordnung zerfallen war. Auch konnte man die in der Gewerbeordnung von 1869 verordnete Gewerbefreiheit nicht verhindern[10]. Als das Reichsgesetz von 1897 die Einrichtung von Zwangsinnungen gestattete, war im Zusammenhang mit der neuen Bismarckschen Gesellschafts- und Staatsauffassung vom Schutz der nationalen Arbeit eine wesentliche Errungenschaft der ersten Jahrhunderthälfte wieder aufgegeben. Alles in allem hat die Gewerbegesetzgebung nicht die Konsequenz aus der Wirtschaftsentwicklung gezogen, die Rechtsform dem Arbeitsleben nicht angepaßt. »Sie hat zwar das alte Zunftrecht aufgelockert und kommerzialisiert, die Doppelbödigkeit des Gewerberechts jedoch nicht beseitigt, sondern an gewissen Stellen bewußt konserviert.« So wurde zwar die Fortexistenz eines eigengesetzlichen Handwerkerstandes ermöglicht, aber der Übergang vom konservativen Handwerkertum zur Unternehmerschicht erschwert und »geholfen, das Wirtschaftsgebaren auseinanderzuspalten in ein statisches Beharren in festen Formen und ein dynamisches Vorwärtsgehen ohne Grenzen. In ihrer Inkonsequenz hat die Gewerbegesetzgebung des 19. Jh. ohne Zweifel zu der Unausgeglichenheit des mitteleuropäischen Sozialgefüges beigetragen, das halb progressiv und weltmännisch, halb altväterisch und kleinbürgerlich erscheint«.

W. Treue, Gesch. d. Wirtschaftspolitik in Dtld. im 19. Jh. (1975). U. P. Ritter, Die Rolle d. Staates in den Frühstadien d. Industrialisierung (1961). I. Mieck, Preuß. Gewerbepolitik in Berlin 1806–1844 (1965). E. R. Huber, Dt. Verf.gesch. seit 1789, Bd. 3 u. 4 (1966/69).

[1] O. Simon, Die Fachbildung d. preuß. Gewerbe- u. Handelsstandes im 18. u. 19. Jh. (1902).

[2] H. Waentig, Die gewerbepolit. Anschauungen in Wirtsch. u. Gesetzgebung im 19. Jh., in: Festschrift G. Schmoller, Bd. 2 (1908). J. Kuczynski, Hardenbergs Umfrage über die Lage d. Kinder in den Fabriken u. andere Dokumente aus der Frühgesch. d.

Lage d. Arbeiter (1960). Die Einleitung ist unergiebig.

[3] Beispiele d. öffentlichen Diskussion: C. H. FRIEDRICH, Ist Gewerbefreiheit nützlich oder schädlich? (1846). J. W. NEUMANN, Über Gewerbefreiheit u. deren Grenzen im Staate (1837). Die Innungen u. die Gewerbefreiheit in ihren Beziehungen auf den Handwerksstand u. Vorschläge zum Frieden mit beiden (1834). F. OESTERLEY, Ist es ratsam, die Zunftverfassung aufzuheben? (1833).

[4] H. WAENTIG (Anm. 2). O. SIMON (Anm. 1). G. SCHMOLLER, Gesch. d. dt. Kleingewerbe (1870).

[5] C. L. v. HALLER, Die wahren Ursachen u. die einzig wirksamen Abhilfsmittel d. allg. Verarmung u. Verdienstlosigkeit (1850). H. ROTHFELS, Bismarck u. der Staat (1953). W. KÖLLMANN, Die Anfänge d. staatl. Sozialpolitik bis 1869, VSWG 53 (1966), u. W. HERSCHEL, Art. ›Arbeiterschutz III‹ im Hdwb. d. Sozialwiss. (1956). K.-H. LUDWIG, Die Fabrikarbeit von Kindern im 19. Jh., VSWG 52 (1965). H. HENNING, Preuß. Sozialpolitik im Vormärz, VSWG 52 (1965). H. VOLKMANN, Die Arbeiterfrage im preuß. Abgeordnetenhaus (1968). K. E. BORN, Sozialpol. Probleme u. Bestrebungen in Dtld. von 1848 bis zur Bismarck. Soz.gesetzgebung, VSWG 46 (1959). W. FISCHER, Der Staat u. die Anfänge d. Industrialisierung in Baden 1800–1850 (1962). Kurhessen war 1866 »unter den vergleichbaren Mittelstaaten einer von den wenigen, in denen es keinerlei gesetzliche Vorschriften gegen die Ausbeutung und Gefährdung jugendlicher Arbeitskräfte gegeben hat«: R. FRIDERICI, Kinderarbeit in kurhess. Fabriken u. Bergbaubetr. 1841–1866, Hess. Jb. f. Landesgesch. 12 (1962). R. SCHRAMM, Kinderarbeit ... in der Greizer Textilindustrie, Jb. d. Kreismus. Hohenleuben-Reichenfels 5 (1956).

[6] B. BAUER, Gesch. d. konstitution. u. revol. Bewegungen im südl. Dtld. 1831 bis 1834, 1 (1845). W. ZORN, Kleine Wirtsch.- u. Sozialgesch. Bayerns (1962). H. ECKERT, Liberal- oder Sozialdemokratie, Frühgesch. d. Nürnberger Arbeiterbewegung (1968).

[7] TH. FLATHE, Gesch. v. Sachsen 3 (1873). H. J. TEUTEBERG, Zur Entstehungsgesch. d. ersten betriebl. Arbeitervertretung in Dtld., Soziale Welt 17 (1960).

[8] V. BÖHMERT, Freiheit d. Arbeit, Beitr. zur Reform d. Gewerbegesetze (1858). Ders., Beitr. zur Gesch. d. Zunftwesens (1881). Ders., Die Entwicklung d. Volkswirtschaftl. Kongresses, Vjschr. f. Volkswirtschaft, Politik u. Kulturgesch. 21 (1884). W. FISCHER, Handwerksrecht u. Handwerkswirtschaft um 1800 (1955).

[9] V. BRANDING, Die Einführung d. Gewerbefreiheit in Bremen u. ihre Folgen (1951). F. LERNER, Wirtsch.- u. Sozialgesch. d. Nassauer Raumes 1816 bis 1964 (1965).

[10] M. ERDMANN, Die verf.polit. Funktion d. Wirtschaftsverbände in Dtld. 1815–1871 (1968).

Kapitel 9
Die Handwerker

Der Gewerbegesetzgebung entsprach die Entwicklung der Handwerkerfrage. Der Aufstieg der Industrie verursachte im Laufe der Zeit einen radikalen Umbau innerhalb der gewerblichen Wirtschaft. Vom Handwerk verlagerte sich das Schwergewicht, wie es noch Gottfried Keller im Anfang des ›Grünen

Heinrich‹ schilderte, zum Fabrikbetrieb. Auch zeigte sich neben dem anfänglichen quantitativen Schrumpfungsprozeß eine qualitative Einbuße an Fachtüchtigkeit und damit an materieller Fundierung, Berufsethos und gesellschaftlicher Wertschätzung[1]. Liberalisierung des Wirtschaftslebens und Industrialisierung »begannen gerade in den fortschrittlichen westlichen Teilen Deutschlands den gewerblichen Mittelstand ebenso zu zersetzen wie die Bauernbefreiung und ihre Folgen den Bauernstand« (Angermann): Das Unternehmertum einerseits, der vierte Stand andererseits bildeten Ergebnisse dieses Prozesses. Dem wachsenden Massenbedarf an billigen Erzeugnissen konnte nur die Fabrikproduktion genügen, zumal die Maschine vor der Erfindung des Elektromotors für handwerkliche Produktion kaum verwendbar war. Der Rückgang der Heimgewerbe traf insbesondere die Textilgewerbe, deren Krise in einzelnen Gebieten (Bergisches Land, Westfalen) bereits in der Napoleonischen Zeit begann (Zollpolitik) und sich seit den 30er Jahren ständig verschärfte (englische Maschinengarne und mechanisch gewebte Stoffe, Schutzzollpolitik der kontinentalen Staaten). Es kam besonders in den 40er Jahren eine allgemeine Verminderung des Einkommens der Weiterverarbeitenden hinzu, so daß trotz verstärkter Arbeitsleistung das frühere Realeinkommen nicht mehr erreicht wurde. Allgemein stieg 1800–1850 die Arbeitszeit um 1 bis 2 Stunden, verbreitete sich das Trucksystem vorwiegend im Heimgewerbe, war also die Beschäftigung der zahlenmäßig steigenden Bevölkerung mit Senkung des Lebensstandards erkauft.

In *Preußen* entwickelte sich die Zahl der Handwerksmeister 1840–1849–1861 von 410000 über 535000 zu 534000, während die Zahl der Gesellen und Lehrlinge 359000, 407000 und 558000 betrug. In der ersten Phase haben viele Gesellen, die wegen Arbeitsmangel entlassen wurden, die Gewerbefreiheit zum Aufbau einer freilich zumeist sehr ärmlichen »Selbständigkeit« benutzt, was zur Übersetzung des Handwerks (Unterbeschäftigung, echte und verschleierte Arbeitslosigkeit) und zur ungenügenden Ausnutzung der Arbeitskapazität des einzelnen Betriebes führte; daraus erklärt sich z. T. die Wendung der etablierten Handwerker gegen die Gewerbefreiheit und 1848 ihre Forderung nach sozialer Sicherung, sowie das Anwachsen von Bettelei und Landstreicherei[2].

Die *Einstellung zu Handwerksproblemen* war gewöhnlich so gefühlsbedingt wie die zur Agrarreform, zur Entstehung der modernen Industrie, zu Eisenbahn und Dampfschiff; sie beharrte oft, mit unklaren Begriffen diskutierend, im Rahmen der weltanschaulichen Auseinandersetzungen der Zeit. In katholischen Kreisen fand die Handwerkerbewegung stets lebhafteren Widerhall als in protestantischen. *Kettelers* und *Kolpings*[3] sozialer Katholizismus wandte sich in erster Linie aus religiösen Gründen gegen den Pauperismus im kleinen Gewerbestand, aber auch, weil der Anteil der Katholiken an Industrie, Unternehmer- und Arbeitertum wesentlich geringer war als der der Protestanten.

Das Handwerk hatte bis gegen 1830 sehr zu leiden. Seine erste Reaktion auf die Gewerbefreiheit war dabei »tiefe Resignation« (Fischer): Bereits seit dem Ende der 30er Jahre sprach man erneut von einer *Krisis der Kleingewerbe* fast in ganz Deutschland. Sie steigerte sich durch das folgende Jahrzehnt und war am drückendsten, wo, wie in Bayern, industrielles Leben größeren Stils sich nur langsam zu entwickeln begann[4]. Innerdeutsche Zollmauern behinderten das Handwerk; aus der Landwirtschaft, besonders Südwestdeutschlands, drängten viele Menschen zu ihm; die rückständige Gewerbegesetzgebung bildete eine weitere Belastung. So kam es zur Verarmung der Handwerker, der mittleren und unteren Schichten des Bürgertums, zum Ansteigen des Pauperismus, »so daß man zuletzt der ferneren Ausbreitung der Proletarier wird ein Ziel setzen müssen«[5]. Maßnahmen der traditionalistischen Organisationen schlugen fehl[6]. Erfolgreicher waren die Bemühungen zur Hebung des allgemein sehr niedrigen Bildungsstandes (Abend- und Sonntagsschulen), die Gründung von Einkaufsgenossenschaften, Handwerkerbanken, Kreditgenossenschaften. Das führte zu den *Genossenschaften* von *Schulze-Delitzsch* und *V. A. Huber*, auch von *F. W. Raiffeisen*, die sich seit den 50er Jahren, nach dem Studium des westeuropäischen Genossenschaftswesens, der Hebung des selbständigen Kleinmeisterstandes und seiner geschäftlichen Erziehung widmeten[7]. 1849/50 rief Schulze in seiner Vaterstadt Delitzsch eine Genossenschaft und einen Vorschußverein ins Leben; danach versuchte er, diese Ansätze zu verbreitern und durch sein ›Assoziationsbuch für deutsche Handwerker und Arbeiter‹ (1853) auch andere zu interessieren. Durch die ›Blätter für Genossenschaftswesen‹ und Spezialschriften erreichte er immer weitere Kreise, wobei er namentlich durch V. Böhmert mit den ›Briefen zweier Handwerker‹ (1857) und dem weitverbreiteten Buch ›Freiheit der Arbeit‹ (1858) unterstützt wurde. So wurde er (wie auch F. W. Raiffeisen) zum Erzieher des deutschen Handwerksstandes in bezug auf Kredit und genossenschaftliche Selbsthilfe in der zweiten Stufe der Entwicklung.

Wo allerdings eine solche geschickte Hand fehlte, stellte das Handwerk sich meist der Entwicklung entgegen. Beuths und Schinkels ›Vorbilder für Fabrikanten und Handwerker‹[8] erreichten nur eine dünne Schicht aufgeschlossener Männer. Der organisatorischen Erstarrung entsprachen berufliche Indolenz, Ablehnung alles Neuen, Beschränkung des Berufs auf Meisterkinder usw. Im Münsterland beeinträchtigte die Verbindung von Handwerk und Landwirtschaft das berufliche Streben[9]. Häufig bekämpfte man aus Angst vor Konkurrenz des »Auslandes« eifrig die Bildung des Zollvereins. Unternehmungslustige Gesellen, denen man z. B. in Sachsen das Heiraten erschwerte, wanderten in die Fabrik ab[10]. Zu heftigen Auseinandersetzungen führten unter Leitung des konservativ-romantischen C. L. v. Haller und des fortschrittlichen Nebenius die Fragen der Verbesserung von Schul- und Fachausbildung[11]. Die Lage der Gesellen und Lehrlinge war meist noch schlechter als die der Meister, die die Lasten auf die Schwächeren abzuwälzen suchten – mit schweren sozialen und politischen Folgen. Gottfried Keller kennzeichnete 1881 im ›Sinngedicht‹ eine ganze Entwicklung, wenn er schrieb, daß die Handwerksburschen »zu jener Zeit« noch Lieder wie Goethes ›Mit einem gemalten Bande‹, nun aber die Arbeitermarseillaise sangen. Gegen die schnell zur seelischen und moralischen Not werdenden Übelstände unter Lehrlingen und Gesellen wandten sich seit den 30er Jahren protestantische Jünglingsvereine, besonders seit 1845 Kolpings Gesellenvereine in Rheinland und Westfalen, mit denen sich die katholische Kirche um die Lösung der sozialen Frage bemühte. Riehl[12] fand den Handwerksburschen noch nicht zum modernen Proletarier reif, solange er zum »Fechten« nicht zu vornehm war. Tatsächlich entstand aber seit den 30er Jahren das Handwerksproletariat aus verkrachten Meistern und arbeitslosen Gesellen, das auswanderte oder als Diener und Laufbursche von Tag zu Tag leben mußte. Dort entwickelten sich auch die Handwerkerverbindungen, die in den 40er Jahren in Berlin Aufsehen erregten, da man in ihnen erste französische kommunistische Elemente entdeckte[13].

1848 wandten die Staaten, Preußen voran, vielfach dem Handwerk erhöhtes Interesse zu, da man die Staatsgefährdung auch dort erkannte[14]. Aber nun zeigte sich (Fehlschlagen der preußischen Verordnung von 1849), daß die Ursache nicht nur in der Vernachlässigung des Handwerks, sondern auch in der Entstehung der Industrie lag, in der Gewerbefreiheit den Abschluß fand und durch Gesetze nicht wirklich aufzuhalten war. Das Handwerk, das seine aus dem Mittelalter stammende Standesordnung endgültig, seit 1848 nur besonders sichtbar eingebüßt hatte, mußte sich nach jahrhundertelangem Monopol an diese Konkurrenz gewöhnen und eine Abgrenzung der Produktionsgebiete vornehmen; es mußte auch die Erfahrung machen, daß die Industrie das Handwerk weder ersetzen wollte noch konnte. Was man anfangs als Entweder-Oder betrachtete, erwies sich als Nebeneinander, nachdem, unter allerdings schweren Opfern, eine gewisse Umschichtung durchgeführt worden war[15]. Wenn die Not dann nicht sofort nachließ, so lag das an der beträchtlichen, jeder Krisis besonders ausgelieferten Übersetzung des Handwerks: Die Handwerkerzahl stieg in Preußen erheblich schneller als die Bevölkerung; gleichzeitig klagten die Handwerker immer lauter über Beschäftigungslosigkeit[16]. Ähnlich war es in Bayern[17], Baden, Hessen[18], auch in einzelnen Städten, wohin die Handwerker aus der Provinz drängten[19]. Dagegen fand in Sachsen, wo es 1846 am meisten Handwerker je Kopf der Bevölkerung gegeben hatte, unverkennbar eine Abwanderung zur Industrie statt[20]. Die Diskussion um »die Zukunft des deutschen Handwerks« ist seit der Jahrhundertmitte nicht mehr abgerissen[21].

Die dritte Stufe der Reaktion auf die Gewerbefreiheit bildete nach 1871 die Neugründung freiwilliger Innungen für genossenschaftlichen Einkauf, zur Abwehr von Gesellenstreiks, Organisation von Ausstellungen, Einrichtung von Krankenkassen, hauptsächlich aber zur Gründung von Fachschulen und Arbeitsnachweisen, später zur Bildung von Preiskartellen. So traten die freiwilligen Innungen auf vielen Gebieten (soziale, berufsordnende und wirtschaftliche Aufgaben) die Nachfolge der Zwangszünfte an, während die kirchlichen, politischen und jurisdiktionellen Aufgaben früherer Zeiten verlorengegangen oder aufgegeben worden waren. Als 1897 reichsgesetzlich die Einrichtung von Zwangsinnungen zugelassen wurde, war eine wesentliche Errungenschaft im Zuge des erstarkenden staatlichen Dirigismus und des wachsenden Mittelstandsschutzes verloren. Der Weg war wieder offen zu Lehrverbot, Befähigungsnachweis, numerus clausus und Majorisierung.

Bibliographie d. Handwerks, hg. v. W. Wernet (bis 1967 25 Bde.). F. Schnabel, Dt. Gesch. im 19. Jh., Bd. 3. (1934) R. Stadelmann u. W. Fischer, Die Bildungswelt d. dt. Handwerkers um 1800 (1955). Über Organisationen: E. R. Huber, Dt. Verf.gesch. 4 (1969).

[1] K. Abraham, Der Strukturwandel im Handwerk in d. 1. H. d. 19. Jh. u. seine Bedeutung für die Berufserziehung (1955). L. Grütters, Die Entwicklung d. gewerbl. Fortbildungsschulwesens in der Prov. Westfalen bis 1874 (1933). A. Kotelmann, Vergleichende statist. Übersicht über d. landwirtschaftl. u. industriellen Verhältnisse Österreichs u. d. Dt. Zollvereins sowie seiner einzelnen Staaten (1852). W. Fischer, Handwerksrecht u. Handwerkswirtschaft um 1800 (1955).

[2] E. Angermann, Karl Mathy als Soz.- u. Wirtschaftspolitiker, ZGORh 103 (1955). G. Schmoller, Zur Gesch. d. dt. Kleingewerbes im 19. Jh. (1870). C. Jantke u. D. Hilger, Die Eigentumslosen (1965). L. Baar, Die Berliner Industrie in der industr. Revol. (1966). W. Köllmann, Polit. u. soz. Entwicklung d. dt. Arbeiterschaft 1850–1914, VSWG 50 (1964). Ders., Die Anfänge d. staatl. Sozialpol. in Preußen, VSWG 53 (1966).

[3] A. Franz, Der soziale Katholizismus in Dtld. bis zum Tode Kettelers (1914). S. G. Schäffer, Adolf Kolping, der Gesellenvater (1913). F. Oesterley, Ist es ratsam, die Zunftverfassung aufzuheben? (1833). F. Schmidt, Betrachtungen über das Innungswesen u. die Gewerbefreiheit mit Rücksicht auf die Staaten d. Dt. Zollverbandes (1834). H. Waentig, Die gewerbepolit. Anschauungen in Wissenschaft u. Gesetzgebung d. 19. Jh., in: Festschr. G. Schmoller, Bd. 2 (1908).

[4] K. T. Eheberg, Die industrielle Entwicklung Bayerns seit 1800 (1897). J. Zimmermann, Die wirtsch. Entwicklung d. Stadt Regensburg im 19. Jh. u. zu Beginn d. 20. Jh. (1934). E. Gothein, Wirtschaftsgesch. d. Schwarzwaldes (1892). G. Schmoller (s. Anm. 2). E. Boll, Beschreibung von Mecklenburg-Schwerin, Zs. d. Ver. f. dt. Statistik 2 (1848). E. Schmieder, Carl Bolle, Tradition 5 (1960).

[5] G. Schmoller (s. Anm. 2). Klebs, Über den Zustand d. Städte in der Prov. Posen, Zs. f. die Landeskulturgesetzgebung d. preuß. Staaten 3 (1851). F. v. Florencourt, Pauperismus u. Proletariat, Arch. d. polit. Ökonomie u. Polizeiwissenschaft NF 7 (1848). A. Franz (s. Anm. 3).

[6] G. Kentenich, Gesch. d. Stadt Trier (1915).

[7] W. Engel, Wirtschaftl. u. soziale Kämpfe in Thüringen vor 1848 (1927). E. Schocke, Die dt. Einheits- u. Freiheitsbewegung in Sachsen-Meiningen 1848–1850 (1927). H. Waentig (Anm. 3).

[8] Dazu Schnabel, Dt. Gesch. 3.

[9] O. Nübel, Das Landhandwerk des Münsterlandes um die Wende d. 19. Jh. (1913).

[10] Flathe, Gesch. Sachsens 3 (1873). E. Gothein, Schwarzwald (Anm. 4). Ders., Pforzheims Vergangenheit (1889). Grütters (Anm. 1).

[11] Boll (Anm. 4). P. H. Bopp, Die Entwicklung d. dt. Handwerksgesellentums im 19. Jh. (1932).

[12] W. H. Riehl, Die bürgerliche Gesellschaft (1851, ²1930).

[13] K. A. Varnhagen van Ense, Tagebücher 3 (1861).

[14] Grütters (Anm. 1). Boll (Anm. 4). M. Jänecke, Die Gewerbepolitik d. ehemal. Kgr. Hannover in ihren Wandlungen 1815–1866 (1892).

[15] O. Wiedfeldt, Statistische Studien zur Entwicklungsgesch. d. Berliner Industrie 1770–1890 (1898).

[16] F. W. v. Reden, Erwerbs- u. Verkehrsstatistik d. Kgr. Preußen 1 (1853). O. Thissen, Beitr. z. Gesch. d. Handwerks in Preußen (1901).

[17] Die Bevölkerung u. die Gewerbe d. Kgr. Bayern 1861 u. 1847, Beitr. z. Stat. d. Kgr. Bayern 10 (1862). F. Kist-

LER, Die wirtsch. u. sozialen Verhältnisse in Baden 1848–1870 (1954).

18 W. ÜLLMANN, Die hess. Gewerbepolitik von der Zeit d. Rheinbundes bis z. Einführung d. Gewerbefreiheit 1866, insbes. das Handwerk u. das Hausiergewerbe (1903).

19 KENTENICH, KLEBS (Anm. 5/6). M. QUARCK, Die erste dt. Arbeiterbewegung (1924).

20 P. HORSTER, Die Entwicklung d. sächs. Gewerbeverfassung 1780–1861 (1908).

21 Die Zukunft d. dt. Handwerks, Illustr. Ztg. (1858).

Kapitel 10
Die geistigen Grundlagen der Industriewirtschaft

»Konstitution und Maschine war das Leitwort eines Jahrhunderts, das mit allen seinen Schöpfungen und seinen Mängeln das Zeitalter des Bürgertums gewesen ist.[1]« Die *Industrielle Revolution*, die Industrialisierung und der industrielle Geist, sind nicht in Deutschland entstanden, sondern zuerst in England[2], dann in Frankreich und Belgien entwickelt worden; doch hat der ganze, mit diesen Worten umrissene Komplex jeweils unverkennbare nationale Inhalte und Formen erhalten. Natur- und Ingenieurwissenschaften sowie die Realbildung aller Grade bildeten Voraussetzungen und in ganz bestimmten Interdependenzen Begleiterscheinungen der Industriewirtschaft, deren Wurzeln so über Bildung und Ausbildung, Philosophie und Handwerk bis in die arabische, antike und fernöstliche Überlieferung zurückreichten[3].

War schon für die Entwicklung der Landwirtschaft über Thaer und Liebig zur Höhe des 19. Jh. der Gegensatz der historisch rechtfertigenden Lebensanschauung zur naturwissenschaftlich zweifelnden charakteristisch, so war die Auseinandersetzung zwischen Tradition und Evolution oder Revolution im Bereich der Industrie noch sehr viel intensiver. Diese *erste Industrie* war ein Novum ohne Geschichte. Die Dampfmaschine, die Friedrich d. Gr. sich von England verschrieb, leitete eine Zeit ein, die sich nirgendwoher »entwickelte«. Vorstufen der Fabrik waren Großgewerbe und Manufakturen – die Dampfmaschine selbst, die erste von Menschen erfundene Energieerzeugung, hatte keine Vorläuferin. Steinkohlenbergbau in großer Tiefe, Eisenbahn und viele andere Ereignisse, Erfindungen und Entdeckungen schufen historisch nicht vergleichbare neue Verhältnisse und zwangen den Menschen zur Stellungnahme, die um so schwieriger war, je mehr er sich fähig glaubte, den Verlauf des neuen Zeitalters bis in alle Konsequenzen im voraus zu bedenken. Das verursachte wirtschafts-, sozial- und rechtspolitische Verzögerungen, Versäumnisse, Entwicklungslücken und -rückstände, die gegenüber den (mehr oder weniger scheinbar) in Jahrhunderten historisch gewachsenen Verhältnissen Anachronismen verursachten, und verschärfte partei- und klassenpolitische Auseinandersetzungen. Das Wesen der modernen Technik war den meisten Menschen unbegreiflich, da sie aus ländlichen Überlieferungen kamen, die während des ganzen Jahrhunderts als Maßstäbe erhalten blieben; nur sehr wenige erkannten, daß der Schritt von der alten empirischen zur modernen exakt-wissenschaftlich begründeten europäischen Technik mehr bedeutete als nur die notwendige Basis z. B. für den Eisenbahnbau, daß er Lebensweise, Denk- und Daseinsformen des einzelnen und der Gesellschaft, der Familie und der Nation nicht weniger veränderte als früher etwa die Einbeziehung in das Römische Reich oder die Christianisierung. Nur die Einsichtigsten, wie Goethe und Schinkel, Beuth, Borsig und Harkort, Thaer und Liebig erkannten das Unabwendbare, dem gehorcht werden mußte, das nicht nur über eigene Gesetze, sondern auch über eigene Größe und Schönheit verfügte und dadurch in vielen Bereichen neue Maßstäbe schuf.

Die neue Zeit brachte den in Deutschland allerdings im geistigen Bereich ungewöhnlich langsamen, durch Traditionen vieler Art und politisch-soziale Restauration mehrfach verzögerten Übergang von der philosophisch-literarisch-ästhetischen Epoche zur praktisch-materiellen[4]. Doch starb der Idealismus nicht aus; er erhielt sich, der neuen Umwelt sich anpassend, im Streben Harkorts, Schinkels, Mevissens, Redtenbachers, Karmarschs und vieler anderer und verband sich mit dem »Fortschritt« einerseits, dem Streben zur Naturwissenschaft und Technik als neuer Lebensgrundlage andererseits.

Die *Einstellung zur modernen Technik* war durchaus uneinheitlich, in Stadt und Land verschieden, bei der Regierung häufig anders als bei den Technikern und Industriellen, verschieden bei den Unternehmern und Industriearbeitern. Notzeiten ließen die Vorzüge der Technik für Arbeitsbeschaffung, Wohlstandserhaltung und -steigerung und Vermeidung von Hungersnöten deutlicher in Erscheinung treten als gute Zeiten der Landwirtschaft. Reisende empfanden meist sehr positiv den Eindruck intensiver Tätigkeit und starken Fleißes in Industriegebieten[5]. Der Nutzen, der »Segen«, selbst die Notwendigkeit der Maschine, der durch sie ermöglichte »Fortschritt« – neben »Bildung« und »Freiheit« einer der umstrittensten Begriffe des Jahrhunderts –, wurden seit den 20er Jahren in der Literatur vielfach hervorgehoben[6]. Liebig schrieb 1860 über diese erste Phase: »Die Wissenschaften haben die Geistesrichtungen der Menschen verändert und dem wahrhaft Besseren zugelenkt. Unser Kulturzustand ist ein anderer und höherer als der des Altertums ... Das Wissen ist zwar nicht die Weisheit, aber nichts kann sicherer sein, als daß richtige Schlüsse und fruchtbare Verstandesoperationen nur möglich durch das rechte Wissen sind. Die größten Übel, welche die Menschen bedrängten und die menschliche Gesellschaft erniedrigten, entsprangen aus der Ungewißheit«[7]. Gleichzeitig bemühte sich Ferd. Redtenbacher in Karlsruhe um die Synthese der wissenschaftlichen Theorie der Maschine und der Kultur des industriellen Publikums[8], wie Beuth und Schinkel ein Vierteljahrhundert zuvor unter Goethes Beifall mit den »Vorbildern von Fabrikanten und Handwerkern« über Vitruv im gemeinsamen Bereich von Kunst und Technik die Brücke zur Antike zu schlagen unternommen hatten.

Erhielt die Bewegung vom Westen ihre ersten Anregungen, wurde das Rheinland zur »Vorhut des deutschen Hoch*kapitalismus*«[9] (freilich auch mit Ablösungsgeldern aus den Gebieten der Bauernbefreiung, d. h. durch Gewinnstreben und Spekulationsgeist der Gutsbesitzer finanziert), so empfing sie von der preußischen Wirtschaftsverwaltung und -politik Richtung und Tempo der *Technik*. Thaers Verdienste um die Landwirtschaft stehen Beuths Verdienste um die Gewerbe, überhaupt die vielen Leistungen im Bereich der staatlichen Gewerbeförderung zur Seite; beider gemeinsames Denkmal in Berlin, umgeben von Goethe, Humboldt, Rauch, Schinkel, Egells, Borsig, Wöhlert, Freund u. a., repräsentiert ähnlich wie das Denkmal Friedrich Wilhelms III. in Köln mit Unternehmer- und Bankiersporträts die deutsche Bürgertüchtigkeit und die allmählich sich wandelnde Bürgerbildung sowie die in der industrie- und bildungsbürgerlichen Gesellschaft zum neuen politischen und wirtschaftlichen Zentrum Deutschlands schnell über Köln hinaus aufsteigende Hauptstadt.

»Die Anfangszeit der Technik ist die Zeit der großen Praktiker«[10], der Probierer und Bastler, die bis zur Verwissenschaftlichung der Technik, des Erfindens und Konstruierens die Führung beim »Fortschritt« hatten und nur unter heftigen Auseinandersetzungen diese später den »Studierten«, den systematischen Forschern und Gelehrten überließen. Gleichzeitig nahm aber das *Gewerbe- und Realschulwesen* einen lebhaften Aufschwung: Naturwissenschaftlich-technische Bildung war eine Voraussetzung der fortgesetzten Industrialisierung. Von »Erziehung« und »Bildung zur Industrie« erwartete man die großen Fortschritte. Joseph Meyer, Gründer des Bibliographischen Institutes und der Groschenbibliothek, prägte mit dem Motto »Bildung für alle« oder »Wissen macht frei«, »Bildung ist Macht« die Schlagworte derer, die weder durch Geburt noch durch ererbtes Vermögen an der Macht teilhaben konnten. Gervinus schrieb 1850 in seiner Geschichte des 19. Jh.: »Nicht die Höhe der Bildung des einzelnen macht den Ruhm dieser Zeit aus, sondern die Quantität, die Weite, die Ausbreitung der Bildung unter den vielen.« Bei dieser *Demokratisierung der Bildung* anstelle der alten Bildungsaristokratie gerieten die Begriffe der Bildung, der Berufsausbildung und des Berufswissens vielfach durcheinander. Immer häufiger wurde »Bildung« nicht mehr im Sinne W. v. Humboldts aufgefaßt, sondern nun nach der dem Literarisch-Historischen entgegengesetzten Seite verengt auf die Grundlage des Erfolges[11]. Häufig wurde beim Handwerkertum, aber auch in der jungen Industriegesellschaft Fachwissen mit Bildung identifiziert, die Schule als Berufserziehungsanstalt betrachtet[12]. Im Zusammenhang mit diesen Veränderungen steht die Auseinandersetzung um technisch-industriell-bergbauliche Schulformen und -aufgaben, um humanistische Gymnasien und Realschulen, um Universität und Fachhochschule, die in den 20er Jahren begann und trotz des Vordringens und Erfolges des in Preußen von Beuth entscheidend geförderten Realschulwesens nie zum Abschluß kam, da die beiden Elemente zwei Lebensrichtungen im Volke spiegelten bzw. fundamentierten, für die es einstweilen wenig Gemeinsames gab. Als Ergebnis der realistisch-industriellen Bewegung empfand man auf der einen Seite in erster Linie geistige Verarmung des Lebens, auf der anderen Steigerung von Arbeitsleistung und Lebensstandard[13]. Als Gefahren des »Materialismus« galten unter zuweilen bewußter Fehlinterpretation des Neuen u. a. zunehmende Individualisierung in einer sich auflösenden Ständegesellschaft gegenüber Neuhumanismus und Romantik sowie Schwinden des Idealismus, während es sich nur um eine Veränderung von dessen Zielen handelte, Verlust der Geschlossenheit des Weltbildes, während etwa Alexander v. Humboldt ein neues zeichnete, Verarmung der Lebens- und Weltanschauung, während nur ihre Inhalte sich änderten. In der neuen »Kultur« drohten innere Freiheit, Seele und Geist verlorenzugehen. Dort schien das schwerste Problem der industriellen Entwicklung für den Menschen zu liegen. Der ersten Generation des deutschen Maschinenzeitalters, die noch in enger Verbindung mit der alten Kultur lebte und sich mit Romantik und Restauration auseinandersetzen mußte, stand es in seiner ganzen Zukunftsbedeutung vor Augen. Einst hatte die Bildung als Ausgangspunkt der Technik gedient. Schon vor der Jahrhundertmitte erwarteten Zukunftsbegeisterte, am Vorabend einer neuen »Goldenen Zeit« sich glaubend, vom Funktionieren der »Maschine« die Blüte der Künste und Wissenschaften. Die Technik sollte zur Grundlage der Bildung werden und damit der Begriff der Persönlichkeit eine radikale Veränderung durchmachen. Die spezifischen Aufgaben und entsprechenden Methoden der Berufsschulen, Industrieschulen usw. wurden nur sehr langsam und gegen große Widerstände entwickelt.

Die neue *Technische Hochschule*[14] wurzelte vorwiegend im Bereich der französischen Wissenschafts-, Schul- und Akademie-Entwicklung (École Polytechnique von 1794), im Revolutionsbegriff weitester Interpretation, in der Fortsetzung der Aufklärungsliteratur und der Enzyklopädisten, aber auch im deutschen Realschulgedanken des Merkantilismus, in »Fachhochschulen« wie Pépinière (1795), Bauakademie (1799) und Thaers Ackerbauinstitut (1806), in Bergschulen und -akademien seit 1765, in den »Technologie«-Auffassungen der Kameralwissenschaft (Beckmann in Göttingen, Hermbstaedt in Berlin), in Erfahrungen, die man seit 1806 in Prag und 1815 in Wien mit Polytechnischen Instituten im Interesse der Ausfuhrgewerbe und der Bürgerbildung gemacht hatte. »Mit der Gründung der ›Polytechnischen Schule‹ Karlsruhe im Jahre 1825 und ihrer Reorganisation 1832, der dritten in der Reihenfolge der ›Nachläufer‹ von Paris, wurde versucht, die wissenschaftliche Strenge der mathematisch-naturwissenschaftlichen Ausbildung der École Polytechnique und die organisatorische Verbindung mit dem Fachschulsystem, wie es schon in Prechtls Plan (in Wien) zum Ausdruck gekommen war, noch konsequenter zu verwirklichen« (Manegold). Ihren Standort in Gesellschaft, Wirtschaft und Wissenschaft und ihren Rang neben W. von Humboldts Universität mußten die neuen Hochschulen während des 19. Jh. entwickeln und sich erkämpfen; auch hier bildete das Jahr 1848 (Gründung der Eidgenössischen Polytechnischen Schule in Zürich, und 1856 des Vereins Deutscher Ingenieure) Einschnitt und Befreiung für schnellere Entwicklung. Die Wirtschafts- und Sozialgeschichte des 19. Jh. (schon des durch den Begriff »Frühindustrialisierung« nicht glücklich bezeichneten Abschnitts) kann heute ohne Einbeziehung auch dieser Bildungs- und Ausbildungsseite nicht mehr richtig verstanden werden, wie zahlreiche zu eng angelegte Spezialarbeiten der jüngsten Zeit zeigen. Wie in der Entwicklung der Landwirtschaft spielte auch im weitesten Bereich des industriellen Fortschritts das Zeitschriftenwesen eine wichtige Rolle[14a].

Zu den bedeutendsten Institutionen, welche den Geist von Technik und Industrie förderten und entwickelten, gehörten in Preußen Beuths *Organe der Gewerbeförderung:* Technische Deputation für Gewerbe, Verein zur Beförderung des Gewerbfleißes (1821) nach dem Vorbild der in England seit Mitte des 18. Jh. bestehenden »Societies of Arts« und der 1801 in Frankreich geschaffenen »Société d'Encouragement pour l'industrie nationale«, Gewerbe-Institut und Gewerbe-Schule, auch die königliche Seehandlung[15], sowie der als einer der frühesten 1815 gegründete Polytechnische Verein in Bayern[16], auch Steinbeis' Zentrale für Gewerbe und Handel in Württemberg, die an den gegen Lists Verein gerichteten Verein für Handel und Gewerbe von 1819 und an die Gesellschaft für Beförderung der Gewerbe von 1830 anschloß und aus der Bewegung von 1848 hervorging. Auch die badische Gewerbeförderung um Nebenius und sein Buch ›Über technische Lehranstalten im Zusammenhange mit dem gesamten Unterrichtswesen‹ sowie die im »Glauben an die Macht der Erziehung« gegründete »Frankfurter Polytechnische Gesellschaft« von 1816 sind hervorzuheben[17]. Beuth war wie Steinbeis nicht Besitzer oder Leiter eines Industrieunternehmens, sondern ein vermögensloser, abhängiger Beamter. Aber kaum in einer anderen Persönlichkeit dieser Zeit waren wesentliche Züge des Unternehmers so rein ausgeprägt. Sein Verein war vorbildlich für viele »Handels- und Gewerbevereine«[18], in denen sich der »Geist der Assoziation« und das »Additive Prinzip« (viel benutzte Modebegriffe, die Harkort bewunderte), ähnlich ausdrückte wie in Genossenschaft und Aktiengesellschaft[19]. Beim Einbruch des Wirtschaftsgeistes in das deutsche Nationalbewußtsein nach 1815[20] war der »Verein« zwar gesellschaftlicher Zusammenschluß, er wurde aber bald Grundlage der späteren politischen Parteien. Fast alle diese Vereine (Verein der Naturforscher und Ärzte, Verein Deutscher Ingenieure, Landwirtschaftliche Vereine) mit den häufig wiederkehrenden Namen wirtschaftlicher Zielsetzung haben sich vor 1871 auch die nationalwirtschaftliche Volksordnung, den nationalen Aufstieg und die deutsche Einheit zur Aufgabe gemacht. Sie bildeten mit den Handelskammern, dem Schnittpunkt individuellen und staatlichen Wirtschaftswollens, neue Korporationen, die den alten Zünften entsprachen[21].

Noch mehr als bei der Landwirtschaft waren für die Industrie Anschauungsmöglichkeiten in Ausstellungen und Museen von großer Bedeutung für die Entwicklung technisch-industriellen Könnens und Wollens. Bis zur Londoner Weltausstellung von 1851 galt das französische *Ausstellungswesen* als vorbildlich. Doch hat die erste Industrieausstellung auf europäischem Boden 1791 in Prag stattgefunden. Auf deutschem Boden[22] hat Napoleon I. die erste Ausstellung, die Industrieausstellung des Großherzogtums Berg, 1811 veranlaßt – ein Beispiel für das Bestreben der französischen Verwaltung, die Industrie der besetzten Staaten auch dadurch zu stärken und so die negativen Wirkungen der Kontinentalsperre auszugleichen. Bayern setzte seit 1818 als erster deutscher Staat mit Landesgewerbeausstellungen diesen Anfang fort. In der Folgezeit betrieben private Industrielle und Vereine das Ausstellungswesen mit besonderem Interesse. Einen kräftigen Anstoß erhielt diese Tätigkeit, als die Erfolge der französischen Nationalausstellung von 1819 Aufsehen erregten. An diese Ausstellung schloß Fr. Lists und A. Müllers Agitation für die Veranstaltung großer deutscher Landesausstellungen in Leipzig und Frankfurt an. Doch auch hier folgte man nicht Lists Vorschlägen. Beuths »Ausstellungen preußischer Gewerbeerzeugnisse« zeigten 1822 und 1827 den Weg für die anderen deutschen Staaten[23]. Die das gesamte Zollvereinsgebiet betreffende Berliner Ausstellung von 1844 war in Deutschland die bedeutendste und eindrucksvollste Ausstellung vor der Londoner Weltausstellung von 1851; sie stand zugleich am Ende der staatlichen Gewerbeförderung (und von Beuths Lebenswerk), da Preußen den Anschluß an die anderen Industrienationen erreicht hatte und an die Stelle der staatlichen Förderung der staatlich garantierte Liberalismus trat. Fortan war der Ausstellungsgedanke eine Selbstverständlichkeit[24]. Mit der Londoner Weltausstellung wurde geradezu eine Ausstellungsmanie ausgelöst; in ihren Kreis gehörte schließlich auch die Idee des *Gewerbemuseums* von den Anfängen mit dem »Musterlager« in Stuttgart und Karlsruhe 1865 bis zum Höhepunkt des Deutschen Museums in München, das in Fortführung des »Kensington-Museum« in London und des »Conservatoire des Arts et Métiers« in Paris von Oskar v. Miller aufgebaut, von Wilhelms II. Verständnis für Technik, technische Bildung und technisches Schulwesen gefördert wurde[25].

Mit dem Kreis der Assoziationen und Vereine verband sich auch das *Genossenschaftswesen*, das in Deutschland später als in England und Frankreich in Erscheinung trat und nicht wie dort in erster Linie den Arbeiterstand betraf, sondern das Bauerntum und Teile der Handwerkerschaft, die sich in den 40er Jahren der Entwicklung anpassen und eine Bewegung zur Technik hin vornehmen wollten[26].

Zu den geistigen Grundlagen der Industriewirtschaft gehörte die Entwicklung eines *Wirtschaftsrechts* (und in Ansätzen eines Sozial- und Arbeiterschutzrechts), insbesondere das *Patentwesen* unter Lösung vom Privilegienwesen der absolutistisch-merkantilistischen Staats- und Wirtschaftsauffassung. Preußen ging auch hier im Rahmen der Reformen mit dem Patentgesetz[27] von 1815 voran, dem nach heftigen Auseinandersetzungen zwischen den Vertretern des Interesses der Allgemeinheit und denen des Schutzes für den Erfinder das Reichspatentgesetz (und -amt) von 1877 folgte – eine Formulierung aus dem bürgerlich-kapitalistischen Geist einer Industrienation, in der die Bedeutung des Erfinders für die Volkswirtschaft und deren Position in der Weltwirtschaft, für die Steigerung des Lebensstandards, die Sicherung des nationalen Friedens und des sozialen Aufstiegs erkannt worden war. 1890 wurde die Bedeutung des Patentgesetzes neben die des Zollgesetzes von 1879 gestellt, 1911 der »Schutz technischer Erfindungen als Erscheinungsform moderner Volkswirtschaft« bezeichnet, 1913 die Neuordnung von Patent-, Gebrauchsmuster- und Warenzeichenschutz eingeleitet.

Die Überlegenheit der westeuropäischen Industrie machte es für Preußen und andere deutsche Staaten nötig, jene zu studieren. Daher gewannen mehr oder weniger offen vom Staat geförderte und privat unternommene *Auslandsreisen* von Beamten, Fabrikanten und Architekten, insbesondere während der 20er Jahre, zu Studium, Erwerb von Maschinen und Konstruktionszeichnungen, Anwerbung von Spezialisten usw. große Bedeutung für die Gewerbeentwicklung. »Die Auslandsreise war nicht der Schlüssel für den unternehmerischen Erfolg. Doch begünstigte sie in der Mehrzahl den Durchbruch neuer Ideen und Methoden« (Schumacher)[28].

Die ersten Ansätze der deutschen *Industrie- und Handelskammern*[29] reichen weit zurück: zu den Zünften, die über die Handelsinnung, wie in Mannheim, oder über die Kaufmännische Korporation, wie in Berlin, Magdeburg, den Hanse- und den ostpreußischen Städten, in die Kammerform mündeten, und zu den Handelsvorständen, die gegen Ende der merkantilistischen Zeit in Westdeutschland, meist auf Initiative der Kaufleute selbst, als Sachverständigenkollegien für die Stadtverwaltung eingesetzt wurden. Eine Epoche bildete in dieser Entwicklung zunächst für den Westen, von wo die Antriebe zum modernen deutschen Kammerwesen ausgingen, die Besetzung durch Frankreich. Dieses rief seit 1798/1802, erstmals in Mainz, Comités und Conseils de Commerce ins Leben; daneben standen »Chambres de Commerce« sowie »Chambres consultatives des manufactures, fabriques, arts et métiers« seit 1803 in wachsender Zahl vom Ober- bis zum Niederrhein. In diesen Kammern, unter denen die Kölns stets die bedeutendste war, bestand nach 1813 ein wichtiger Ansatzpunkt für moderne Entwicklungen. Sie waren Interessenvertretungen; aber sie gewöhnten auch im Sinne Steins den Stand der Kaufleute und Industriellen an Selbstverwaltung und Staatsinteresse; ihre Tendenz drängte zur Mitberatung der zu erlassenden Gesetze und Verordnungen. So standen Ansätze eines Organs zur Verfügung, welches die Zusammenarbeit der Kaufleute, Bankiers, Industriellen, Verkehrs- und Bergwerksunternehmer ermöglichte und die zum Individualismus drängende Seite des Unternehmertums auf die Bahn der Gemeinsamkeit des Standes, der Gemeinde und des Staates leitete. Die Kammern leisteten Wesentliches zur Förderung des Wirtschaftslebens im Dienste der Gemeinschaft und zeigten Interesse am Schulwesen aller Typen, insbesondere an der beruflichen Fortbildung. Über die berühmte Kölner Kammer hat man gesagt: »Man sieht, wie in dieser Körperschaft die großen rheinischen Wirtschaftsführer sich gebildet haben, wie die Geschäftsleute mit den Regierungsorganen zusammenarbeiteten, wie die Talente herangezogen wurden und dann von der wirtschaftlichen Arbeit in die politische übertraten« (Fr. Schnabel).

Die preußische Regierung erfuhr von der Existenz französisch begründeter Kammern auf dem linken, nun preußischen Rheinufer offiziell erst durch ein Schreiben der Kölner Kammer vom 25. 9. 1816. Sie gestattete ihre Fortexistenz, lehnte aber die Ausdehnung des Kammerwesens auf die östlichen Provinzen ab, wo, mit Berlin 1820 beginnend, nach Bedarf die im Verhältnis zum Staat gefügigeren und unselbständigeren kaufmännischen Korporationen eingerichtet wurden. Erst 1830 wurde von der Regierung die Institution der Handelskammer grundsätzlich als »nützlich« anerkannt und in Elberfeld eine neue, sehr selbständige Kammer eingerichtet. Das schuf den ganz neuen Typ preußischer Handelskammern, der sich von den französischen durch den Schritt von der staatlichen Institution zur Selbstverwaltungskörperschaft im Sinne Steins unterschied[30]. Entsprechend der Wirtschafts-, Verkehrs- und Handelsbelebung durch Rheinschiffahrtsakte (1831), Zollverein (1834), 1826 begonnene preußische Rheindampfschiffahrt und Eisenbahnbau gab es in den 30er Jahren mehrere Kammergründungen (Düsseldorf, Wesel, Ruhrgebiet). Erst seit 1840 wurde das Kammerwesen auf die östlichen Teile der Monarchie übertragen, nachdem der Thronwechsel manche Lockerung gebracht hatte. Im Februar 1848 gelang schließlich die einheitliche Regelung des Kammerwesens in der gesamten preußischen Monarchie[31], der seit den 50er Jahren zahlreiche weitere Gründungen folgten.

In Bayern kam es 1842 zur Schaffung von Kammern, denen 1848 und 1850 weitere sowie Reorganisationen folgten[32]. In Württemberg veröffentlichte als erste die Kammer in Stuttgart 1855 einen Bericht; Ulm, Heilbronn und Reutlingen folgten bald[33], Calw, Heidenheim, Ravensburg und Rottweil 1866. Der Gedanke einer Gesamtvertretung des deutschen Handels- und Fabrikantenstandes ging von Baden aus und wurde 1861 im Deutschen (Industrie- und) Handelstag verwirklicht.

Zu den geistigen Grundlagen gehörte weiter die Entwicklung eines *sozialen Verantwortungsgefühls* für die im Rahmen der Industrialisierung entstehenden neuen Arbeiter- und Bevölkerungsgruppen (Industrie, Stadt)[34]. Dieses setzte zunächst hauptsächlich in der Bürokratie und in betont christlichen Unternehmerkreisen (»Paternalismus und Protektionalismus«, Puppke) im Vormärz ein und erstreckte sich u. a. auf Sparkassen, Wohnungsbau im Anschluß an alte Traditionen im Berg- und Hüttenwesen, Genossenschaften, Fabrik-Krankenkassen und -Inspektoren, Gewerberäte am stärksten an Rhein und Ruhr sowie in Sachsen und Berlin, bestritt aber (z. B. in Baden) – von seinem gesellschaftlichen Ausgangspunkt her erklärlich – ein Recht auf Arbeit, Mitbestimmung und Gewinnbeteiligung, da eine Beteiligung an Verantwortung, Risiko und Verlust nicht möglich war. Es umfaßte auch die Erwachsenenbildung in Gewerbe- und Handwerkervereinen, Sonntags- und Abendschulen, »Vereine für das Wohl der arbeitenden Klassen«, mit deren Hilfe versucht wurde, Arbeiter, Handwerker und Gesellen literarisch-kulturell, zumeist im traditionalistischen Sinne zu »heben« und in die neuen Erscheinungsformen der bürgerlichen Gesellschaft zu integrieren, wobei es durch die Reaktion nach 1848 zu Rückschlägen kam[35].

Kaum irgendwelche Bemühungen gab es bis über die Jahrhundertmitte hinaus um die Organisation der entstehenden Schicht oder Gruppe der *Ingenieure*[36], die hohes Selbstbewußtsein mit Minderwertigkeitsgefühlen sowie Vorstellungen vom Wert ihrer Arbeit für nationalen Aufstieg mit Kosmopolitismus verbanden, weder Arbeiter noch selbständige Unternehmer waren, jedoch in die Kategorie der Staats- und Privat-»beamten« herkömmlicher Art nach Schule, Ausbildung, Kulturauffassung und Berufsgang nicht hineinpaßten. Die Gründung des Vereins Deutscher Ingenieure 1856 beendete die Frühphase und leitete eine Zeit großer Bedeutung des Ingenieurs für die Industriewirtschaft, weniger (im 19. Jh.) für die Industriegesellschaft ein.

W. H. Riehls aufgrund der Revolutionserfahrung in der Reaktionszeit (1854) geschriebenes Werk über ›Die Familie‹, der »Schlußstein meiner Naturgeschichte des Volkes als Grundlage einer deutschen Sozialpolitik« (Vorwort) nahm sich gegenüber dieser Wirklichkeit aus wie die Hausväterliteratur über die Landwirtschaft zur Zeit der Bauernbefreiung und des Überganges der Landwirtschaft zur kapitalistischen Wirtschaftsweise[37].

Über Wirtschaftsstaat u. Wirtschaftsverf.: E. R. Huber, Dt. Verf.gesch. 4 (1969).

[1] F. Schnabel, Dt. Gesch. 3 (²1954, Tb. 1965). C. Matschoss, Die Entwicklung d. Dampfmaschine (2 Bde. 1908), technikgeschichtl. Hauptwerk.

[2] P. Benaerts, Les origines de la grande industrie allemande (1933). Rössler-Franz, Sachwb. z. dt. Gesch. (1956), Art. »Bürgertum«.

[3] W. Treue, Gesch. d. techn. Unterrichts, in: Festschr. d. TH Hannover (1956). K. Daéves, Die Rolle d. Einzelpersönlichkeit f. den techn. Fortschritt, VDI-Zs. 98 (1956).

[4] Aus Schinkels Nachlaß 3 (1863). G. Schirges, Die 2. Weltausstellung, Briefe aus Paris (1855). W. v. Siemens, Lebenserinnerungen (1892 u. ö., komment. Ausgabe 1957). Auch H. Oncken, Hist.-polit. Aufsätze u. Reden 2 (1914).

[5] C. F. W. Dieterich, Über die Vermehrung d. Bevölkerung in Europa, Abh. Ak. Berlin 1850 (1852).

[6] L. Hoffmann, Die Maschine ist notwendig (1832). L. Piette, Die Nützlichkeit d. Maschine f. die Abnehmer u. Arbeiter (1840).

[7] J. v. Liebig, Einleitende Worte z. Feier d. allerh. Geburtstagsfestes König Maximilians II. (1860).

[8] R. Redtenbacher, Erinnerungsschrift zur 70jg. Geburtstagsfeier Ferd. Redtenbachers (1879). W. P. Fuchs, Die geschichtl. Gestalt F. Redtenbachers, ZGORh 107 (1959).

[9] C. Brinkmann, Entwicklung u. Gestaltung d. rhein. Wirtschaft, Schmollers Jb. 66 (1942).

[10] G. Goldbeck, Technik als geistige Bewegung in den Anfängen d. dt. Industriestaates (1934, ²1968), die erste gedankenreiche Arbeit z. Thema. Ein Jh. Technik. 100 Jahre VDI (1956).

[11] E. Barschak, Die Idee d. Berufsbildung u. ihre Einwirkung auf die Berufserziehung im Gewerbe (1929). A. Lipsmeier, Technik, allg. Pädagogik u. Berufspädagogik, Technikgesch. 36 (1969).

[12] K. Franzke, Die oberschles. Industriearbeiter (1936). Aus der großen Lit. über dieses Problem: K. Karmarsch, Die höhere Gewerbeschule in Hannover (²1844). H. Kluckhohn, Über das techn. Unterrichtswesen in Bayern. Bericht d. Münchener TH (1877/78). A. Spilleke, Über das Wesen d. Bürgerschule, Progr. d. Realschule Berlin (1882). K. W. Wiecke, Die höhere Bürgerschule (1834). B. Hollburg, Ein Jh. realist. u. berufsbild. Schulwesen in der Stadt Hannover, Hannover. Gesch.bll. 15 (1961). C. Matschoss, Gesch. d. k. preuß. techn. Deputation f. Gewerbe, Beitr. z. Gesch. d. Technik u. Industrie 3 (1911). H. J. Straube, Chr. P. Wilhelm Beuth (1930). Th. Bäuerle, Technik u. Volkserziehung (1917). P. F. Damm, Die Techn. Hochschulen in Preußen (1899). O. Simon, Die Fachbildung d. preuß. Gewerbe- u. Handelsstandes im 18. u. 19. Jh. (1902). W. Bornhardt, Bergschulen, Hdb. f. das Fach- u. Berufsschulwesen (1923). Die preuß. Bergakad. zu Clausthal (1925). E. Schmitz, Die dt. Bergschulen in bildungs- u. wirtschaftsgesch. Beleuchtung (1932).

[13] Straube (s. Anm. 12). P. Gehring, Das Wirtschaftsleben in Württemberg unter Kg. Wilhelm I. 1816 bis 1864, Zs. f. württ. Ldsgesch. 9 (1949/50).

[14] R. F., Über Bildung u. Stellung techn. Beamter, Dt. Vjschr. 1 (1847). Der Materialismus im Zusammenhang mit der ganzen Entwicklung d. mod. Bewußtseins, ebd. 3 (1856); s. G. Goldbeck (Anm. 10). K.-H. Manegold, Universität, Technische Hochschule u. Industrie, ein Beitrag z. Emanzipation d. Technik im 19. Jh. (1969). Ders., F. Klein als Wissenschaftsorganisator, Technikgesch. 35 (1968), für den gesamten Komplex. M. Riedel, Die Entwicklung von Clausthal zur wiss. Hochschule, in: Festschr. W. Treue (1969). W. Treue, Ingenieur u. Erfinder, VSWG 54 (1968). Ders., Das Verhältnis der Universitäten u. Techn. Hochschulen zueinander u. ihre Bedeutung für die Wirtschaft, in: Die wirtschaftl. Situation in Dtld. u. Österr. um die Wende vom 18. zum 19. Jh., hg. v. F. Lütge (1964).

[14a] U. Troitzsch, Zur Entwicklung der (poly-)technischen Zeitschriften in Dtld. 1820–1850, in: Festschr. W. Treue (1969). K.-H. Manegold, Eine École Polytechnique in Berlin, Technikgesch. 33 (1966).

[15] Grundlegend I. Mieck, Preuß. Gewerbepolitik in Berlin 1806–1844 (1965) [dazu W. Treue, Technikgesch. 36 (1969)]. Ders., S. F. Hermbstaedt, Technikgesch. 32 (1965). C. Mat-

SCHOSS, Preuß. Gewerbeförderung u. ihre großen Männer (1921).

[16] A. HILLENKAMP, Der Polytechn. Verein in Bayern, Veröff. d. Forsch.instituts d. Dt. Museums, Reihe C, Nr. 9 (1968).

[17] L. VISCHER, Die industr. Entwickl. im Kgr. Württemb. u. das Wirken s. Centralstelle f. Gewerbe u. Handel in den ersten 25 Jahren (1875). P. GEHRING, Von List bis Steinbeis, Zs. f. württ. Landesgesch. 7 (1943). O. BORST, Staat u. Unternehmer in der Frühzeit d. Württemb. Industrie, Tradition 11 (1966). F. LERNER, Bürgersinn u. Bürgerbesitz, in: Gesch. d. Frankfurt. Polytechn. Ges. 1816–1966 (1966). P. SIEBERTZ, Ferd. v. Steinbeis (1952). P. GEHRING (s. Anm. 13). J. KÖRTING, Gesch. d. Gewerbeförd. in Baden bis 1933 (1965).

[18] F. HARKORT, Bemerkungen über die Hindernisse d. Zivilisation u. Emanzipation d. unteren Klassen (1844, Ndr. 1919). L. VISCHER, Die industr. Entwicklung im Kgr. Württemberg (1875).

[19] H. SCHUMACHER, Die Entwicklung d. inneren Organisation d. Aktiengesellschaft im dt. Recht bis z. Allgem. dt. Handelsgesetzbuch (1937).

[20] CHR. HILDEBRAND, Der Einbruch d. Wirtschaftsgeistes in das dt. Nationalbewußtsein zw. 1815 u. 1870 (1936).

[21] A. BERGENGRÜN, Staatsminister August v. d. Heydt (1908). H. ROGGE, England, Fr. List u. der Dt. Zollverein (1939). P. v. LOSSOW, Die geschichtl. Entwicklung der Technik im südl. Bayern, Zs. d. Ver. dt. Ingenieure 47 (1903).

[22] E. KROKER, Deutschland auf d. Weltausstellungen (1975).

[23] MIECK (s. Anm. 15). U. P. RITTER, Die Rolle d. Staates in den Frühstadien d. Industrialisierung (1961). Amtl. Bericht über die allg. dt. Gewerbe-Ausstellung zu Berlin 1844 (1845). P. GOLDSCHMIDT, Berlin in Gesch. u. Gegenwart (1910).

[24] D. BAEDEKER, Alfred Krupp u. die Entwicklung d. Gußstahlfabrik in Essen (1889). O. WIEDFELDT, Statist. Studien z. Entwicklungsgesch. d. Berliner Industrie 1770–1890 (1898). Gesch. d. Stadt Berlin (Festschrift 1937). v. REDEN, Eine dt. Industrie-Ausstellung in den Ver. St. v. Nordamerika, Zs. d. Ver. f. dt. Statistik 1 (1847). Amtl. Bericht über die Industrieausstellung aller Völker zu London i. J. 1851 (1853). F. LERNER, Wirtsch.- u. Soz.gesch. d. Nassauer Raumes 1816–1964 (1965).

[25] W. v. MILLER, Oskar v. Miller (1955).

[26] V. BÖHMERT, Die Entstehung d. volkswirtschaftl. Kongresses vor 25 Jahr., Vj. f. Volkswirtsch., Pol. u. Kulturgesch. 21 (1884).

[27] A. HEGGEN, Erfinderschutz u. Industrialisierung in Preußen 1793 bis 1877 (1975).

[28] MIECK (s. Anm. 15). M. SCHUMACHER, Auslandsreisen dt. Unternehmer 1750–1821 unter bes. Berücksicht. von Rheinland u. Westfalen (1968). H. BEAU, Das Leistungswissen d. frühindustr. Unternehmertums in Rheinland u. Westfalen (1959). F. DANNE, Der Schutz techn. Erfindungen als Erscheinungsform mod. Volkswirtschaft (1911).

[29] P. GRABSKI, Geschichtl. Entwicklung d. Handelskammern in Preußen (1907). W. FISCHER, Unternehmerschaft, Selbstverwaltung u. Staat, die Handelskammern in der dt. Wirtschaft u. Staatsverf. d. 19. Jh. (1964). H. OELRICHS, Die Breslauer Handelsk., Jb. d. schles. Friedrich-Wilhelms-Univ. 2 (1957). Zusammenfass. Berichte über das Schrifttum: Tradition 2 (1957) u. 14 (1969). W. FISCHLEIN, Die Arbeit d. dt. Ind.- u. Handelskammern auf dem Gebiet d. Jugendbildung (1969). D. SCHÄFER, Geschichtsschreibung als Ausdruck d. Selbstverständnisses d. Ind.- u. Handelsk., Tradition 9 (1964). M. ERDMANN, Die verw.polit. Funktion d. Wirtschaftsverbände in Dtld. 1815 bis 1871 (1968); vgl. auch Anm. 30. W. WILMS, Aus der Frühzeit d. Bielefelder Ha.Ka., Jahresber. d. Hist. Ver. f. die Grafschaft Ravensberg 3 (1962/63). L. BEUTIN, Gesch. d. südwestfäl. Ind.- u. Ha.Ka. zu Hagen (1956). R. v. KAUF-

MANN, Die Vertretung d. wirtsch. Interessen in den Staaten Europas (1879).

30 O. MOST, Handelskammer u. Wirtschaft am Niederrhein (1931). Werden u. Wachsen eines Wirtschaftsgebietes am linken Niederrhein. Zum 100jähr. Bestehen d. Ind.- u. Ha.Ka. Gladbach-Rheydt-Neuß (1937). Ind.- u. Ha.Ka. Wuppertal 1831–1956 (Festschr. W. Köllmann 1956). G. ALBRECHT u. W. TREUE, 125 Jahre Ind.- u. Ha.Ka. Düsseldorf (1956).

31 P. GRABSKI (s. Anm. 29). P. WERTH, Die Ha.Ka. zu Hirschberg in Schles. 1850–1900 (1900). H. OELRICHS, Die Breslauer Ha.Ka., Tradition 6 (1961).

32 W. ZORN u. L. HILLENBRAND, 6 Jhh. schwäb. Wirtsch., 125 Jahre Ind.- u. Ha.Ka. Augsburg (1969). A. HÖFLE, Die Gewerbeordnung d. Pfalz von der Franz. Revol. bis 1878, Annalen d. Dt. Reichs 41 (1908).

33 Über die Tätigkeit einzelner Handelskammern vgl. H. CORSTEN, 100 Jahre dt. Wirtschaft in Fest- u. Denkschriften (1937). P. GEHRING (s. Anm. 13 u. 26).

34 Vgl.Kap. 7–9 u. die dort angef. Lit. L. PUPPKE, Soz.pol. u. soz. Anschauungen frühindustr. Unternehmer in Rheinld.-Westf. (1966). H. HENNING, Preuß. Sozialpol. im Vormärz, VSWG 52 (1965). W. KÖLLMANN, Soz. Frage u. soz. Bewegg., in: W. FÖRST (Hg.), Das Rheinland in Preuß. Zeit (1965).

35 F. BALSER, Der Anfang d. Erwachsenenbildung in Dtld. (1959). W. FISCHER, Der Staat u. die Anfänge d. Industrialisierung in Baden 1800–1850 (1962).

36 W. TREUE (s. Anm. 14). H. SCHIMANK, Der Ingenieur (1963).

37 V. v. GERAMB, W. H. Riehl (1955). L. v. MACKENSEN, Bedingungen für den techn. Fortschritt, Technikgesch. 36 (1969).

Kapitel 11
Der Kohlenbergbau und -handel

Im preußischen Bergbau[1] war die erste Jahrhunderthälfte rechtlich noch durch das *Direktionsprinzip* gekennzeichnet. Die Leitung des Betriebes und Haushaltes auch privater Zechen lag vorwiegend in der Hand der kgl. Bergbaubehörden; den Gewerken blieb nicht viel mehr, als die behördlicherseits geforderte Zubuße zu zahlen oder die ausgeworfene Ausbeute zu erheben. Diese seit dem 16. Jh. entstandene Ordnung (s. Bd. 12, Kap. 6) wurde 1794 vom Preußischen Allgemeinen Landrecht kodifiziert. Preußens Vorgang folgten bald andere deutsche Staaten. In Preußen führte das Direktionsprinzip zu großen Erfolgen[2]; die Leistungen der Bergbeamten waren besonders in betriebswirtschaftlicher Hinsicht berühmt. Angesichts solcher Ergebnisse (besonders in Schlesien) sah zwar die Regierung keinen Anlaß zu befreienden Reformen, sondern suchte auch in den 1814/15 erworbenen Gebieten den Bergbau entsprechend zu organisieren und zu heben, obwohl dort seit 1794/95 eine freiheitlichere französische Gesetzgebung gegolten hatte, doch hatte Friedrich Wilhelm III. bereits 1809 angeordnet, daß der Staatsbergwerksbesitz nicht vergrößert werden sollte. Immerhin blieben die westlichen Gebiete auch nach 1815 verwaltungsmäßig noch lange zweigeteilt[3]: Linksrheinisch führte Staatsrat Sack im November 1814 eine Neuregelung ein, und Stein sorgte dafür, daß die Bergverwaltung nicht übereilt liberalisiert, sondern der altpreußischen Art angepaßt wurde. Diesem Zusammenstoß alter und neuer Grundsätze entstammten in der Folge gerade von Westdeutschland her viele Anregungen für den Fortschritt des preußischen Bergbaus und seiner Verwaltung, schließlich auch die Väter des neuen Bergrechts, die im preußischen Berggesetz französische und deutsche bergrechtliche Erfahrungen und Vorzüge vereinigen wollten[4]. Seit 1826 wurde im Zuge einer Revision des Allgemeinen Landrechts, seit den 30er Jahren auch unter dem Druck führender liberaler Unternehmer wie Haniel und Harkort unter heftigen Kämpfen zwischen Vertretern des weichenden Liberalismus und der auflebenden Restauration eine *Reorganisation der Berggesetzgebung* mit dem Ziel der Beseitigung der staatlichen Bevormundung und der Herabsetzung der Abgaben an den Staat vorbereitet. Die Bewegung von 1848 und die schnelle wirtschaftliche Entwicklung machten auch auf diesem Gebiet Reformen unerläßlich, die die Regalverfassung, die staatliche Beteiligung am Bergwerksertrag und die bürokratische Bevormundung der Bergbautreibenden, beseitigten; die »Gewerkschaft« wurde der Verfassung der Aktiengesellschaft angenähert und erhielt so eine leistungsfähigere Form[5]. Das Miteigentümergesetz vom 12. 5. 1851[6] milderte durch Hälftung des Bergzehnten, Beseitigung der Freikuxen des Landesherrn und anderer Abgaben den Steuerdruck; ein weiteres Gesetz vom gleichen Tage gab das Direktionsprinzip auf und überließ die Betriebsleitung den Gewerken. 1854 folgte die obligatorische Einführung der Knappschaftskassen, 1860 im Freizügigkeitsgesetz die Beseitigung jeder Behördeneinwirkung auf die Regelung des Arbeitsverhältnisses in liberaler, individualistischer Weise als Vereinbarung zwischen Arbeitgeber und -nehmer, 1861 die Ermäßigung der Abgaben und die Aufhebung der Bergämter, an deren Stelle z. T. die Oberbergämter traten. Das Hüttenwesen wurde aus der Kompetenz der Bergbehörden in die der allgemeinen Verwaltungsbehörden überführt. Das allgemeine *Berggesetz von 1865*, das eine durchgreifende Bergrechtsreform brachte, die Kuxenzahl von 128 auf 1000 erhöhte sowie deren Beweglichkeit verbesserte, krönte diese Entwicklung, die vom Merkantilismus ausgehend, ein Jahrzehnt vor der Wende zu Bismarcks neuem Staatsinterventionismus im reinen Liberalismus des modernen Kapitalismus endete. Die Freiheit, ein Menschenrecht der Revolution, wurde wie in der Bauernbefreiung und der Gestaltung der kapitalistischen Industrie- und Verkehrswirtschaft auch Regulativ des Bergbaues; sie änderte dort grundlegend das Verhältnis von Individuum und Staat, der äußerlich nur die wirtschaftliche Initiative, im Kern aber die Lenkung der Wirtschaft nach seinen Erfordernissen überhaupt preisgab – freilich durch umfangreichen Bergwerksbesitz weiterhin, wie in der Land- und Forstwirtschaft durch die Domänen, beträchtlichen wirtschafts- und sozialpolitischen Einfluß ausüben konnte. Er holte hier seit 1851 mit wenigen Gesetzen nach, was er in der Land- und Forstwirtschaft 1850, ein halbes Jahrhundert nach dem Anfang, abgeschlossen hatte. Fast genau um die Jahrhundertmitte eroberte der Liberalismus also zwei seit alters miteinander eng verbundene Hauptgebiete der Wirtschaft. Spätestens seit 1850 befand er sich aber auch in der Verteidigung und auf dem Rückzug: Schutzzölle der 40er Jahre und Ansätze zum Bauernschutz in der Gesetzgebung von 1850 stellten Anfänge eines neuen Kurses dar, den später Bismarck einschlug (s. Kap. 22). Zunächst bestätigte der Erfolg beim Bergbau die Richtigkeit der neuen Auffassung: Privater Unternehmungsgeist und anfangs knapp, seit den 80er Jahren über moderne Banken immer reichlicher vorhandenes, unabhängiges Kapital ermöglichten den seit den 50er Jahren, noch deutlicher seit 1870 zu beobachtenden Aufschwung des Kohlenbergbaus, der 1895 von allen Abgaben befreit, 1905 aber schon wieder staatlicher Begrenzung unterworfen wurde.

Es ist schwer, genau festzustellen, ob die Eigentümer die staatliche Bevormundung als drückend empfunden haben. Zu einem Teil entsprach die Liberalisierung gewiß nur dem »Zug der Zeit«. Vielfach wurde gerade während der Umstellung die Loyalität der staatlichen Verwaltung, ihr sorgfältiges Abwägen von staatlichen und privaten Interessen hervorgehoben. Auch zeigte die geringe Bereitschaft vieler Zechen, ihre Geschäfte fortan selbst zu regeln und zu verantworten, daß mit der staatlichen Betriebsführung auch Vorteile (wie Schutz gegenüber Kuxenmajoritäten) verlorengingen. Viele Arbeiter stellten bald fest, daß sich ihre Stellung auf dem Arbeitsmarkt erheblich verschlechterte, und wünschten Rückkehr zu den alten arbeitsrechtlichen und sozialen Verhältnissen. Auch unterließ man es im Zuge der »Befreiung«, eine Wettbewerbsordnung zu schaffen, was die Schwächen der Kartell-, Konzern- und Monopolentwicklung späterer Jahrzehnte ermöglichte.

Unter den vielen bergrechtlichen Kodifikationen der 50er und 60er Jahre (u. a. Österreich, Spanien, Portugal, Schweden, England) war die preußische »die bedeutendste ihres Jahrhunderts nach der napoleonischen von 1810« (Fischer), die Grundlage aller Bemühungen um ein einheitliches deutsches Bergrecht bis 1945, Vorbild für Japan und in Südamerika, gemeinsam mit dem österreichischen Gesetz von 1854 und dem sächsischen von 1868 der wichtigste Beitrag zur marktwirtschaftlichen Ordnung im Bereich des deutschen Bergbaues.

Die Hierarchie der preußischen staatlichen *Bergwerksbeamten* begann mit den »Bergassessoren« (etwa 2000 insgesamt in rund 150 Jahren); im Bergbau wurde die Stellen- und Rangbezeichnung »Assessor« erstmals im öffentlichen Dienst verwendet. Viele von ihnen gingen nach 1850 als »Bergassessor a. D.« in den Privatbergbau, wobei sie als Bergwerksdirektor, Generaldirektor oder Vorstandsvorsitzender auf das hohe Beamtenprestige des Bergrats, Geh. und Wirkl. Geh. Bergrats verzichten mußten zugunsten sehr viel höherer Einnahmen und sozialer Positionen in der Wirtschaftsgesellschaft, bis seit den 90er Jahren im Bereich der Grundstoffindustrien dieser »a. D.«-Titel zum gesellschaftlichen Elitesymbol überhaupt wurde. Dieser Vorgang vollzog sich im Rahmen der Entwicklung des rheinisch-westfälischen Unternehmertums, die seit 1866 immer stärker in ein Bündnis mit Königtum und ostelbischem Großgrundbesitz gegen die sozialdemokratische Arbeiterschaft sowie liberale und freihändlerische Gruppen des Mittelstandes führte.

In *Schlesien* bestand das Direktionsprinzip – abgesehen von Pless, wo bergrechtlich ein Staat im Staate als »Geschenk der landesherrlichen Gnade« geschaffen wurde[7] – uneingeschränkt bis 1851, ein Vorbild für westliche Restaurationswünsche. Seit dem 24. 11. 1851 gab es auch hier die Freiheit des Bergbaus.

In Heinitz' Denkschrift für Friedrich d. Gr. hieß es: »Die Natur hat bekanntlich bei der Austeilung ihrer Gaben den größten Teil der Königlichen Preußischen Staaten etwas stiefmütterlich behandelt, und sie sind besonders auch an Mineralien ärmer als ihre gegen Mittag angrenzenden Nachbarn.«

1815 besserte sich Preußens Lage; aber einerseits gewann es nicht bedeutende Edelerzvorkommen, andererseits war die Massenförderung von Kohle, Eisen und Salzen technisch noch nicht möglich. Auch wirkte die große Entfernung der neuerworbenen Gebiete im Westen von den politisch-landwirtschaftlichen Hauptgebieten der Monarchie ungünstig auf ihre Wertschätzung, zumal nach Sacks Eindruck das Bergwesen in der französischen Zeit verwahrlost war. Es bildete die Aufgabe von Decken, Brassert, Achenbach, Oeynhausen, Beust und anderen[8], die Bedeutung der Bodenschätze kennenzulernen und bekanntzumachen, sowie durch geschickte Verwaltung und Förderung nutzbringender Verwertung zuzuführen, was zu jener Zeit sicher durch Staatsbehörden nachdrücklicher geschehen konnte als durch kapitalschwache Privatunternehmer ohne Überblick und umfassenden Einfluß. Dabei bildeten französische und niederländische Einfuhrsperren und der Widerstand der Bevölkerung gegen Modernisierungen erhebliche Hindernisse[9].

Im Vordergrund stand das *Ruhrgebiet* mit 60 Prozent der Kohlenförderung im Jahre 1913[10]. In der ersten Jahrhunderthälfte entwickelte sich der rheinisch-westfälische Bergbau[11] langsam aber stetig in dauernder Wechselwirkung mit der Ausdehnung der kohleverbrauchenden Gewerbe, besonders der Eisenindustrie, der Eisenbahnen als Verbraucher und Verteiler, auch des Hausbrandes sowie im Anschluß an die technische Entwicklung des Tiefbaues seit 1837. Die zweite Jahrhunderthälfte brachte besonders seit 1870 eine stürmische Weiterentwicklung unter Heranziehung großer Bevölkerungsteile und ausländischer Arbeiter vorwiegend aus dem Osten und erheblicher Veränderung der bisher rein agrarwirtschaftlich orientierten Volkswirtschaft. Die Zahl der Bergleute stieg von 1850: 13000 über 1860: 29000, 1873: 84000, 1893: 146000 auf 1913: 444000, die Zahl der Werke gleichzeitig von 198 auf 280 im Jahre 1860 und sank dann stetig auf etwa 170, während die Förderung 1850–1890–1913 von 1,6 auf 36 bzw. 114 Millionen Tonnen stieg. Im Jahre 1861 lebten in den Provinzen Rheinland und Westfalen 16000, 1890 30000, 1910 um 300000, 1914 0,4–0,5 Millionen Polen, in Westfalen allein 1902 163000, 1908 285000 (während der Ruhrbergbau 1890 bis 1913 um 280000 Arbeiter stieg), so daß starke volkstumspolitische, auch konfessionelle, soziale und juristische Probleme entstanden. Die Belegschaft nicht weniger Zechen stammte 1900–1910 zu

75 Prozent aus Polen, Ober- und Niederschlesien, Ost- und Westpreußen. Dörfer verschwanden, Städte entstanden oder wuchsen sprunghaft, an der Spitze das durch beste Verkehrslage begünstigte Dortmund, 1849 die größte Stadt des Reviers. Um 1890/1900 begann der »Wettbewerb um den Boden«, da Industrie- und Wohnflächen-Ausweitung, Vermarktungs- und Verwaltungsapparat sowie die Verdichtung des Verkehrsnetzes zu großen Verlusten an landwirtschaftlicher Nutzfläche führten, die nicht mehr durch Ödlandkultivierung und Intensivierung ausgeglichen werden konnten, während Marktnähe, Wohlstandssteigerung und Bevölkerungszunahme große Vorteile für die Landwirtschaft boten. Der Wald behielt bis 1910 seine Ausdehnung von 1820. Damit ergab sich eine entsprechende Verschiebung der Grundeigentumsverhältnisse zu Industrie und (jeweils etwa 10 bis 20 Jahre später: z. B. Bottrop, Gladbeck, Herne) Gemeinden. Das Wachstum der Städte, seit 1900 auch durch Eingemeindungen, schuf neue Verwaltungsaufgaben, wobei es zu krassen plutokratischen Auswirkungen des Dreiklassenwahlrechts kam, und hob die Bedeutung der Bürgermeister. Die starke soziale und wirtschaftliche Differenzierung brachte politische Spannungen und Radikalisierungen (1863 Lassalleaner, 1869 Sozialdemokratische Arbeiterpartei)[12].

Anfangs litt zwar das Gebiet unter Kapitalmangel, da die Eigenfinanzierung nicht ausreichte und für die Fremdfinanzierung erst das angemessene Bankwesen und Wirtschaftsrecht entwickelt werden mußte. Doch während die schlesischen Magnaten über starkes Eigenkapital verfügten, beteiligten sich im Westen bald ostelbische Gutsbesitzer mit Ablösungsgeldern und der reiche westfälische Adel sowie (bis in die 70er Jahre) englische, belgische und französische Unternehmer und Kapitalisten an der Finanzierung der Bergwerke und Hütten[13]. Seit 1849 (Mevissen) trat zur Erleichterung der Finanzierung neben die Gewerkschaft die Aktiengesellschaft aufgrund des neuen Gesellschaftsrechts von 1843[13a]. Seit den 70er Jahren kam es schnell zur Differenzierung des Abbaues und der Verwendung von Kohlensorten, später zur Erzeugung von Kohlenebenprodukten (Teer), die die Entwicklung einer eigenen Industrie zur Folge hatte. Harkort war der Pionier, auf dessen Initiative seit 1827 die Förderbahnen, seit 1832 (nach Freigabe des holländischen Marktes durch die belgische Revolution) die Durchstoßung der Mergeldecke und die unter Benutzung von Dampfmaschinen betriebene Fortsetzung des Steinkohlenbergbaues westlich Essen und nach Norden, schließlich im folgenden Jahrzehnt die Kokserzeugung den Grund für eine großartige Ausweitung legten[14]. Seit Haniel und Stinnes 1841 mit den Zechen »Franz«, »Kronprinz« und »Graf Beust« den Betrieb aufnahmen, die anregend auf weiteres Suchen und Muten wirkten, wurde Essen ganz in das Kohlenrevier einbezogen. Kohle, seit den 50er Jahren auch Koks, wurden Massengüter, fanden Groß- und Dauerabnehmer. Unternehmerfamilien wie Math. Stinnes seit 1808 und Fr. Haniel seit 1800 kombinierten in Duisburg (mit dem 1831 geschaffenen Rheinkanal) Förderung, Verschiffung und Handel in leistungsstarken Großbetrieben[15]. Mevissen und andere Kölner Bankiers (Schaaffhausen, Oppenheim) erkannten die Bedeutung des Ruhrgebietes für die Zukunft (Kölner Bergwerksverein 1849); im Revier selbst folgten private Bankgründungen (1841 S. Hirschland, Essen)[16]. Seit 1850 lief eine Gründungswelle über das Revier vom Rhein bis östlich Bochum, teilweise bis Unna, nach Norden bis Buer und Recklinghausen[17], wo auch Grillo erste Erfolge hatte[18]. Auf dieser neuen verbreiterten Basis erfuhr die Förderung, befreit von bürokratischer Bevormundung, mit der ständig verbesserten Technik in Abbau und Absatz eine mächtige Steigerung. Seit 1837 war Fr. Haniel, der auf seiner Werft 1830 den ersten eisernen deutschen Rheindampfer baute und mit dem Tiefbau begann, als erster 1841 Doppel-Koksöfen baute, auch Pionier des Steinkohlenbergbaues am linken Niederrhein, wo der erste Schacht nach 20jährigen außerordentlichen Anstrengungen (normal 6–10 Jahre) und bei riesigen Kosten auf Kohle stieß (»Mergelzechen«)[19]. Die Krisis von 1857 brachte nur eine kurze Stockung, besonders in der Finanzierung, und beschleunigte (1858 Hammacher, Mulvany) die Gründung der ersten Unternehmervereinigung (»Verein für die bergbaulichen Interessen im Oberbergamtsbezirk Dortmund«). Ihr folgten viele Ansätze zur »Marktordnung« im Interesse der Unternehmer mit dem Höhepunkt des Rheinisch-Westfälischen Kohlensyndikats 1893. Hatte man in den 60er Jahren im Ruhrgebiet endgültig die Schwelle zur Großindustrie überschritten, so schuf seit den 80er Jahren, der Zeit der »Konzentration« im Ruhrbergbau, Aug. Thyssen das größte »Kohlenimperium« in Deutschland. Thyssen, Stinnes, Krupp und andere konzentrierten als Konzernbauer ihre ganze Kraft auf das Bemühen, von der Kohle bis zum Fertigprodukt vollkommen unabhängige Unternehmen zu formen, während Kirdorf ganz bei der Kohle blieb und als Manager das Syndikat gegen die Konzerne schuf. 1913 förderten 16 Werke zwei Drittel aller Ruhrkohle und beherrschten damit über das Rheinisch-Westfälische Kohlensyndikat den Markt[20].

Die Rheinische *Braunkohlenindustrie* – 1804 trat erstmals die Bezeichnung Braunkohle auf, nachdem man bis dahin geglaubt hatte, es handele sich um Torf –, hauptsächlich in der Ville westlich Köln und bei Weisweiler (Gründung der Braunkohlen-Industrie AG Weisweiler), erlangte nach Einführung des Brikettierungsverfahrens seit 1875/77 zunehmend Bedeutung; sie war 1880 mit 1 Prozent, 1913 mit 23,4 Prozent an der deutschen Braunkohlenförderung beteiligt; 1910 begann die Elektrizitätserzeugung aus Braunkohle[21].

Nach der seit 1848 entstehenden Gewerkschaftsbewegung und Lassalles Anfängen 1863 war angesichts der konfessionellen Lage und der Erregung des Kulturkampfes sowie des starken, betont nationalen polnischen Elements die 1869 gegründete Sozialdemokratie im Ruhrgebiet bis zur Krisis von 1873/74 sehr schwach. Danach litt sie unter dem Sozialistengesetz. Am stärksten war in den 80er Jahren der Marxismus in der sächsischen Bergarbeiterschaft verbreitet; Marx und Engels selbst förderten die Gründung der Gewerksgenossenschaft deutscher Berg- und Hüttenarbeiter 1862 in Lugau, Liebknecht 1874 die eines neuen Verbandes in Zwickau. Die materielle Interessenwahrung auf der Grundlage parteipolitischer und religiöser Neutralität strebten der 1872 gegründete kurzlebige Rheinisch-Westfälische Grubenarbeiterverband und der Verband rheinisch-westfälischer Bergleute von 1878 an. Dieser fiel sofort dem Sozialistengesetz zum Opfer. 1883 drang der Hirsch-Dunckersche Gewerkverein der deutschen Berg- und Grubenarbeiter ins Ruhrgebiet vor. Erst der große Streik von 1889 führte zu dauerhaften Organisationen: zum »Verband zur Wahrung und Förderung der bergmännischen Interessen in Rheinland und Westfalen« sowie 1890 zum Gegenverband »Rheinisch-Westfälischer Bergarbeiter-Verein Glückauf«. In der Frage der ständigen Betriebsvertretung von Arbeitern nahm der Bergbau eine Sonderstellung ein. Im Gegensatz zu den übrigen Industriezweigen erlangten die auf der Basis der Freiwilligkeit eingeführten Arbeiterausschüsse bis zum Streik von 1889 kaum Bedeutung. Nach den Februarerlassen Wilhelms II. ordnete das Oberbergamt Bonn für die staatlichen Zechen im Saargebiet Vertrauensmännerausschüsse an, während der private Besitz an der Ruhr sich weiter zurückhielt. Die Neufassung der Gewerbeordnung brachte 1892 mit einer Berggesetznovelle einen ersten Fortschritt (in Bayern 1900). Der zweite große Bergarbeiterstreik im Ruhrgebiet 1905, der wie der erste nicht auf akutem Notstand, sondern auf grundsätzlichen gesellschaftlichen Gegensätzen beruhte, führte zur Berggesetznovelle des gleichen Jahres, einem »Höhepunkt der staatlichen Sozialpolitik vor dem Ersten Weltkrieg« (Teuteberg)[22].

Nach den *Bergschulen*[23] des 18. Jh. in Schlesien, später auch in Sachsen, wurden die ersten westdeutschen Bergschulen erst 1814 in Essen, 1816 in Bochum und Saarbrücken, 1818 in Siegen gegründet. Bald blieben die Schulen hinter der technischen Entwicklung zurück, so daß 1850–1857 und in den 60er Jahren eine Reform des gesamten preußischen Bergschulwesens notwendig wurde, während es zugleich im Zuge der Privatisierung des Bergbaues an diesen überführt wurde, der es seit 1865 stark ausbaute (Hugo Schultz) und zur Ausbildung von Spezialsteigern, Grubenbetriebsführern sowie zum bergmännischen Fortbildungswesen fortschritt.

Das Markscheidewesen mußte dem Tiefbau angepaßt werden; seit 1867 erschienen große bergmännisch-geologische Kartenwerke; die geophysikalische Arbeit wurde seit 1842 ausgebaut; seit etwa 1880 begann die Rationalisierung der Wasserwirtschaft, 1868 Kohlechemie und -petrographie; im gleichen Jahre legte man in Bochum den Grund zum Bergbaumuseum. Die erste Versuchsstrecke wurde 1884 eingerichtet.

Preußens zweites großes Steinkohlengebiet im Westen lag an der *Saar*[24]; seine Entwicklung wurde am stärksten durch die Grenzlage bestimmt. Seine Gruben, seit dem 15. Jh. betrieben, um 1730 zu etwa 70% um Dudweiler-Sulzbach konzentriert, wurden seit 1750/54 in landesherrlicher Regie konzentriert und nach 20jähriger französischer Besetzung in staatlichem Besitz gelassen. Seit 1820 begann der Tiefbau unter der Leitung des tüchtigen Leopold Sello (bis 1857), der in Schlesien gelernt und in Freiberg studiert hatte, des Trägers des technischen Fortschritts und der staatlichen Sozialpolitik an der Saar. 1825 wurde erstmals eine Dampfmaschine verwendet, während um die gleiche Zeit mit Subventionen zwecks Preissenkung und Kundenwerbung besonders bei den Salinen staatsfinanzielle Förderung einsetzte. 1841 griff man ältere Saar-Kanalisierungsprojekte zur Absatzverbesserung auf, die seit 1850 durch Eisenbahnbauten überholt wurden. Diese riefen alsbald einen Aufschwung des Bergbaues (Entstehung großer Eisenbahngruben 1850–1862) trotz starker französischer und belgischer Konkurrenz auf dem sehr aufnahmefähigen französischen Markt hervor, der besonders wichtig blieb, solange die verkehrsgünstig gelegenen deutschen Gebiete industriearm waren. Seit 1866 erleichterte der Saarkanal diesen Absatz nach Frankreich. Nach 1871 steigerte der preußische Staat – seit 1860 gab es eine Mutungssperre für Private – seine Bemühungen um die Förderung des Saargebietes. Die staatlichen Zechen konnten so ein großer Musterbetrieb werden und durch betriebliche Modernisierungen, Straßen-, Strom- und Eisenbahnbau ihren Absatzraum insbesondere seit 1895 mächtig ausdehnen, gefördert durch die Entwicklung der Eisenindustrie und den Übergang zum Kokshochofen. Der Vorschlag des Kölner Bankiers Abraham Oppenheim (1865/66), die Staatsbergwerke, Eisenbahnen und Domänen in eine Aktiengesellschaft mit starker staatlicher Beteiligung zu überführen und auf diese Weise sowohl die Mittel zur Vorbereitung und Durchführung des erwarteten Krieges zu beschaffen wie auch den ganzen Komplex als Privatbesitz gegen die Beschlagnahme bei einem etwaigen französischen Sieg zu sichern, wurde von Bismarck zeitweise erwogen, vom König energisch abgelehnt. Das ausländische Kapital fand keinen Eingang in die Staatsmonopol-Betriebe[25]. Da der Staat in Oberschlesien und an der Saar (weniger an der Ruhr) großen Bergwerksbesitz hatte, war er der stärkste Kohlenproduzent in Deutschland; er vereinigte die Macht dieser Position mit der Stärke seiner öffentlich-rechtlichen Stellung und trieb Kohlenpolitik und damit Industrie- und Wirtschaftspolitik durch Einschränkung oder Steigerung der Produktion und Preisgestaltung unter »höheren« Gesichtspunkten; er verzögerte damit die Entwicklung der lothringischen Wirtschaft, forderte auch durch Verträge mit den Eisenbahnen heftige privatwirtschaftliche Proteste heraus[26]. Seit 1871 war das Saargebiet weniger als vorher Grenzraum, was – neben der starken Verbindung zur lothringischen Minette – wirtschaftlich ausgleichend wirkte.

Neben diesen großen Gebieten *Preußens* hatten die übrigen im Westen kaum mehr als lokale Bedeutung: Aachen (Wurm, Inde; Christine Englerth; 1913 3,3 Millionen t Steinkohle, 0,6 Millionen t Braunkohle) für das dortige Industriegebiet und den Aufbau der modernen Eisen-, Zink-, Blei- und Hüttenindustrie in der nordwestlichen Eifel (Briketts und Kraftwerke)[27], Sieg[28], Ibbenbüren und Minden, das trotz Zufuhr billiger englischer Ballastkohle auf engsten Raum beschränkt blieb[29]. An der Erschließung der Reviere, besonders an der Ruhr, waren schon früh in beträchtlichem Umfange Unternehmer, Kapital und Arbeiter des Auslandes maßgeblich beteiligt[30], besonders aus England und Belgien. Zechennamen wie »Shamrock« bezeugen noch heute dieses starke Interesse. Am einflußreichsten war der Ire W. Th. Mulvany[31], der einzige Fremde, »welcher ganz der Unsrige wurde« – ein Kapitalist, Unternehmer und Verbandsgründer bedeutenden Formats.

Eine erhebliche Rolle beim Aufstieg spielten technische Betriebsverbesserungen bei Förderung (Elektrifizierung), Aufbereitung, Tiefbau, Wetterführung, Wasserhaltung, Sprengstoffen, Transport und Bauwerken über Tage sowie die Gewinnung und Verwendung von »Nebenprodukten« (Teer, Ammoniak, Naphthalin, Benzol, Anthrazen usw.; »Gesellschaft für Teerverwertung« 1905; »Veredelung« der Kohle vom Brennstoff zum Rohstoff; Pionierleistungen von A. Thyssen und H. Stinnes bei der Verwendung von Koksofengas zur Ferngasversorgung seit 1890/1900; Kohlehydrierungsforschung durch Bergius seit 1911, 1913 F. Fischer-Tropsch, Kaiser-Wilhelm-Institute Berlin und Mülheim 1911/14[32]). Die Bedeutung der Eisenbahn für die Erschließung neuer Märkte wird gekennzeichnet durch die Bewegung für den »1-Pfennig-Tarif«, um die Ruhrkohle wie die oberschlesische nach Berlin befördern und dort die englische verdrängen zu können[33]. Hier lagen die Anfänge für die gesamte Massengüter-Tarifentwicklung. Ähnlich wichtig waren die verbesserte Beamtenausbildung[34], das moderne Sicherheitswesen, die Arbeiterfürsorge mit Siedlungsanfängen und vieles andere[35].

Der Kohlenbergbau anderer Bundesländer in Westdeutschland war gegenüber Ruhr- und Saargebiet nicht stark. Nur *Bayern* verfügte in bescheidenen, vorwiegend lokalen Grenzen über Vorkommen außerhalb seines Anteiles am Saargebiet[36].

Zwischen den großen Kohlenvorkommen im Westen und Osten befindet sich dasjenige *Mitteldeutschlands*, das bis über die Jahrhundertmitte in erster Linie für den weiteren lokalen Bedarf der meist im Königreich *Sachsen* gelegenen Fundgebiete Bedeutung hatte. Die drei wichtigsten Vorkommen lagen in der Zwickauer Gegend (Förderung 1830: 13000 t, 1840: 62000 t, 1850: 336000 t), im Plauenschen Grund im östlichen

Erzgebirge (seit 1844). Seit der Jahrhundertmitte erhielten die Zwickauer Vorkommen[37] für das ganze Königreich Sachsen erheblichen Wert. Im Plauenschen Gebiet, bei dessen Industrialisierung von der Kohle her C. F. A. Dathe die führende Rolle spielte[38], wurden viele technische Neuerungen und Verbesserungen zuerst eingeführt. Im östlichen erzgebirgischen Steinkohlenrevier[39] (1818 entdeckt) kam es erst in den 40er Jahren zu größeren Förderungen; 1859 wurde die Eisenbahnverbindung mit Sachsens wichtiger Industriestadt Chemnitz hergestellt. Auch für die Entwicklung dieser Gebiete erhielt die allgemeine Modernisierung ausschlaggebenden Einfluß. Doch war das Tempo der Fördersteigerung in Sachsen, dessen Kohle weit geringeren Heizwert hatte als die in Westfalen, Oberschlesien und an der Saar, sehr viel langsamer als in diesen Gebieten, in denen auch die Mechanisierung der Arbeit schneller und weiter vorangetrieben wurde. Mit diesem Zurückbleiben von Förderung, Ertrag und Lohn (Krisis um 1900) hing es zusammen, daß es in Sachsen früher als in anderen Gebieten (70er Jahre) zu politischem Radikalismus unter den Bergleuten kam[40]. Die soziale Lage war in Sachsen vielfach dadurch gekennzeichnet, daß noch um 1880/90 viele Bergleute nicht Industrieproletarier, sondern Kleinbauern waren, die anschließend von Kapital, Technik und wirtschaftlicher Konzentration von ihrem Land verdrängt und proletarisiert wurden, während gleichzeitig aus noch ärmeren Gebieten Arbeitskräfte (Gelegenheitsarbeiter, verkrachte Handwerker, polnische Tagelöhner) zuwanderten und auf Löhne und Sozialleistungen drückten. Das Lohnniveau blieb bei überdurchschnittlicher Arbeitszeit schlecht, bis 1906/07 Streiks Besserungen erzwangen.

Stärkere Bedeutung als kleine preußische[41], hannoversche[42] und thüringische[43] Steinkohlevorkommen in Mitteldeutschland gewann früh die Braunkohle[44] in der preußischen Provinz Sachsen für Hausbedarf, Zuckerfabriken, Brennereien und Ziegeleien.

Wenn Preußen im Berg- und Hüttenwesen bis 1806 mit England hatte Schritt halten können, so war dies das Verdienst von Heinitz und Reden in *Schlesien*, also staatlich-beamtlicher Aktivität, die u. a. für den Kauf der ersten Dampfmaschine in England sorgte. Im Mansfelder Gebiet und in Schlesien begann man seit 1786 mit dem Bau von Dampfmaschinen; von dort kamen sie seit 1799 auf westfälische Zechen, die seit 1805 auch von Franz Dinnendahl beliefert wurden. Während der Kriegszeit waren Fortschritte unmöglich, danach ging es bis in die 40er Jahre langsamer voran als im Westen, wo bürgerliches Unternehmertum und ausländische Anregungen stärker wirkten[45]. Die in der schlesischen Bergordnung festgelegte staatliche Bevormundung lähmte die Privatinitiative, ohne daß eine staatliche an deren Stelle trat. Niederschlesien blieb hinter Oberschlesien durch schlechtere Kapitalversorgung und Verkehrsverhältnisse zurück.

Auch *Oberschlesien* führte lange Zeit kein sehr industriöses Dasein, zumal die große Zinkkonjunktur schnell in Überproduktion erstickte. Erst die unternehmerische Aktivität der Grundherren, die den Typ des Industriemagnaten schufen, und die Verlagerung der Hütten zur Kohle brachte in Verbindung mit wachsendem Hausbrandbedarf seit den 30er Jahren einen Aufschwung, der wiederum bürgerliche Unternehmer und Manager anzog (Godulla, Winckler)[46]. Die Städte wuchsen, Kattowitz in 25 Jahren von 300 auf 50000 Einwohner. Die Selbstfinanzierung bereitete im Lande der Magnaten und »Schlotbarone« weniger Schwierigkeiten als anderswo. Verkokung und Eisenzölle wirkten industrie- und bergbaufördernd, die Gesetzgebung seit 1851 schuf neue Möglichkeiten für die Privatgruben, die den Staatsgruben bald lebhafte Konkurrenz machten. Beuthen, Mittelpunkt des Bergbau- (Kohle, Zink, Eisen, Blei, Silber, Kokereien, Brikettfabriken, später Kraftwerke) und Industriebezirks mit starkem jüdischem Anteil an der Bevölkerung von 1800: 200, 1855: 8000, 1875: 20000, 1900: 51000, 1914: 71000 Einwohnern führte dabei vor Pless, Rybnik und Ratibor[47]. Fast gleichzeitig mit dem Verein für die bergbaulichen Interessen im Oberbergamtsbezirk Dortmund (1858) – und gleichzeitig mit dem Deutschen Handelstag – wurde 1861 der »Oberschlesische Berg- und Hüttenmännische Verein« gegründet[48]. Wenige Jahre später begann die Welle der Fabrikantenvereine, der landwirtschaftlichen und der industriellen Vereine. Die 40er Jahre brachten polnisch-nationalistisch beeinflußte Hungerrevolten, diese wiederum sozialpolitische Anfänge (1854 Vereinigung der Knappschaften).

Maschine, Eisenbahn und Kapital bildeten auch hier die Grundlage des Fortschritts. Die treibende Kraft aber war das Erwerbsstreben der Magnaten mit ihren in großlandwirtschaftlichen Unternehmungen vorgebildeten und erprobten Kenntnissen und bald auch des mit ihnen kollegial oder als Direktoren eng zusammenarbeitenden bürgerlichen Unternehmertums. Unter Beachtung der staatlichen Erfahrungen wurde ein vorbildliches Bergwerkswesen aufgebaut von Männern wie Fürst Pless, Graf Ballestrem, Herzog von Ujest, Godulla, Schaffgotsch, Tiele-Winckler, Graf Hugo und Guido Fürst Henckel von Donnersmarck (1902 wegen seiner industrieunternehmerischen Leistungen in den Fürstenstand erhoben), wobei die Verbindung von Land- und Forstwirtschaft, Kohle, Erz (Eisen, Galmei, Zink) und verarbeitender Industrie einzigartige Wirtschafts- und Kapitalorganismen ergab[49]. Neben und mit ihnen trugen auch hier Aktiengesellschaften zur Finanzierung bei, während Zusammenschlüsse und Konsolidierungen den Großbetrieb vorbereiteten (1854 Hedwigswunschgrube, 1857 Borsiggrube, 1860 Römergrube). Die Verknüpfung von Erz- und Kohlenfeldern mit land- und forstwirtschaftlichem Großbesitz erschwerte fremdem Kapital und Spekulanten das Eindringen nach Oberschlesien, so daß die Krisen 1857 und 1873 dort weniger tief wirkten als in Mittel- und Westdeutschland[50].

Da es dem Rhein, der Ruhr und ihren Kanälen vergleichbare Schiffahrtswege nicht gab und die Wegebaufinanzierung erschwert wurde, war der Eisenbahnbau für die Entwicklung von Bergbau und Kohlenabsatz hier besonders wichtig. Auch trug die Bahn indirekt von Anfang an durch Schienen- und Materialbedarf, durch Steinkohlenfeuerung seit den 60er Jahren wesentlich zum Verbrauch bei und erweiterte ständig den Absatz. 1891, 1910, 1913 war Oberschlesien mit etwa 18 bzw. 25 bzw. 42 Millionen t und 22–23% (Niederschlesien 4,8 Millionen t) an der deutschen Kohlenförderung, mit 40% an der Gesamtversorgung der Reichshauptstadt beteiligt. Seine Absatzräume waren besonders Oberschlesien selbst, die Gebiete rechts der Oder, Russisch-Polen, Galizien und Teile Österreichs; zwischen Elbe und Oder konkurrierte es mit englischer und Ruhrkohle. Ähnlich wie an Rhein und Ruhr spielte auch in Schlesien der Kohlenhandel eine wichtige Rolle für die Entwicklung und Ausdehnung des Absatzes. An der Spitze stand bald, zeitweise im Kampf mit englischer Kohle um das schnell wachsende Berlin mit starkem Eisenbahn-, Industrie-, Gasanstalts- und Hausbrandbedarf, Caesar Wollheim, befreundet mit E. Friedländer – wichtig bei der Abnahmegarantie als Generalabnehmer für die Gesamtförderung vieler Gruben und finanziellen Entwicklungshilfe beim Bau von mehr als 100 Gaswerken in den östlichen Provinzen und deren Bindung bei Bezug von Gaskohle und Koksverkauf, woraus sich die Beteiligung an Kohledestillation, Brikettierung usw. sowie der Aufbau einer eigenen Binnenschiffahrtsflotte wie bei Stinnes im Westen ergab. 1890 kam es zur Bildung der Oberschlesischen Kohlenkonvention neben dem Rheinisch-Westfälischen Kohlensyndikat (Wollheim übernahm 36%, Friedländer 23% der Konventionskohle), zur Verständigung über den Berliner Markt[51].

Diese Entwicklung schuf in der *Arbeiterfrage* neue Probleme: Der schnell wachsende Arbeiterbedarf wurde zumeist durch Zuwanderung aus benachbarten Agrargebieten gedeckt, wo Bauernbefreiung und Bevölkerungszunahme Menschenmengen bereitstellten – ehemalige Einlieger, Häusler, Gesinde. Die Größe dieser Binnenwanderung geht u. a. aus dem Anwachsen Beuthens, Rybniks und anderer Städte hervor. Dabei entstanden Unterbringungs-, hygienische und polizeiliche Schwierigkeiten, die an die Verhältnisse des 16. Jh. im Erzgebirge und im Harz erinnerten[52].

Schlesiens Braunkohlenbergbau blieb durch den Wald- und Steinkohlenreichtum der Provinz und den Mangel an industriellen Verbrauchern lange zurück[53]. Erst als das Holz knapp wurde, die Steinkohlenpreise stiegen und das sächsische Beispiel anspornte, wandte man sich stärker der Braunkohle zu.

Die *Förderung von Stein- und Braunkohlen* in Deutschland stieg seit den 60er Jahren ständig; 1886–1911 wuchs die Jahresproduktion ziemlich stetig von 73,7 auf 281,1 Millionen t, während die englische, französische und belgische Förderung viel langsamer zunahm; die deutsche war 1913 nicht kleiner als die englische. Diese große Förderung begründete den Aufstieg der Industrie, des Wohlstandes und des Lebensstandards in Deutschland. Im Ruhrgebiet spielte nach der Befreiung des Bergbaus vom Staat um 1850/60 und der Entfaltung des Privatunternehmertums, vollends nach dessen Organisation 1893 im Syndikat der Kampf der Bergbautreibenden und des Staates eine weithin aufsehenerregende Rolle bei der prinzipiellen Auseinandersetzung um Privatwirtschaft und staatlich beeinflußte, gelenkte und schließlich verstaatlichte Wirtschaft, wobei A. Thyssen, obwohl betont Privatunternehmer, durch individualistisches Gewinnstreben den Staat unterstützte (Lex Gamp). Um die Frage der Rentabilität des Staatsbergbaus gab es in dieser Zeit heftige Kontroversen, bei denen von der staatlichen Unternehmensseite auf die verlustreiche, aber notwendige Lohnpolitik im Harz und an der Saar, auf Beamtenrechte usw. verwiesen wurde. Die 1878–1882 im Ruhrrevier vorgenommene Verstaatlichung der Eisenbahn beseitigte außer der Willkür auch die gegenseitige Konkurrenz der privaten Eisenbahngesellschaften; ähnlich wirkte das staatliche Schleppmonopol auf dem Dortmund-Ems-Kanal seit 1899. Seit dem Kriegsausbruch 1914 übernahm dann der Staat allgemein viele Unternehmerfunktionen[54].

Die *Salzgewinnung* war in Deutschland bis in die ersten Jahrzehnte des 19. Jh. auf die Ausbeutung von Solequellen und -brunnen beschränkt, die mit Ausnahme von Lüneburg nur eine schwach salzhaltige Sole lieferten. In Württemberg spürte man seit 1735 durch Bohrversuche dem Ursprung der Solequellen nach. Erst 1810 machte man auf der Saline Clemenshall bei Offenau Fortschritte; 1816 brachte man in der Saline Friedrichshall außer gesättigter Sole das erste Steinsalz zu Tage: eine entscheidende Wende in der Salzgewinnung, von der eine völlige Umgestaltung und große Entwicklung des Salzbergbaus und der Salinenindustrie in Deutschland ausging. Durch die Bohrungen in Württemberg, bald auch in Baden und Thüringen angeregt, entschloß sich die preußische Regierung zu Tiefbohrungen auf den Staatssalinen seit 1837, in Staßfurt 1839, wo man 1843 Erfolg hatte und 1857 mit der Steinsalzförderung begann. Von dort, wo man erstmals Magnesium- und Kaliumsalze fand, ging später die Entwicklung der Kalisalzindustrie aus[55].

Die *technische Entwicklung des Kohlenbergbaues* war im 19. Jh. hauptsächlich durch Verwendung der Dampfmaschine und Tiefbau bestimmt, die in mehreren Bereichen wesentliche Fortschritte ermöglichten. Die Bohrgeräte wurden seit Jahrhundertbeginn schnell verbessert; 1834 erfand Oeynhausen die sog. Rutschschere, die Bohrungen bis zu 200 m Tiefe ermöglichte; in den 40er Jahren folgten Verbesserungen. Die Bohrungen erreichten um die Jahrhundertmitte bereits beachtliche, danach durch »Seilbohren« noch größere Tiefen (seit den 60er Jahren durch Bohrkräne 1000 m), und somit konnten große, rationell abbaubare Lagerstätten angegangen werden. Dafür war allerdings auch die Entwicklung des Spülbohrverfahrens zur Beseitigung des »Bohrschmands« nötig. Bis 1865 wurde für die Sprengarbeit allein Schwarzpulver benutzt, obwohl

Bickford 1831 die Zündschnur, Schönbein 1845 die Schießbaumwolle erfunden und Sobrero 1846 das Nitroglycerin entdeckt hatte. Erst seit 1862 führte Nobel seine wichtigen Forschungen durch (1867 Dynamit), als deren Folge seit 1885 Sicherheitssprengstoffe (Wettersprengstoffe) verwendet und ständig verbessert werden konnten. Statt der früher ausschließlich angewandten Handarbeit kam seit 1860 die Maschinenarbeit sowohl für die Herstellung von Sprenglöchern wie auch für die Gewinnungsarbeit in Anwendung, insbesondere im Kohlenbergbau. Den wasserdichten Ausbau von Schächten in Holz übernahm man zuerst aus Belgien und Nordfrankreich. Schächte im wasserführenden Gebirge abzubohren, erfand der deutsche Bohrmeister Kind 1854; bald folgte der wasserdichte Ausbau mit Tübbings (gußeisernen Ringen) aus England, schließlich im Anschluß an Karl von Lindes Erfindung der Ammoniak-Kältemaschine durch F. H. Pötsch im Thyssen-Konzern 1883 das Gefrierverfahren. 1879 erfand Werner v. Siemens die elektrische Drehbohrmaschine, nachdem es seit etwa 1870 gute Schrämm-Maschinen gab. Mit dem Aufschwung des Steinkohlenbergbaues kam es zu einer ständigen Verbesserung der anfangs eisenbeschlagenen, schließlich eisernen Grubenhunte, der Förderwagen, durch Laufräder mit Spurkranz und Winkelschienen (tramways) hauptsächlich in England. Seit etwa 1850 kam für die Fördermaschinen für Strecken und Schächte sowie für die Wasserhaltung der Antrieb durch Dampfkraft allgemein in Anwendung, nachdem bereits 1834 Oberbergrat W. A. J. Albert Eisendrahtseile erfunden und in Clausthal ausprobiert hatte. Im folgenden Jahr übernahm der Ruhrbergbau Alberts Drahtseil. Zur Wetterführung wurden zuerst in Belgien 1828 Kolbenmaschinen, später in Österreich und Westfalen große Wetterräder (Ventilatoren) benutzt. Die Davysche Sicherheitslampe von 1815 wurde 1838 in Belgien verbessert, in Westfalen seit 1859/67 durch bessere Sicherheitslampen deutscher und englischer Konstruktion ersetzt. Aufbereitungsanlagen wurden entwickelt, seitdem die Koksöfen Feinkohle als Einsatz verlangten und die Stückkohle, später Stückbriketts (Brikettierung seit 1881) für Eisenbahn und Dampfschiffe im Preise stieg. Seit 1856 gab es Koksöfen mit Nebengewinnungsanlagen (zuerst D. Ch. Knab); diese wurden seit 1880 ständig verbessert, schließlich um 1900 mit elektrischem Betrieb versehen. Die Bergbauforschung begann im Ruhrgebiet 1869 mit der Errichtung einer Kohlenversuchsstation. Die Mechanisierung des Bergbaues unter starker Anwendung von Stahl und Elektrizität führte gegen Ende des 19. Jh. zur Entstehung des neuen Industriezweiges Bergmaschinenbau[56].

[1] Zahlreiche Firmengesch. bilden die Grundlage d. neueren Literatur: H. CLEMENS-WENDTLAND, Geburtstage v. Steinkohlenbergwerken, Tradition 4 (1959). B. SCHULZ-BRIESEN, Erinnerungen eines Bergmannes aus den letzten 50 Jahren, Stahl u. Eisen 23 (1903). W. TREUE, K.-H. MANEGOLD u. a., Quellen zur Gesch. der industr. Revol. (1966). G. GEBHARDT, Ruhrbergbau (1957); darin zahlreiche Unternehmens-Kurzgesch. R. REGUL, Die Wettbewerbslage d. Steinkohle, Vjh. zur Konjunkturforschung, Sonderheft 34 (1933). Die Entwicklung d. niederrhein.-westfäl. Steinkohlen-Bergbaues in d. 2. H. d. 19. Jh., in: Wirtschaftl. Entwicklung 1 (1904).

[2] A. SCHUCHARD, Die Entwicklung d. Siegerländer Erzbergbaues u. d. Eisenindustrie seit dem Anfang d. 19. Jh. (1926).

[3] W. ARLT, Ein Jh. preuß. Bergverwaltung in d. Rheinlanden, Zs. f. d. Berg-, Hütten- u. Salinenwesen 69 (1921).

[4] Einschränkungen d. Direktorialprinzips im Rheinischen: ARLT u. SCHUCHARD (Anm. 2 u. 3). E. BÄHREN, Strukturwandlungen d. Wirtschaft d. Siegerlandes im 19. Jh. (1931).

[5] W. DÄBRITZ, Entstehung u. Aufbau d. rhein.-westfäl. Industriebezirks, Beitr. z. Gesch. d. Technik u. Industrie 15 (1925).

[6] M. REUSS, Mitteil. aus d. Gesch. d. kgl. Oberbergamtes zu Dortmund u. d. niederrhein.-westfäl. Bergbaues (1892). A. SERLO, Beitr. z. Gesch. d. schles. Bergbaues in den letzten hundert Jahren (1869). H. D. KRAMPE, Der Staatseinfluß auf den Ruhrkohlenbergbau 1800–1865 (1961). W. FISCHER, Die Stellung d. preuß. Bergwerksreform von 1851–1865 in der Wirtsch.- u. Soz.verf. d. 19. Jh., Zs. f. d. ges. Staatswiss. 117 (1961). Ders., Das wirtsch. u. soz.-polit. Ordnungsbild d. preuß. Bergrechtsreform, Zs. f. Bergrecht 102 (1961). Ders., Die Bedeutung d. preuß. Bergrechtsreform für den Industrie-Ausbau d. Ruhrgebiets (1961). G. HERM, Erst mit dem »a. D.« beginnt die Karriere, in: W. FÖRST, Leben, Land u. Leute (1968). F. ZUNKEL, Beamtenschaft u. Unternehmertum beim Aufbau d. Ruhrindustrie, Tradition 9 (1964). H. G. KIRCHHOFF, Die staatl. Sozialpolitik im Ruhrbergbau 1871–1914 (1958).

[7] H. RISTER, Bibliogr. z. Sozial- u. Wirtschaftsgesch. d. gesamtoberschles. Industriegebietes 1935–1951 (1951). J. PARTSCH, Schlesien, eine Landeskunde f. d. Volk 2 (1911). SERLO (s. Anm. 6).

[8] A. LIESENHOFF, Frhr. Karl v. Oeynhausen (1895). Ders. in Zs. f. d. Berg-, Hütten- u. Salinenwesen i. preuß. Staate 43 (1885). NDB, Art. ›Achenbach‹, ›Beust‹ u. ›Brassert‹.

[9] W. AVERECK, Die Landwirtschaft unter d. Einfluß v. Bergbau u. Industrie im rhein. Ruhrkohlengebiet (1913). Die Gfsch. Mark, Festschrift 1 (1909).

[10] W. TREUE, Grundzüge einer Gesch. d. wirtschaftl. Entwicklung d. Ruhrgebiets im Industriezeitalter, Tradition 13 (1968). W. FISCHER, Herz d. Reviers, 125 Jahre Wirtschaftsgesch. d. IHK-Bezirks Essen, Mülheim, Oberhausen (1965). F. SCHUNDER, Tradition u. Fortschritt, 100 Jahre Gemeinschaftsarbeit im Ruhrbergbau (1959). E. JÜNGER, Festschr. zur Feier d. 25jähr. Bestehens d. Ver. f. die bergbaul. Interessen im Oberbergamtsbez. Dortmund 1858–1908 (1908). K. WIEDENFELD, Ein Jahrhundert rhein. Montan-Industrie 1815 bis 1915 (1916). Rhein.-Westfäl. Wirtschaftsbiogr. 3: W. SERLO, Bergmannsfamilien in Rhld. u. Westf. (1931). B. KUSKE, Grundlinien westfäl. Wirtschaftsgesch. (1955). V. MUTHESIUS, Ruhrkohle 1893–1943 (1943). D. STILLICH, Steinkohlenindustrie (1906). H.

SPETHMANN, Die Großwirtschaft an d. Ruhr (1925). W. HERRMANN, Entwicklungslinien montanindustr. Unternehmungen im rhein.-westfäl. Industriegebiet (1954).

[11] K. FUCHS, Die Bemühungen d. preuß. Bergbauverwaltung um den Absatz d. Steinkohlenförderung d. Saarreviers 1815–1900, Zs. f. d. Gesch. d. Saargegend 13 (1963). H. SCHACHT, Zur Finanzgesch. d. Ruhrkohlenbergbaus, Schmollers Jb. 37 (1913).

[12] AVERECK (s. Anm. 9). C. HAARBECK, Gesch. d. Stadt Ruhrort (1882). F. KEMPKEN, Die wirtsch. Entwicklung d. Stadt Oberhausen (1917). E. KNIRIM, Die Verschiebung d. Volksdichte im engeren westfäl. Ruhrgebiet 1815–1925 (1930). C. MATSCHOSS, Ein Jahrhundert dt. Maschinenbau (1919). P. H. MERTES, Das Werden d. Dortmunder Wirtschaft (1940). H. HELLGREWE, Dortmund als Industrie- u. Arbeiterstadt (1951). A. MÄMPEL, Bergbau in Dortmund 1874 bis 1882 (1969). H. CROON, Die Einwirkung d. Industrialisierung auf die gesellschaftliche Entwicklung im rhein.-westfäl. Industriegebiet, Rhein. Vjbll. 20 (1955).

[13] A. BERGENGRÜN, Staatsminister A. Frhr. v. d. Heydt (1908).

[13a] N. REICH, Die Entwicklung des dt. Aktienrechts im 19. Jh., Ius Commune, Veröff. d. Max-Planck-Instituts f. europ. Rechtsgesch. 2 (1969).

[14] H. CROON, Bürgertum u. Verwaltung in den Städten des Ruhrgebiets, Tradition 9 (1964). F. MOGS, Die sozialgeschichtl. Entwicklung der Stadt Oberhausen 1850–1933 (1956). H.-U. WEHLER, Die Polen im Ruhrgebiet bis 1918, VSWG 48 (1961). H. Th. SCHMIDT, Die Belegschaftsbildung im Ruhrgebiet, Tradition 2 (1957). W. KESTEN, Gesch. des Bergwerks Dahlbusch (1952). H. A. METZELDER, Der Wittener Steinkohlenbergbau im Umbruch zur Großindustrie 1830–1860 (1964). H.-W. HINKERS, Die geschichtl. Entwicklung der Dortmunder Schwerindustrie seit der Mitte des 19. Jh. (1926). H. MEIS, Der Ruhrbergbau im Wechsel der Zeiten (1933). R. SCHNEIDER, Die Entwicklung des niederrhein.-westfäl. Bergbaues und der Eisenindustrie im 19. Jh. (1899).

[15] K. BORG, Die sozialen Wandlungen in der Stadt Duisburg 1850–1880, Duisburger Forschungen 8 (1965).

[16] B. KUSKE, Mevissens Stellung in der Wirtschaftsentwicklung Kölns (1921). P. NEUBAUR, Math. Stinnes u. sein Haus (1908) H. SPETHMANN, Franz Haniel (1956). F. ZUNKEL, Die rhein.-westfäl. Unternehmer 1834–1879 (1962). NDB 7 (1966), Art. »Haniel«. W. WISSKIRCHEN, Burkhardt & Co., Privatbankiers im Herzen d. Ruhrgebietes, Tradition 2 (1957).

[17] K. HARTL, Die wirtschaftl. u. soz. Entwicklung d. Kreises Recklinghausen im 19. Jh. (1909). KNIRIM (s. Anm. 12).

[18] T. KELLEN, Friedrich Grillo (1913).

[19] W. CLEFF, Zeche Rheinpreußen (1932). Der Bergbau auf der linken Seite d. Niederrheins (Festschrift 1910). Hundert Jahre Bergbau am linken Niederrhein (1957).

[20] W. TREUE, Die Feuer verlöschen nie, Aug. Thyssen-Hütte I. 1890–1926 (1966). H. BÖHME, Emil Kirdorf, Tradition 13/14 (1968/69).

[21] W. OELLERICH u. G. CZEMPIN, Der dt. Braunkohlenbergbau (1927).

[22] K. KOSZYK, Anfänge u. frühe Entwicklung d. soz.demokr. Presse im Ruhrgebiet, Beitr. z. Gesch. Dortmunds u. d. Grafschaft Mark 50 (1953). E. SCHRUMPF, Gewerkschaftsbildung u. -politik im Bergbau (1958). E. WÄCHTLER, Zur Gesch. d. Kampfes d. Bergarbeiterverbandes in Sachsen (1959). K. OBERMANN, Der Ruhrarbeiterstreik 1889, Zs. f. Gesch.wiss. 4 (1956). W. KÖLLMANN, Polit. u. soz. Entwicklung d. dt. Arbeiterschaft 1850–1914, VSWG 50 (1964). G. ADELMANN, Studien zur soz. Betriebsverf. d. Ruhrbergbaues v. d. Mitte d. 19. Jh. bis z. Bergarbeiterstreik von 1889, Rhein. Vjbll. 25 (1960). Ders., Die Beziehungen zw. Arbeitgeber u. Arbeitnehmer in der Ruhrindustrie vor 1914, Jbb. f. Nat.ök. u. Stat. 175 (1963). Ders., Quellensammlung zur Gesch. d. soz. Betriebsverf., Ruhrindustrie (2 Bde.

1960/65). H. J. TEUTEBERG, Gesch. d. industr. Mitbestimmung in Dtld. (1961).

[23] F. SCHUNDER, Lehre u. Forschung im Dienst d. Ruhrbergbaus (1964).

[24] B. JORDAN, Die Absatzverhältnisse d. Kgl. Saarbrücker Steinkohlengruben in den letzten 30 Jahren, Zs. f. das Berg-, Hütten- u. Salinenwesen in Preußen 32 (1884). W. O. HENDERSON, The State and the Industrial Revolution in Prussia 1740–1870 (1958). NDB, Art. »H. BÖCKING«. A. HASSLACHER, Das Industriegebiet an der Saar u. seine hauptsächl. Industriezweige (1912). J. BELLOT, Hundert Jahre polit. Leben an der Saar unter preuß. Herrschaft (1954). F. HELLWIG, Carl Frhr. v. Stumm-Halberg (1936). T. SCHULZ, Die Entwicklung d. dt. Steinkohlenhandels (1911). F. SIMMERSBACH, Die Koksfabrikation im Oberbergamtsbezirk Dortmund mit Berücks. d. fremden Wettbewerbs, Zs. f. das Berg-, Hütten- u. Salinenwesen 35 (1887).

[25] H. TIEGS, Dt. Kohlenhandel (1904). H. UHDE, Die Produktionsbedingungen d. dt. u. engl. Steinkohlen-Bergbaus (1906).

[26] F. HELLWIG, Der Kampf um die Saar 1860–1870 (1934). Ders., Saar zwischen Ost u. West (1954).

[27] H. CLEMENS-WENDTLAND, Die Familie Englerth u. der Eschweiler Bergwerks-Verein, Tradition 10 (1965). C. BRUCKNER, Zur Wirtsch.gesch. d. Reg.-Bez. Aachen (1967). A. BECKER, Die Stolberger Messingind. u. ihre Entwicklg. (1913). A. KOZEL, Die Eisenhüttenind. d. nordwestl. Eifel, Beitr. z. Gesch. d. Ind. u. Technik 15 (1925). W. RABIUS, Die Entstehg. u. Entwicklg. d. Aachener Hütten-Aktien-Vereins, in: Rote Erde (1906).

[28] ARLT (s. Anm. 3).

[29] T. KIFFE, Der Ibbenbürener Steinkohlenbergbau vom Jahre 1813 bis z. Gegenwart (1928). Minden-Ravensberg unter der Herrschaft d. Hohenzollern (1909).

[30] W. O. HENDERSON, Britain and Industrial Europe (1954).

[31] K. BLOEMERS, William Thomas Mulvany (1922). W. O. HENDERSON, W. Th. Mulvany, an Irish Pioneer in the Ruhr, Explorations in Entrepreneurial History 5 (1953). K. MEWS, Haßlinger Hütte. Neuschottland. Dortmunder Union. – Eisenwerk Steele 1856–1956, Beitr. z. Gesch. v. Stadt u. Stift Essen 71 (1956).

[32] C. BREMER, Kölns rechtsrhein. Großindustrie (1934). W. JUNGBOLDT, Kohlen-Separationen u. -Wäschen im Oberbergamtsbez. Dortmund, Zs. f. d. Berg-, Hütten- u. Salinenwesen 50 (1902). R. SCHNEIDER (s. Anm. 14). UHDE (s. Anm. 25). H. SCHÄFER, Die Gesch. von Herne (1912). G. GROCHTMANN, Die Entwicklung d. Rhein-Ruhrhäfen u. ihre Beziehung z. wirtsch. Erschließung d. niederrhein.-westf. Industriegebietes, Zs. f. Bauwesen 65 (1915). A. F. OVERLACK, Die Ruhrkohlenschiffahrt auf d. Rhein (1934). K. MEWS, Ernst Waldthausen, Essener Beiträge 41 (1923). Ders., Otto Krawehl, Essener Beiträge 55 (1937). XXXII. Hauptversammlung d. Ver. dt. Industrieller (1891). F. HARKORT, Die Eisenbahn von Minden nach Köln (1833). NDB 1, Art. »W. A. J. Albert«. A. SPILKER, Kokerei u. Teerprodukte. Steinkohle ([3]1920). W. TREUE, Aus dem Ruhrgebiet, Zur Technikgesch. d. Reviers, 7 Vorträge im WDR (1968). F.-M. RESS, Gesch. d. Kokereitechnik (1957).

[33] MARTINI, Die Einführung d. Einpfennigtarifs für die Beförderung oberschles. u. westfäl. Kohlen nach Berlin, Arch. f. Eisenbahnwesen 13 (1890).

[34] Gesch. d. Siegener Bergschule (Festschr. 1904).

[35] ARLT (s. Anm. 3). HASSLACHER (s. Anm. 24). H. v. PETERSDORFF, Kleist-Retzow (1907). ADELMANN (Anm. 22).

[36] J. RUDHARD, Über den Zustand d. Königreichs Bayern 2 (1827).

[37] T. FLATHE, Gesch. v. Sachsen 3 (1873). R. F. KOETTIG, Geschichtl., techn. u. statist. Notizen über d. Steinkohlenbergbau Sachsens (1861). TREPTOW, Die Entwicklung u. d. gegenw. Stand d. Hüttenwesens im Kgr. Sachsen.

Die Kgl. Sächs. Bergakademie zu Freiberg (1904).

[38] H. MEIDINGER, Dtlds. Eisen- u. Steinkohlenproduktion in der Neuzeit (1857). S. H. E. BAEHR, Der Steinkohlenbergbau im Plauenschen Grund (1917). NDB 3, Artikel »C. F. A. Dathe«.

[39] TREPTOW (s. Anm. 34).

[40] Produktion d. sächs. Bergbaues u. Hüttenbetriebes 1825–1858, Zs. d. statist. Büros des kgl. sächs. Min. d. Innern (1860). H. HARTUNG, Denkschr. z. Feier d. 100jähr. Bestehens d. kgl. Steinkohlenbergwerks Zauckerode, Jb. f. das Berg- u. Hüttenwesen im Kgr. Sachsen (1906). HÜLSSE u. KATO, Die Dampfmaschine im Kgr. Sachsen, Programm d. K. Gewerbe- u. Baugewerkenschule zu Chemnitz (1847). Beiträge z. Gewerbegeogr. u. Gewerbestat. d. Kgr. Sachsen 3, Zs. d. stat. Büros d. kgl. sächs. Min. d. Innern (1857). E. WÄCHTLER, Bergarbeit z. Kaiserzeit (1962).

[41] A. ZANDER, Die wirtsch. Entwicklung d. Provinz Sachsen im 19. Jh. (1934).

[42] I. G. L. W. UBBELOHDE, Über die Finanzen d. Kgr. Hannover u. deren Verwaltung (1834).

[43] H. DICKMANN, Ein unbekannter Hüttenmann um 1850: Joseph Meyer, Stahl u. Eisen 50 (1930).

[44] W. OELLERICH u. C. CZEMPIN (s. Anm. 21). A. ZANDER (s. Anm. 41). W. PIEPER, Die Entwicklung d. Kohlenbergbaues im Gebiet um Halle bis z. Bau d. Eisenbahnen, Betr. z. Gesch. d. Technik u. Industrie 16 (1926). E. NEUSS, Die Entwicklung d. Halleschen Wirtschaftslebens (1924). A. Riebecksche Montanwerke. Gesch. einer mitteldt. Bergwerksgesellschaft (1933). Dt. Braunkohlen-Industrie-Verein E. V. 1885 bis 1960 (1960). H. SEIDL, Streikkämpfe d. mittel- u. ostdt. Braunkohlenbergarbeiter 1890–1914 (1964).

[45] A. PERLICK, Oberschles. Berg- u. Hüttenleute (1953). M. LAUBERT, Oberschlesien im 19. Jh., Schles. Heimat (1921). H. v. FESTENBERG-PACKISCH, Die Entwicklung d. niederschles. Steinkohlenbergbaues (1917). G. GRUNDMANN, F. W. Grundmann (1956). I. LANGE-KOHTE, Die erste Dampfmaschine im Düsseldorfer Raum, Düsseldorfer Jb. 51 (1963).

[46] K. FRANZKE, Der oberschles. Industriearbeiter (1936).

[47] Oberschles. Bergbau- u. Hüttenindustrie, Der Bergwerksfreund 20 (1857). L. WACHLER, Die Eisenerzeugung Oberschlesiens (1847). FESTENBERG-PACKISCH (s. Anm. 45). W. KRAUSE, Beuthen, Mitteilungen d. Beuthener Gesch.- u. Mus.Ver. 17/18 (1956/57). N. KESSLER, Beuthen u. Recklinghausen 1860–1908, ebd. 19/20 (1958/59).

[48] K. GROBA, Der Unternehmer im Beginn d. Industrialisierung Schlesiens (1936). W. TREUE, Konzentration u. Expansion als Kennzeichen d. polit. u. wirtschaftl. Gesch. Dtlds. im 19. u. 20. Jh. (1966). M. ERDMANN, Die verf.-polit. Funktion d. Wirtschaftsverbände in Dtld. 1815–1871 (1968).

[49] W. SUDHAUS, Die Eisenerzeugung Oberschlesiens, Der Bergwerksfreund 20 (1857).

[50] J. G. KNIE, Neuester Zustand Schlesiens (1838). FRANZKE (s. Anm. 46).

[51] A. FRIEDRICH, Schles. Industrie unter dem Einfluß d. Capriv. Handelspol. (1902). K. EULING, Die Kartelle im oberschles. Steinkohlenbergbau (1939). Ausschlaggeb. Bedeutung weniger Kohlengroßhändler auch f. d. Produktion in Oberschlesien: W. TREUE, Caesar Wollheim, Tradition 6 (1961). A. PERLICK, Zur Gesch. d. Firma Friedländer, Mitteil. d. Beuthener Gesch.- u. Mus.-Vereins 15/16 (1954/55).

[52] FRANZKE (s. Anm. 46). F. IDZIKOWSKI, Gesch. d. Stadt u. ehem. Herrsch. Rybnik (1861).

[53] TH. SCHÜCK, Oberschles., Statist. d. Reg.-Bez. Oppeln (1860).

[54] M. DROSTE, Die Stellung d. Ruhrbergbaues in Staat u. Gesellsch. bis 1918 (1953). M. KOCH, Die Bergarbeiterbewegung im Ruhrgeb. z. Z. Wilhelms II. (1954). A. M. PRYM, Staatswirtschaft u. Privatunternehmung in der

Gesch. d. Ruhrkohlenbergbaus (1950). W. Treue (s. Anm. 20). H. Walther, Theodor Adolf v. Möller (1958). R. Grunow, Tradition d. preuß. Staatsbergbaues, Tradition 9 (1964).

55 A. Schleip, Die erste Erbohrung gesättigter Sole u. der erste bergmänn. Aufschluß d. Steinsalzes, Tradition 13 (1968).

56 F. Kirnbauer, Die Gesch. d. Bergbaues, in: Die Technik d. Neuzeit, hg. v. F. Klemm, Bd. II 1 (1940), dort Spezialllit. F. Schunder (s. Anm. 10). E. Tacke, Zur Gesch. der Aktien-Saline zu Eldagsen, Neues Archiv f. Niedersachsen 11 (1963).

Kapitel 12
Der Erzbergbau

Hauptzüge der Entwicklung des Erzbergbaus stimmten mit denen des Steinkohlenbergbaus überein: Beide standen unter der gleichen Berggesetzgebung; Kapital, technische Modernisierung, Verbesserung der Verkehrsmittel (Eisenbahnen, Flüsse) bildeten für beide wichtigste Vorbedingungen des Aufstiegs. Einige Umstände kamen allerdings als Spezifika hinzu: die Verhüttung mit Koks statt mit Holzkohle, die wirtschaftliche und politische Problematik der englischen Konkurrenz auf dem Eisenmarkt; der Mangel insbesondere an Eisenerzen, sobald der Eisen- und Stahlbedarf erhebliche Ausmaße annahm, gegenüber dem Reichtum an Stein- und Braunkohle und damit der Zwang zum Erzimport aus Skandinavien, Spanien, Rußland und Afrika[1].

Bei der Übernahme durch Preußen war der *linksrheinische Erzbergbau* dank dem Wirtschaftsaufschwung während der Kontinentalsperre bedeutend und dem des Siegerlandes sogar überlegen[2]. Aber nach 1815 machte sich für den *Bergbau in der Eifel* die Konkurrenz schwedischen, englischen, schottischen und belgischen Eisens bemerkbar, das den Rhein als Einfallsweg benutzte und z. T. von der Linienführung deutscher Eisenbahnen begünstigt wurde[3]. Da unter diesem Druck in den 40er Jahren die Erzförderung auf ein Viertel von 1815 sank – 1848 gab es Einschränkungen und Stillegungen –, wurden früh Schutzzölle gefordert. Selbst als die Konjunktur der 50er Jahre zur Gründung einer großkapitalistischen Roheisenproduktion mit Kokshochöfen führte (Rote Erde und Eschweiler), blieb die alte Eifeler Eisenindustrie abseits.

Rechts des Rheins lag das bedeutendste deutsche Eisenerzvorkommen im seit 1815 preußischen *Siegerland*[4]. Es wurde fast ausschließlich von zahlreichen, meist wenig leistungsfähigen Kleinbetrieben ausgebeutet, deren veraltete Betriebsverfassung und -weise lange Zeit Fortschritte verhinderte. Kapitalschwäche und Besitzzersplitterung hielten ihre Modernisierung sehr auf (1850 noch keine Dampfmaschine); an der Konjunktur der 50er Jahre nahm aber nach der Einführung von Kokshochöfen auch dieses Gebiet teil. Doch wurden Erztransporte zum Ruhrgebiet und regelmäßige Verhüttung mit Koks erst durch die Eisenbahnverbindung nach 1861 möglich, die 70 bis 80% Transportkostenverminderung brachte. Gleichwohl blieb die Erzförderung teuer, da die Lager sich in großer Tiefe befanden und einen geringen Fe-Gehalt hatten.

Nassaus[5] Roteisensteingewinnung, von jeher wichtig, entwickelte sich lebhaft seit den 40er Jahren trotz ausländischer Konkurrenz, in erster Linie durch Erzversand über die Eisenbahn und die 1851 schiffbar gemachte Lahn zur Ruhr und Saar (1850 – 1865 – 1872 – 1913: 81000 t – 464000 t – 1,2 Millionen t – 1,5 Millionen t Eisenstein), bis die an Fe-Gehalt und Qualität überlegenen Schweden- und Spanienerze den Markt eroberten. Auch die Bedeutung der Nichteisenerze (Blei, Silber) sank seit den 70er Jahren ständig.

Im *Ruhrgebiet*[6] stieß man zu der Zeit, da erstmalig größere Eisenerzmengen zur Verhüttung dorthin gesandt wurden, auf den sog. Black Band (Bergamtsassessor Schreiber), der dem berühmten schottischen Black Band glich. »Damals schlug die Geburtsstunde der Dortmunder Hochofenindustrie« (Mertes). Von der Hermannshütte in Hörde und dem Hörder Bergwerks- und Hüttenverein AG ausgehend (Mitbegründer Mevissen), begann 1849 ein reger spekulativer Schürfbetrieb auf Eisenflöze in Westfalen. Diese westfälischen Eisenerzvorkommen, die 1856 zur Gründung des Berg- und Hüttenvereins Neuschottland führten, erfüllten nicht die in sie gesetzten Hoffnungen; das Revier besaß keine eigene ausreichende Erzbasis.

Die Annexion eines Teiles von Lothringen brachte 1871 durch große Minette-Lagerstätten für die Hütten an der Ruhr eine Besserung. Darüber hinaus bemühten sich A. Thyssen, H. Mannesmann u. a. um den Erwerb von Lagerstätten in Frankreich (Lothringen, Normandie), Marokko, Algier, Rußland, sowie um die Verstärkung und Sicherung des Imports von Erzen aus Schweden (wo die Neutralitätsgesetzgebung seit 1904 hinderlich wurde), aus Norwegen und Spanien, um den ständig wachsenden Erzbedarf zu decken. Doch blieb die Schwäche der Erzversorgung ein ernstes Problem im Rahmen der Selbstversorgung der deutschen Ernährungs- und Industriewirtschaft in Krisen- und Kriegszeiten; vorwiegend darauf beruhte 1914/15 der Annexionismus in der deutschen Grundstoffindustrie.

Der *Bleibergbau*[7] von Mechernich galt trotz unrationellen Betriebes um 1815 als bedeutendster der Welt; danach litt er unter belgischer, später amerikanischer Konkurrenz, so daß viele Gruben stillgelegt und fremde Erze verhüttet wurden. Ähnlich ging es dem Bleibergbau um Siegen und bei Ramsbeck.

Nächst dem schlesischen waren der westdeutsche Galmeibergbau und die Zink- und Bleigewinnung (1819 erste Zinkhütte im Rheinland) besonders bei Stolberg am bedeutendsten, der wie der schlesische seit 1837 einen beträchtlichen Aufschwung nahm und Verbindungen mit Nassau hatte[7a]. Der bayerische Eisenerzbergbau auf rd. 140 über das ganze Land (mit Ausnahme des Rezat-Kreises) verteilten Gruben hatte sein Zentrum bei Amberg[8].

Der *mitteldeutsche Erzbergbau*[9] hatte, wie der auf Steinkohle, nur untergeordnete Bedeutung. Er befand sich im Königreich Sachsen, wo der Koks erst spät die billige Holzkohle der großen Staatsforsten verdrängte, in Preußen, am hannoverschen Harz und in den thüringischen Staaten[10] und litt überall unter Kapitalmangel und schlechter Verkehrslage. Wichtig wurde seit den 60er Jahren Peine. Angesichts von Fe-Armut und starkem P-Gehalt der Salzgitterer Erze erhielten bei der Konkurrenz mit ausländischen Erzen und standortbegünstigten westdeutschen Hütten (Koksbelieferung, Roheisen- und Walzprodukteabsatz) technische Fortschritte (Thomas-Verfahren seit 1882), Eisenbahn und Mittellandkanal für den Erzbergbau der Ilseder Hütte mit ihren ungewöhnlich reichen Lagerstätten an allerdings sauren Erzen starke Bedeutung[11].

Die altbekannten Kupfervorkommen bei Mansfeld[12] litten nach der Hochkonjunktur 1806–1813 unter schwersten Absatzstockungen, da die nötig werdende Massenförderung in Großbritannien, seit 1840 in Südamerika stattfand. Erst tiefe Stollen, gute Finanzwirtschaft, technische Verbesserungen und Konsolidation in der »Mansfeldischen Kupferschieferbauenden Gewerkschaft« (1846/52) brachten dann einen mächtigen Aufschwung im Rahmen des Weltbedarfs (1850–1902 Verzehnfachung; in Deutschland von 1650 t auf 31000 t bei einem

Verbrauch von 100000 t). Das hatte ein so starkes Anwachsen des Kupferhandels und des Eindringens der Kaufleute in Bergbau und Hüttenwesen zur Folge wie im 16. Jh. (Norddeutsche Affinerie 1866; 1881 »Metallgesellschaft«, Deutsche Kupferbörsen seit 1911; seit 1907 Otavi in Dt. SW.-Afrika).

Hannovers geringer Bleibergbau im Harz[13] war nur durch die bedeutende Silbergewinnung rentabel. Der sächsische Zinkbergbau wurde vom schlesischen weit übertroffen. Erheblich war der Freiberger Silberbergbau seit glücklichen Funden und Modernisierungen in den 40er Jahren.

Im *schlesischen Erzbergbau* führte, nach dem Erliegen des Galmei-Geschäfts von 1809, bis nach 1850 die Zinkgewinnung, nachdem der »oberschlesische Faust« Joh. Chr. Ruberg (aus dem Harz) 1808/09 auf der Wessolahütte des Fürsten Pless die Herstellung von reinem Zink gefunden hatte. Die darauf beruhende staatliche und private Zinkindustrie erreichte um 1825 ihren Höhepunkt, litt dann bis 1835 unter Überproduktion und starkem ostindischem Angebot, erfuhr aber danach durch Ausfuhr eine solche Besserung, daß 1880 in Oberschlesien (hauptsächlich Beuthen) so viel Zink erzeugt wurde wie auf der übrigen Erde zusammen; später ging der Anteil an der Weltproduktion zurück. Das bedeutendste deutsche Unternehmen in diesem Bereich waren Georg von Giesche's Erben (25% der oberschlesischen Zinkproduktion), die mit ihren Hütten auch der größte deutsche Bleiproduzent waren (22%), über reiche Kohlenzechen verfügten (10% des Reviers) und von dort in die chemische Industrie (31% der Schwefelsäure) eindrangen[14]. Hauptabnehmer waren England und die USA. Schlesiens Eisenerzbergbau[15] begann seinen Aufschwung, als Graf Henckel Donnersmarck 1848 das Fideikommiß Tarnowitz-Neudeck erwarb und durch französisches und deutsches Geld hochbrachte. Seine 6 Jahrzehnte dauernden Bemühungen um Rationalisierung, Verkehrsverbesserung, Kapitalsteigerung wurden vorbildlich für den übrigen schlesischen Eisenerzbergbau. Sobald die Bedeutung des Kapitals erkannt war, fand die Aktiengesellschaft Eingang, die auch zum Zusammenbruch vieler Kleinbetriebe oder zu ihrem Anschluß an Großunternehmen beitrug. Ende der 50er Jahre verlor die oberschlesische Eisenindustrie durch den Übergang zu Siemens-Martinöfen und Mangel an Eisenerz ihre führende Stellung.

So ließen überall in Deutschland bei Kohlen- und Erzbergbau die gleichen Faktoren – Liberalisierung seit 1851, Entstehung einer leistungsfähigen Unternehmerschicht, Eisenbahn, Geld, Technik – die Entwicklung des Bergbaus nach 1857 in die hochkapitalistische und großindustrielle Epoche einmünden. Bald zeigte sich, daß Deutschlands Bedarf an Eisenerz seine Fördermöglichkeiten überstieg; auch die Qualitätsfrage spielte dabei eine wachsende Rolle: »Werke wie die Gutehoffnungshütte, Krupp, Phoenix und andere müssen entscheidendes Gewicht darauf legen, daß der Eisenstein in gleichmäßiger und von ihnen unmittelbar zu bestimmender Beschaffenheit ihnen ganz regelmäßig zugeht«[16].

Veränderungen für den Erzbergbau brachte 1871 die Angliederung von *Elsaß-Lothringen*, Frankreichs industriereichstem Departement mit einer Bevölkerung von über 1,5 Mill., die allerdings infolge Abwanderung nach Frankreich bis 1913 nur um 21% stieg (Reichsdurchschnitt 63%). Der Wert der lothringischen Minetteerze, die Frankreich nicht hoch geschätzt hatte, war auf der deutschen Seite schon vorher erkannt. Man schätzte die Eisenerzvorräte Lothringens auf 700 Mill. t metallischen Eisens gegen 300 Mill. t im übrigen Reichsgebiet[17]. Aber obgleich der Wert der jährlich gewonnenen Eisenerze 1872–1913 (besonders nach Erfindung und Anwendung des Thomas-Verfahrens) von 30,8 auf 106,8 Mill. M stieg, reichte die Eisenerzgewinnung Deutschlands auch mit Einschluß Luxemburgs seit 1887 nicht mehr für den Eigenbedarf, so daß eine ständig wachsende Einfuhr von Erzen und Roheisen nötig wurde. 1871 wurden in 1477 Betrieben von 31600 Mann 4,4 Mill. t Eisenerz gefördert, 1913 in 328 Betrieben mit 42300 Mann 28,6 Mill. t.

Zu den sozialen Folgen der Entwicklung im Kohlen- und Erzbergbau gehörten sehr große Binnenwanderungen, starke Bevölkerungsentlastungen besonders im Osten, Menschen-, Wohnungs- und Versorgungskonzentration in Oberschlesien, im Ruhr- und Saargebiet. Die Cholera-Epidemie von 1866, die z. B. zur Verdoppelung der Todesfälle in Essen führte, legte die baulichen, sanitären und sozialen Mängel sowie die Schattenseiten der Industrialisierung bloß: Sie traf in erster Linie Bergleute und Arbeiter[18]. Angesichts der lange Zeit im Verhältnis zum technischen und wirtschaftlichen Fortschritt unterentwickelten, vorwiegend vom Privatunternehmertum bestimmten wirtschaftsliberalen Sozialpolitik erhielten daher erhöhte Bedeutung die Knappschaftskassen, -vereine, Brüderladen usw. als Versicherungsvereine (im Falle von Krankheit,

Invalidität und Tod), bis 1884–1905 sozialpolitische Besserungen eintraten. In Preußen[19] erstreckte sich zwar das Direktionsprinzip auch auf die *Knappschaften*, doch traten neben diese vielfach neue Institutionen. Nachdem 1848 auch die Knappschaften höhere Leistungen gegenüber dem Bergmann gefordert hatten, beseitigte das Knappschaftsgesetz 1854 auch hier das Direktionsprinzip und gab den Knappschaften das zweifelhafte Geschenk der Selbstverwaltung unter Werksleitung, versprach das freie Arbeitsverhältnis gemäß Gewerbeordnung von 1845 und brachte den Beitrittszwang. Viele Bergleute forderten daraufhin Rückkehr zu den alten Zuständen und protestierten – der gleichzeitigen Handwerker-Haltung entsprechend – gegen die Bezeichnung »Bergarbeiter« durch das Gesetz (statt der alten Bezeichnung »Bergmann«). Andererseits stiegen zwar im allgemeinen nach 1871 die Unternehmensgewinne; aber während z. B. bei der Ilseder Hütte, Peine, der Anteil der Arbeitnehmer 1872–1912 von 42 auf 57% und der des Staates von 0,2 auf 3,9 stieg, sank der der Aktionäre von 26 auf 23%, blieben 22 bzw. 13% als Investitionen im Unternehmen. Sachsen[20] und Bayern[21] hatten den preußischen ähnliche Knappschaftskassen.

[1] A. Kotelmann, Vergleich. statist. Übersicht über die landwirtsch. u. industr. Verhältnisse Österreichs u. d. Dt. Zollvereins sowie seiner einz. Staaten (1852). R. Poidevin, Les relations économiques et financières entre la France et l'Allemagne 1898–1914 (1969).

[2] W. Arlt (s. Kap. 11, Anm. 3).

[3] J. Hashagen, Zur Gesch. d. Eisenindustrie, vornehml. d. Eisenhüttenwesens an Lahn u. Dill im 19. Jh. (1911). W. Rabius (Kap. 11, Anm. 27). Bayerns Entwicklung nach d. Ergebnissen d. amtl. Statistik seit 1840 (1913). G. Gerlach, Die wirtschaftl. Entwicklung d. Eisenhüttenwesens an der Lahn u. Dill (1911).

[4] R. Utsch, Die Entwicklung u. volkswirtsch. Bedeutung d. Eisenerzbergbaues u. der Eisenindustrie im Siegerland (1913). Th. Kraus, Das Siegerland, Forsch. z. dt. Landes- u. Volkskunde 28 (1931). K. Fuchs, Lage u. Bedeutung d. Eisenindustrie des Siegerlandes vor dem 1. Weltkrieg, Westfäl. Forsch. 17 (1964).

[5] F. Odernheimer, Das Berg- u. Hüttenwesen im Hgt. Nassau (1865). Statist. Nachrichten über den Kreis Wetzlar bis zur Volks- u. Gewerbezählung 1875 (1876). F. Lerner, Wirtsch. u. Soz.gesch. d. Nassauer Raumes 1816–1964 (1965).

[6] Däbritz (s. Kap. 11, Anm. 5). Grafsch. Mark (s. ebd. Anm. 9). Meidinger (ebd. Anm. 38). W. Treue (ebd. Anm. 10 u. 20). L. Hatzfeld, Thyssens Denkschrift. an RK. u. Ausw. Amt 1914/15, Düsseldorf. Jb. 51 (1963). K. Mews, Fr. Grillo u. Neuschottland, Beitr. z. Gesch. v. Stadt u. Stift Essen 70 (1955).

[7] F. Imle, Der Bleibergbau von Mechernich in der Voreifel (1909). N. Hocker, Die Großindustrie Rheinlands u. Westfalens (1867). A. Trende, Aus der Werdezeit Westfalens (1933).

[7a] G. v. Klass, Stolberger Zink (1958). C. Bruckner, Zur Wirtschaftsgesch. d. Reg.Bez. Aachen (1967).

[8] 75 Jahre Eisenwerkges. Maximilianshütte (1928).

[9] S. Kap. 11, Beitr. z. sächs. Gewerbegeographie (Anm. 40). MEIDINGER (Anm. 38).

[10] J. HOHLFELD, Das Bibliograph. Institut Leipzig (1926). DICKMANN (s. Kap. 11, Anm. 43).

[11] O. STILLICH, Eisen- u. Stahlindustrie (1904). H. RÖHLL, Die wirtsch. Wechsellagen in der Peine-Ilseder Eisenindustrie 1860–1913 (1940). W. TREUE, Die Gesch. d. Ilseder Hütte 1858–1958 (1960).

[12] v. DANCKELMANN, Die Mansfeldsche Kupferschieferbauende Gewerkschaft, Zs. Kapital u. Rente 5 (1869). Die Gesch. d. Mansfeldschen Kupferschieferbergbaues u. Hüttenbetriebes (1900). W. TREUE, Kupferhandel von urgesch. Zeit bis heute, in: Kupfer in Natur, Technik, Kunst u. Wirtschaft (Hg. Norddt. Affinerie 1966); ders., Otavi Minen- u. Eisenbahngesellsch. 1900–1975 (1975).

[13] UBBELOHDE (s. Kap. 11, Anm. 42).

[14] GROBA (s. Kap. 11, Anm. 48). F. FRANTZ, Die Entwicklung d. oberschles. Zinkindustrie (1911). W. TREUE, Georg v. Giesche's Erben 1704–1964 (1964), dort ältere Lit. FRANZKE (s. Kap. 11, Anm. 46). L. v. WIESE, Beitr. z. Gesch. d. wirtsch. Entwicklung d. Rohzinkfabrikation (1903). A. PERLICK, Ldskde. d. oberschles. Industriegebietes (1943).

[15] J. BITTER, Guido Graf Henckel Fürst v. Donnersmarck, Schlesier d. 19. Jh. (1922). PERLICK (s. Kap. 11, Anm. 45).

[16] M. SCHLENKER (Hg.), Die wirtsch. Entwicklg. Elsaß-Lothr. 1871–1918, Bd. 1 (1931).

[17] W. KOHLMANN u. H. JAHNE, Der Eisenerzbergbau (ebd.). F. BECKMANN, Der Zusammenschluß d. westdt. Großindustrie (1921). POIDEVIN (s. Anm. 1).

[18] F. MEISENBURG, Die Cholera in Essen 1866, Beitr. z. Gesch. von Stadt u. Stift Essen 70 (1955).

[19] G. WISSMANN, Die Ruhr-Knappschaft, Werden u. Wirken (o. J.). FRANZKE (s. Kap. 11, Anm. 46). Allgem. Nachrichten statist. Natur über das Kgr. Preußen, Jb. f. die amtl. Stat. d. preuß. Staates 1 (1863). W. BÜLOW, Das Knappschaftswesen im Ruhrkohlenbezirk (1905). REUSS (s. Kap. 11, Anm. 6). SCHULTZ, Die preuß. Bergschulen (1879).

[20] R. F. KOETTIG, Gesch., techn. u. stat. Notizen über den Steinkohlenbergbau Sachsens (1851). TREUE (s. Anm. 11), im Auszug in: Moderne dt. Wirtschaftsgesch., hg. v. K. E. BORN (1966). H. W. KÖHLER, Einkommensverteilung im Unternehmen ... von den Gründerjahren bis heute (1961).

[21] Stand u. Entwicklung d. bayer. Montanindustrie, Beitr. z. Statistik d. Kgr. Bayern 70 (1908).

Kapitel 13
Die Hüttenindustrie

Die Hüttenindustrie stand, Bergwerksförderung und Industrieproduktion verbindend, in engster Beziehung zu Kohlen- und Erzbergbau, beide anregend, von beiden abhängig. Der moderne *Hochofen*, in England seit 1830 ausschließlich verwendet, in Deutschland zu dieser Zeit noch kaum bekannt, eine technische Neuerung mit größter wirtschaftlicher Bedeutung, vollzog den Übergang von der Holzkohle zum Koks, erfuhr aber auch danach eine gewaltige Entwicklung in qualitativer und quantitativer Leistung. Vielerorts war diese Wendung durch Versuche seit der Jahrhundertwende vorbereitet. In Deutschland hatte man sogar schon 1585 auf der Kupferhütte Sangerhausen versucht, Erz mit Koks zu schmelzen. In großem Maßstabe vollzog sich der Übergang aber erst um die Mitte des 19. Jh., er charakterisierte die moderne Wirtschaft ebenso wie die Dampfmaschine, tiefe Schächte und Drahtseile.

Es ist nicht überliefert, wann und auf welchem Wege erstmals Nachrichten von den Kokshochöfen in Coalbrookdale nach Deutschland gelangt sind; seit 1748/50 wurden mit Sicherheit Versuche gemacht. Wenn in der Anfangszeit viele nach belgischen, französischen oder englischen Vorbildern errichtete Kokshochöfen unbefriedigende Ergebnisse erzielten, dann lag das vermutlich – ähnlich wie bei der Eisenbahn – daran, daß jene gerade deutschem Erz und Koks nicht entsprachen. Wie in anderen Bereichen, mußte erst allmählich die Anpassung ausländischer Erfindungen und Entwicklungen an deutsche Verhältnisse vorgenommen werden, bevor man Erfolge erzielen und von diesen aus den eigenen Weg betreten konnte.

Vor dem Kokshochofen war die Eisenverhüttung über ganz Deutschland verbreitet, vielfach als landwirtschaftliches Nebengewerbe zur Holzverwertung. Zu Beginn des 19. Jh. gab es in Deutschland etwa 2500 bis 3000 Produktionsstätten des Hüttenwesens (Hochöfen, Frischfeuer, Walz- und Hammerwerke), vorwiegend im Besitz oder unter Kontrolle von Landesherren. Die Betriebstechnik entsprach noch um 1830 im allgemeinen der des Mittelalters, während in England seit dieser Zeit nur noch Kokshochöfen arbeiteten. Diese technische und wirtschaftliche Überlegenheit brachte viele deutsche Unternehmen zum Erliegen. Die Hütten lagen nicht verkehrsgünstig nahe beim älteren Kohlenbergbau an der Ruhr, sondern waren an die Raseneisenerzlager und an die für Holzkohle wichtigen umliegenden Wälder gebunden. 1810 schlossen sich drei Hütten zur späteren Gutehoffnungshütte zusammen, auf der 1875 der letzte Holzkohleofen des Ruhrgebietes ausgeblasen wurde. Im östlichen Ruhrgebiet entstanden in den 40er Jahren Eisenhütten nicht auf Kohle, sondern auf dem in seiner Ausdehnung und Bedeutung überschätzten Kohleneisenstein. Um 1840 begann durch Verknappung und Preissteigerung der Holzkohle die Konzentration der Hütten in den Steinkohlenbezirken. Abgesehen vom Eingehen zahlreicher kleiner und kleinster Hütten (entsprechend dem Verschwinden kleiner Gruben), setzte sie auch trotz Übergang vieler Menschen zu den aufblühenden großen Hütten viele Arbeiter frei und schuf so zeitweilig mit dem notleidenden Landarbeiterstande eine industrielle Reservearmee – eine der Voraussetzungen für die mächtige ungestörte Produktionssteigerung seit den 50er Jahren: 1837–1862 kam es zu einer Vervierfachung der Hüttenarbeiterzahl in Preußen.

In den *westlichen Provinzen* Preußens[1] waren 1815 die Hütten in schlechtem, verwahrlostem Zustand. Wirtschaftskrise und englische Konkurrenz verhinderten lange eine Besserung. Der Staat veräußerte bis in die 50er Jahre unrentable Hütten, tat wenig zur Förderung und Modernisierung der Betriebe und überließ die Überwindung der Auslandskonkurrenz der Privatinitiative. Daher unternahmen viele Hüttenbesitzer und -direktoren seit dem Anfang des 19. Jh. – hauptsächlich in den 20er und 30er Jahren – Reisen nach England, wie später nach den USA: F. Harkort 1819, E. Hoesch 1823, C. F. Stumm 1829, P. Göring, der Mitbegründer der Niederrheinischen Hütte, und sein Sohn 1830, J. Dinnendahl 1832, J. Mayer, Böcking 1839, G. M. Stinnes 1851 zur Weltausstellung, Haniel, Krupp, Ch. F. und F. Remy bis hin zu Fritz Thyssen, den 1905 sein Vater zusammen mit Direktor Dahl vor der Errichtung des Hüttenwerks in Hagendingen durch die USA reisen ließ[2]. – Im Saargebiet führten die seit 1825 mit Koks arbeitenden Hochöfen von de Wendel in Hayingen, der 1784 in Le Creuzot den ersten Kokshochofen des Kontinents angeblasen hatte, und der um 1850 errichtete Großbetrieb Burbacher Hütte. 1851 begann de Wendel im Saargebiet auch die Verhüttung von lothringisch-luxemburgischer Minette, deren gute Schmelzbarkeit und billige Gewinnung schnell die Saarerze verdrängte und Leistungssteigerungen der Hochöfen ermöglichte. In der Eifel[3] herrschten von geringer Qualität der Eisenlager und starker Auslandskonkurrenz bestimmte Verhältnisse. Die alte Eifeler Eisenindustrie ging bis 1850 unter, danach entstand eine moderne neue. Im Lahngebiet brachte die Familie Buderus die meisten alten Hüttenwerke mit dem Mittelpunkt der Sophienhütte (Gründung von 1870) an sich und machte sich verdient um die Verarbeitung der Hochofenschlacke zu Zement. Bei Osnabrück entstand im Brauneisensteingebiet 1856 der Georgs-Marien-Bergwerks- und Hüttenverein, der 1858 die Georgs-Marien-Hütte errichtete; sie stellte später mit spanischem Erzzuschlag Bessemer-Stahl her. In der Oberpfalz wurde 1851 bei Rosenberg die Maximilianshütte, später vom Staat die Luitpoldhütte mit Röhrenpresserei errichtet[4]. Rechtsrheinisch am bedeutendsten war der rheinisch-westfälische Hüttenbezirk[5], wo Harkort seit 1825 die Rückständigkeit kritisierte, 1806 in Gravenhorst der erste Kokshochofen Westfalens in Betrieb genommen wurde, während der erste im Rheinland erst 1840 durch die Gebrüder Puricelli auf der Rheinböller Hütte angeblasen worden ist. Der erste Kokshochofen im Siegerland wurde 1847 auf der Trupacher Hütte in Betrieb genommen. Das bildete auch hier den Anstoß für die Wendung zum Koks. Dabei entrissen allerdings die großen Hütten im Rheinland auch schnell dem Siegerland seinen früheren eisenindustriellen Vorrang, denn an Rhein und Ruhr war man – wieder auf Harkorts Anregung – zur Verbesserung der Koksherstellung übergegangen sowie durch Frachtgunst, Kapitalkraft und kostensparendes Produktionsvolumen dem ungünstig gelegenen ganz binnenländischen Revier mit Erzen in großer Tiefe überlegen. Zuerst 1847/49 die Friedrich-Wilhelms-Hütte in Mülheim, gegründet von Joh. Dinnendahl, dem Bruder des berühmten Franz D., als zweite die Eisenhütte Hochdahl, wo 1851 der erste Kokshochofen des nordrheinisch-westfälischen Industriegebiets errichtet wurde, sowie Gutehoffnungshütte und Hermannshütte in Hörde (1854) lösten im Prinzip das Problem der Massenverhüttung von Eisenerzen ausschließlich mit Koks (ohne Holzkohlenzusatz). »Der Name ›Hörde‹ wurde . . . geradezu ein Leistungs- und Qualitätsbegriff in der Eisenindustrie« (Mertes) – allerdings erst mehr als ein halbes Jahrhundert nach den Anfängen in Schlesien. Immer größere Mengen Erz wurden zur Kohle transportiert, die alten Standortüberlegungen bedeutungslos. Die Entdeckung des »Black Band« englisch-schottischer Art, die vorübergehend glauben ließ, das Revier besäße neben der Kohlen- auch eine ausreichende Erzbasis, führte zu einer großen Hochofenkonjunktur (Gründung der Hüttenwerke Schottland und Neuschottland 1851/52). Wenngleich diese Hoffnungen nicht erfüllt wurden und die Erzversorgung durch Import ergänzt werden mußte, wurden die Hütten doch unter Anlehnung an die Kohle, z. T. unter Abschluß langer Pachtverträge mit Kohlenzechen (Hüttenzechen) als Kernstück der modernen Eisenindustrie dauernd betrieben. Damit nahm auch die Koksproduktion einen ungeahnten Aufschwung.

Das markanteste Beispiel der Hunsrücker Eisenhütten bildete die Rheinböller Hütte, die mit wenigen anderen Hütten und Hammerwerken den sonst fast allgemeinen Niedergang der mehr als 1000jährigen Eisenindustrie in den ehemals führenden Eisengebieten von Hunsrück (»reich an armen Erzen«), Eifel und Nassau überstand und um 1840/50 sowie erneut seit 1880 im Rahmen der deutschen Eisenindustrie eine angesehene Rolle spielte, dann aber schnell zurückfiel[6].

Gefährlich war die preisdrückende Konkurrenz englischer und belgischer Hütten[7]. Infolge der Geringfügigkeit der sehr niedrigen Zölle war englisches Roheisen in den 30er Jahren im Siegerland billiger als dort hergestelltes. Seit 1844 gab es gegen England einen mäßigen, gegen Belgien einen halb so hohen Zoll. In der Paulskirche arbeitete 1848 auch ein Eisenhütten-Ausschuß, der vergeblich versuchte, das Parlament für den Schutzzollgedanken zu gewinnen. Nur steigende Nachfrage mit Preisverbesserungen in allen Staaten und besonders 1854 die Vergrößerung des Zollvereinsgebietes durch Hannover und Oldenburg, die bis dahin hauptsächlich englische Erzeugnisse gekauft hatten, verhinderten das Erliegen der Hütten; auch die Zollgleichstellung Belgiens mit England brachte 1854 weiteren Schutz und bot die Basis für die folgende Konjunktur.

Einige Faktoren bildeten nach 1850 den Anstoß für eine stürmische Entwicklung des Reviers nach Norden; sie schufen, hauptsächlich den Bereich beiderseits der Emscher erfassend, die »kennzeichnende Agglomeration von Bergbau, Eisenindustrie und großen Bevölkerungsmengen« bis hin zur Lippe: die Durchstoßung der Mergelschicht, die Standortwendung von Raseneisenerz, Kohleneisenstein und Wald zu verkokbaren Kohlevorkommen (für das Schmelzen von 1 t Erz: 1,7 t Koks), die Eröffnung der Köln-Mindener Bahn über Oberhausen (Gutehoffnungshütte, Concordia), die frachtkostengünstige Lage am Rhein (1851 Niederrheinische Hütte, das erste Werk der Eisengroßindustrie in Duisburg, 1854 Johanneshütte, 1855 Vulkan, 1856 Kupferhütte). Seit 1870/80 verschob sich der Schwerpunkt der Hüttenindustrie aus Rentabilitätsgründen (Verwendung des eigenen Gasanfalls für Kokereien und Hütten) unter vielen Stillegungen vom westfälischen Teil des Ruhrgebiets in den Groß-Duisburger Raum am Rhein (1890 August-Thyssen-Hütte, 1897 Krupps Rheinhausen), da der Koksanteil bei der Eisenerzeugung stark sank. Nach der Einführung des Thomas-Verfahrens seit 1879 wurde mehr Ruhrkoks zu den lothringischen Hüttenwerken als

Minette zu den Ruhrhütten geliefert; dabei geriet die Diskussion um die Moselkanalisierung erstmals in Gang. Insgesamt gelangte man zu einer immer intensiveren Verbundwirtschaft in dichter Nachbarschaft von Zeche, Kokerei, Hütten-, Stahl- und Walzwerk, später auch chemischer Industrie (zuerst 1888 Gutehoffnungshütte »in einer Hitze« vom Hochofen bis zum Walzerzeugnis mit entsprechender Kostenreduktion; 1890 Thyssen-Hochofen-, Stahl- und Walzwerk Hamborn, Bruckhausen). Die Arbeit in diesen Werken war, wie die Entwicklung von Alfred Krupps Dienstvorschriften 1838 über die Arbeitsordnungen von 1841 und 1848 und die Ordnung für Meister und Arbeiter von 1856 zum Generalregulativ von 1872, einer Unternehmensverfassung parallel zur Reichsverfassung von 1871, zeigt, ebenso straff disziplinarisch geordnet wie der Militärdienst der gleichen Arbeiter, die hier dem Befehl des »Herrn im Hause«, dort als Soldaten dem »Obersten Kriegsherrn« unterstanden. Die großen Streiks brachten auch hier Lockerungen und sozialpolitische Fortschritte[8].

Auf der Iserlohner Heide wurde seit 1851 die Herbersche Hütte unter der Leitung Theodor Fleitmanns, des Begründers der Nickelindustrie, durch den 99,38%-Nickel so berühmt wie das Vier-Neuner-Blei (99,99%) von Georg von Giesche's Erben in Oberschlesien[9].

Teils wegen des geringen Roheisenbedarfs im Lande, teils wegen technischer Rückständigkeit spielten die bayerischen Hütten, früher die zweitgrößte Produzentengruppe in Westdeutschland, um 1890 kaum noch eine Rolle. Wie an der Ruhr, so hatte auch hier die Produktion von Eisenbahnschienen um 1850 für die Hütten existentielle Bedeutung (1853 Gründung der Maximilianshütte). Ähnlich erging es den württembergischen Eisenwerken[10].

Das Zurückbleiben der *mitteldeutschen Hütten*[11] hinter den westdeutschen lag an den weit geringeren Erz- und Kohlevorräten wie an dem geringeren Umfang der dortigen eisenverarbeitenden Industrie, schließlich aber auch an dem viel langsameren Übergang zum Koks. Jos. Meyer in Neuhaus, Hostmann, Haarmann und G. L. Meyer mit der Ilseder Hütte seit 1858, wo der außergewöhnlich hohe Phosphorgehalt die Verwendbarkeit des Roheisens anfangs sehr einschränkte und bis in die 90er Jahre den Absatz stark an Westfalen band, waren trotz mancher Mißerfolge mit großen Plänen Pioniere moderner Verhüttung in Mitteldeutschland, wo die stärkste Hüttenindustrie im Königreich Sachsen lag (Erzgebirge, Vogtland, Berggießhügel, Lauchhammer usw.). Da die technische Entwicklung versäumt wurde, litt die Eisenindustrie unter England und Schweden. 1840 sah man auch in der verstreuten Lage und geringen Größe der Betriebe wesentliche Gründe für den Niedergang. Seit 1850 wurden in Sachsen die meisten Hochöfen ausgeblasen (1880: 1 Kokshochofen von 246 in ganz Deutschland; danach Übergang zum Siemens-Martin-Verfahren unter Anlehnung an böhmische, später sächsische Braunkohlevorkommen).

Die »fortgeschrittene Hüttentechnik« *Schlesiens*[12], wo nach Versuchen in Malapane auf Veranlassung Redens, der 1789 mit Heinitz England bereist hatte, 1796 der erste deutsche Kokshochofen auf der Gleiwitzer Hütte betrieben wurde, galt 1815 bei der Übernahme westdeutscher Gebiete als Vorbild für deren Reformen. Seit Friedrich d. Gr. Schlesiens Bergbau vorwiegend für die Rüstung gefördert hatte, seit 1802 auch in der fiskalischen Königshütte ein moderner Großbetrieb mit zwei Kokshochöfen entstanden war und das Bergwesen in Rhedanz, Heinitz und Reden erstrangige staatliche Führer besaß, nahm die Industrie schnell einen solchen Aufschwung, daß sie 1806 noch mit der englischen konkurrieren konnte und, da es bis 1821 sieben solche Hochöfen gab, für Jahrzehnte in Deutschland führend blieb. Neben dieser merkantilstaatlichen Direktion stand bereits sehr früh der moderne Industrieunternehmer aus der schlesischen Magnatengruppe (Philipp Graf Colonna, wenig später Graf Henckel Donnersmarck und Fürst Hohenlohe), während Rother, Präsident der Preußischen Seehandlung in den 30er Jahren, eine zweite Welle der Industrieförderung begann (Maschinenfabriken in Ohlau und Breslau 1830/33, Beuthen 1840/41), die schließlich immer mehr auf den Widerstand der Privatinitiative gegen staatliches Unternehmertum im Stil des frühen 19. Jh. stieß. Beide Gruppen bestimmten im 19. Jh. den Aufschwung des schlesischen Hüttenwesens, soweit er von der Kapitalseite und vom Übergang zum Kokshochofen abhing[13]. Sie ließen auch die Entwicklung, die im Westen etwa 1840 begann, in Schlesien ein Jahrzehnt früher einsetzen. Die Entwicklung zum Koks wäre noch schneller gewesen, wenn ihr nicht – eine schlesische Spezialität – der große Waldreichtum entgegengestanden hätte, der infolge der schlechten Verkehrslage des Landes nur auf Hüttenwerken verwertet werden konnte. Noch 1846/48 wurde die Ida-Hütte in den Plessischen Forsten allein wegen des Holzüberflusses begründet. Eigentlich alle Hüttenbesitzer konnten diese Wälder, wenn sie nicht an Flüssen oder Kanälen lagen, kaum anders als durch Hochöfen und Frischfeuer verwerten, solange nicht Nutzholzbedarf und Eisenbahnen andere Verwendung verlangten und erlaubten. Drittens verzögerte die geringe Backfähigkeit der schlesischen Kohle die Koksbereitung. Das Stagnieren des Hüttenwesens – abgesehen von den einer Sonderkonjunktur unterliegenden Zinkhütten – in den 20er und 30er Jahren beruhte auf der Grenzziehung des Wiener Kongresses in Schlesien, der Not der Nachkriegsjahre und erheblich auf der Einfuhr ausländischen Roheisens. Selbst in Oberschlesien war das bessere englische Roheisen billiger als das heimische. Sogar aus Russisch-Polen, wo mit englischer Hilfe größere Hochöfen entstanden waren, entwickelte sich ein lebhafter Roheisenimport zum Schaden Schlesiens. Ausreichende Hilfe schufen erst 1844 und 1854 Zölle sowie 1853 der Zollvertrag mit Österreich. Unternehmerisch stellte sich neben den Staat, der mit Königshütte, Alvenslebenhütte, Männern wie Reden und Beust viel Gutes tat, der reiche aktive Adel, der seit 1844 selbständig bzw. durch maßgebliche Beteiligung an Gesellschaften viele große Eisenhütten Oberschlesiens entstehen ließ. Doch 1843 stellte man fest, daß der oberschlesische Eisenhüttenbetrieb 20 Jahre zuvor für »unsere rheinischen Landsleute« vorbildlich gewesen war, »jetzt aber dürfen wir uns nicht mehr hiermit rühmen, sondern müssen . . . jene Gegenden zu besuchen eilen, um mit unserem technischen Betrieb fast der meisten Zweige des ausgedehnten Eisenhüttenwesens unserer Provinz nicht allzusehr zurückzubleiben«[14]. Während der zweiten Jahrhunderthälfte wurde die Zufuhr von Erzen aus Ungarn, Schweden und Spanien immer stärker, so daß man wie im Westen erzimport-abhängig wurde. Oberschlesiens Eisenerzeugung betrug 1900: 750000 t = 10% der deutschen insgesamt; der Absatz lag hauptsächlich bei Bergbau und Industrie in Schlesien selbst, bis in die 80er Jahre auch in Polen[15].

Wie die Gesetze von 1850 bis 1865 für die Kohlen- und Erzförderung in Preußen eine Befreiung bedeuteten, so erwiesen sich die verschiedenen liberalen *Gewerbeordnungen* für die Verarbeitung der Erze als sehr nützlich. Nicht allein die deutsche Roheisenerzeugung wuchs stark, sondern infolge dauernder technischer Verbesserungen stieg auch die Tonnenleistung je

Arbeiter erheblich. 1860 holte die deutsche die belgische, 1870 die französische Erzeugung ein. Zur Verhüttung der *lothringischen* Minette (seit 1871) brauchte man Kohle und Koks, die in Lothringen nicht vorhanden waren. Früher hatte die nicht sehr bedeutende lothringische Eisenindustrie Saarkohle bezogen, seit 1880 kam Koks vom 350 Kilometer entfernten Ruhrgebiet, oder die Minette wurde, seltener, zu den Hütten an Rhein und Ruhr geschafft (Problem der Moselkanalisierung). Zwischen der Eisen- und Stahlindustrie an Rhein und Ruhr und in Lothringen kam es bald zu intensiver personeller und technischer Zusammenarbeit[16]. Seit 1879 konnte der Phosphor dem Minetteerz entzogen werden (Thomas-Verfahren); 1882 war Thomas-Roheisen mit 1,3%, 1911 mit 82,2% an der deutschen Roheisenerzeugung beteiligt.

Eine weitere Verdichtung der Beziehungen Lothringens zum Reich bedeutete seit 1874 die Kapitalverflechtung mit den Betrieben an der Saar, um Aachen, an Rhein und Ruhr. Die rechtsrheinisch erprobte Kartellform wurde nach Lothringen verpflanzt; große lothringische Werke traten dem deutschen Stahlwerksverband bei. Hatte das System der gemischten Werke – Vereinigung von Kohlen-, Eisen- und Stahlproduktion – schon zur Erwerbung von Kohlengruben durch Lothringer im Ruhr- und Saargebiet geführt, so setzten sich 1905–1913 die großen Kohlenfirmen Gelsenkirchen, Thyssen und Stinnes mit neuen Stahlwerken im Moselgebiet fest. Alles das geschah hinter der 1879 errichteten Schutzzollmauer, die der deutschen Industrie den heimischen Markt sicherte und die Konkurrenz auf dem Weltmarkt ermöglichte. Einen gewissen Höhepunkt der Entwicklung in Lothringen bildete das 1910–1913 errichtete »Stahlwerk Thyssen« in Hagendingen (auf eigenem Erz) mit sechs Hochöfen, Thomas-, Martin- und Elektrostahlwerk, Walzwerk sowie nahegelegener Kohleversorgung. Die Gesamtanlage, ein »Werk aus einem Guß«, hatte zu jener Zeit technisch und betriebswirtschaftlich nicht ihresgleichen in Europa; Thyssen verfügte 1912 über ein Wirtschaftspotential von etwa einer Milliarde Mark und erreichte damit die Spitzenklasse amerikanischer Kohle- und Stahlindustrieller.

Diese Massenproduktion war nur möglich durch die technische Entwicklung des Hochofens, die zu einer völligen Veränderung gegenüber den Hochöfen des 18. Jh. führte (Eisengerüste, Panzerung der Ofengestelle; Ofenhöhe 1910: 35 m;

Höchstleistung 1870: 50 t, 1910: 800 t) und seiner Hilfseinrichtungen (Koksherstellung in Kammeröfen, Gichtverschluß seit 1850, Schlackenformung 1857, Vergrößerung der Gebläsemaschinen seit 1895). Zwischen 1890 und 1910 wurde das Volumen der Hochöfen annähernd verdoppelt. Wichtig war weiter die Steigerung der Ofentemperaturen durch Heißwind (Erhitzung mit Gichtgas in Deutschland erfunden), was Wasserkühlung des Ofens und Wasserwirtschaft nötig machte. Die Lagerung und Verarbeitung von großen Erz- und Zuschlagmassen erforderte die Mechanisierung des Transports (Schrägaufzüge in Deutschland zuerst 1911 auf der August-Thyssen-Hütte zu Bruckhausen). Die Abfangung und Verwertung der Hochofengase, die Bunsen 1838 erstmals untersuchte und die seit 1840 als Heizgas verwendet wurden, bildete ein weiteres technisches und wirtschaftliches Problem. Die Hüttenindustrie wurde der Hauptzweig der industriellen Produktion; ihre technische Entwicklung bestimmte die Fortschritte der meisten anderen Wirtschaftszweige.

Zuverlässige Statistiken über die *Produktion von Roheisen* gibt es im Zollverein seit 1834, für ganz Deutschland erst seit 1871. 1887–1913 stieg die Zahl der deutschen Eisenhüttenbetriebe um etwa 50%, die der Belegschaft um über 100%, die Erzeugung von Roheisen 1871–1913 von 1,4 auf 19 Millionen t, die Englands von 6 auf 10 Millionen t, die der USA von 1,6 auf 31,4 Millionen t, während Frankreich und Rußland je etwa 5 Millionen t produzierten.

An der Erzeugung von 217000 t Roheisen in Deutschland i. J. 1850 war das Ruhrgebiet mit 5,5, Rheinland-Westfalen mit 30%, an der von 13 Millionen t i. J. 1907 das Ruhrgebiet mit 36, Rheinland-Westfalen mit 49% beteiligt. Die *deutsche Stahlerzeugung* wuchs 1886 bis 1912 um 1435, die Englands um 754, die Frankreichs um 693, die der USA um 910%. Die Produktion von Eisen und Stahl stieg viel schneller als der Verbrauch im Inland, so daß – der heimische Markt war durch Zölle gesichert – um 1905 40 bis 50% exportiert werden mußten und konnten, während der britische Export seit 1880 stagnierte (3,5 Millionen t) und der amerikanische infolge des großen Inlandbedarfs unbedeutend war (rund 0,5 Millionen t).

Das alles löste bei der Bedeutung von Eisen und Stahl für macht- und kriegspolitische Überlegungen Kritik und Befürchtungen einerseits, Zufriedenheit und Selbstbewußtsein andererseits aus. Diese glänzende Entwicklung der deutschen Eisen-

und Stahlerzeugung sei »auf den frischen Unternehmungsgeist zurückzuführen, der unser ganzes Vaterland nach der politischen Einigung beseelte und . . . sich mit elementarer Gewalt durchrang, um unsere Eisenindustrie auf diejenige Stufe zu bringen, die sie vermöge des natürlichen Reichtums unseres Vaterlandes an mineralischen Schätzen und entsprechend der Tatkraft und Arbeitslust seiner Bevölkerung schon längst eingenommen haben würde, wenn nicht die politische Zerrissenheit hindernd im Wege gestanden hätte« (Festversammlung des Vereins Deutscher Eisenhüttenleute 1904). Der Festvortrag schloß mit dem Ausruf: »Durch die Wissenschaft für das Vaterland!« Denn neben dem Verein Deutscher Eisen- und Stahlindustrieller, der die wirtschaftlichen Interessen vertrat, und dem Stahlwerksverband, der den Verkauf betrieb, gab es den Verein Deutscher Eisenhüttenleute, der seit den 90er Jahren immer stärker technisch-wissenschaftliche Arbeiten betrieb, während auch Institute an Technischen Hochschulen und Universitäten, zum Teil unter Förderung durch die Industrie, sich erfolgreich der Eisen- und Stahlforschung unter wirtschaftlichen Gesichtspunkten zuwandten.

Die *Forschung bei der Schwerindustrie*[17] selbst begann 1862, als Alfred Krupp die erste Zerreißmaschine aufstellte, die der planmäßigen Erforschung der Stahleigenschaften dienen sollte; 1882 folgte unter Friedrich A. Krupp das Laboratorium II für freie Forschung auf dem Gebiet der Stahlerzeugung; aus ihm wuchs die Chemisch-physikalische Versuchsanstalt hervor, die sich zu den Kruppschen Forschungsanstalten des 20. Jh. entwickelte. Dort erfand man 1912 den rostfreien Stahl, eine wichtige Voraussetzung für die moderne Technik. Doch wurde der Fortschritt lange Zeit hauptsächlich durch die Erfahrung der Praktiker bestimmt, erst 1916 das Kaiser-Wilhelm-Institut für Eisenforschung gegründet. Von solchen wirtschaftlichen Entwicklungen her begann man in Deutschland, England zu den »alternden« Staaten zu zählen und die politisch-wirtschaftliche Gestaltung und Beherrschung der Welt durch die USA und Deutschland zu erwarten, während die weltpolitische Wirklichkeit, auch die wirtschaftliche Dynamik ganz anderen Linien folgte, insbesondere das wirtschaftliche und finanzielle Übergewicht der grundsätzlich mit Großbritannien verbundenen USA immer stärker wurde und im Hintergrund Rußland schnell seine »industrielle Revolution« durchmaß.

[1] Verein dt. Eisenhüttenleute, Gemeinfaßl. Darstellung d. Eisenhüttenwesens ([16]1953). I. LANGE-KOHTE, Die ersten Kokshochöfen in Dtld., bes. in Rheinld. u. Westfalen, Stahl u. Eisen 85 (1965). H. EHRENBERG, Die Eisenhüttentechnik u. die dt. Hüttenarbeiter bis 1850 (1906). F. W. LÜRMANN, Die Entwickl. d. Roheisenherstellung mit Koks in Dtld., Stahl u. Eisen 29 (1909). ARLT (s. Kap. 11, Anm. 3). W. BORN, Die wirtsch. Entwicklung d. Saar-Eisenindustrie seit der Mitte d. 19. Jh. (1919). HASSLACHER (s. Kap. 11, Anm. 24). J. BELLOT, 100 Jahre polit. Leben an der Saar unter preuß. Herrschaft 1815 bis 1918 (1954). Die Burbacher Hütte 1856–1906 (1906). W. MAURMANN, Aus der Wirtschaftsgesch. d. Gießerei-Ind. in Dtld. (1969).

[2] M. SCHUMACHER, Auslandsreisen dt. Unternehmer 1750–1881 (1968).

[3] KOZEL (s. Kap. 11, Anm. 27). RABIUS (ebd.). Aachener Hütten-Aktien-Verein Rothe Erde bei Aachen (1907).

[4] K. FUCHS, Lage u. Bedeutung d. Eisenindustrie des Siegerlandes vor dem 1. Weltkrieg, Westfäl. Forsch. 17 (1964). O. JOHANNSEN, Gesch. d. Eisens ([3]1953).

[5] ARLT (s. Kap. 11, Anm. 3). O. GERHARD, Die Eisengießerei-Industrie d. Siegerlandes in ihrer Entwicklung u. Lage m. bes. Berücks. d. Walzengießereien (1916). SCHUCHARD (s. Kap. 11, Anm. 2). TRENDE (Kap. 12, Anm. 7). DÄBRITZ (Kap. 11, Anm. 5). GERLACH (Kap. 12, Anm. 3). LÜRMANN (s. o. Anm. 1). Grafschaft Mark (s. Kap. 11, Anm. 9). J. HEINZE, Beitr. zur Gesch. von Hörde (1909). HINKERS (s. Kap. 11, Anm. 14). MEIDINGER (ebd., Anm. 38). STILLICH (s. Kap. 12, Anm. 11). Hörder Bergwerks- u. Hüttenverein (1902). REUSS (s. Kap. 11, Anm. 6). H. BEHRENS, Der erste Kokshochofen d. rhein.-westfäl. Industriegebiets auf der Friedrich-Wilhelms-Hütte in Mülheim a. d. Ruhr, Rhein. Vjbll. 25 (1960). H. SEELING, Die Eisenhütte Hochdahl 1847 bis 1912 (1968).

[6] R. SCHMIDT, Gesch. d. Rheinböller Hütte, Tradition 6 (1961). K. MEWS, Haßlinger Hütte, Neuschottland, Dortmunder Union, Eisenwerk Steele, Beitr. z. Gesch. von Stadt u. Stift Essen 71 (1956). Über die Friedr.-Wilh.-Hütte: G. ADELMANN, Quellensammlung z. Gesch. d. soz. Betriebsverf., Ruhrindustrie, Bd. 2 (1956). F. LERNER, Wirtsch.- u. Sozialgesch. d. Nassauer Raumes 1816–1964 (1965).

[7] Die Gutehoffnungshütte Oberhausen 1810–1910 (o. J.). GERLACH (s. Kap. 12, Anm. 3).

[8] RABIUS (s. Kap. 11, Anm. 27). SCHUCHARD (ebd., Anm. 2). Grafschaft Mark (ebd., Anm. 9). F. A. MEYER, Von der Ruhr über den Rhein, Rheinhausens Schwerindustrie (1966). G. MERTINS, Die Entwickl. von Bergbau u. Eisenindustrie im westl. Ruhrgebiet, Geogr. Rundschau 17 (1965). W. TREUE (s. Kap. 11, Anm. 20). E. SCHRÖDER, Alfr. Krupps Generalregulativ, Tradition 1 (1956). (G. v. KLASS), 100 Jahre Niederr. Hütte AG (1951). G. MILKEREIT, Die Diskussion um das Moselkanalprojekt u. seine Verknüpfung mit d. Einführung d. Thomasverfahrens in der westdt. Eisen- u. Stahlind. 1883–1890, Tradition 11 (1966).

[9] W. SCHULTE, Theodor Fleitmann, Wissenschaftler u. Erfinder, Tradition 4 (1959).

[10] C. HARTMANN, Der heutige Stand d. dt. Eisen-Hüttengewerbes (1861). HASSLACHER (s. Kap. 11, Anm. 24). Bayern, Entwicklung (s. Kap. 12, Anm. 3). Produktion d. Bergwerks-, Hütten- u. Salinenbetriebes in dem bayr. Staate, Der Bergwerksfreund 20 (1857). V. NICHELMANN, Beitr. zur Darstellung d. Entwicklung d. eisenschaff. Ind. in der Oberpfalz, Verhandlg. d. hist. Ver. f. Oberpfalz u. Regensburg 97 (1956). 100 Jahre Eisenwerk-Gesellschaft Maximilianshütte 1853–1953 (1953). M. THIER, Gesch. d. Schwäb. Hüttenwerke 1365–1802 (1965).

[11] W. BORNHARDT, Gesch. d. Rammelsberger Bergbaues von seiner Aufnahme bis zur Neuzeit (1931). MEIDINGER (s. Kap. 11, Anm. 38). C. SCHIFFNER, Die Entwickl. u. der gegenwärt. Stand

des Hüttenwesens im Kgr. Sachsen, in: Die kgl. sächs. Bergakademie zu Freiberg (1904). Beitr. zur Gewerbegeogr. u. Gewerbestatistik (s. Kap. 11, Anm. 40). Produktion d. sächs. Bergbaues (ebd.). H. MÜLLER, Gesch. d. VEB Stahl- u. Walzwerk Riesa 1843–1945 (1961), mit Darstellung d. allg. Entwicklg. UBBELOHDE (s. Kap. 11, Anm. 42). J. BLANCK, Das Bank- u. Börsenwesen in der Stadt Hannover (²1926). O. PHILIPPS, C. Hostmann u. die Ilseder Hütte (1934); dagegen J. STUDTMANN, C. Hostmann u. d. Bergbau- u. Hütten-Gesellschaft zu Peine (1953). W. TREUE, Ilseder Hütte (s. Kap. 12, Anm. 11). STILLICH (ebd.). DICKMANN (s. Kap. 11, Anm. 43). HOHLFELD (Kap. 12 Anm. 10).

[12] GROBA (s. Kap. 11, Anm. 48). LAUBERT u. PERLICK (beide ebd., Anm. 45).

[13] NDB 3 (1957), Art. »Ph. Graf Colonna«. W. O. HENDERSON, The State and the Industrial Revol. in Prussia (1958).

[14] FRANZKE (s. Kap. 11, Anm. 46). WACHLER (ebd., Anm. 47). K. FUCHS, Die industr. Zusammenhänge d. preuß. West- u. Ostprovinzen im 18. u. 19. Jh., Nassauische Annalen 77 (1966).

[15] C. BRINKMANN, Entwicklung u. Gestaltung d. rhein. Wirtschaft, Schmollers Jb. 66 (1942). W. HERRMANN, Entwicklungslinien montanindustr. Unternehmungen im rhein.-westfäl. Industriegebiet (1954).

[16] M. SCHLENKER, Die Eisenhütten in Elsaß-Lothringen, in: Die wirtschaftl. Entwicklung Elsaß-Lothringens 1871 bis 1918 (1931). TREUE (s. Kap. 11, Anm. 20). MILKEREIT (s. o. Anm. 8). L. FRANCKE, Dtlds. Wettkampf mit England u. Frankreich auf dem Weltmarkt, Zs. d. kgl. preuß. statist. Bureaus 19 (1889). E. BERNHARDI, Englische Angriffe auf die dt. Industrie, Glasers Annalen f. Gewerbe u. Bauwesen 259 (1888). W. BEUMER, Chamberlains Schutzzollpläne, Stahl u. Eisen 23 (1903). Festvers. d. Ver. dt. Eisenhüttenleute, ebd. 24 (1904). Der dt. Arbeiter im Vergleich mit dem englischen, ebd. 25 (1905). Englische Stimmen über Leben u. Arbeit in Dtld., ebd. 27 (1907). Erinnert sei an die auch für das polit. Verhältnis Englands zu Dtld. wichtigen Aufsätze in der Saturday Review.

[17] A. KRUPP v. BOHLEN u. HALBACH, Forschung u. Entwicklung bei Fried. Krupp (1967). W. SCHUSTER, Gesch. d. Eisenhüttenwesens, Technik d. Neuzeit 2 (1940). Beitr. z. Industriewirtschaft d. Ruhrgebiets (1947). Mitteil. aus dem Kaiser-Wilhelm-Institut f. Eisenforschung 25 (1942). W. OELSEN, Die treibenden Kräfte d. naturwiss.-techn. Forschens, Stahl u. Eisen 87 (1967).

Kapitel 14
Die Eisenverarbeitung

Die *Erfindung des Gußstahls* gehört zu den wichtigsten eisenindustriellen Erfindungen und Nacherfindungen. Nachdem ihn Huntsman, ein Sohn deutscher Einwanderer, 1730 bei Sheffield erfunden hatte und die englischen Stahlerzeuger durch konsequente Geheimhaltung des Rezepts die des Kontinents für mehr als 100 Jahre überholten, versuchten dort, seit 1804 angeregt durch Napoleons Auslobung großer Belohnungen, viele Probierer die Nacherfindung. Diese gelang, nach Englandreisen seit 1794, Georg Fischer in Schaffhausen i. J. 1804, bei der Walder Gußstahl-Erfindungsgesellschaft (Bergisches Land) 1805/11, seit 1811 Friedrich Krupp, der 1812 eine Gußstahlfabrik errichtete und 1816 die Produktion größeren Umfanges begann.

Das in England 1784 eingeführte »*Puddel-Verfahren*« bedeutete gegenüber dem »Frischen« eine Revolution wie der Koks beim Hochofen gegenüber der Holzkohle; es verkürzte die Arbeitszeit auf ein Siebentel und verringerte die Kosten beträchtlich. Nach mißlungenen Versuchen an der Saar seit 1819 wurde auf der Rasselsteiner Hütte von Remy 1824 nach englischem Vorbild mit belgischen Arbeitern das erste deutsche Puddelwerk errichtet (1830 von K. F. Stumm in Neunkirchen)[1]. 1826 reiste Harkort[2] – auch hier ein Pionier – nach England, um die dortigen Fortschritte kennenzulernen und erfahrene Arbeiter für sein in Wetter geplantes Puddel- und Walzwerk anzuwerben. Seitdem gingen die Werke im Siegerland[3], im Märkischen[4], Meyers Gründung in Thüringen[5], seit 1833 im Saargebiet[6], in Sachsen[7], Nassau, wo Braunkohlenfeuerung versucht wurde[8], in Schlesien[9] zum Puddeln über. »Das Verfahren verbreitete sich rasch in der Grafschaft Mark und kam von Wetter aus durch Ingenieure, Arbeiter und gelieferte Maschinen auch nach Schlesien. Diese Revolution in der Eisenfrischerei und Stabeisenstreckung war in wenigen Jahren eine vollendete Tatsache«[10]. Doch genügte das Puddeln schließlich trotz mancher handarbeit-sparender Verbesserungen nicht mehr zur Befriedigung des schnell sehr stark anwachsenden Eisenbedarfs.

In den 60er Jahren trat daher an die Stelle des Puddelns das nach 1855 (am gleichen Ort und fast gleichzeitig mit Friedrich Siemens' Regenerativ-Heizung) erfundene, aber erst seit 1862 angewandte *Bessemer-Verfahren*, das freilich nur für ganz phosphorarme Erze brauchbar war, aber die Arbeitszeit für die Verwandlung von Roheisen in schmiedbares Eisen auf ein Zehntel des Puddelns verringerte. Mit der Einführung des Bessemer-Verfahrens schufen die Engländer sich erneut einen Vorsprung gegenüber dem Kontinent. Doch begann man in Preußen seit 1862/64 mit der Aufnahme des Bessemer-Verfahrens insbesondere für die schnell ansteigende Schienen- und Radreifenproduktion. Wenig später folgten 1867 das *Siemens-Martin-Verfahren* und das 1876 erfundene, seit 1879 langsam, seit den 80er Jahren schnell in Deutschland eingeführte *Thomas-Verfahren*, das über die Vorzüge des Bessemer-Verfahrens hinaus den Phosphor entfernte und daher auf dem Kontinent aufgegriffen wurde, für englische Erze aber nicht nötig war. Viele Verbesserungen waren erforderlich, um das Thomas-Verfahren betriebssicher zu machen; dann wurde das Fassungsvermögen der Thomasbirnen bis 1899 auf 20 t, 1911 von Thyssen in Hagendingen auf 30 t gesteigert. Durch die Erfindung des Thomas-Verfahrens wurde Luxemburg zum relativ stärksten Eisenland Europas und gewann dadurch erhöhte Bedeutung für das erzarme Deutschland. Die Elektro-Stahlerzeugung, eine Entwicklung von Werner und Wilhelm Siemens, begann 1878; der rostfreie Stahl wurde 1912 im Kruppschen Laboratorium erfunden. Nachdem 1848 R. Daelen in Aachen das erste brauchbare Universalwalzwerk konstruiert hatte, nahm das moderne Walzwesen seinen Anfang 1854 bei Krupp, 1856/57 für große Träger an der Saar[11].

An die Puddelbetriebe schlossen sich die gleichfalls mit Steinkohle betriebenen Walzwerke[12], die zwar vorwiegend Stabeisen, seit etwa 1838 aber auch Eisenbahnschienen erzeugten[13]. Französische, belgische und englische Ingenieure und Arbeiter halfen vielfach bei der Einführung dieser und anderer Verarbeitungs- und Veredelungsverfahren in Deutschland, so daß man im weniger erfolgreichen Ausland um 1900 von den nacherfindenden und nachahmenden deutschen Unternehmern im Gegensatz zur englischen Nation der großen Erfinder Darby, Huntsman, Bessemer, Thomas, J. Watt und anderen sprach[14]. Sehr schnell nahm die Stabeisen- und Schienenerzeugung einen lebhaften Aufschwung, gefolgt von der Stahl- und Eisenwarenerzeugung, bei der Bleche, Röhren, Träger durch Massenproduktion im Vordergrund standen. Die Anfänge der Röhrenindustrie (seit 1890 durch Mannesmann nahtlos, seit 1905 erst mit Gewinn) lagen mit Eifeler Unternehmern und Arbeitern aus der Eifel und England in Düsseldorf um 1860, das später auf diesem Gebiet zu einem europäischen Zentrum wurde[15].

Einen der Höhepunkte bei der Entstehung des »Ruhrreviers« bildete Friedrich und Alfred Krupps Kampf gegen das Monopol von Sheffield auf dem Gebiete der Stahlwaren, wobei Essen zur »Kruppstadt« und in Verbindung von Kohle, Erz, Hütten und Verarbeitung in Zivil- und Rüstungsindustrie zum bekanntesten Symbol des deutschen Wirtschaftsaufstiegs im 19. Jh. wurde[16]. Bei der Weltausstellung in London 1851 bezeugten Krupps Tiegelblock und die Schneidewerkzeuge Solingens die Konkurrenzfähigkeit der Industrie des Zollvereins auf diesen Gebieten gegenüber England auf dem Weltmarkt[17]. Zugleich vollzog sich infolge technischen Fortschritts und verstärkter Nachfrage der Übergang vom handwerklichen Kleinbetrieb zur eigentlichen Industrie – auch bei der Solinger Messer-, der Aachener Nadelherstellung[18] usw.; neu entstehende Gewerbe arbeiteten vielfach von vornherein in Großbetrieben. Die Stahlqualität bildete einen erheblichen Faktor in der Entwicklung der Eisenindustrie zum Großbetrieb[19], der aber auch in der sog. Kleineisenindustrie gegen Ende des Jahrhunderts immer häufiger angestrebt wurde[20]. So stark wuchs die Produktion an Stabeisen, Schienen und anderen Eisen- und Stahlwaren, daß 1857/58 die Einfuhr 50%, in den 60er Jahren nur noch 25 bis 35% der heimischen Erzeugung entsprach, danach befriedigte die Produktion den Bedarf. Moderne Verfahren, Probieranstalten, Konstruktionsabteilungen und Technische Hochschulen sicherten der deutschen Industrie eine technische und seit den 90er Jahren weltwirtschaftliche Spitzenstellung. Der deutsche Roheisenverbrauch je Einwohner stieg von 26,5 kg im Jahresdurchschnitt 1861 bis 1865 auf 157,1 kg 1901–1905. Bergbau, Hütten und Industrie wirkten sich stark auf Straßen-, Eisenbahn- und Wassertransporte aus. Zentrum von Bergbau und Eisenindustrie mit starkem Bankgeschäft, Hauptverwaltungen, Verbandsbüros und Börsen war seit den 70er Jahren Düsseldorf, dessen Anfänge in der Eisen- und Stahlindustrie 1850–1860 erheblich durch belgische metallurgische Unternehmer und Facharbeiter, später durch Zuzug aus der Eifel bestimmt wurden[21]. Repräsentanten dieser Großindustrie waren an der Ruhr Stinnes, Haniel, Funke, Krupp, Lueg, Grillo, Guilleaume, später auch Thyssen und Kirdorf, am Niederrhein Böcking, an der Saar Stumm und Röchling, in der Aachener Gegend Beißel, Guaita, Pastor und Talbot, im Bergischen Land Boeker, Henckels und Mannesmann[22].

Nach 1871 wurde die Eisenindustrie gefördert durch den Milliardenboom von 1871–1873 und den Durchbruch der kapitalistischen Wirtschaftsordnung, zurückgeworfen und zur Konzentration gezwungen durch die folgende große Baisse, gestärkt im Wiederaufstieg durch die Erfolge der Schutzzollverbände (Verein Deutscher Eisen- und Stahlindustrieller; Zentralverband deutscher Industrieller; Deutscher Handelstag): die wichtigste Industrie und unentbehrlich für Deutschlands industriellen Aufstieg. Seit 1879 genoß sie den Zollschutz des macht- und gesellschaftspolitisch begründeten Neumerkantilismus. Gleichzeitig kam es, gefördert durch Berliner Banken, zum »Aufbau der Achse Ruhrgebiet–Berlin–Oberschlesien« und zur Solidarisierung von Landwirtschaft und Industrie in der späten Bismarck- und in der Caprivi-Zeit. Karl Helfferich[23] errechnete für die Zeit von 1890 bis 1914 eine Verdreifachung von Deutschlands industrieller Leistung. Diese Entwicklung beruhte auf Fleiß und Energie des Volkes bei international relativ geringen Löhnen, aber seit 1884 einzigartigen Sozialleistungen, auf Schutz- und Förderungsmaßnahmen des Staates, auf dem zu Deutschlands Gunsten sich auswirkenden englischen Marken-Gesetz von 1887 (Made in Germany), auf gründlicher und erfolgreicher Verbindung von Praxis und Theorie, von Grundlagenforschung und angewandter Wissenschaft, von Forschungsinstituten der Universitäten, Hochschulen, Bergakademien, Industrielaboratorien und seit 1911 der Kaiser-Wilhelm-Gesellschaft. Zu dieser Bedeutung der Forschung und Lehre trat die Möglichkeit, Dampfmaschine, Explosions- und Elektromotor zu Produktion und Transport zu benutzen und so die Menschenkraft für produktivere Arbeiten freizumachen.

Das 19. Jh. wurde immer stärker gekennzeichnet durch die Benutzung von *Maschinen*, besonders von Dampfmaschinen. Es war wie ein Symbol der Zeit, daß 1799 Watts Patent auf die Dampfmaschine erlosch und so der Weg für die weltweite Verwirklichung und Anwendung der neuen Gedanken, Erfindungen und Konstruktionen frei wurde[24]. Bei deren Einführung in Preußen entwickelte die Technische Deputation starke Initiative; häufige Explosionen führten seit den 30er Jahren zuerst in den am stärksten industrialisierten Ländern Preußen und Sachsen zur Entstehung der Technischen Überwachungsvereine. Die Mobilisierung der Dampfmaschine bedeutete einen weiteren großen Schritt zur allgemeinen Maschinenbenutzung. Industrieerweiterung und -intensivierung geschahen mit der Maschine (Bergbau, Landwirtschaft, Rübenzuckerfabrikation, Müllerei, Textilindustrie, Druckerei, Werften usw.). England erleichterte die Maschinisierung 1825 durch Aufhebung des Ausfuhrverbots für Maschinen mit Ausnahme der Spinnereimaschinen[25]. Industriebegeisterte Männer wie Beuth sowie die Entwicklung des Zollvereins begünstigten diesen Fortschritt[26]. Die Fülle der unternehmerischen Kraft zeigte sich am deutlichsten in der Maschinen- und Fahrzeugindustrie. Meist aus kleinen handwerklichen Verhältnissen kommend, haben hier Männer in kurzer Zeit mit Schwung, Erfindungs- und Organisationsgenie Großbetriebe entwickelt, die das wirtschaftliche Gesicht von Gegenwart und Zukunft bestimmten. Allen voran wirkte *Harkorts* mechanische Werkstatt auf der Burg zu Wetter, eine »Pflanzschule der Technik«, in der bald Maschinen aller Art hergestellt, viele tüchtige Ingenieure ausgebildet und mit dem Geist des Maschinenzeitalters erfüllt wurden wie bei den Gewerbeförderungs-Institutionen von Preußen und Württemberg. Das persönliche Verhängnis von Harkort, dem die Freiheitskriege den Wandel vom Ästhetizismus zum Arbeitsethos brachten, bestand darin, daß sich Wirklichkeitssinn und Phantastik in ihm miteinander vereinten. Die Burg Wetter war ein romantischer, aber unwirtschaftlicher Standort; die Facharbeiter, die er brauchte, wollte er in seiner Werkschule erst heranziehen, Wetter zur industriellen Metropole Deutschlands machen und die zunächst kaum nachbaubaren englischen Konstruktionen sofort übertreffen. Dabei wurde er von übermütigen englischen Meistern abhängig, übernahm sich mit Gründungen bei Wetzlar und Olpe. Mit seinen Fabrikgründungen begann der Einzug des Bankkapitals ins Ruhrgebiet (Brink & Co.). 1832 war er, ein großer Inspirator, am Ende; 1875 fand er bei einem Besuch bei Krupp in großem Stil verwirklicht, was er geplant und begonnen hatte – die expansive Persönlichkeit rangierte vor der konzentrativen. Freilich ergaben sich dabei auch viele sozialpolitische Probleme[27]. Gleichzeitig ging in Berlin aus einem Kreis unternehmungslustiger Handwerker und »Fabrikanten« eine ganze Reihe bedeutender Maschinenindustrieller hervor, u. a. August Borsig[28], Schüler von Beuths Gewerbeinstitut und von Egells, der in Ibbenbüren Harkorts Geist verspürt hatte, und dessen Betrieb in Berlin seit 1821 Lehrbauwerkstätte für den norddeutschen Maschinenbau war[29]. In Borsigs Lehrjahren taten in Berlin 15 bis 20 Schlossereibetriebe unter Beuths Anteilnahme den Schritt zur kleinen Fabrik[30]. Borsigs große Zeit begann 1842 mit dem Bau seiner ersten Lokomotive nach amerikanischem Modell. Damit kam er von der Maschinenindustrie zum Fahrzeugbau, die fortan einander antrieben. 1843 siegte Borsigs Lokomotive zum erstenmal über englische Konstruktionen, seitdem war er in steigendem Maße an Preußens Versorgung mit Lokomotiven beteiligt. 1853 erfolgte seine erste

Auslandslieferung; in Beuths Todesjahr 1854 wurde die 500., 1858 die 1000. Lokomotive gebaut: Ein erstes Riesenwerk in der Fahrzeugindustrie war entstanden. Harkorts erfinderisches und Borsigs unternehmerisches Genie wurden gefolgt von Schwartzkopff[31] in Berlin, Schichau[32] in Elbing, Henschel[33] in Kassel, Egestorff[34] in Hannover, Hartmann[35] in Chemnitz, Keßler[36] und Riggenbach[37] in Esslingen und Karlsruhe, dem Berliner Kuhn in Berg (Württemberg), wo Max Eyth begann, Siemens[38], Maffei in Bayern[39] und vielen anderen. In Süddeutschland bildeten unternehmerisch besonders bemerkenswerte Schwerpunkte die Maschinenfabrik Augsburg (Buz, 1840) und die Eisengießerei und Maschinenfabrik Klett & Co. in Nürnberg, die 1898 unter Bankeneinfluß in Verbindung mit der Entwicklung des im Vorjahr betriebsfähig gewordenen Dieselmotors fusionierten[40].

In Oberschlesien wurde die industrielle Niederlassung des Breslauers Caro in Laband 1848 und die Gründung einer Drahtketten- und -seilfabrik durch Hegenscheidt aus Westfalen bei Gleiwitz 1852 für die wirtschaftliche Entwicklung wichtig, die nach Auseinandersetzungen 1866–1887 zu Fusionen in den folgenden Jahren führten[41].

Das Unternehmertum der Metalle verarbeitenden Industrien entstammte anfangs überwiegend dem Kleingewerbe: In der Kleineisenindustrie stiegen Handwerksmeister und Hausindustrielle zu Kleinfabrikanten und Unternehmern auf. Bis in die 50er/60er Jahre genügte deren elementare Schulbildung, dann wurde kaufmännische, später technische und juristische Spezialbildung erwünscht und nötig[42].

Die *Rolle des Kleingewerbes* neben dem ständig an Zahl und Umfang expandierenden Großunternehmertum bei einem allerdings gleichfalls dauernd stark nachwachsenden heimischen Markt und Export ist nicht genau festzustellen. Die Zahl der Kleinbetriebe ging 1882–1907 von 2,2 auf 1,9 Millionen zurück, die Zahl der darin Beschäftigten blieb unverändert. Der Anteil aller Beschäftigten in Industrie, Handwerk und Kleinbetrieben betrug 1875: 64%, 1907: 31%. Dagegen wuchs die Zahl der Selbständigen in Industrie und Handwerk 1850–1875 um 52%; sie sank dann bis 1907 nur um 13%. Im ganzen kam es seit 1875 zu einer Konzentration der Wirtschaft und dabei zu einer wirtschaftlichen Umschichtung der Bevölkerung[43].

Diese Entwicklung der Industrie durch Herstellung von Maschinen in ständig wachsenden Serien und durch immer neue Erfindungen wurde jahrzehntelang durch die Rückständigkeit des deutschen *Patentwesens*[44] verschiedentlich behindert. Einheitliche Patentgesetze wie in England, Frankreich und Amerika gab es in Deutschland nicht. Ansatz zu einer modernen Gesetzgebung war nach der Neuregelung in Preußen 1815 die 1842 erfolgte Einigung der Zollvereinsstaaten über allgemeine patentrechtliche Grundsätze. Die Zahlen erteilter Patente bilden verhältnismäßig zuverlässige Gradmesser der industriellen Entwicklung: In Preußen wurden 1815–1821 jährlich 9 Patente erteilt, 1822–1837: 17, 1838–1848: 59, 1848 bis 1870: 74, in Sachsen 1825–1877: 5006 (etwa doppelt so viele wie in Preußen; davon fast ein Drittel in der Textilklasse, die nächsthöchste Ziffer beim Maschinenbau). Erst das Reichspatentgesetz von 1877, an dessen Entstehung W. Siemens, E. Langen, der Verein Deutscher Ingenieure sowie Vertreter der chemischen Industrie aus individualkapitalistischen und volkswirtschaftlichen Überlegungen stark beteiligt waren, brachte nach langen Auseinandersetzungen um das Recht von Gemeinschaft und Individuum eine einheitliche Regelung für das Deutsche Reich (Reichspatentamt) entsprechend der Patentgesetzgebung anderer Staaten. Die Verzögerung gegenüber dem Ausland beruhte auf dem Mangel an Respekt des Bildungsbürgertums vor der technisch-industriellen Leistung.

Die Maschinenbauunternehmer und -unternehmungen in den deutschen Staaten gerieten spätestens bei der Gründung der ersten Eisenbahnlinie ihres Landes in Berührung mit dem *Bedarf an Lokomotiven*, *Wagen* usw. Anfangs kamen alle Lokomotiven meist sehr teuer aus England und häufig aus den USA (z. B. nach Württemberg). Der Einbruch in das englische »Lokomotivmonopol«[45] durch Borsig wurde durch Krauss, Maffei, Kessler, vor allem aber Henschel entscheidend vertieft, durch ihnen folgende Werkstätten verbreitert. Die *Standortverteilung* der Maschinenindustrie folgte dem Bergbau, der Eisenbahn- und Textilindustrie, aber auch den großen Städten: Berlin, Köln, Nürnberg, München[46]. Reparaturwerkstätten waren vielfach Ausgangspunkte oder folgten den Fabriken. Königreich und Provinz Sachsen entwickelten sich zu einem großen Raum des Maschinenbaues[47]; im allgemeinen konzentrierte er sich in der Landes- oder Provinzhauptstadt. 1859 wurde die Maschinenindustrie als »Mutter jeder großen Industrie« gepriesen[48]; sie war wichtigstes Verbindungsstück zwischen Rohstoff und fertigem Erzeugnis. Die Technikgeschichte der deutschen Eisenbahnen ist nur wenig erforscht – am besten für Südwestdeutschland[49].

Eng verbunden besonders mit dem Lokomotivbau war von Anfang der *Schiff- und Schiffsmaschinenbau*[50]. See- und Binnenschiffahrt nahmen wie der Eisenbahnverkehr im 19. Jh. einen mächtigen, nur auf der Grundlage einer dauernd wachsenden Schiffbauindustrie möglichen Aufschwung. Entscheidende Faktoren waren der Übergang vom Holz- zum Eisen-, seit 1885 zum Stahl-, vom Segel- zum Dampf- und vom kleinen zum großen Schiff, seit etwa 1880 zum Schnelldampfer, seit 1860 die Auswirkung des Weltverkehrs in der Zeit von Hochkapitalismus und Imperialismus sowie der Bau großer Kriegsflotten nach 1856 bzw. 1870. Seit 1891 führte Deutschland zugleich im Bau großer Segelschiffe. Die wissenschaftliche Ausbildung der Schiffbauer begann 1830 mit der Gründung der Schiffbauschule in Grabow bei Stettin; zwischen 1838 und 1858 wurde der deutsche Schiffbau »wissenschaftlich, maschinell und kapitalistisch durchgebildet«[51]. Billige Arbeitskräfte und Qualität der Eichenschiffe begünstigten den deutschen Schiffbau gegenüber dem englischen, bis der Übergang zum Eisenschiff diesen Vorteil umkehrte. Die Auswanderung steigerte den Schiffsbedarf, aber Kapitalmangel bei Werften und Reedern, politische und wirtschaftliche Zersplitterung behinderten bis nach 1871 größere Fortschritte. Das erste hölzerne Dampfschiff wurde 1831, die ersten eisernen 1838 auf der Gutehoffnungshütte und in Berlin gebaut[52]. Anfangs wandte sich vorzüglich die Flußschiffahrt den Neuerungen zu. Erst 1851 wurde die erste Spezialwerft für Eisenschiffe in Stettin, die spätere Werft Vulcan, gegründet; Rostock und Danzig folgten. Schichau baute 1855 den ersten preußischen Schraubendampfer, gleichzeitig die spätere Reiherstiegwerft der Godeffroy für den Auswandererverkehr den ersten eisernen Dampfer an der Nordsee. Damit war die erste geschäftlich nicht günstige Epoche des modernen Schiffbaues abgeschlossen. Seine Hauptstandorte waren die Flußmündungen: Vegesack an der Weser[53] und Hamburg[54], wo die Godeffroy, Rickmers und andere Anregungen aus England und den USA aufgriffen (Steigerung der Schiffsgröße *und* -geschwindigkeit). Die preußischen und mecklenburgischen Ostseewerften[55] kennzeichnete reger, aber von der Natur bestimmter Kleinbetrieb; mit der Umstellung auf Eisen entwickelten sich Schichau in Elbing und Vulcan in Stettin zu Großwerften. Der Schiffbau für das Binnenland war weit zersplitterter und führte infolge des technischen Vorranges Englands und der Niederlande die Rümpfe vielfach von dort, die Maschinen meist aus England ein, bis in den 30er Jahren mit Hilfe englischer Ingenieure und Arbeiter der Bau eiserner Schiffskörper und Maschinen auch in Deutschland aufkam[56]. Fortan war die Werft Ruhrort der Gutehoffnungshütte am Aufbau der Rheinflotte maßgeblich beteiligt, bis in den 50er Jahren die Eisenbahnen beim Personenverkehr vorübergehend eine Verlangsamung des Fortschrittes im Schiffbau veranlaßten. Indessen verlagerte sich das Schwergewicht der Tätigkeit der Werften auf den Bau von Schleppern und eisernen Kähnen, z. B. für Getreide-, Kohlen- und Erztransporte[57].

Die technische Grundlage dieser Verkehrsmittel-Antriebsindustrie war die Entwicklung der Betriebsdampfmaschine, der Schiffsmaschine, der Lokomotive und der Dampfturbine. Eine historisch eingeengte Ästhetik hatte sich trotz Schinkel und anderer Architekturen und Kunstgelehrten im frühen 19. Jh. lange gesträubt, Begriffe wie »Schönheit« und »Stil« auch auf die Maschine anzuwenden, obgleich deren Konstrukteure sich sichtlich (manchmal allzu sehr) bemühten, ihre Erzeugnisse eher dem Kunststil der Zeit anzupassen, als von ihnen selbst her einen neuen, technisch bestimmten Stil und Schönheitsbegriff zu entwickeln. Mit Watts Wort, es sei schon viel erreicht, wenn man erkannt habe, was fortzulassen sei, begann im Grunde dieses Streben nach eigenen Schönheitsformen aus der Konstruktion heraus. Alban forderte: »Auch in ihrem Äußeren muß die Dampfmaschine ihre hohe wichtige Bedeutung für den Menschen und seine Werke ausdrücken.« Reiche meinte 1872, im Gegensatz zum Bauwerk brauche die Maschine keinen »architektonischen Schmuck«, weil sie in sich vollkommen sei. Riedler schrieb 1896 ein bald klassisch genanntes Werk über ›Das Maschinen-Zeichnen‹, in dem er die Schönheit der der technischen Absicht angemessenen Form pries. Die Blüte der »stilvollen Maschine« lag zwischen 1830 und 1860. Als Radinger 1873 auf der Wiener Weltausstellung die Formen der Dampfmaschinen betrachtete, lobte er den Stil der Maschinen, »weil er bereits völlig den Zweck, welchem das Ganze und welchem jedes einzelne Glied dient, charakterisiert«; er rühmte, daß Flächen und Linien sich ganz von der Steinarchitektur befreit hatten, daß sie material- und funktionsgerecht behandelt wurden. »Dabei ist der Schönheit, welche sich durch naturgemäße Symmetrien, durch Verwendung von

Formen gleicher Festigkeit, des wechselnden Materials usw. außer den harmonischen Verhältnissen und einer reinen Zeichnung von selbst ergibt, in hohem Maße Rechnung getragen, aber dieselbe ausschließlich durch die Zweckmäßigkeit und nicht durch das Ornament gewonnen. Die konsequente Zweckmäßigkeit der Formen, welche auch die leichte Herstellbarkeit umfaßt, kennzeichnet also die heutigen Maschinen. Keine unnötige Linie und kein Zierat ist an ihnen zu finden, und jeder ihrer Teile trägt den Charakter felsiger Ruhe oder blanker Beweglichkeit, wie er eben zu dienen hat«[58].

1 E. SCHRÖDER, Die Walder Gußstahl-Erfindungsgesellschaft, Tradition 4 (1959). B. KRAJEWSKI u. L. EHLEN, Neunkirchen, Stadt d. Eisens u. d. Kohle (1955). MATSCHOSS (s. Kap. 11, Anm. 12). DÄBRITZ (ebd., Anm. 5). SCHUCHARD (ebd., Anm. 2). G. KELLER, Die technik-geschichtl. Entwicklung d. Puddelverfahrens im Ruhrgebiet, Technikgesch. 29 (1940).

2 L. BERGER, Der alte Harkort (1925). W. KÖLLMANN, F. Harkort, Bd. 1 (1964).

3 BAEHREN (s. Kap. 11, Anm. 4).

4 HINKERS (s. Kap. 11, Anm. 14). Hörder Bergwerks- u. Hütten-Verein (s. Kap. 13, Anm. 5). Grafschaft Mark (s. Kap. 11, Anm. 9).

5 DICKMANN (s. Kap. 11, Anm. 43).

6 HASSLACHER (s. Kap. 11, Anm. 24).

7 MEIDINGER (s. Kap. 11, Anm. 38). Industrielle Zustände Sachsens (s. Kap. 11, Anm. 40).

8 ODERNHEIMER (s. Kap. 12, Anm. 5).

9 A. PERLICK, Oberschles. Berg- u. Hüttenleute (1953). Wirtschaftl. Heimatführer f. Schlesien, hg. v. Schles. Lehrerverein (1920).

10 R. BUSCHMANN, Wetter a. d. Ruhr (1901).

11 O. JOHANNSEN, Gesch. d. Eisens ([3]1953). Nachruf auf Daelen, in: Stahl u. Eisen (1888). FRANZKE (s. Kap. 11, Anm. 46). W. T. JEANS, The Creators of the Age of Steel (1884).

12 MATSCHOSS (s. Kap. 11, Anm. 12).

13 v. WEISE, Mitt. über mehrere Schienenwalzwerke, Zs. d. Ver. d. dt. Statistik 2 (1848). HINKERS (s. Kap. 11, Anm. 14). SERLO (s. Kap. 11, Anm. 6). MATSCHOSS (s. Kap. 11, Anm. 12). Eisen- u. Stahlwerk Hoesch AG in Dortmund 1871–1921 (o. J.).

14 Gutehoffnungshütte (s. Kap. 13, Anm. 7). KOZEL (s. Kap. 11, Anm. 27).

15 H. SEELING, Die Anfänge d. Röhrenind. in Düsseldorf um 1860, Düsseldorfer Jb. 50 (1960).

16 W. BERDROW, Alfred Krupp (1927). R. JAHN, Essener Gesch. (1952). E. SCHRÖDER, Krupp u. die Entstehung d. Ruhrreviers, Beitr. z. Gesch. von Stadt u. Stift Essen 70 (1955). Ders., Krupp, Gesch. einer Unternehmerfamilie (1957). Ders. (s. Anm. 1).

17 Iserlohner Artikel nach Nordamerika, Volkswirtschaftl. Mschr. f. d. Dt. Zollverein (1852).

18 W. ENGELS u. P. LEGERS, Aus der Gesch. d. Remscheider u. Bergischen Werkzeug- u. Eisenindustrie 1 (1928). C. VOGELSANG, Die Aachener Nadelindustrie (1913). WIEDFELDT (s. Kap. 10, Anm. 24).

19 E. H. SCHULZ, Die Stahlqualität als Faktor in der Entwicklung d. westfäl. Eisenindustrie (1957).

20 A. TROSS, Der Aufbau d. Eisen- u. eisenverarbeitenden Industriekonzerne Dtlds. (1923). F. C. ZIEGLER, Die Tendenz d. Entwicklung zum Großbetrieb in der Remscheider Kleineisenindustrie (1910). W. KOCKS, Verhaltensweise u. geist. Einstellung niederberg. Unternehmer d. frühindustr. Zeit (1956).

21 H. SEELING, Die belg. Anfänge d. Eisen- u. Stahlindustrie in Düsseldorf, Düsseldorfer Jb. 59 (1959).

22 J. WILDEN, Gründer u. Gestalter d.

Rhein-Ruhr-Industrie, Skizzen zur Gesch. d. Unternehmertums 2 (1951), dort Lit. zur Personen- u. Städtegesch. SEELING (s. o. Anm. 21). W. HELMRICH, August Thyssen, Tradition 3 (1958). H. SPETHMANN, Franz Haniel (1956).

[23] H. BÖHME, Dtlds. Weg zur Großmacht (1966). K. HELFFERICH, vgl. auch H. MARCHAND, Säkularstatistik d. dt. Eisenindustrie, Schriften d. volkswirtschaftl. Vereinigung im rhein.-westfäl. Industriegebiet NF, Hauptreihe H 3 (1939), mit statist. Lit. JOHANNSEN (vgl. Anm. 11).

[24] C. MATSCHOSS, Die Dampfmaschine u. die Entstehung d. techn. Revolution im 19. Jh., Jb. d. Ges. f. d. Gesch. u. Bibliogr. d. Brauwesens (1932). I. MIECK, Preuß. Gewerbepolitik 1806 bis 1844 (1965). P. A. ZIMMERMANN, Patentwesen in der Chemie (1965). W. TREUE, Ingenieur u. Erfinder, VSWG 54 (1967).

[25] O. FRORIEP, Zur Gesch. d. Maschinenbauindustrie (1918).

[26] P. KOLLMANN, Das Hgt. Oldenburg (1893). Das Großhgt. Baden (1885).

[27] BERGER (s. Anm. 2). SCHNABEL, Dt. Gesch. 3. HINKERS (s. Kap. 11, Anm. 14). TRENDE (s. Kap. 12, Anm. 7). FRORIEP (s. Anm. 25). E. SCHRÖDER, Krupp u. die Entstehung d. Ruhrreviers, Beitr. z. Gesch. v. Stadt u. Stift Essen 70 (1955). F. TOUSSAINT, Zur Gründungsgesch. d. Mechan. Werkstätte Harkort & Co., Tradition 9 (1964). G. ADELMANN, Quellensammlung z. Gesch. d. sozialen Betriebsverf., Ruhrindustrie Bd. 2 (1965).

[28] NDB 1 (1955), Art. »J. P. A. Borsig«. M. KRAUSE, A. Borsig, Berlin 1837 bis 1902 (1902). P. SCHRADER, Die Gesch. d. kgl. Seehandlung (1911). 100 Jahre Borsig-Lokomotiven (1937). Gesch. d. Stadt Berlin (1937).

[29] TRENDE (s. Kap. 12, Anm. 7). K. DOOGS, Die Berliner Maschinenindustrie u. ihre Produktionsbedingungen seit ihrer Entstehung (1928).

[30] DOOGS (s. Anm. 29). FRORIEP (s. Anm. 25).

[31] DOOGS (s. Anm. 29). B. BUXBAUM, Der dt. Werkzeugmaschinen- u. Werkzeugbau im 19. Jh., Beitr. z. Gesch. d. Technik u. Industrie 8 (1918). B. BEER, Louis Schwartzkopff (1943).

[32] W. CARSTENN, Gesch. d. Hansestadt Elbing (1937). A. GRUNAU, Ignaz Grunau u. Georg Grunau 1795–1890, ein Beitrag z. Gesch. Elbings im 19. Jh. (1937). Die Schichau-Werke in Elbing, Danzig u. Pillau 1837–1912 (1913). E. WESTPHAL, Ein ostdt. Industriepionier: Ferd. Schichau (1957). C. MATSCHOSS, Die Entstehung d. Dampfmaschine 1 (1908), u. a. Hartmanns Niederlassung in Chemnitz.

[33] 125 Jahre Henschel (1935). FRORIEP (s. Anm. 25).

[34] A. NACHTWEH, Georg Egestorff, Beitr. z. Gesch. d. Technik u. Industrie 11 (1921). O. MARHEINEKE, Die industr. Entwicklung d. Stadt Hannover (1926). E. GLASER, Die Hannoversche Maschinenbau AG vorm. G. Egestorff zu Linden vor Hannover (1909). R. HARTMANN, Gesch. Hannovers (²1886). W. TREUE, Die Egestorffs (1956).

[35] 100 Jahre Hartmann Textilmaschinenbau (1937). BUXBAUM (s. Anm. 31). FRORIEP (s. Anm. 25).

[36] M. MAYER, Emil Kessler, Ein Begründer d. dt. Lokomotivbaues, Beitr. z. Gesch. d. Technik u. Industrie 14 (1924).

[37] K. KELLER, Nikolaus Riggenbach, ebd. 7 (1917). N. RIGGENBACH, Erinnerungen eines alten Mechanikers (²1887). F. KISTLER, Die wirtsch. u. soz. Verhältnisse in Baden 1849–1870 (1954).

[38] G. WANDREY, Werner Siemens, Bd. 1 (1942). W. SIEMENS, Lebenserinnerungen (1957). W. Siemens in Briefen an seine Familie u. an seine Freunde (1953). G. SIEMENS, Gesch. d. Hauses Siemens (3 Bde. 1948–1952).

[39] J. KAHN, Münchens Großind. u. Großhandel (1913).

[40] G. STRÖSSNER, Die Fusion d. AG Masch.fabr. Augsburg u. d. Masch.bau AG Nürnberg 1898, Tradition 5 (1960).

[41] A. PERLICK, Hegenscheidt u. Caro, Zur Gesch. d. beiden Unternehmergrup-

pen im oberschles. Industrierevier, Tradition 8 (1963).

42 H. BEAU, Das Leistungswissen d. frühindustr. Unternehmertums in Rheinland u. Westfalen (1959).

43 W. FISCHER, Die Rolle d. Kleingewerbes im wirtschaftl. Wachstumsprozeß in Dtld. 1850–1914, in: F. LÜTGE (Hg.), Wirtschaftl. u. soz. Probleme d. gewerbl. Entwicklung (1968). K. RIEKER, Die Konzentrationsentwicklung in der gewerbl. Wirtsch. 1875–1950, Tradition 5 (1960).

44 BUXBAUM (s. Anm. 31). A. KIRNBERGER, Aus der Gesch. d. ältesten dt. Waggonfabrik, in: Festschr. Chr. Eckert (1949); vgl. Kap. 10, Anm. 27.

45 K. MARTIN, Die dt. Lokomotivindustrie (1913). W. TREUE, Henschel & Sohn, Tradition 19 (1974).

46 E. v. BECKERATH, Die preuß. Klassensteuer u. die Gesch. ihrer Reform bis 1851 (1912). DOOGS (s. Anm. 30). W. KÖHLER, Die dt. Nähmaschinenindustrie (1913). WIEDFELDT (s. Kap. 10, Anm. 24). T. GOEBEL, Friedrich Koenig u. die Erfindg. d. Schnellpresse (1883). FRORIEP (s. Anm. 25). Gutehoffnungshütte (s. Kap. 13, Anm. 7). HINKERS (s. Kap. 11, Anm. 14). H.-J. WEFELMEIER, Die gesch. Entwicklung d. Kölner Maschinenindustrie (1932). C. MATSCHOSS, Gesch. d. Maschinenfabrik Nürnberg (später MAN-Werke), Beitr. z. Gesch. d. Technik u. Industrie 5 (1913). L. BRUNNER, Polit. Bewegungen in Nürnberg 1848/49 (1907). H. HERMANN, Die Entwicklung d. Waggonfabrik Jos. Rathgeber in München, Beitr. z. Gesch. d. Technik u. Industrie 8 (1918).

47 BUXBAUM (s. Anm. 31). NEUSS (s. Kap. 11, Anm. 44). H. PÖNICKE, 100 Jahre dt. Dampfkesselbau in Uebigau (1936). M. WINKLER, Die Metallindustrie Mitteldtlds. in ihrer gesch. Entwicklung (1935).

48 Die Dampfmaschinen im Kgr. Sachsen bis Ende 1856, Zs. d. stat. Büros d. kgl. sächs. Min. d. Innern (1859).

49 O. HESS, Die Eisenbahnen in Württemberg, F. GEYER, Die Entwicklung d. bad. Eisenbahnen, Die Entwicklung d. südwestdt. Eisenbahnnetzes, alle in Jb. f. Stat. u. Landeskunde v. Baden-Württemberg 2 (1956).

50 CARSTENN (s. Anm. 32). E. HARNISCH, Die Kartellierungsfähigkeit d. Maschinenindustrie (1919).

51 T. SCHWARZ u. E. v. HALLE, Die Schiffbauindustrie in Dtld. u. im Auslande 1 (1902).

52 A. F. NAPP-ZINN, Die Anfänge d. dt. Rheindampferbaues (1939). SCHWARZ u. v. HALLE (s. Anm. 51).

53 E. BAASCH, Beitr. z. Gesch. d. dt. Seeschiffbaues u. d. Schiffbaupolitik (1899). P. HIRSCHFELD, Hannovers Großindustrie u. Großhandel (1891). SCHWARZ u. v. HALLE (s. Anm. 51).

54 K. SCHMACK, J. C. Godeffroy u. Sohn (1938). O. HÖVER, Dt. Seegeschichte (1939). E. HIEKE, H. C. Stülcken Sohn. Ein dt. Werftschicksal (1955); dazu L. BEUTIN, Tradition 1 (1956).

55 HÖVER (s. Anm. 54). M. BÜHRS, Die Entwicklung d. pommerschen Schiffbaues, Unser Pommerland 12 (1927). G. LEHMANN-FELSKOWSKI, 50 Jahre Schiffbau, zum 50jähr. Bestehen d. Stettiner Maschinenbau AG »Vulcan« (1907). Die XXVI. Hauptversammlung d. VDI (1885).

56 NAPP-ZINN (s. Anm. 52).

57 P. NEUBAUR, Matthias Stinnes u. sein Haus (1908). 150 Jahre M. Stinnes (1958). W. BORGIUS, Mannheim u. die Entwicklung d. südwestdt. Getreidehandels (1899). H. v. FEDER, Gesch. d. Stadt Mannheim (2 Bde. 1877).

58 C. MATSCHOSS, Die Entwicklung d. Dampfmaschine, Bd. 2 (1908).

Kapitel 15
Textilindustrie, chemische Industrie und weitere Industrien

Die *Textilindustrie*, bis zur Mitte des Jahrhunderts das einzige große Exportgewerbe, litt z. T. sehr unter der Kontinentalsperre, die den deutschen Export für lange Zeit ausschaltete, da England und Irland die überseeischen Märkte eroberten, im 19. Jh. die Baumwolle das Leinen verdrängte und die Maschine schnell auch in der Textilindustrie Eingang fand – Ereignisse, die deren Aufbau veränderten, hier Not, Verlust, schließlich Erliegen, dort Aufstieg, Fortschritt und Reichtum brachten[1]. England, dessen große Vorräte nach Aufhebung der Sperre zu Schleuderpreisen auf den Kontinent geworfen wurden, stand im Maschinenwesen weitaus an erster Stelle, konnte für die Maschinisierung große Kapitalien einsetzen und suchte, deutsche Muster und Verpackungen imitierend, auf Kosten deutscher Hersteller und Kaufleute seinen Absatz zu vergrößern. Ein zweites Hindernis für die auf Export eingestellte deutsche Textilindustrie[2] bildete die politische Unsicherheit, indem Einfuhrverbote (Italien 1817, Rußland 1820) den Absatz erschwerten, Unruhen (1820/21 Neapel, Piemont, 1821 Mähren, Walachei, Griechenland usw.) ihn oft direkt verhinderten. Die große Landwirtschaftskrisis in Deutschland belastete den Verkauf in der Heimat, nachdem schon 1816/17 die Not den Kapitalmangel gesteigert hatte[3]. Preußens und Bayerns Zollgesetze boten der Textilindustrie seit 1818/19 nur geringen Schutz[4]. So trat erst Ende der 20er Jahre, spürbarer nach Gründung des Zollvereins, eine Besserung ein – unter ganz veränderten Verhältnissen[5].

In *Westdeutschland* ging die *westfälische Leinenindustrie*[6] dauernd zurück unter englischem Druck und dem Streben des Auslandes nach Selbstversorgung, durch Zögern bei der Maschinisierung und unter der Konkurrenz der Baumwolle; doch wurde die Einbuße in dem vielfach auf dem Lande heimarbeitenden Gewerbe, besonders im Münsterland, vom Intensivierungsprozeß der Landwirtschaft aufgefangen. Allerdings betrachtete man z. B. in Bielefeld das »Leinen als Schicksal«. (Erste Sitzung der Handelskammer zu Bielefeld: »Die Krankheit unserer Leinenindustrie ist lebensgefährlich, ihr Name ist Schwindsucht.«) Daher wurde in Minden und Ravensberg mit Staatshilfe (Beuths Streben nach Technisierung, Dampfmaschine, Irlandreise) bei relativ geringen Anstrengungen der Fabrikanten der Export gehalten und der Übergang zur Mischware gefunden, in Bielefeld (1790: »Hier ist alles Spinner und Fabrikant«) der Export sogar gesteigert (1815 Mittelstädte 5800 bis 6800 Einwohner, 1858: 10000 bis 12500; 1910: Minden 26000, Herford 32000, Bielefeld 78000)[7]. Doch konnten die Unterstützungsmaßnahmen nicht wirklich helfen, weil die deutsche Maschinenware (1850 in Bielefeld erste deutsche Textilfabrik mit Dampfantrieb; 1854 Ravensberger Spinnerei, die zur größten Flachsspinnerei Deutschlands heranwuchs) teils zu spät kam, teils weil trotz Spinnschulen seit 1830 die wachsenden Ansprüche der Konsumenten nicht befriedigt werden konnten. Infolgedessen gingen viele Märkte an England verloren. Im Münsterland, wo wie um Osnabrück der Flachs sich nur für gröbere Gewebe eignete und Baumwolle günstig aus den niedersächsischen Häfen eingeführt werden konnte, wechselten unter neuer Entstehung des Verlagssystems viele Weber zur Baumwolle über, während Ravensberg beim Flachs blieb. In Mülheim (Ruhr) stagnierte die Baumwollspinnerei Anfang der 60er Jahre, weil sie maschinell rückständig war[8]. Bielefeld wurde statt Handels- eine Industriestadt (1864 Gründung der Bielefelder AG für mechanische Weberei) mit starker Änderung der Sozialstruktur (Proletariat und Mittelstand) und des Stadtregiments seit der revidierten Städteordnung von 1831–1834, durch das Dreiklassenwahlrecht 1850, die Städteordnung von 1853–1856 und den Wahlerfolg der SPD seit 1897.

Ähnlich war es in Baden, wo seit 1835 unter starker Schweizer Beteiligung viele Baumwollbetriebe gegründet wurden[9], in Württemberg nach 1848, mehr noch nach den Beobachtungen auf der Weltausstellung von 1851[10], im bayerischen Augsburg[11] und in Hessen[12]. Nachteilig für Garnspinner und Weber wirkte sich aus, daß man Flachs und Hanf, die Rohprodukte für das Garn, auch unverarbeitet ausführte und so die Auslandskonkurrenz stärkte. Den Leinsamen bezog man anfangs fast ganz über Riga und aus Holland, 1824 zu 25% aus eigener Zucht. Hinter der westfälischen stand die *linksrheinische Leinenindustrie* an Bedeutung weit zurück; in ihr hatte sich, wie in anderen rheinischen Gewerben, im 18. Jh. bereits eine dem »großindustriellen Bürgertum« ähnliche Schicht gebildet[13]. Wenn auch Konservatismus der Verleger, Spinner und Weber, Kapitalmangel und Furcht vor Qualitätsminderung lange die Einführung mechanischer Hilfsmittel bei der deutschen Leinenfabrikation verhinderten[14] – trotz Beuths und der Seehandlung

Bemühungen –, so hätte doch die Maschine den Abstieg des Leinens nur verzögern, nicht aufhalten können. Die Baumwolle, der Textilrohstoff der neuen Zeit für große Menschenmengen, gestattete niedrige Preise, modische Veränderungen, gute maschinelle Verarbeitung, so daß um die Jahrhundertmitte die Baumwoll-Handweberei fast vollkommen aufgehört hatte[15]. Besonders im zwar traditionsreichen, aber nicht mehr marktbeherrschenden Süd- und Südwestdeutschland, auch im Rheinland nahm die *Baumwollindustrie* einen lebhaften Aufschwung[16], während Westfalen nur vereinzelt Baumwollbetriebe aufwies[17]. »Die elsässische Textilindustrie war und blieb die Hauptindustrie der Reichslande. Das während der deutschen Herrschaft einsetzende stürmische Wachstum der lothringischen Schwerindustrie und des elsässischen Bergbaus hat in der Rangfolge nichts zu ändern vermocht.« Wegen der starken Schwankungen und Schwierigkeiten in diesem Wirtschaftsbereich gab es viele Auslandsreisen von Unternehmern teils zum Aufgreifen von Kenntnissen (England, Schottland, Irland, auch Lyon), teils zur Exportförderung insbesondere nach Amerika[17a].

Der Hauptanteil der *mitteldeutschen Textilindustrie* entfiel auf das Königreich Sachsen, das allerdings – im 18. Jh. ökonomisch der fortgeschrittenste Teil Deutschlands – 1815 mit 60% seines Gebietes und etwa 800000 Menschen die von der gewerblichen Entwicklung am wenigsten erfaßten Teile und damit die besten heimischen Märkte verlor. Dort hatte sich – z. T. als Nachfolgerin des absterbenden Bergbaues, z. B. im Erzgebirge – ein lebhaftes Textilgewerbe entwickelt. Am ältesten war auch hier, wie meist, die Wollindustrie (Westsachsen); die jüngeren Leinen- und vor allem Baumwollindustrien zogen sich in breitem Streifen von der Lausitz über das Chemnitzer Gebiet bis Westsachsen[18]. Schwer litten 1816/17 die dichtbesiedelten Gebiete unter dem Hunger[19] trotz vieler Hilfsunternehmungen und Gründung der Handelsgesellschaft der Brüder Carlowitz; Straßenbau und Auswanderung erschienen als letzte Auswege. Die Leinenindustrie der Oberlausitz, 1800 in Blüte, durchlief bei absterbendem Export lange Jahre typischen Weberelends und wich bis 1850 völlig der Baumwolle. In Leipzig gab es zwar 1830 erstmals eine Textilfabrik, doch war um 1850 die Textilbranche »von drittrangiger Bedeutung«; sie erholte sich erst später im Zusammenhang mit dem Bekleidungsgewerbe, besonders unter dem Einfluß des Mode-Messehandels[20]. Mißernten und hausgewerbliche Not führten zu Hunger, Radikalismus und verzweifelter Wendung gegen Maschine und Technik[21], die den althergebrachten Arbeits- und Sozialaufbau durch Errichtung vieler Fabriken und Dezimierung der Heimarbeit zum Einsturz brachten. Weniger Mangel an Erfindungsgeist und Kunstverständnis als der an Kapital ließ die sächsische wie überhaupt die traditionelle deutsche Textilindustrie trotz Privilegien, Prämien, Vorschüssen, Unterstützungen hinter der englischen zurückbleiben und mit dem Weltmarkt weitgehend auch den heimischen verlieren[22]. Einen Aufschwung nahm auch hier die Baumwollindustrie; sie eroberte den Inlandsmarkt von der Oberlausitz her, baute verlegerische Großunternehmen auf und konnte so nach 1850, von den sächsischen Maschinenbauern und der Farbstoffindustrie unterstützt, hochkapitalistische Gründungen mechanisierter Fabriken vornehmen. Der Gewerbefreiheit (1861) folgte die Gründung von Gewerbevereinen mit anregenden Gewerbe- und Industrieausstellungen[23]. Ähnlich lief die Entwicklung in der preußischen Provinz Sachsen[24]. Die sächsische Tuchfabrikation, früh mechanisiert und zur Fabrik übergehend, lebte nach 1817 auf, wurde durch niederländische und preußische Fabriktuche zu technischem Fortschritt und großbetrieblicher Konzentration gezwungen und stand in London 1851 vor der englischen[25]. Das thüringische Textilgewerbe erfuhr die gleiche Entwicklung wie das der anderen deutschen Gebiete. Das Eichsfeld, ein kulturell besonders rückständiger Landesteil, erlitt infolgedessen in den 40er Jahren sehr starke Auswanderungsverluste[25a].

Auch in *Schlesien*, wo die Textilindustrie nach Bergbau und Hütten das bedeutendste Gewerbe war, aber beträchtlich hinter Sachsen und Rheinland-Westfalen zurückstand, nahm die Leinenindustrie nach 1815 die übliche Entwicklung; aber hier ging nicht allein die Handweberei unter, sondern auch Maschinenspinnerei und -weberei unter dem Druck schlechter Zollverhältnisse und des Vertrages mit Österreich von 1853[26]. Die Heranziehung von Tirolern (Gründung von Zillerthal) und Maßnahmen der Seehandlung (Präs. Rother) bildeten keine Dauerhilfe[27]. »Schlesische Webernot« wurde, nicht zuletzt durch Freiligraths Gedicht ›Aus dem schlesischen Gebirge‹, zum Begriff ärgsten, ausweglosen Leidens. Der schlesische Weberaufstand vom Juni 1844 in Langenbielau, Peterswaldau und Umgebung – eine »bittere Frucht des Freihandelssystems« – war ein Ventil unerträglicher Not, wurde aber vom Staat unter kapitalistischen Gesichtspunkten aufs ungeschickteste niedergeschlagen[28]. Die Webernot stieg an[29], führte zur Abwanderung ins Industrieproletariat und wurde durch Einführung der Schwarzwälder Uhrenindustrie erst seit den 50er Jahren gelindert, zumal die Weber auch für ihre Nachkommen am alten Beruf hingen[30] und mit ihrer Maschinenfeindschaft die Mechanisierungsansätze Dierigs u. a. erschwerten[31]. Ein Hauptproblem bildete dabei der prinzipielle Liberalismus des Staates und das Verlangen nach Rückkehr zu friderizianischem Schutz bei den Leidenden; »Liberalismus« erschien ihnen nur als Freiheit zu gesteigertem Gewinn, nicht aber als Selbstverantwortung und Risiko in Krisenzeiten. – Die Baumwollindustrie entwikkelte sich auch in Schlesien auf die übliche, im ganzen günstige Weise, allerdings bei niedrigsten Löhnen[32]. Die anfangs bedeutende Ausfuhr von schlesischem Tuch[33] über den Breslauer Großhandel nach Ost- und Südosteuropa ging trotz Mechanisierung und Hilfe der Preuß. Seehandlung besonders durch russische Zölle unaufhaltsam zurück.

In keinem Wirtschaftszweig war die Kinderarbeit so weit verbreitet wie in den Textilgewerben; sie nahm in dem Maße ab, in dem die Mechanisierung wuchs[34].

Auf der Wende vom 19. zum 20. Jh. liegt, z. T. vom Glühfaden der elektrischen Lampe kommend, der Anfang der um 1850 erfundenen Kunstfaser-Erzeugung für die Textilindustrie[34a].

Eine dem Gange der Baumwollindustrie sehr ähnliche, mit ihm weitgehend verbundene Entwicklung erlebte die *chemische Industrie*[35], die z. T. aus den der praktischen Chemie zugewandten Apotheken hervorgegangen ist. Ihre wichtigsten Produkte waren anfangs Schwefelsäure (fabrikmäßig seit 1824), Soda (Käferthal 1827) und Chlor (seit 1848 in Fortsetzung der Erzeugung von Leblanc-Soda), für die mit dem Import amerikanischer Baumwolle ein Massenbedarf entstand. Zur Bleiche von 1 t Baumwolle waren 91 kg Schwefelsäure, 47 kg kalzinierte Soda und 4,7 kg Chlorkalk nötig. Die Baumwollproduktion der USA stieg von 16000 t i. J. 1800 auf 1,5 Millionen t i. J. 1900. Die Erfindung der Baumwoll-Entkernungsmaschine hatte die Steigerung des Baumwollanbaues, diese die der Baumwollwaren-Erzeugung und diese wiederum die moderne Bekleidungsindustrie sowie die Entstehung der ersten chemischen Großindustrie zur Folge (z. B. Chemische Fabrik Th. Goldschmidt, Berlin, später Essen, seit 1847). Diese wurde seit 1850 immer stärker Exportindustrie, gelangte bei der Massenerzeugung zur Verbilligung ihrer Produkte und erschloß sich damit wieder neue Märkte. Waren 1832 in Deutschland noch die Glashütten die Hauptverbraucher von Soda, so war es wenige Jahre später die Textilindustrie mit Wäscherei, Bleiche und Zeugdruck. Dazu kamen nun auch, später als in England, aber mit stärkerem Wachstum, Farbenfabriken, Seifenindustrie, Papierindustrie usw. 1838 veröffentlichte Liebig seinen äußerst kritischen Aufsatz über den Zustand der Chemie in Österreich, in dem er die allgemeinwirtschaftliche Bedeutung der chemischen Industrie hervorhob. Er wurde dafür 1840/41 nach Wien berufen, während er gleichzeitig einen entsprechenden Aufsatz über den Zustand der Chemie in Preußen publizierte und die Bedeutung der Wissenschaft für die Industrie unterstrich.

Zu den bedeutendsten Bereichen der chemischen Industrie gehörte schließlich die *Leuchtgasgewinnung*, an die sich die Gaswirtschaft im weitesten Sinne einschließlich der Rohrindustrie anschloß[36]. Die erste gasbeleuchtete Fabrik in Deutschland war, angeregt durch Harkort, die von F. Dinnendahl. Anfangs ausschließlich englische Gasanstalten zur Beleuchtung von Städten gab es 1825 in Hannover, 1826 in Berlin, ein erstes deutsches Unternehmen 1828 in Dresden; 1850 bestanden 35 Gaswerke in Deutschland, 1862 hatten sie alle Städte (47) über 20000 Einwohner und 181 kleinere, während 260 noch keine hatten; 1877 gab es 477 Gasanstalten, davon 250 in kommunalem Besitz. Für die Gründung von Gaswerken in kleineren Städten war häufig die Finanzhilfe von Kohlen- und Kokshändlern entscheidend. Gas wurde immer stärker nicht nur zur Beleuchtung und Beheizung wichtig (Hochofen- und andere Abgase, Großgasmaschinen, Fernheizung), sondern seit der Erfindung und dem Bau von Gasmotoren, insbesondere des Viertaktmotors von Otto und Langen auch als Energieträger, bis Elektro- und Benzinmotor das Gas von diesem Gebiet verdrängten.

Als in den 70er Jahren der »Siegeszug des elektrischen Lichts« begann und damit der Vorrang des Gaslichts beendet zu sein schien – das ›Journal für Gasbeleuchtung‹ enthielt 1878 14 Aufsätze über Elektrizität; die Dessauer Continental Gasgesellschaft, gegründet 1855, dehnte ihr Arbeitsgebiet 1879 auf Erzeugung und Verteilung von elektrischem Strom aus –, gab es außerdem einen Rückschlag genau zum Zeitpunkt der ersten industriellen Erzeugung der Edison-Glühlampe: 1882 Brand des Wiener Ringtheaters, ein Jahrzehnt später Erfindung der »Gas-Glühlichtbeleuchtung« mit Karl Auers Gasglühlichtstrumpf (Anfang: 1884), der »die gesamte Gasindustrie revolutioniert und auf eine nie geahnte Höhe gebracht sowie der Gasbeleuchtung einen großen und noch heute bestehenden wirtschaftlichen Vorsprung vor dem elektrischen Licht verschafft« hat (Strache 1913). Aus den »Nebenprodukten« der Gaswirtschaft (1860 erste industrielle Teerdestillation in Berlin) ging die Teerfarbstoffindustrie hervor.

Der chemische Bereich der sogenannten industriellen Revolution bestand in erster Linie aus wirtschaftlich verursachten und angeregten naturwissenschaftlich-technischen Erfindungen, die große wirtschaftliche Möglichkeiten erschlossen, aber auch aus zweckfrei zustande gekommenen Erfindungen, die gleichwohl große praktische Bedeutung erhielten. Seit 1830 traten die gezielte, zweckbestimmte Erfindung sowie die engste Zusammenarbeit von Wissenschaft, Technik und Wirtschaft in den Vordergrund – eine Kooperation mit wechselnden Kausalitäten. Es handelte sich also mehr um eine wissenschaftliche als um eine industrielle Revolution, mit einem anschließenden industriellen Prozeß, wobei man seit 1850 immer stärker von Hochschule und Werkslabor abhängig wurde; 1896 gab es in den USA auf einen akademisch ausgebildeten Chemiker 170 Arbeiter, in Deutschland 40, in der deutschen organischen Chemie allein 27. Noch ehe chemische Institute an Universitäten und technologischen Akademien Industriechemiker ausbildeten und dadurch zur Umgestaltung des chemischen Gewerbes entscheidend beitrugen, entstanden – fast immer in der Nähe von Textilgebieten[37] – auf dem Boden vorwissenschaftlicher Empirie die im Zusammenhang mit der Baumwolle ins Leben gerufenen Farben-, Soda- und Schwefelsäurefabriken, deren Weltruf um die Jahrhundertmitte unbestritten war. Einen neuen Antrieb gab Liebigs Lehre über die Ernährung der Pflanzen, die zur Entwicklung künstlicher Düngemittel führte, damit den Boden Europas vor der Erschöpfung bewahrte, nachdem Wöhler 1828 den Harnstoff synthetisch hergestellt hatte und »die chemische Industrie ganz in den Bann der Wissenschaft« zog (vgl. auch Liebigs ›Chemische Briefe‹, 1844)[38].

Es folgte die Begründung der Kautschuk- und der riesigen Teerfarbenindustrie (1856 Baist in Griesheim) aufgrund der Entdeckungen von Hofmann, der 1865 mit reichen Erfahrungen nach 20jähriger Tätigkeit am Royal College of Chemistry aus London zurückkehrte, von Baeyer und anderen, dazu die steigende Herstellung von Sprengstoffen für Bergbau, Industrie und Rüstung (Synthese der Färberröte [Krapp] 1868 durch Graebe und Liebermann, des Indigo durch Ad. v. Baeyer 1880, Herstellung von Anthracen durch R. Bohn seit 1901, von Indanthren-Farben seit 1907, Gewinnung von Stickstoff als Dünger durch F. Faber 1904). Nachdem 1860 in Karlsruhe der erste Internationale Chemikerkongreß stattgefunden hatte, 1861–1867 unter engen Beziehungen zwischen Unternehmern und Finanziers mit Neigung zur Konzentration die später bedeutendsten Unternehmen der chemischen Industrie und 1867 die Deutsche Chemische Gesellschaft gegründet worden waren, zählte die chemische Industrie mit Großbetrieben, Qualitätserzeugung und Vielseitigkeit um 1880 zu den bedeutendsten, international angesehensten Industrien Deutschlands (1877 die deutsche Farbstofferzeugung 50% der Weltproduktion, 1913: 87%). Sie beruhte stärker als jede andere Industrie auf hochschulwissenschaftlicher Forschungs- und Arbeitsweise, die prinzipiell – in Deutschland weit stärker als in anderen Ländern – von den Werkslaboratorien unter Anwerbung und Beauftragung von Universitätsforschern übernommen, durch die Reichspatentgesetzgebung seit 1877 gefördert wurde, die ihrerseits in erheblichem Ausmaß ein Ergebnis der Anregungen aus der chemischen Industrie und ihren Verbänden bildete (»hierdurch ist die deutsche chemische Industrie in ein neues Stadium ihrer Entwicklung getreten«, Caro 1879). Auf diesem Gebiet kann also von einem gewissen Brancheneinfluß auf die deutsche »Innenpolitik« gesprochen werden, der freilich auch anderen Zweigen und schließlich der Volkswirtschaft insgesamt zugute kam. Als im Zuge der Industrialisierung das Humboldtsche Schul- und Universitätsideal immer weniger den Bedürfnissen von Wirtschaft und Gesellschaft entsprach und insbesondere die Industrie nach neuen Wegen der Forschung unabhängig von der wirtschaftsfernen Universität suchte, deren Lehrer obendrein immer stärker durch Lehre und Verwaltung in Anspruch genommen wurden, kam es 1887 zur Gründung der Physikalisch-Technischen Reichsanstalt und 1912 der Kaiser-Wilhelm-Gesellschaft zur Förderung der Wissenschaften, deren erste Institute der Chemie und der Kohle-Forschung gewidmet wurden.

Neben den hier beispielhaft genannten Industriezweigen

entwickelten sich zahlreiche andere: die weit um sich greifende *Maschinenbau-* und die *Metallwarenindustrie*, die unter starker Heranziehung naturwissenschaftlicher Erkenntnisse und Entwicklungen sowie Heranbildung hochqualifizierter Facharbeiterschichten mit Elitebewußtsein von Werkstätten zu weltwirtschaftlich wichtigen Industrieunternehmen aufsteigenden optischen und die Elektro-Industrien[39], die *Gummiwarenindustrie*[40] seit den 90er Jahren in enger Verbindung zunächst mit der Fahrrad-, danach noch weit stärker mit der *Automobilindustrie*[41]. 1876 erfand N. A. Otto den Viertaktbenzinmotor und schuf damit die Voraussetzung von Benz' und Daimlers motorgetriebenen Fahrzeugen von 1885. Allerdings wandte sich dann das Interesse der ersten deutschen Automobilfabriken zunächst nach Frankreich, wo die eigentliche Popularisierung des Kraftwagens stattfand. 1885–1895 gab es neben Daimler und Benz keine Gründungen von Automobilfirmen; erst danach wuchs diese Industrie mit zunehmender Automobilbenutzung (32 Firmengründungen 1885–1900; Entfaltung danach: 130 Neugründungen, 57 Betriebseinstellungen). Seit etwa 1905 führte man beim deutschen Heer wie im Ausland großangelegte Versuche mit Lastwagen und Zugmaschinen, seit 1908 auch mit Raupenschleppern durch. Die Rohstoffversorgung, auch die mit Erdöl, reichte in die Probleme der Kolonialpolitik hinein.

Ferner entwickelten sich das Nahrungsmittelgewerbe, die Fischerei, das Herbergsgewerbe[42], das Bekleidungsgewerbe mit Berlin und Aschaffenburg als Zentren und die Warenhäuser[43], das Baugewerbe, in Verbindung mit dem starken Wachstum des Zeitungs-, Zeitschriften- und Buchwesens die Papierfabriken[44] und Druckereien sowie viele andere Industrien. Für die Automobilindustrie[45], die schnell breiten Raum einnahm, entstanden wiederum große Unter- und Zubringerindustrien, in deren Bereich als Beispiel der Unternehmerleistung nur Rob. Bosch und sein Werk genannt seien[46]. Einen volkswirtschaftlichen und sozialpolitischen Sonderfall innerhalb dieser meist wissenschaftsgebundenen und von vornherein kapitalintensiven »neuen« Industrien bildete die *Carl-Zeiss-Stiftung* in Jena aufgrund von Abbes ungewöhnlicher Auffassung vom Unternehmergewinn, die zur Schaffung eines Ministerialfonds für wissenschaftliche Zwecke (1886), zum Bau einer Sternwarte (1886) und über eine klärende Denkschrift 1888–1891 zur Stiftung mit dem Statut von 1896 führte[47].

Als 1903 aufgrund der Initiative O. v. Millers in München das »Deutsche Museum von Meisterwerken der Naturwissenschaften und Technik« gegründet wurde, das sehr bald als das populärste Museum in Deutschland ständig vergrößert und ergänzt werden mußte, war neben der Kunst im traditionellen Sinne auch die Technik als lebensbestimmendes und geschichtswürdiges Element anerkannt.

[1] W. Treue, K.-H. Manegold u. a. Quellen zur Gesch. d. industr. Revol. (²1978). C. Biller, Der Rückgang d. Haus- u. Leinwandindustrie des Münsterlandes (1906). H. Blumberg, Die dt. Textilindustrie in der industr. Revol. (1965).

[2] L. Bein, Die Industrie d. sächs. Vogtlandes 2: Die Textilindustrie (1884).

[3] O. E. Schmidt, Drei Brüder Carlowitz (1933).

[4] J. Grassmann, Die Entwicklung d. Augsburg. Industrie im 19. Jh. (1894).

[5] Bein (s. Anm. 2); vgl. auch Bd. 16, Kap. 30, Anm. 2. H. Kisch, The Textile Industries in Silesia and the Rhineland, Journ. of Econ. Hist. 19 (1959).

[6] Trende (s. Kap. 12, Anm. 7). A. Kersting, Das Textilindustriegebiet d. westfäl.-niederl. Grenzbezirks, Westfäl. Forsch. 11 (1958).

[7] B. Hildenbrand, Vergangenh. u. Gegenwart d. dt. Leinenindustrie, Jbb. f. Nat.ök. u. Stat. 13 (1869). G. Engel, Ravensberger Spinnerei AG, Festschr. z. 100jähr. Bestehen (1954). H. Schröter, Handel, Gewerbe u. Industrie im Landdrosteibezirk Osnabrück 1815 bis 1866, Osnabr. Mitteil. 68 (1959). W. Wilms, Aus der Frühzeit d. Bielefelder Handelskammer, 63. Jahresber. d. Hist. Ver. f. d. Gfsch. Ravensberg (1962/63). M. Schumacher, Die Bielefelder Leinenindustrie im Umbruch 1836–1839, ebd. 65 (1968). W. Hofmann, Die Bielefelder Stadtverordneten (1964). (W. Engel,) Bielefelder Webereien AG Bielefeld (1964).

[8] NDB 1 (1955), Art. ›H. J. Brinkhaus‹. H. Schmidt, Vom Leinen zur Seide, Gesch. d. Firma C. A. Delius & Söhne 1722–1925 (1925). W. Fischer, Herz d. Reviers, 125 Jahre Wirtschaftsgesch. d. IHK-Bez. Essen/Mülheim/Oberhausen (1965).

[9] F. Kistler, Die wirtsch. u. soz. Verhältnisse in Baden 1849–1870 (1954). W. Fischer, Ansätze zur Industrialisierung in Baden 1770–1870, VSWG 47 (1960).

[10] P. Gehring, Das Wirtschaftsleben in Württemberg unter Kg. Wilhelm I. (1816–1864), Zs. f. württ. Ldskunde 9 (1949/50).

[11] W. Zorn, Zu den Anfängen d. Industrialisierung Augsburgs im 19. Jh., VSWG 38 (1948). Ders., Augsburg, Gesch. einer dt. Stadt (1955). Ders., L. A. Riedinger, in: Lebensbilder aus dem bayer. Schwaben 4 (1955). F. Hassler, Die Augsburger Textil-, Metall- u. Papierindustrie, Augusta 955–1955 (1955).

[12] O. Landau, Beschreibung d. Kurfürstentums Hessen (1842).

[13] M. Barkhausen, Der Aufstieg d. rhein. Industrie im 18. Jh. u. die Entstehung eines industriellen Bürgertums, Rhein. Vjbll. 19 (1954). Ders., Bilder aus der Krefelder Seidenindustrie vor 100 Jahren, Die Heimat 23 (1953).

[14] R. v. Delbrück, Festrede zur Feier d. 100jähr. Geburtstages von P. Chr. W. Beuthe, SB Ver. z. Beförd. d. Gewerbfleißes 1882. Ders., Lebenserinnerungen (1905).

[15] F. J. Gemmert, Die Entwicklung d. ältesten kontinent. Spinnerei (1927). Grassmann (s. Anm. 4). Trende (s. Kap. 12, Anm. 7). Hundert Jahre Mech. Baumwoll-Spinnerei u. -Weberei Augsburg (1937).

[16] Grassmann (s. Anm. 4). Mech. Baumwoll-Spinnerei (s. Anm. 15). J. D. G. Memminger, Beschreibung von

Württemberg (1841). L. SCHMIEDER, Chronik d. Gesellschaft f. Spinnerei u. Weberei (1936). PH. BAUER, Die Aktienunternehmungen in Baden (1903). F. O. DILTHEY, Die Entwicklung d. Baumwollindustrie im niederrhein. Industriebezirk (1908). J. G. v. VIEBAHN, Statistik u. Topographie d. Reg.Bez. Düsseldorf I (1836).

17 TRENDE (s. Kap. 12, Anm. 7).

17a A. WAIBEL, Die Entwicklung d. Textilindustrie, in: Die wirtschaftl. Entwicklung Elsaß-Lothringens (1931). M. SCHUMACHER, Auslandsreisen dt. Unternehmer 1750–1851 (1968).

18 J. MÜLLER, Wirtschaftskunde v. Dtld. (1936). R. STRAUSS, Die Lage u. die Bewegung d. Chemnitzer Arbeiter in d. 1. H. d. 19. Jh. (1960). A. TIMM, Der Beitrag der Provinzen Sachsen u. Anhalt zur dt. Wirtschaftsentwicklung 1815 bis 1952, in: Festschr. W. Treue (1969).

19 BEIN (s. Anm. 2). E. GRÖLLICH, Die Baumwollweberei der sächsischen Oberlausitz (1911). F. BECK (s. Kap. 2, Anm. 2). R. BETTGENHAEUSER, Die Industrien des Hgt. Braunschweig (1899).

20 PESCHEK, Gesch. der Industrie und des Handels in der Oberlausitz, Neues Laus. Magazin 29 (1852). G. SCHULZE, Die Entwicklung der Industrie Leipzigs 1800–1945, Wissenschaftl. Veröff. d. dt. Instituts f. Länderkunde, NF 21/22 (1964).

21 A. SCHULZE, Die Entwicklung des alten Handwerks in den Dörfern und Landstädten in der preuß. Südoberlausitz, ebd. 103 (1927). Das wirtschaftl. Werden d. preuß. Oberlausitz (1925). FLATHE (s. Kap. 11, Anm. 37). C. GEYER, Polit. Parteien u. öffentl. Meinung in Sachsen von der Märzrevolution bis z. Ausbruch d. Maiaufstandes (1915). A. WEISE, Nachrichten aus Vergangenheit u. Gegenwart d. Gemeinde Ebersbach/ Sachsen (1888). H. ENGELMANN, Die wirtsch. Entwicklung d. Kreises Worbis (1904).

22 BEIN (s. Anm. 2). FLATHE (s. Kap. 11, Anm. 37). GRÖLLICH (s. Anm. 19).

23 H. SCHURIG, Die Entwicklung d. Oberlaus. Textilindustrie (1935). Das wirtsch. Werden d. preuß. Oberlaus. (s. Anm. 21). E. ENGEL, Die Baumwollspinnerei im Kgr. Sachsen (1856), vgl. auch NDB 1 (1955), Art. »C. F. Bernhard«. H. POENICKE, Die Gesch. d. Textilgewerbe d. Stadt Reichenbach im Vogtland, Hamburger mittel- u. ostdt. Forsch. 4 (1963).

24 A. ZANDER, Die wirtsch. Entwicklung d. Prov. Sachsen im 19. Jh. (1934).

25 BEIN (s. Anm. 2). A. SCHULZE (s. Anm. 21). Preuß. Oberlausitz (s. Anm. 21).

25a H. GODENHARDT, Das Eichsfeld als Ausgangsgebiet agrar. u. nichtagrar. Wanderungen in d. 1. H. d. 19. Jh., Eichsfelder Heimathefte 6 (1966). K. BARTHEL, Der 1. Streik auf dem Eichsfeld 1847, ebd.

26 KNIE (s. Kap. 11, Anm. 50). KOTELMANN (s. Kap. 12, Anm. 1). PARTSCH (s. Kap. 11, Anm. 7). R. ENGELSING, Schles. Leinenindustrie u. hanseat. Überseehandel im 19. Jh., Jb. d. Schles. Fried.-Wilh.-Univ. zu Breslau 4 (1959).

27 W. O. HENDERSON, The State and the Industrial Revol. in Prussia 1740 to 1870 (1958). Die Erdmannsdorfer AG f. Flachsgarn-Maschinen-Spinnerei u. -Weberei Zillerthal in Schlesien (1922). R. KELLER, Chr. v. Rother als Präsident d. Seehandlung (1930). W. O. HENDERSON, Chr. v. Rother als Finanzmann u. Beamter im Dienste d. preuß. Staates, Zs. ges. Staatswiss. 112 (1956).

28 M. MORGENBESSER, Gesch. v. Schlesien (1908). H. WENDT, Ergebnisse d. schles. Wirtschaftsgesch. (1922).

29 A. SCHNEER, Über die Not d. Leinenarbeiter in Schlesien u. die Mittel, ihr abzuhelfen (1844).

30 K. G. BRUCHMANN, Gustav Becker, in: Schlesier d. 19. Jh. (1922).

31 G. DIERIG, Christian Gottlob Dierig, ebd. A. v. MINUTOLI, Die Lage d. Weber u. Spinner im schles. Gebirge u. die Maßregeln d. preuß. Staatsregierung zur Verbesserung ihrer Lage (1851). PARTSCH (s. Kap. 11, Anm. 7).

32 DIERIG (s. Anm. 31). KOTELMANN (s. Kap. 12, Anm. 1).

33 GROBA (s. Kap. 11, Anm. 48). A. FRIEDRICH, Schlesiens Industrie unter dem Einfluß d. Caprivischen Handelspolitik (1902).

34 K.-H. LUDWIG, Die Fabrikarbeit v. Kindern im 19. Jh., VSWG 52 (1965).

34a V. MUTHESIUS, Zur Gesch. der Kunstfaser (1950).

35 W. TREUE, Die Bedeutung der chemischen Industrie 1770–1870, Technikgesch. 33 (1966). A. v. NAGEL, Indanthren, Komplexfarbstoffe, Schriftenreihe d. Werksarch. d. BASF, H. 2 (1968). Ders., Stickstoff, ebd. H. 3 (1969). C. SCHUSTER, Wesen und Wagnis der Forschung in der chem. Industrie, Die BASF 8 (1958). A. BINZ, Ursprung und Entwicklung der chem. Industrie. W. VERSHOFEN, Die Anfänge d. chem.-pharm. Industrie (2 Teile 1949/50). B. RASSOW, J. Liebig als Förderer d. chem. Industrie, Beitr. z. Gesch. d. Industrie u. Technik 13 (1923). H. SCHULTZE, Die Entwicklung d. chem. Industrie in Dtld. seit 1875 (1908). E. SCHMAUDERER, Die Stellung d. Wissenschaftlers zw. chem. Forschung u. chem. Industrie, in: Technikgesch. in Einzeldarstellungen 11 (1969). Die wichtigste u. zuverlässigste Lit. zur Gesch. d. chem. Industrie bilden die zahlreichen Firmengeschichten.

36 W. TREUE (s. Anm. 35). J. KÖRTING, Gesch. d. dt. Gasindustrie (1963). Ders., Karlsruhe als Gasstadt der Frühzeit, Technikgesch. in Einzeldarstellungen 13 (1969). L. HATZFELD, Die Begründung d. dt. Röhrenind. (1962). W. TREUE, 100 Jahre Caesar Wollheim (1961, auch Tradition 6, 1961). Ders., in: Aus dem Ruhrgebiet, Zur Technikgesch. d. Reviers 4: Das Kokereigas; 5: Nebenprodukte d. Kohle, WDR (1968). Dt. Continental Gas-Ges. 1855 bis 1955 (1955). L. HATZFELD, Die Handelsgesellschaft A. Poensgen, Mauel-Düsseldorf (1964). G. STRACHE, Gasbeleuchtung u. Gasind. (1913). H.-J. TEUTEBERG, Anfänge kommun. Stromversorgung, das Beisp. Hamburg, in: Festschr. W. Treue (1969).

37 RASSOW (s. Anm. 35). G. SCHÜLER, 75 Jahre AG d. Chem. Produkten-Fabriken Pommerensdorf-Milch Stettin (1932). TRENDE (s. Kap. 12, Anm. 7). G. A. WALTER, Die gesch. Entwicklg. d. rhein. Mineralfarbenind. (1922). GROBA (s. Kap. 11, Anm. 48). P. H. v. KULMIZ, Carl Friedrich Kulmiz, in: Schlesier d. 19. Jh. (1922). L. F. HABER, The Chemical Industry during the 19th Century (1958). A. v. NAGEL, Es begann mit Anilin, Die BASF 8 (1958). C. SCHUSTER, Heinrich Caro, ebd. 6 (1961). Für die rhein.-main. Chemie-Ind. wichtig: K. OBERDORFFER (Hg.), Ludwigshafener Chemiker (2 Bde. 1958/60). K. BINZ, Über den Ursprung d. chem. Ind., Zs. f. angewandte Chemie 25 (1912). H. W. FLEMMING, Ludwig Baist, 4. Beih. zu Tradition (1965). W. TREUE, 75 Jahre techn. Fortschritt, 75 Jahre Vogel-Verlag (1966). Ders., Das Verhältnis d. Universitäten u. Techn. Hochschul. zueinander u. ihre Bedeutung für die Wirtschaft, in: Die wirtschaftl. Situation in Dtld. u. Österr. um d. Wende vom 18. zum 19. Jh. (1964). C. DUISBERG, Die Vereinigung d. dt. Farbenfabriken, Tradition 8 (1963). H. FLECHTNER, C. Duisberg (1959). G. v. BRÜNING, »Erwägungen« zu C. Duisbergs Dkschr. ›Die Vereinigung d. dt. Farbenfabriken‹, Tradition 9 (1964). J. J. BEER, The Emergence of the German Dye Industry (1959). G. ADELMANN, Quellensammlung z. Gesch. d. soz. Betriebsverf., Ruhrindustrie, Bd. 2 (1965). J. MAIERHOFER, Gesch. d. Ammoniaks, Sandoz Bull. 5 (1966). Ders., Gesch. d. Mineralsäuren, ebd. 2 (1965). Ders., Gesch. d. Soda-Ind., ebd. 1 (1965). Ders., Gesch. d. Farbstoffe u. Textilhilfsmittel, ebd. 3 (1965). Dokumente aus Hoechster Archiven, Beitr. zur Gesch. d. Chemie (Farbwerke Hoechst AG, hg. v. H. W. FLEMMING, 18 Hefte). P. A. ZIMMERMANN, Patentwesen in der Chemie (1965). Das Reichspatentamt 1877–1927 (1927). G. KONRAD, Entwicklung d. Synthesekautschuks in Dtld., Angewandte Chemie 62 (1950). F. SCHUNDER, Tradition u. Fortschritt, 100 Jahre Gemeinschaftsarbeit im Ruhr-

bergbau (1959). R. MÜLLER, Emil Müller, Gründer u. Unternehmer in der dt. Dynamitind., Tradition 8 (1963).

[38] ST. JACOB, Chem. Vor- u. Frühind. in Franken, Technikgesch. in Einzeldarstellungen 9 (1968). Grundlegend H. SCHULTZE, Die Entwicklung d. chem. Ind. in Dtld. seit 1875 (1908). TREUE, MANEGOLD u. and. (s. Anm. 1). W. RUSKE, 100 Jahre Dt. Chem. Gesellschaft (1967). Ders., Gesch. d. Chemie in Berlin (1967). W. PIEPER, S. Ladenburg als Finanzier d. BASF, Tradition 12 (1967). O. BAYER u. S. PETERSEN, Das wiss. Hauptlaboratorium d. Farbenfabriken Bayer AG (1945–1957). Beitr. z. 100jähr. Firmengesch. 1863–1963 (der Bayer AG, Leverkusen, 1963). A. STAVENHAGEN, Festschr. z. Feier d. 100jähr. Bestehens d. Hermania AG vorm. kgl. preuß. Chem. Fabrik in Schönebeck (1915). SCHÜLER (s. Anm. 37). C. UNGEWITTER, Ausgewählte Kapitel aus der chemisch-industriellen Wirtschaftspolitik 1877–1927 (1927). 75 Jahre Chemieverband, hg. v. Verband d. Chem. Industrie, Bonn (1952). A. MARCUS, Die großen Chemiekonzerne (1929). K. HOLDERMANN, Im Banne d. Chemie: Carl Bosch, Leben u. Werk (1953). NDB 2 (1955), Art. »C. Bosch«; ebd. 1 (1953), Art. »F. Baeyer«. E. FISCHER, Meister, Lucius und Brüning, Die Gründer d. Farbwerke Hoechst AG, Tradition 3 (1958).

[39] A. SCHRÖTER u. W. BECKER, Die dt. Maschinenbauind. in der industr. Revol. (1962). G. SIEMENS, Gesch. d. Hauses Siemens (2 Bde. [2]1961; die Kapiteltitel d. 1. Bandes lassen die Abschnitte der Entwicklung dieser Ind. gut erkennen), neben Erinnerungen von WERNER SIEMENS (beste Ausgabe 1956), Briefe (1953) u. die unvollendete Biographie W. WANDREY, W. v. Siemens (1936). Zur Tätigkeit im Ausland: S. v. WEIHER, Carl v. Siemens, Ein dt. Unternehmer in Preußen u. England, Tradition 1 (1956). F. DEUTSCH in NDB 3 (1957). Ähnlich gut erforscht die Gesch. d. Zeiss-Werke u. d. Carl-Zeiss-Stiftung: W. DAVID, Die Carl-Zeiss-Stiftung (1954). G. D. ROTH, Die Grundlagen für die opt. Ind. in München, Tradition 5 (1960). H. WILLAM, Carl Zeiss, Tradition Beiheft 6 (1967). N. GÜNTHER, Zur Vorgesch. d. Fertigung militäropt. Geräte im Jenaer Zeisswerk, Tradition 3 (1958). H. KÜHNERT, Meine 1. Begegnung mit Dr. O. Schott, ebd. 6 (1961). F. NEHER, Friedrich Deckel, Ein Wegbereiter d. Photoind., ebd. 9 (1964). W. ERB, Gesch. d. Leitz-Werke (1956). E. ROSENBAUM, Rathenau, Leo Baeck Year Book 13 (1968).

[40] W. TREUE, Gummi in Dtld., Die dt. Kautschukversorgung u. Gummi-Ind. im Rahmen weltwirtschaftl. Entwicklungen (1955).

[41] F. SASS, Gesch. d. dt. Verbrennungsmotorenbaues 1860–1918 (1962). W. TREUE, Eugen Langen u. N. A. Otto, Tradition Beiheft 3 (1963). F. SCHILDBERGER, Die Entstehung des industr. Automobilbaues, Zs. Automobil-Industrie 14 (1969). NDB 1 (1954), Art. »Benz«. P. SIEBERTZ, Karl Benz, Pionier der Motorisierung ([2]1950). Ders., Gottlieb Daimler, Revolutionär der Technik ([4]1951). E. DIESEL, Diesel, der Mensch, das Werk, das Schicksal ([2]1953). K. RATHKE, Wilh. Maybach, Anbruch eines neuen Zeitalters (1953). V. KÖHLER, Dt. Personenwagen-Fabrikate 1885–1965, Tradition 11 (1966). Ders., Der Werdegang d. Volksautomobils, in: Auto, Motor u. Zubehör 2/10 (1963). W. WEBER, Amerikan. Erdöl in Deutschland 1860–1895, in: Festschr. W. Treue (1969).

[42] W. TREUE, Deinhard & Co., Erbe und Auftrag 1794–1969 (1969). F. RAUERS, Kulturgesch. der Gaststätte, Bd. 2 (1942). E. SCHMIEDER, Karl Bolle, Tradition 5 (1960).

[43] G. WÖRNER, Aschaffenburg, Keimzelle und Schwerpunkt der dt. Bekleidungsind., Aschaffenburger Jb. 3 (1956). B. DÄHN, Berlin, Hausvogteiplatz (1969, feuilletonist., aber materialreich). G. TIETZ, Herm. Tietz (1963).

[44] B. NADOLNY, F. H. Schoeller u. die Papiermacherkunst in Düren (1957).

[45] E. DIESEL (s. Anm. 41). Ders.,

Vom Motor zum Auto (1957); vgl. auch NDB 3 (1957), S. 660 ff.; für Lastkraftwagen ebd., Art. »J. H. F. W. Büssing«. G. Goldbeck, Statist. Zahlen zur geschichtl. Entwicklung d. Verbrennungsmotors, Tradition 3 (1958).

[46] Th. Heuss, Robert Bosch, Leben u. Leistung (1945). NDB 1 (1955), Art. »R. Bosch«. 50 Jahre Bosch 1886–1936 (1936). Über die Entwicklung v. Groß-, Mittel- u. Kleinbetrieben in der Wirtschaft vgl. K. Rieker, Die Konzentrationsentwicklung in der gewerbl. Wirtschaft. Eine Auswertung d. dt. Betriebszählungen von 1875–1950, Tradition 5 (1960).

[47] F. Schomerus, Das Arbeitsverhältnis im Jenaer Zeisswerk (1936); s. auch Anm. 39. H. Volkmann, C. Zeiss u. E. Abbe (1966).

Kapitel 16
Die Finanzierung der modernen Industrie

Die Entstehung der modernen Industrie war nur mit Hilfe großer Kapitalien möglich[1]. Besonders Bergbau, Hütten- und Schwerindustrie brauchten bis dahin ungewohnte Beträge. Der Assoziationsgeist, ein Merkmal des 19. Jh., machte sich auch hier geltend: Die *Aktiengesellschaft*, in deren Entwicklung die Phasen des Konzessionssystems »vom Aufkommen der Eisenbahn bis zu den Beratungen über das Allg. dt. Handelsgesetzbuch«, der Kodifikation durch dieses, der Zeit nach der Freigabe 1870 und derjenigen nach der Reform von 1884 zu unterscheiden sind, wurde im Laufe weniger Jahrzehnte (über die »Gewerkschaft« hinaus) zur beherrschenden Industriegesellschafts- und -finanzierungsform[2]. Mevissen schätzte sie »nicht nur wegen ihrer unmittelbaren Stärke und der engen Verbindung von Kapital und Geist«, er sah in ihr »zugleich eine gruppenbildende, in ethisch-sozialem Geiste wirkende und auf politischem Gebiet dem zerstörenden Radikalismus widerstreitende soziale Einrichtung« und wünschte in diesem Sinne »die Extreme des Individualismus durch das Mittel der Organisation gemildert zu sehen«. Es zielte in diese die alte Genossenschaft wieder aufgreifende Richtung, wenn er die Namensaktie bevorzugte und in der Inhaberaktie nur ein notwendiges, durch die Gestaltung des Stimmrechts zu steuerndes Übel erblickte[3]. Das Publikum folgte weniger diesen Idealen eines Wirtschaftsführers ungewöhnlichen Formats als eigenem Gewinnstreben und ließ aus Beteiligung am Aufbau einer nationalen Industrie mehrfach wilde Spekulation werden, was manche psychologisch lange und tief wirkende Krisis mit heraufbeschwor und Einwände gegen Aktiengesellschaft und

Industriewirtschaft überhaupt unterstützte. Außerdem lockerte der Einfluß der Banken nach 1850 zunehmend die ursprünglich enge Verbindung Aktionär–Gesellschaft[4]. Besonders im Bergbau wurde der Geldbedarf durch Maschinen, Wege- und Eisenbahnbauten, Schachtanlagen und Gebäude sehr groß; auch wuchsen die Kapitalien mit der Größe der Zechen und durch Fusionen usw.[5]. Bohrungen führten vielfach zur Spekulation; der Schachtbau selbst stellte einen Posten von großer Unsicherheit über mehrere, häufig viele Jahre dar. Die benötigten Beträge gingen weit über die Kraft der west- und mitteldeutschen Bergreviere, letzten Endes auch über Kapital- und Risikobereitschaft schlesischer Magnaten hinaus. Ein ähnlicher Geldbedarf entstand bei der Eisenindustrie durch Kokshochöfen, Maschinenpark, Bessemer-, Siemens-Martin- und Thomas-Anlagen, Walzwerke usw., Straßen, Eisenbahn- und Kanalanschlüsse, Ladeanlagen und Hafeninstallationen. Zwar war der Kapitalbedarf von Hütten meist übersichtlicher als der im Bergbau; aber bei den völlig neuen Aufgaben waren Mißgriffe, Fehlschläge und schnelles Veralten unvermeidlich. Überall stiegen die Lohnsummen, gegen Ende des Jahrhunderts auch die Sozialleistungen und Steuern erheblich an, entsprechend die Betriebsmaterialien und Rohstoffvorräte. Wenn 1850–1860, hauptsächlich von 1852 bis 1857[6], in Preußens Bergbau und Hütten rund 100 Mill. Taler durch Aktiengesellschaften investiert wurden, so überstieg das weit alles Gewohnte, auf traditionellen Wegen Mögliche. Das *Bankgeschäft*, ursprünglich Nebenzweig von Handel und Spedition[7], erlebte nun besonders in Westdeutschland, in Anlehnung an westeuropäische Erfahrungen, in den Zentren des Rheinhandels und der Schiffahrt wie Köln, Düsseldorf, Elberfeld und Essen einen schnellen und starken Aufschwung und gab die Verbindung zum Warengeschäft vollkommen auf. Firmen wie der Schaaffhausensche Bankverein und Sal. Oppenheim jr. & Cie. (seit 1789 bestehend) in Köln sowie v. d. Heydt (Elberfeld), die zu den meisten größeren Unternehmungen in Beziehung standen[8], stiegen über die kleineren Privatbanken hinaus und gelangten über Bereitstellung kurzfristiger Betriebskredite zur Vermittlung von Anlagekapital. Mevissen betrat hier für das gesamte deutsche Bankwesen neue Wege, als er 1848 das Privatbankhaus A. Schaaffhausen zur ersten deutschen Aktienbank umbaute, zum Sammelbecken anlagesuchender Kapitalien machte und weniger durch Beteiligung der Bank neue Industriezweige ins Leben rufen, als durch die Autorität der auf gründlicher Kenntnis beruhenden Empfehlung die Investition der Kapitalisten lenken wollte[9]. Von diesem Grundstein ging die Geschichte der modernen *Kreditbank* in Deutschland aus (s. Kap. 21). Die eigentlichen Industriereviere wiesen derartige Großbanken nicht auf, die dort ansässigen kleineren Betriebe[10] standen ihnen meist fern. Neben der kleinen Gruppe großer Banken, die sich nur in verhältnismäßig wenigen Geschäften engagierten, blieben also Kapitalbeschaffung und -investition Aufgabe der Industriegründer selbst; die meisten von ihnen sind dabei mindestens einmal in große Schwierigkeiten geraten. Die erste Montan-Aktiengesellschaft an der Ruhr wurde erst 1838 gegründet[11]. Nach der Gründungserleichterung durch das Aktiengesetz von 1843 traten einige weitere Aktiengesellschaften hinzu; doch gab es bis 1853 im Ruhrrevier erst 8, an deren Gründung zumeist auch westeuropäisches Kapital beteiligt war, in den ersten Jahrzehnten ein Charakteristikum des deutschen Aktienwesens wie der deutschen Industrie. Das Kölner Bankhaus Oppenheim spielte mit Verbindungen zur Pariser und Brüsseler Großfinanz vielfach den Vermittler für diesen äußerst anregenden Kraftzustrom[12]. Ausländische Kapitalisten trugen zur Entwicklung der deutschen Industrie sogar mehr bei als ausländische Unternehmer[13]. Sie kannten aus der Heimat die Gewinnaussichten eines Bergbauunternehmens mit ausreichendem Kapital und erhofften außerdem Pioniergewinne in den unerschlossenen deutschen Revieren[14]. Um 1870 stammten etwa 5% der gesamten deutschen Kohlenförderung aus Bergwerken, etwa 16% der gesamten Roheisen- und 20% der Kupferproduktion aus Hütten, in denen französisches Kapital investiert war. Dieses Kapital selbst betrug etwa 5% des in der gesamten deutschen Industrie arbeitenden Betrages[14a].

Allmählich fand auch das deutsche Kapital zu den Aktiengesellschaften. Hielt es sich lange vom Bergbau zurück, der mit schwerfälliger Gewerkschaft und geringer Kuxenzahl modernen Börsenanforderungen nicht mehr entsprach, so wurde dem Publikum durch die Eisenbahngesellschaften das neue Aktienrecht vertraut, das sich vom Code de Commerce (1807) her entwickelte und 1843 in Preußen weiter modernisiert bzw. eingeführt wurde[15]. Seit den 50er Jahren wandte sich die Mehrzahl der Bergwerks- und Hüttengesellschaften der Aktiengesellschaftsform zu. Ihre Namen deuteten vielfach an, daß die eigentlichen Gründer nicht den Revieren angehörten, sondern daß sich nun von allen Seiten Unternehmungslustige Steinkohle, Erz und Eisen zuwandten. Häufig vereinigten sich zur Gründung Aktionäre aus vielen Teilen Deutschlands mit anderen aus Rotterdam, Brüssel und Paris[16].

Gleichzeitig begann man *öffentliche Kapitalwerbung* durch Aufrufe und Prospekte zu betreiben, wobei etwa der der Dortmunder AG Tremonia 1855 bei eingezahltem Nominalkapital von 50–60% einen Reingewinn von 30% versprach. Solche Lockungen führten vielfach zur Überspannung der nicht sehr kräftigen deutschen Mittel; mancher Kapitalist übernahm sich, wenn er nur einen Teil des Nominalkapitals einzuzahlen brauchte und später in einer Krisis, bei allgemeiner Geldverknappung, voll zur Leistung herangezogen wurde. In die 50er Jahre fielen die Anfänge börsenmäßigen Handels in Bergwerksanteilen an den Börsen in Köln und Berlin. Diese Anzeichen und die enorme Steigerung der Gründungszahlen ließen auf einen gesunden Aufschwung von langer Dauer schließen. Aber die so plötzlich gesteigerte Unternehmungslust trug ihren Mißerfolg durch die riesige Preissteigerung bei Zechen und Feldern in sich[17]. Mitten im Aufbau, da die Industrie eben, auf die von den Aktionären in Aussicht gestellten Mittel vertrauend, große Aufgaben angepackt hatte, traf der Rückschlag von 1857 in erster Linie unfertige Werke und zeigte, daß mancher auswärtige Aktionär kein wirklicher Gewinn gewesen war.

In Westdeutschland gingen diese Entwicklungen am weitesten, doch verliefen sie in Mitteldeutschland und Schlesien grundsätzlich in gleicher Weise. Guido Graf Henckel holte Anfang der 50er Jahre Geld für seine große Aktiengesellschaft aus Paris; Graf Renard übertrug seinen ausgedehnten Bergwerksbesitz zur Heranziehung weiteren Kapitals einer solchen. Infolge großen Reichtums in Schlesien selbst wurde allerdings das Bedürfnis nach Finanzierung von außen dort nie so stark wie weiter westlich. Die wenigsten großen Betriebe – die von Hartmann, Henschel, Borsig – brachten das Kapital zu Vergrößerungen vorwiegend aus eigener Kraft auf. Daneben aber entstanden zahlreiche Betriebe in Form von Aktiengesellschaften beim Maschinenbau, bei der übrigen metallverarbeitenden Industrie, Textil- und chemischer Industrie, Zuckerfabriken[18] – überall, wo der Kapitalbedarf Mittel oder Risikobereitschaft des Einzelunternehmers überstieg und dem großen Publikum Gewinn ohne langfristige Kapitalfestlegung versprach. Wert und Bedeutung der Aktiengesellschaft beurteilte Oeynhausen 1859: »Es unterliegt keinem Zweifel, daß ohne den Eifer der Proponenten und ohne Aktienvereine so große Anlagen für Steinkohlenbergbau so bald nicht würden entstanden sein ... Die Aktiengesellschaften haben ... Kapitalien herbeigeführt, und schon im eigenen Interesse, um dieselben rentbar zu machen, müssen sie den Bergbau mit Energie betreiben. Dies ist eine entschieden sehr wohltätige Wirkung der Aktienvereine«[19]. Für die Arbeitsweise der Aktiengesellschaft spielte das Verhältnis von Aufsichtsrat (Verwaltungsrat) und Direktion (Vorstand) eine oft entscheidende Rolle; es wurde durch Gesetz im Jahre 1884 wesentlich zugunsten des Vorstandes verändert.

Ein Beispiel für die Bedeutung des Wirtschaftsrechts für die Entwicklung der Wirtschaft bildet die Institution der *Gesellschaft mit beschränkter Haftung* (GmbH). Sie, deren Bezeichnung und Abkürzung 1884 vom Reichstagsabgeordneten W. Oechelhäuser erfunden wurde, bildete eine »vollständige gewissermaßen am Grünen Tisch entstandene Neuschöpfung«[20]. Als sich einige Jahre nach der Reichsgründung auf manchen Gebieten der Gesetzgebung Unzulänglichkeiten herausstellten, tauchten auch erste vage Vorstellungen über eine Reform und Ergänzung des Rechts der Handelsgesellschaften auf. Als erster forderte Ludwig Parisius 1876 eine Weiterentwicklung des Gesellschaftsrechts durch die Ausbildung der preußischen bergrechtlichen Gewerkschaft zu einer allgemeinen industriellen Gewerkschaft, in der die Prinzipien der beschränkten Haftung und der »Zubuße« eine Rolle spielen sollten. Der Bundesrat ersuchte 1877 den Reichskanzler um den Entwurf einer Novelle zum Aktiengesetz, der 1884 vorgelegt wurde und in den Motiven die Frage aufwarf, »ob die jetzigen Rechtsformen für alle Arten von Unternehmungen, welche eine Kapitalvereinigung erfordern, ausreichen, oder ob ihnen nicht vielmehr nach dem Vorbild der bergrechtlichen Gewerkschaft eine neue Form hinzuzufügen sein möchte«. Oechelhäuser griff diese Frage am 24. 3. 1884 in einem Plädoyer für eine »GmbH« auf. Der »Zug, der unser ganzes modernes Erwerbsleben beherrscht«, führe »von der solidarischen Haftbarkeit der Offenen Handelsgesellschaft zur beschränkten Haftbarkeit«, wie sie in England und seinen Kolonien bestehe (Limited Company): »Ich habe die feste Überzeugung, daß dasjenige Land, welches die sichersten, einfachsten und mannigfachsten Rechtsformen für die Vereinigung von Kapital und Person bietet, vor anderen Nationen, die hierin zurückbleiben, einen Vorsprung gewinnen muß.« In den Jahren 1884–1889 beschäftigte sich die Wirtschaft eifrig mit solchen Gedanken einer neuen Handelsgesellschaft hauptsächlich in dem Bestreben, eine für Kolonialunternehmungen passende Gesellschaftsform zu entwerfen, zumal gleichzeitig mit den Anfängen der Kolonialpolitik am 18. 7. 1884 das Aktiengesetz erheblich verschärft worden war. Es stand also hinter den wissenschaftlichen Überlegungen nun auch die praktische Erfahrung deutscher Kolonialgesellschaften, die in einer Resolution des Deutschen Kolonialvereins vom 30. 4. 1886 zum Ausdruck kam. Die Rechtswissenschaft trat somit zur Wirtschaftspraxis in ein ähnliches Verhältnis wie um die gleiche Zeit immer stärker die Natur- und Ingenieurwissenschaften. Von Oechelhäuser unter Hinweis auf die praktischen Verhältnisse in den englischen Kolonien, auf die Notwendigkeit, entsprechend der Vielfalt der Wirtschaft »auch die individualistischen Gesellschaftsformen fortzubilden« und auf den »wachsenden Abfluß deutschen Kapitals ins Ausland« immer wieder vorangetrieben, gelangte man nach Grundsatzdebatten 1888 im Oktober 1891 zu einem Entwurf des Reichsjustizministeriums für ein »Gesetz betr. die Gesellschaften mit beschränkter Haftung«, das am 21. 3. 1893 verabschiedet wurde. Oechelhäuser, der »Vater der GmbH«, und seine Anhänger erwarteten vom Gesetz außer volkswirtschaftlichen auch sozialpolitische Vorteile: »In der Stärkung des Mittelstandes sehen wir die große soziale Bedeutung. Der gewerbliche Mittelstand, dessen Existenz für das Gedeihen der Volkswirtschaft eines Landes eine Voraussetzung bildet, wird heute von oben durch das in der AG verkörperte Großkapital und von unten durch die aufrückenden Arbeiter hart bedrängt.« Dieser dem Liberalismus entgegengesetzte Gedanke des Schutzes der nationalen Produktivkräfte entsprach durchaus der Schutzpolitik der Reichsregierung seit den Anfängen der Schutzzoll-, Sozial-, Kolonial- und Subventionspolitik. Zahl und Stammkapital der GmbH betrugen 1892: 60 mit 28 Millionen, 1909: 17077 mit 3,6 Milliarden Mark Kapital; im Jahre 1905 hatten 65,5% aller GmbH zwei bis fünf Gesellschafter, 24% mehr als fünf, 71,4% der GmbH hatten 20000 bis 500000 Mark Kapital. Der neugeschaffene Gesellschaftstyp entsprach also tatsächlich einem dringenden Bedürfnis besonders beim Mittelstand.

Mittelbar gehört in diesen Bereich der Finanzierungsfragen

auch, im Anschluß an frühere Konventionen verschiedener Art, Verkaufsvereine usw., die Entstehung und Entwicklung der *Kartelle*[21] sehr verschiedener Intensität, Größe und Bedeutung, wobei die organisatorische Begabung und Neigung einzelner Unternehmer zuweilen eine entscheidende Rolle spielten (Kirdorf, Wuppermann). Die Frühgeschichte der Kartelle kann bis ins 18. Jh. zurückverfolgt werden (Maschke). Grundsätzlich lag das Streben nach Kartellierung in dem gleichen Gedankenkreis des Neumerkantilismus wie die Schutzzölle. Als nämlich infolge der Entwicklung der Industrie die Konkurrenz immer schärfer wurde und Krisen die Position der Unternehmer schwieriger und gefährlicher machten, begannen diese sich zusammenzuschließen, weil sie von der »Association« Kräftigung und Schutz erwarteten; es entstanden die Vereine mit den »langen Namen«: zur »Wahrung der wirtschaftlichen Interessen der betreffenden Industrie in der und der Gegend« mit der Spitze gegen Konsumenten oder Lieferanten von Roh- und Hilfsstoffen, wobei im Laufe der Zeit eine ganze Reihe von Kartell-Untertypen entwickelt wurde.

Wie für die Handelspolitik, so war 1879 auch für die Kartellpolitik ein Epochejahr. Unter dem Zollschutz wurden seitdem die Kartellvereinbarungen wirksam: Der Einengung der ausländischen entsprachen Regulierung bzw. Ausschaltung der heimischen Konkurrenz, was erst die volle Ausnutzung des Zollschutzes ermöglichte. Das Rheinisch-Westfälische Kohlensyndikat, in seiner Wirkung das bedeutendste, leitete nach 40 Jahren freien Wettbewerbs 1893 eine neue Phase der Kartellexpansion ein: »Was früher der Staat als seine Aufgabe angesehen hatte, Erhaltung der Rentabilität durch Festsetzung der Förderung und der Preise, wurde in neuer Form durch das Syndikat wieder eingeführt.« Das Syndikat bildete damit eine »geschlossene Wirtschaftsmacht« (Droste), einen Staat im Staate. Gleichzeitig begann die Gründung von Kartellen in der Stahlindustrie, gipfelnd 1904 in der des Stahlwerkverbandes. Von ihrer Kartellpolitik her (1902 etwa 300 Kartelle) wurde die deutsche Industrie vielfach auch führend in der internationalen Kartellpolitik, der Aufteilung des Weltmarktes in nationale Reservate und über diese hinaus in Einflußzonen. Die deutsche Kali-Industrie, die 1881 ein vielfach beispielhaftes Kartell schloß, erhielt 1910 das erste von der Regierung verfügte Zwangskartell. In diesem Jahr erklärte das Handwörterbuch der Staatswissenschaften: »Die heutigen Kartelle sind das

Produkt der bisherigen historischen Entwicklung ... Es ist daher ein ganz gesunder und volkswirtschaftlich gerechtfertigter Gedanke, wenn die Industriellen bestrebt sind, dem anarchischen Zustande der Produktion ein Ende zu bereiten und die Produktion dem Bedarf anzupassen ... Wie aber jede noch so vernünftige und segensreiche Institution mißbraucht werden kann, so können auch die Kartelle entarten. Die kartellierten Unternehmer können ihre Monopolistenstellung mißbrauchen und einerseits ihre Arbeiter sowie die Produzenten der Rohstoffe ungebührlich bedrücken, sie können andererseits das konsumierende Publikum ausbeuten.« 1905 gab es in Deutschland mehr als 385 Kartelle, darunter mindestens 132 regionale Ziegeleikartelle, 19 Kartelle der Kohlen-, 62 der Eisen-, 46 der chemischen, 31 der Textil-, 2 der Elektroindustrie. Bis 1923 unterlagen Kartellbildungen in Deutschland keiner spezifischen Beschränkung oder Aufsicht. 1897 entschied das Reichsgericht, daß § 1 der Gewerbeordnung mit der Garantie der Gewerbefreiheit kein Kartellverbot verknüpfe.

[1] W. Hobson, The Revolution of Modern Capitalism (1903).

[2] N. Reich, Die Entwicklung d. dt. Aktienrechts im 19. Jh., Ius Commune 2 (1969). O. Jeidels, Das Verhältnis d. dt. Großbanken zur Industrie mit bes. Berücks. d. Eisenindustrie (1905). A. Krüger, Das Kölner Bankiergewerbe vom Ende d. 18. Jh. bis 1875 (1925). D. S. Landes, The Strukcture of Enterprise in the 19th Century. The Case of Britain and Germany, XIe Congrès Internat. des Sciences Historiques, Rapports 5 (1960). Ders., Industrialization and Econ. Development in 19th-Century Germany, Première conférence internationale d'histoire écon., Contributions, Communications, Stockholm (1960). W. Treue, Industrialisierung als ein Faktor d. wirtschaftl. Wachstums seit dem Anfang d. 18. Jh. (ebd.).

[3] B. Kuske (s. Kap. 11, Anm. 16).

[4] K. Bösselmann, Die Entwicklung d. dt. Aktienwesens im 19. Jh. (1939), nur bis 1850. E. Wagon, Die finanz. Entwicklung dt. Aktiengesellschaften 1870–1900 (1903). R. Engelsing, Die Vorgesch. d. Gründung d. Norddt. Lloyd, Tradition 2 (1957).

[5] Däbritz (s. Kap. 11, Anm. 5). Schacht (s. Kap. 11, Anm. 11).

[6] Däbritz (s. Kap. 11, Anm. 5).

[7] Bösselmann (s. Anm. 4). W. Zorn, Beiträge zur Gesch. dt. Banken seit 1950, Tradition 1 u. 5 (1956, 1960). R. E. Cameron, Die Gründung d. Darmstädter Bank, Tradition 2 (1957).

[8] Von der Heydt-Kersten u. Söhne, Elberfeld, 1754–1929 (1929), sowie viele andere Bankgesch.

[9] A. Schaaffhausen'scher Bankverein AG (1928). Bösselmann (s. Anm. 4). W. v. Eisenhardt-Rothe, Die volkswirtsch. Anschauungen G. v. Mevissens (1930). Kuske (s. Kap. 11, Anm. 16). H. Gebhard, Die Berliner Börse von den Anfängen bis z. J. 1806 (1928).

[10] Schacht (s. Kap. 11, Anm. 11). J. Wilden, 150 Jahre C. C. Trinkaus (1936).

[11] Schacht (s. Kap. 11, Anm. 11). Neubaur (s. Kap. 14, Anm. 57). Niederrhein.-westf. Steinkohlenbergbau (s. Kap. 11, Anm. 1).

[12] Däbritz (s. Kap. 11, Anm. 5).

[13] Henderson (s. Kap. 11, Anm. 30 u. 31). Bloemers (ebd.). Schacht (s. Kap. 11, Anm. 11). B. Schulz-Briesen,

50 Jahre rückwärts, Erinnerungen eines alten Bergmannes (1904).

[14] Bösselmann (s. Anm. 4).

[14a] Cameron, Some French Contributions to the Industrial Development of Germany, 1840–1870, Journal of Econ. Hist. 16 (1956).

[15] Bösselmann (s. Anm. 4). Schacht (s. Kap. 11, Anm. 11). Niederrhein.-westf. Steinkohlenb. (s. Anm. 11). Grafschaft Mark (s. Kap. 11, Anm. 9). O. Sehrt, Die niederrh. Aktiengesellschaften unter dem Code de Commerce (1912).

[16] Däbritz (s. Kap. 11, Anm. 5). Schacht (ebd., Anm. 11).

[17] Bitter (s. Kap. 12, Anm. 15).

[18] Bösselmann (s. Anm. 4). Mews (s. Kap. 11, Anm. 31).

[19] Liesenhoff (s. Kap. 11, Anm. 8 [Buch]).

[20] B. Seidel, Zeitgeist u. Wirtschaftsgesinnung im Dtld. d. Jahrhundertwende, Schmollers Jb. 83 (1963). F. Frankel, Die GmbH (1915). R. Fischer, Aktuelle Probleme aus dem Gesellschaftsrecht u. anderen Rechtsgebieten, in: Festschr. W. Schmidt (1959). C. Fischer, Die GmbH (1948).

[21] M. Droste (s. Kap. 11, Anm. 54). R. Liefmann, Kartelle, Konzerne, Trusts ([8]1930). G. Schmoller, Das Verhältnis der Kartelle zum Staat, Schmollers Jb. 29 (1905). R. Isay, Die Gesch. d. Kartellgesetzgebung (1955). H. Böhme, E. Kirdorf, Tradition 13/14 (1968/69). W. Pieper, Th. Wuppermann u. die Vereinigung Rhein.-Westf. Bandeisenwalzwerke (1963). E. Maschke, Grundzüge der dt. Kartellgesch. bis 1914 (1964). F. Blaich, D. Trustkampf 1901/15 (1975).

Kapitel 17
Folgen der Industrialisierung. Die Arbeiterschutzgesetzgebung

Wie die geistigen Grundlagen der Industriewirtschaft (Kap. 10) tief in die Kulturgeschichte, die Rechts- und Gesellschaftsvorstellungen, das Erziehungs- und Bildungswesen reichen, so bilden die Folgen der Industrialisierung eigentlich die ganzen wirtschaftlichen, sozialen, rechtlichen, politischen, auch die kulturell-zivilisatorischen Entwicklungen der zweiten Jahrhunderthälfte, nachdem die Krisis 1857 den Fortschrittsoptimismus in Europa ähnlich schwer getroffen hatte, wie die von 1929–1934 das amerikanische Selbstbewußtsein treffen sollte, und somit einen heftigen Schock gebracht, dem Liberalismus einen ersten Schlag versetzt hatte. Die Kämpfe gingen seit den ersten Tagen der Maschine bis heute um die Frage, ob und wie von ihr der Mensch und die Kultur geprägt werden sollte und dürfte. Prinzipiellen Gegnern, wie Adam Müller, der schon vor 1820 aufs schärfste die »lasterhafte Tendenz der Arbeitsteilung«, das demoralisierende Unwesen der großen kasernierenden Fabriken, die Trennung von Arbeit und Kapital kritisierte[1] und wie andere die häufig anfangs mit der Maschine auftretende Arbeitslosigkeit für unabwendbar hielt[2], standen ebenso unbedingte Anhänger gegenüber, die den Nutzen der Maschine für Arbeitgeber und -nehmer priesen, eine Steigerung der »Moralität« unter den Bergleuten feststellen zu können glaubten und die »beinahe militärische Disziplin und Dienstordnung«, die Geschwindigkeit der Industriearbeit romantisierten[3]. Die Maschine existierte und war nicht mehr zu beseitigen; sie dehnte wie Arbeitsteilung, Kapitalgesellschaft, Eisenbahn und Dampfschiff ihre Existenz und ihren Einfluß ständig aus und wurde schnell ein unentbehrliches Kultur- und Zivilisationsgut auch derer, die sie zu bekämpfen schienen, aber im Grunde nur Begleiterscheinungen beklagten, aufhalten oder beseitigen wollten. Gewiß galt es, viele Übelstände an der »Maschine« zu beheben. Dabei versagte aber weithin die Instanz, von der Geplagte und Notleidende zuerst Hilfe erwarteten: der Staat. Er war liberal, soweit der »Staat« – Minister und Ministerialbürokratie – es sein konnte, niemals so sehr, wie später die Unternehmer behaupteten, die z. B. 1930–1932 die Rückkehr zum »Liberalismus« forderten. Bei akutem Elend und Unglück griff er in den Kampf ums Dasein ein, von dem nach der herrschenden Staats- und Wirtschaftstheorie Gesundheit, Kraft und Größe zu erwarten standen. Die Auswüchse der Industrialisierung blieben daher lange Zeit zwar dem Staat nicht unbekannt, aber einer alten Überlieferung entsprechend vorwiegend privater, meist christlicher Wohlfahrt überlassen. Anfangs stellten industriebegeisterte Unternehmer gelegentlich fest, daß die Genügsamkeit größer war als die Verlockung höherer Löhne in der Industrie[4], die bis 1850 oft noch als Nebenbeschäftigung betrachtet und betrieben wurde und hinter Landarbeit, Ernte und Weinlese zurückstehen mußte[5]. Seit den 40er Jahren brachte die große Wendung das Wohnungselend Berlins, den Aufstieg von Landstädten zu Industriezentren, den Sachsens zum Industriestaat, dessen Industriearbeiterelend 1890 Paul Göhre erforschte[6]. In solchen Zusammenhängen vollzog sich z. B. im Zuge der Ost-West-Wanderung der »Aufbau des Ruhrvolkes«[7], dem viel Arbeitskraft, Unternehmungslust, Erfindungsgeist aus dem Osten zugute kam. Jetzt gehörten Mietskasernen und Schlafstellen zu den meistbehandelten sozialen Themen. Im Jahre 1865 gab es in Berlin 12000 Kellerwohnungen mit 46000 Bewohnern und 7300 Mansardenwohnungen[8]. Um die Jahrhundertwende wuchs in Preußen die Bevölkerung von Rheinland, Westfalen und Berlin (mit den angrenzenden Gebieten der Mark Brandenburg) weit schneller als die anderen Teile der Monarchie[9]. In rasch wachsenden Industrie- und Verkehrsstädten sammelte sich eine Bevölkerung vielfach ungelernter Arbeiter, ehemaliger Heimarbeiter, verarmter Handwerker, Landflüchtiger und sonstiger Personen teils ausländischer, z. B. ostjüdischer Herkunft[10], die meist wenig verdiente[11] und nach Harkorts Urteil schon 1844 »ohne feste Heimat, ohne Hoffnung oder Zukunft ... durch eine bedenklich anwachsende Zahl der Wohlfahrt der bürgerlichen Gesellschaft gefährlich zu werden begann«[12]. Sie wurde von Krisen – wie 1857 bis 1860 – auch wieder auseinandergetrieben, blieb also, wie nach 1814 auch die Bettlerherbergen in Hamburg und das Vagabundentum in Westfalen bezeugen, in unheilvoller, politisch wie sozial schädlicher und schmerzhafter Bewegung[13]. Unwilliger, aufsässiger als die schlesischen Weber, erhoben sich diese Menschen 1848, vermochten aber im Schwall der revolutionären Fluten nicht die echte Not zur Geltung zu bringen, weil ihre »nackte Gewalt der Arme« ohne klar formulierte Forderungen eine Waffe ohne Gegner und Ziel war[14]. Nicht aus diesen Kreisen, aber unter dem Eindruck dieser Entwicklung erstanden erste Vereinigungen der »arbeitenden Klasse«, erste proletarische, zum Klassenkampf hinführende Verbände, die allerdings erst später aktiv wurden[15]. Hier kam es, nach wenig aufsehenerregenden Unruhen und Streiks, seit den 70er Jahren einerseits zur Einsicht in die Notwendigkeit einer Sozialreform und zur Formulierung von Arbeiterforderungen u. a. durch Bischof Ketteler, andererseits gleichzeitig 1871 zu W. Liebknechts »Schutz und Trutz«-Rede und 1889 zum großen, von der Öffentlichkeit unterstützten, von der Regierung tolerierten Bergarbeiterstreik gegen das Unternehmertum, der Bismarck und Wilhelm II. entzweien half und Kirdorf zu Bemühungen um die Überwindung des Materialismus von beiden Seiten veranlaßte. Bismarcks Auffassung von der Behandlung des Streiks setzte sich zunächst durch: Wahrung der staatlichen Neutralität und Autorität bei Anerkennung besonders der Lohnforderungen sowie – langfristig – erneut Einflußnahme des Staates auf das Bergwesen. Nachdem Bismarck positiv ergänzend und mildernd während des Verfassungskonflikts Genossenschaftspolitik und während des Sozialistengesetzes Sozialversicherungspolitik getrieben hatte, hätte er wohl auch, wenn er länger im Amt geblieben wäre, den weiteren Kampf gegen die Sozialdemokratie durch positive Gesellschaftspolitik ergänzt: »Während der Kaiser 1889 nur den Arbeiter sah, sah Bismarck den Arbeiter und den Sozialdemokraten« (Grebe). So bildete der Streik von 1889 die Vorstufe für die Organisation der Bergarbeiterbewegung, die den Ausstand von 1905 trug[16]. Auch die Wirtschaftskrisen seit 1857, vom Marxismus immer wieder als Verfalls- statt als Differenzierungserscheinungen des Kapitalismus mißverstanden, trugen selbst da zur Verschärfung der Elendsvorstellungen und Einstellung zur bürgerlichen Gesellschaft bei, wo es zu Lohnsteigerung und Hebung des Lebensstandards kam.

In der Menschenmasse des »vierten Standes« erblickte man solange die Brutstätten der Unmoral, des Leichtsinns, des Verbrechens, der Verwahrlosung der Jugendlichen, wie man nicht erkannte, daß die Massengesellschaft insgesamt ein neues soziales Phänomen mit vielen Erscheinungen und Problemen bildete, für die keine historischen Parallelen und Lösungen existierten. Auf dem Lande war die Ehe kinderreicher, die Sterblichkeit viel niedriger als schon in den Industriedörfern und gar in den Städten, hier uneheliche Geburt am häufigsten[17]. Mohl stellte schon 1835 alle Nachteile zusammen, die »sowohl den Arbeitern selbst als dem Wohlhabenden und der Sicherheit der gesamten bürgerlichen Gesellschaft von dem fabrikmäßigen Betrieb der Industrie zugehen« (Arbeitsteilung, Zerstörung des Familienlebens, »Versunkenheit in geschlechtliche Beziehung«, Haß, Neid, Mißgunst); er nannte als Mittel gegen die gefährliche Entwicklung: bessere, menschliche Behandlung der Arbeiter, Einsicht in die Notwendigkeit eines gegenseitigen Vertrauensverhältnisses, Gewinnbeteiligung unter Heranziehung von Arbeitern bei der Festsetzung des Gewinnes[18]. Hier aber versagte sich der »Fabrikherr«. Und die Belebung des Handwerks stieß früh auf die Grenze heranwachsender Großbetriebe. Sparkassen, Genossenschaften und ähnliche Selbsthilfen waren teils der Schwere des Problems nicht gewachsen, teils standen sie mangels ausreichenden Zusammengehörigkeitsgefühls der Menschen auf zu schmaler Basis.

So mußte sich der *private Sozialismus* – häufig in der Gestalt des bürgerlichen Wohltätigkeitsvereins – ähnlich einschalten wie gegenüber den notleidenden Handwerkern und Gewerbetreibenden. Höchst achtbar, aber nicht mehr zeitgemäß ausreichend waren die Anstrengungen mancher rheinischer protestantischer Unternehmer, die sich lange um Erhaltung des familiären Charakters der Unternehmung und patriarchalischer Verhältnisse zur ursprünglich bodenständigen Arbeiterschaft bemühten[19]. Doch der Patriarchalismus war nach 1848 ein Anachronismus, in der Landwirtschaft bereits gesetzlich aufgehoben, gegen Ende des Jahrhunderts in Stumm-Halbergs Sozialprogramm bei allem Ernst mehr bizarr und reaktionär als für die Gegenwart ausreichend und in die Zukunft weisend. Immerhin gab es Unternehmerkreise und -persönlichkeiten, die ihre Pflicht grundsätzlich auch im liberalen Staat anerkannten und zu erfüllen bemüht waren. So erwuchsen das bekannte Elberfelder System der Armenpflege im Geist des Calvinismus, erste Anregungen zur Wiederbelebung des Diakonissenamtes, christliche Vereine für junge Handwerker, Fabrikarbeiter und Kaufleute mitten in einer hochindustriellen Landschaft aus dem religiös-sozialen Gefühl der Verpflichtung von Unternehmern. Freilich waren dies nicht Allgemeinerscheinungen. Der katholische Sozialismus, grundsätzlich industriefeindlich, entsprang anderen Motiven und nicht Unternehmerkreisen; katholische Industrielle gab es in größerer Zahl nicht.

V. A. Huber und Schulze-Delitzsch wandten ihre Fürsorge ausschließlich dem Handwerker zu. Der »Centralverein für das Wohl der arbeitenden Klassen«, 1844 gegründet, seit 1849 unter Lettes Leitung, hatte einen sehr engen Wirkungskreis[20]. Höchst bezeichnend für die Situation, ging aus dem einzigen internationalen Wohltätigkeitskongreß 1857 in Frankfurt/M. ein Aufruf zur Bildung volkswirtschaftlicher Vereine und anschließend der Volkswirtschaftliche Kongreß hervor, dessen Zweck »die Entfernung und Linderung der Armut, am wirksamsten durch Beseitigung der Ursachen derselben« sein sollte. Als mächtigste Ursache bezeichnete der Gründungsprospekt[21] die Unkenntnis der Gesetze der Volkswirtschaft. Damit lenkte in der ersten Weltwirtschaftskrise die Wohltätigkeit erneut in die Bahnen des Liberalismus.

Die Bemühungen um neue Energiequellen erweckten große Hoffnungen, führten aber lange Zeit nicht zu bemerkenswerten Ergebnissen. Die Dampfmaschine[21a] konnte von Anfang an nur im Großgewerbe eingesetzt werden und schuf diesem entscheidende Vorteile; nach 1850 gab es Dampfmaschinen für den industriellen Kleinbetrieb, nie aber für das Handwerk geeignete Typen. Die ersten Kleinkraftmaschinen waren Petroleum-Motoren. 1860 folgte Lenoirs, 1867 Ottos und Langens Gaskraftmaschine mit starkem Gasverbrauch und viel Lärm, die vier PS leistete, in zehn Jahren in 5000 Exemplaren gebaut wurde, aber das größere Gewerbe enttäuschte, für das Handwerk zu teuer, auch wegen der Bindung an die Gasleitung vielfach nicht verwendbar war. Ottos Viertaktmotor von 1876 war gleichfalls recht teuer. Alle Maschinenverwendung war belastet durch Genehmigungs- und Revisionspflicht mit hohen Kosten, bei Dampfmaschinen durch Heizerkosten und Dampfkesselexplosionsgefahr. 1882 hatten 8% der kleingewerblichen Betriebe in Preußen einen Motor, in Baden 1892 30%. Der gewerbliche Anteil an der Nutzung des elektrischen Stroms betrug 1891: 4% (96% Beleuchtung), 1900: 30%. Der Elektromotor erleichterte zwar, verbilligte aber angesichts der niedrigen Handwerkerlöhne nicht die Arbeit. Erst als um 1910 die Arbeitskräfte zur Industrie abwanderten, mußte der Handwerksmeister versuchen, sie durch Anschaffung eines Motors zu halten.

Zu den Folgen der Industrialisierung gehörte die Entwicklung neuer Schichten von Erwerbstätigen: der *Industriearbeiter* und der *Ingenieure*. Die deutsche Arbeiterschaft wurde bis zum Vorabend des Weltkrieges die anerkannte eigenständige Schicht innerhalb einer industriebürgerlichen Gesellschaftsordnung mit mehr gesellschaftsevolutionären als -revolutionären Zielen. Der Anstoß zur Gründung des Vereins Deutscher Ingenieure (1856) und seiner Zeitschrift (1857) ging vom Verein »Hütte« unter Führung von F. Grashof aus, der seit 1846 unter den »Zöglingen« des Kgl. Gewerbeinstituts zu Berlin bestand »zum Zwecke der gegenseitigen Beförderung ihrer wissenschaftlich-technischen Ausbildung und persönlichen Annäherung« sowie zur Steigerung des Ingenieurbeitrages »zur Entwicklung der vaterländischen Industrie« (Zs. d. VDI 1857); das gab ihm eine Wendung gegen England und für Patentschutz- sowie Normierungs-Bestrebungen. Er nahm sich als Standesvereinigung zwischen Arbeitertum und Bildungsbürgertum neuhumanistischer Art mit besonderem Nachdruck des Schul- und Hochschulwesens und der Anerkennung des Ingenieurs neben den älteren Berufs- und Sozialgruppen an, stieß dabei aber bis in den Ersten Weltkrieg hinein auf Geringschätzung und antitechnischen Kulturhochmut und entwickelte daher in sich selbst ein seine Ansprüche und Selbstdarstellungen unglücklich beeinflussendes Unterlegenheitsbewußtsein, verbunden mit dem Anspruch, »eine moderne Elite«, ein »wesentlicher Träger und Förderer der neuen Kultur« zu sein.

Daher gab es ständig eine auch politisch nicht bedeutungslose »Technikerfrage«: Der Ingenieur war »bürgerlich«, wurde aber in dem Maße unternehmerkritisch, in dem er zu einem meist schlechtbezahlten Angestellten wurde, also zwischen Unternehmer und Arbeiter eine bildungsbürgerlich akzentuierte Abhängigkeit erlitt[22].

Die *Arbeiterschutzgesetzgebung* im Gefolge der Industrialisierung stammte aus den Bemühungen um *Kinderschutz*. Erste Kinderschutzmaßnahmen in England 1802 brachten auch in Deutschland Auseinandersetzungen über pädagogischen Wert, körperlichen Schaden und wirtschaftlichen Nutzen der Kinderarbeit[23]. Die Arbeiterschutzbestimmungen in den Zunftstatuten waren ungenügend und vergessen; es fehlte ein neuer grundsätzlicher Schutz in Ergänzung der freien Arbeitsvereinbarung[24]. Ein solcher stieß aber auf den Widerstand sowohl liberaler Ministerialbeamter als von Eltern, die auf die Einnahmen nicht verzichten wollten, und von Unternehmern, die ohne Kinderlöhne der Konkurrenz zu erliegen behaupteten[25]. 1810/1815 kam es von der französischen bzw. der Regierung des Generalgouvernements in Elberfeld zu ersten Kinderschutzvorschriften[26], nach Beschwerden und Enquêten ohne gesetzliche Folgen 1828 zur berühmt-berüchtigten Feststellung des Generals von Horn, daß infolge der nächtlichen Fabrikarbeit der Kinder der Ersatz für die Armee unzureichend ausfalle[27]. Erst 1839 wurde dieser militärischen, nicht sozialpolitischen Forderung entsprochen, nachdem 1837 der Barmer Fabrikant Schuchard, durch englische Gesetze, Warnungen von Schulmännern und eigene Beobachtungen veranlaßt, den rheinischen Landtag durch Schilderung des Kinderelends zu einer Petition bezüglich ehrenamtlicher Fabrikinspektoren veranlaßt hatte[28]. Dies und Bodelschwinghs Entwurf einer »provinziellen Verordnung zur Sicherung des genügenden Schul- und Religionsunterrichtes für die in den Fabriken beschäftigten schulpflichtigen Kinder«[29] führten zum Regulativ vom 9. 3. 1839 über Kinderarbeit in Fabriken, dem *ersten Gewerbeaufsichtsgesetz*[30]. Die Erfahrungen damit waren schlecht[31] und drängten zur Fortentwicklung, zumal 1843 Schuchard auf dem rheinischen Landtag erneut gegen die »mächtigen, geheimen Einflüsse der Industrie« sprach und die staatliche Anteilnahme weckte[32]. Die politische Bewegung erhielt 1848 – abgesehen vom Truckverbot[33] – durch die Schaffung eines Ministeriums für Handel, Gewerbe und öffentliche Arbeiten Bedeutung, das hauptsächlich »den arbeitenden und gewerbetreibenden Klassen der städtischen wie ländlichen Bevölkerung seine Fürsorge« zu widmen hatte. Das Regulativ von 1839 wurde so unzulänglich durchgeführt, daß das Gesetz vom 16. 5. 1853[34], unter Bezugnahme auf englische Erfahrungen, die Anstellung von Fabrikinspektoren anordnete zum Wohle der jugendlichen Arbeiter, zur Beobachtung und Verbesserung der gesundheitlichen und unfalltechnischen Betriebsverhältnisse, auch Arbeitsdauer und Nachtarbeit für Kinder neu regelte und weitere Maßnahmen versprach; es ließ aber auch Ausnahmen zu, z. B. für die Aachener Nadelindustrie[35]. Die Fabrikinspektoren hatten ihre Rechte und Pflichten häufig gegen Fabrikanten, gelegentlich gegen liberale Regierungspräsidenten und schließlich gegen geldgierige Eltern zu verteidigen. Und der Liberalismus konnte eine Entwicklung der Gewerbeaufsicht über diese Ansätze hinaus zunächst verhindern. Wo aber keine Inspektoren eingesetzt waren, blieb das Gesetz nach Bismarcks Wort im Reichstag 1869 anläßlich der Verhandlung über die Gewerbeordnung »ein toter Buchstabe«.

Auch die nach Ansätzen in Preußen seit 1831 im Zusammenhang mit der Ausbreitung der Dampfmaschine und den häufigen Kesselexplosionen nach dem Vorbild englischer Institutionen (1855 Manchester) seit 1866 (Mannheim) vorgenommene Gründung technischer Überwachungsvereine (1905 preußisches Gesetz) gehört in diesen Zusammenhang[36]. Erst als Bismarck, nicht zuletzt unter dem Druck des Sozialismus, der sich u. a. in Streiks wie in dem Chemnitzer Metallarbeiterstreik von 1871 zur Durchsetzung des 10-Stunden-Tages manifestierte, sich wieder einer friderizianisch gefärbten staatlichen Wirtschafts- und Sozialpolitik zuwandte (Kap. 22), wurde der sozialpolitische Liberalismus vieler Industrieller und sozialpolitische Konservatismus vieler Großgrundbesitzer überwunden, deren Grundsätze nicht mehr den Verhältnissen entsprachen und deren Interpretation der geistig-politischen Entwicklung der Arbeiterschaft immer wirklichkeitsfremder geworden war. Bismarcks Versicherungsgesetzgebung griff in die Betriebsverfassung nicht ein; er selbst stellte sich 1876 gegen eine Erweiterung der Arbeiterschutzgesetzgebung, konnte aber 1878 eine Novelle zur Gewerbeordnung nicht verhindern, die eine Verschärfung der Fabrikinspektion, Kontrolle des Arbeitsvertrags- und Lehrlingswesens und Verbot gesundheitsschädigender Arbeiten für Frauen und Kinder vorschrieb. Erst 1890/

1891 setzte der Neue Kurs mit Gewerbegerichten und einer Novelle die Arbeiterschutzgesetzgebung fort, welche die Arbeitszeit für Frauen und Jugendliche verkürzte, Sonn- und Feiertagsarbeit (unzureichend) verbot und das Arbeitsvertragsverhältnis unter Kontrolle stellte. Die Bergwerksgesetz-Novelle von 1892 machte die Mitwirkung von Arbeitervertretern bei der Aufstellung der Arbeitsordnungen obligatorisch. Etwa seit 1900 besserte sich die Lage der Arbeiter in Deutschland: Die Reallöhne stiegen, die Arbeitszeiten sanken langsam, während die SPD seit dem großen Streik von 1889 zur Hauptorganisation der Arbeiterschaft wurde[37] und zur stärksten Reichstagspartei heranwuchs (1912).

In den deutschen Ländern außerhalb Preußens gab es lediglich einige Gesetze und Verordnungen zum Unfallschutz, zur Einführung von Arbeitsordnungen, Verbote der Lohnzahlung in Waren und eine Einschränkung der Kinderarbeit. Von der Errichtung gewerblicher Korporationen und der Einräumung eines Mitbestimmungsrechts für Handwerker und Fabrikarbeiter war in den Gesetzgebungen bis auf Sachsen kaum irgendwo die Rede.

In *Bayern*[38] gab es eine erste Arbeiterschutzverordnung zugunsten der Kinder 1840; in *Sachsen*[39] lehnte sich die Gewerbeaufsicht anfangs an die 1849 eingerichtete staatliche Dampfkesselinspektion an; gesetzlicher Schutz für die Fabrikkinder wurde erst 1861 geschaffen. In *Baden*[40] folgte der ersten Schutzverordnung für Kinder von 1840 erst 1862, im Jahre der ersten *württembergischen* gesetzlichen Regelung[41], ein Fabrikgesetz, 1870 die dazugehörige ehrenamtliche Fabrikinspektion. Umfang und Schwere der Kinderarbeit waren jeweils sehr verschieden. In der Kölner Tabakfabrikation waren 1836–1850 31–39% der Arbeiterschaft Kinder[42], insgesamt dürften es in Preußen um 1850 6–7% aller in Fabriken und ähnlichen Anstalten Beschäftigten gewesen sein[43]; für Heimarbeit und Landwirtschaft, wo die Verhältnisse durchaus nicht immer besser waren, liegen keine Zahlen vor.

Grundlegend E. R. Huber, Dt. Verfassungsgesch., Bd. 4 (1969).

[1] J. Baxa, Adam Müller (1930). Die Schattenseiten vieler großer Erfindungen, z. B. der Eisenbahn, haben unzählige Unternehmungen untergehen lassen, die sich nicht anpassen konnten. Die erste Krisis der Lederindustrie z. B. fällt in diesen Zeitabschnitt, da das Verschwinden d. Postkutschen die Benutzung von Zaumzeug herabgesetzt hatte (entspr. Wirkungen auf Pferdezucht, Umstellung des Wagenbaus, Strukturveränderungen des Transportgewerbes).

[2] BERGER (s. Kap. 14, Anm. 2). F. SCHNABEL, Dt. Gesch. 3. H. RÖSSLER u. G. FRANZ, Sachwb. z. dt. Gesch. (1956), Art. »Arbeiter«.

[3] BORGIUS (s. Kap. 14, Anm. 57). MEMMINGER (s. Kap. 15, Anm. 16). PIETTE, Die Nützlichkeit d. Maschinen für die Abnehmer u. Arbeiter (1840). E. SCHMIEDER, Arbeitsethos. Eine Einführung in seine Gesch., Schmollers Jb. 79 (1959).

[4] C. G. A. v. WEISSENBACH, Sachsens Bergbau (1833). F. SCHNABEL, Friedrich König, Frankf. Ztg., 12. 2. 1939.

[5] SCHNABEL, Dt. Gesch. 3.

[6] G. WIEBE, Die Handelskammer zu Bochum 1856–1906 (1906). L. GRÜTTERS, Die Entwicklung d. gewerbl. Fortbildungsschulwesens (1933). KEMPKEN (s. Kap. 11, Anm. 12). L. SCHULZE, Die räuml. Entwicklung d. Stadt Oppeln (1935). Die Beziehungen zw. dem gewerbl. Charakter u. der Dichtigkeit d. Bevölkerung d. Kgr. Sachsen, Zs. d. stat. Büros d. sächs. Min. d. Inn. (1857). R. BOCKH, Die Bevölkerung d. Stadt Berlin (1884). P. GÖHRE, 3 Monate Fabrikarbeiter u. Handwerksburschen (^{2}1891). G. H. HARDACH, Der soziale Status des Arbeiters u. die Frühindustrialisierung (1969).

[7] W. BREPOHL, Der Aufbau d. Ruhrvolkes im Zuge d. Ost-West-Wanderung (1948). ST. REEKERS, Westfalens Bevölkerung 1818–1955 (1956). W. BREPOHL, Industrievolk im Wandel von der agraren zur industriellen Daseinsform (1957). Zusammenstellung von BREPOHLS Schriften zur Ruhrbevölkerung in: Soziale Welt 9 (1958). O. MURIS, Die Entwicklung d. Industriestädte i. Ruhrgebiet, Raumforschung u. Raumordnung 2 (1938). H. TH. SCHMIDT, Belegschaftsbildung im Ruhrgebiet im Zeichen d. Industrialisierung, Tradition 2 (1957). H. O. SIEBURG, Der Aufstieg Hernes zur Großstadt, Der Märker (1957/58). W. KÖLLMANN, Binnenwanderung u. Bevölkerungsstrukturen d. Ruhrgebietsstädte i. J. 1907, Soziale Welt 9 (1958). H. LINDE, Die soziale Problematik d. masur. Agrargesellschaft u. d. masur. Einwanderung in das Emscherrevier, ebd. E. WERNER, Die Slowenen im Ruhrgebiet. W. HOFFMANN, Der Ruhrsiedlungsverband, Die Grubenlampe 8 (1959).

[8] Illustr. Ztg. v. 2. 9. 1865. O. WIEDFELDT, Statist. Studien zur Entwicklungsgesch. d. Berliner Industrie 1770 bis 1890 (1898). Gesch. d. Stadt Berlin (1937). K. HAEMMERLING, Charlottenburg 1905–1955 (1955).

[9] Anteil d. Provinzen an der Gebürtigkeit d. Bevölkerung in Preußen, Zs. d. Kgl. preuß. stat. Büros 42 (1902). H. CROON u. K. UTERMANN, Zeche u. Gemeinde. Untersuchungen über den Strukturwandel einer Zechengemeinde im nördl. Ruhrgebiet (1958). O. SCHWARZSCHILD, Die Großstadt als Standort d. Gewerbe mit bes. Berücksichtigung v. Berlin, Jbb. f. Nat.ök. u. Stat. 33 (1907).

[10] GRÜTTERS (s. Anm. 6).

[11] H. ROSENBERG, Die Weltwirtschaftskrisis von 1857–1859 (1934).

[12] M. v. BOEHM, Biedermeier-Dtld. (1922). F. KÖLLMANN, Gesellschaftsanschauungen u. soz.-polit. Wollen F. Harkorts, Rhein. Vjbll. 25 (1960). R. EHRENBERG u. H. RACINE, Krupp'sche Arbeiterfamilien (1912).

[13] z. B. P. H. MERTES, Das Werden d. Dortmunder Wirtschaft (1940). H. SCHWABE, Das Nomadentum in der Berliner Bevölkerung, Berl. Städt. Jb. f. Volkswirtsch. u. Stat. 1 (1874). W. BLOS, Denkwürdigkeiten eines Soz.-demokr. (1914). H. STURSBERG, Die Vagabundenfrage (1882).

[14] L. BRUNNER (Kap. 14, Anm. 46).

[15] W. ENGEL (Kap. 7, Anm. 1).

[16] C. BRINKMANN, Entwicklung u. Gestaltung d. rhein. Wirtsch., Schmollers Jb. 66 (1942); die Ergebnisse leiden darunter, daß B. versucht, den Nat.-Sozialismus als Krönung der Entwicklung hinzustellen; weit besser M. KOCH, Die Bergarbeiterbewegung im Ruhrgebiet z. Z. Wilhelms II. (1954). Marxistisch: D. FRICKE, Der Ruhrbergarbeiterstreik von 1905 (1955). H. G. KIRCHHOFF, Die staatl. Sozialpolitik im

Ruhrbergbau 1871–1914 (1958, ›Korrektur d. liberalen Berggesetzes von 1865‹). G. Schmoller, Rede zur Eröffnung d. Besprechung über die soz. Fragen in Eisenach (6. 10. 1872). W. E. v. Ketteler, Die Katholiken im Dt. Reich (1873). W. Liebknecht, Zu Schutz u. Trutz (22. 10. 1871). P. Grebe, Bismarcks Sturz u. der Bergarbeiterstreik vom Mai 1889, HZ 157 (1938).

[17] A. Frantz, Hdb. d. Statistik (1863).

[18] Mohl, Über Gewerbegesetzgebung (1895).

[19] J. Hashagen, Der rhein. Protestantismus (1924). L. Braun, Memoiren einer Sozialistin (1904).

[20] V. Böhmert, Die Entstehung d. volkswirtsch. Kongr., Vjs. f. Volkswirtsch., Pol. u. Kulturgesch. 1 (1884).

[21] Böhmert (s. Anm. 20).

[21a] K. Mauel, Die Rolle der Heißluftmaschine bei d. Motorisierung des Kleingewerbes, in: Festschr. W. Treue (1969). Ders., Die Rivalität zw. Heißluftmasch. u. Verbrennungsmotor als Kleingetriebemaschinen, Technikgesch. in Einzeldarstellungen 2 (1967).

[22] W. Köllmann, Politik u. soz. Entwickl. d. dt. Arbeiterschaft 1850 bis 1914, VSWG 50 (1964). K.-H. Manegold (s. Kap. 10, Anm. 14). 100 Jahre Verein Dt. Ingenieure (1956). C. Boeck, Die techn.-wiss. Vereine (1930). W. Hellmich, Die wiss. Arbeiten d. Ver. Dt. Ing. u. ihre Bedeutung für die dt. Wirtsch. (1920). C. Matschoss, VDI 1856–1926 (1926). W. Treue, Gesch. d. techn. Unterrichts, in: Festschr. d. T.H. Hannover (1956). Ders., Ingenieur u. Erfinder, VSWG 54 (1967). H. Schimank, Der Ingenieur (1961). C. Matschoss, 50 Jahre Ing.-Arbeit in Oberschlesien (1907).

[23] E. Gothein, Wirtschaftsgesch. d. Schwarzwaldes (1892). G. Stolleis, Entwicklung d. dt. Sozialgesetzgebung (1975; Quellensammlung).

[24] P. Horster, Die Entwicklung d. sächs. Gewerbeverfassung 1780–1861 (1908).

[25] A. Teschener, Lebensbriefe 1 (1866). Vogelsang (s. Kap. 14, Anm. 18).

[26] E. v. Czihak, Das gewerbl. Unterrichtswesen. Die Rheinprovinz 1815 bis 1915 (1917).

[27] G. K. Anton, Gesch. d. preuß. Fabrikgesetzgebung (1891). Die Arbeitsaufsicht, ihre Entwicklung u. derzeitige Lage in verschied. Ländern, hg. v. Internationalen Arbeitsamt (1923). L. Heyde, Abriß d. Soz.politik (1930).

[28] G. Croon, Der rhein. Prov.landtag bis 1874 (1918).

[29] Anton (s. Anm. 27).

[30] Heyde (s. Anm. 27). E. Nölting, Grundlegung u. Gesch. d. Sozialpolitik (1932). H. W. Erdbrügger, Kinder im Fabriksystem, in: Festschr. H. Herzfeld (1958). F. Syrup u. O. Neuloh, Hundert Jahre staatl. Soz.pol. (1957).

[31] St. Bauer, Die gesch. Motive d. internat. Arbeiterschutzes, VSWG 1 (1903). Croon (s. Anm. 28). Die Arbeitsaufsicht; Anton (beide Anm. 27).

[32] G. Croon (s. Anm. 28). Heyde (s. Anm. 27).

[33] O. Wiedfeldt, Statist. Studien zur Entwicklungsgesch. d. Berl. Ind. 1770 bis 1890 (1898).

[34] Die Arbeitsaufs., Anton (beide s. Anm. 27).

[35] Vogelsang (Kap. 14, Anm. 18). Anton (s. Anm. 27).

[36] G. S. Sonnenberg, 100 Jahre Sicherheit, Beitr. z. techn. u. administr. Entwickl. d. Dampfkessel-Überwachungswesens in Dtld. (1968). 100 Jahre Techn. Überwachungs-Ver. Norddtld. e. V. (1968).

[37] E. Schraepler, Linksliberalismus u. Arbeiterschaft in der preuß. Konfliktszeit, in: Festschr. F. Hartung (1958). H. Volkmann, Die Arbeiterfrage im preuß. Abgeordnetenhaus 1848–1869 (1968). W. Köllmann (s. Anm. 22). H. Stöbe, Der große Streik d. Chemnitzer Metallarbeiter 1871 (1961). A. v. Saldern, Gewerbegerichte i. Wilhelmin. Dtld., in: Festschr. W. Treue (1969).

[38] H. J. TEUTEBERG, Gesch. d. industr. Mitbestimmung in Dtld. (1961). J. KAIZL, Der Kampf um Gewerbereform u. -freiheit in Bayern 1799–1868 (1879).

[39] Die Arbeitsaufsicht (s. Anm. 27). HORSTER (s. Anm. 24). R. HANSSEN, Die gesetzl. Regulierung d. Kinderarbeit in Fabriken m. bes. Bez. auf Sachsen, Arch. d. pol. Ökonomie NF 10 (1853). E. NEUSS (Kap. 7, Anm. 4).

[40] Die Arbeitsaufsicht (s. Anm. 27).

[41] Ebd.

[42] A. BOERNER, Kölner Tabakhandel u. Tabakgewerbe 1628–1910 (1912).

[43] HORSTER (s. Anm. 24). SCHÜCK (Kap. 11, Anm. 53). ANTON (s. Anm. 27).

Kapitel 18
Die Wirtschaftsführer

Zu den Folgen der Industrialisierung gehört nach den »Unternehmern im Dienste des ... Staates« (Henderson) auch die Entstehung eines Standes industrieller Unternehmer und Wirtschaftsführer, dem in einer Landwirtschaft (wo allerdings die besonders in Preußen sehr umfangreiche Domänenwirtschaft unternehmerische Züge aufwies) erst spät wenige ähnliche Persönlichkeiten gegenüberstanden – vorwiegend im ostelbischen und schlesischen Großgrundbesitz –, im Handwerk fast keine. Allerdings konnte es ein freies Unternehmertum erst geben, nachdem der (in dieser Beziehung »unterentwickelte«) deutsche merkantilistische Staat unter Anwendung vieler Hilfs- und Druckmittel eine Unternehmerschicht herangezogen hatte.

Die Unternehmerforschung ist in Deutschland verhältnismäßig jung[1]. Mehrfach haben insbesondere Wirtschaftswissenschaftler versucht, einen Katalog der »typischen« Unternehmer-Eigenschaften aufzustellen, wobei etwa Streben nach Gewinn, nach »Neuerungen«, »Fortschritt« und Rationalisierung im Mittelpunkt stehen, Risikobereitschaft, Erfindungskraft und eigene technische oder kaufmännische Bildung mehr am Rande. Offensichtlich variieren die Vorstellungen, auch die der Historiker, vom Wesen »des« Unternehmers, wenn nicht von Land zu Land, so doch zwischen Mitteleuropa, Frankreich, England, den USA entsprechend gewissen Hauptentwicklungslinien: in Deutschland Schwer- und chemische Industrie sowie Einfluß des Staates, in Frankreich Banken und Schwerindustrie, in England Reederei und Adel, in den USA Fehlen geschichtlicher Belastungen von der staatlichen und gesellschaftlichen

Seite her usw. Die Versuche einer zusammenfassenden Darstellung der »Gestalt« des Unternehmers stoßen daher stets an die Grenze starker Differenzierung aus verschiedenen Ursachen[2]. Der Berliner Unternehmer, den um 1820 die preußischen Reformpolitiker heranzubilden, zu fördern und dem englischen, belgischen und französischen zu nähern versuchten, unterschied sich nicht allein sehr erheblich von dem gleichzeitigen Unternehmer im Rheinland, der zumeist einer älteren Kaufmannsschicht entstammte, durch das Napoleonische Regime zahlreiche Freiheiten und Anregungen erhalten hatte und Beziehungen zu Westeuropa besaß, sondern auch von dem Berliner Unternehmer an der Wende vom 19. zum 20. Jh., der, selbstbewußt geworden, im Zentrum von Wirtschaft, Macht und Gesellschaft des Wilhelminismus eher in der Lage und entschlossen war, »den Staat« für seine wirtschaftlichen Ziele zu interessieren, also Schutzzoll-, Wirtschaftsrecht-, Kartell-Politik usw. zu beeinflussen, als daß er sich der Außen- und Innenpolitik dieses Staates unterordnete. Rheinländer (Krupp, Henkel, Grillo, Mannesmann, Stinnes, Kirdorf) und Niederfranken (Mevissen, Henschel, Röchling, Stumm, Thyssen, Merk, Raiffeisen, Camphausen) standen stammesmäßig im Vordergrund. Niedersachsen (D. Hansemann, H. H. Meier, Howaldt, Lüderitz, W. Siemens) erhielten, wie in der Hansezeit, Bedeutung bei Ein- und Ausfuhr. Hinter Nieder- und Rheinfranken folgten die Westfalen (Dinnendahl, Harkort, Woermann).

Gegenüber den Wirtschaftsführern dieser Landsmannschaften blieben die anderen nach Zahl und Bedeutung zurück; unter ihnen stand Sachsen voran (Reclam, Brockhaus, Oldenbourg, Schulze-Delitzsch, Georg v. Siemens). In Schlesien, das in der 2. Jahrhunderthälfte stärker hervortrat, gab es die scharf umrissene Gruppe adliger Unternehmer (daneben Linke, Borsig). Deutlich erscheint Norddeutschland »als Hauptreservoir tüchtiger deutscher Wirtschaftspersönlichkeiten« (Eulenburg); außer dem Gebiet zwischen Rhein, Main und Elbe überstiegen nur Berlin und Sachsen nach 1870 den Durchschnitt der Verhältniszahlen zwischen Bevölkerung und Wirtschaftlern in Deutschland; Süd- und Ostdeutschland blieben darunter. Die Herkunftsverteilung deckt sich also mit der Standortverteilung von Industrie und Handel: Kohlenrevier und Industriehäufung am Rhein, Überseehäfen an der Nordsee, sächsisches Braunkohlen- und Industriegebiet und wirtschaftlicher Mittelpunkt Berlin brachten auch die Menschen hervor, welche diese Wirtschaftszweige entwickelten, lenkten und vorantrieben, was auf stammesmäßige Begabung und Umwelteinflüsse schließen läßt.

Die geographische Mobilität der Unternehmer war gering. Die Unternehmer in Ostdeutschland von Königsberg und Danzig bis Oberschlesien mit vorwiegend nach dem Osten gerichteten Wirtschaftsbeziehungen unterschieden sich nach Wirtschaftsobjekt, Kapitalquellen, internationalen Vorstellungen und Zielsetzungen im allgemeinen beträchtlich von denen in West- und Mitteldeutschland. Hamburger, Bremer, auch Lübecker Reeder und Schiffbauer sowie Veredelungsindustrielle und Kaufleute hatten wenig gemeinsam mit süddeutschen Textilindustriellen und Brauereiunternehmern. »Auf den Seidenindustriellen Karl Mez aus Freiburg paßt kaum eine der Vorstellungen, die wir uns vom Unternehmer des 19. Jh. gebildet haben« (W. Fischer). Besondere Herkunftszüge zeigt die thüringische Unternehmerschicht. Bankier-Unternehmer, im allgemeinen liberal und selten nationalistisch, entwickelten einen anderen Stil als bankfeindliche Selbstfinanzier-Unternehmer, wie in gewisser Weise August Thyssen. Die Unternehmer in der chemischen Industrie erhielten durch Vereinigung von Verwissenschaftlichung der Grundlage, Technik, Naturwissenschaft, Kapital- und Exportintensität so sehr eine charakteristische Eigenart, wie andererseits die Entwicklung des Bankier-Unternehmers bis 1914 starke Unterschiede zwischen Köln, Düsseldorf, Essen, Berlin, Königsberg, Breslau, Hamburg, Augsburg und München beibehielt[3].

Dem Internationalismus vieler den Export betonender Unternehmer stand stets ein starkes provinz- und nationalwirtschaftliches Element gegenüber, in dem sich autarkiewirtschaftliche Auffassungen entwickeln konnten. Im *»Patriotismus« der Unternehmer* sind zwei sehr verschiedene Phasen zu unterscheiden: Bis 1871 war er stark beeinflußt durch den allgemeinen Wunsch nach (meist kleindeutschem) politischem Zusammenschluß Deutschlands – natürlich auch mit dem Ziel einer durch Zusammenschluß gestärkten und konkurrenzfähigeren Volkswirtschaft. Nach 1871 nahm dieser Patriotismus angesichts der politischen und militärischen Niederlage Frankreichs und seines weltwirtschaftlichen Zurückbleibens zunehmend den Charakter der Abwehr englischer Konkurrenz an, bald auch den aktiver Auseinandersetzung mit ihr und seit den

90er Jahren des Überlegenheitsbewußtseins ihr gegenüber. Das beruhte in erster Linie auf den Erfolgen der Bergwerks-, Eisen- und Stahlwerksbesitzer, der rheinischen Industrie mehr als der schlesischen, der Seeschiffahrt, zunehmend des Auslandsbankwesens (Markwährung) und des Außenhandels (auf dem Hintergrund der militärischen Stärke sowie der Flotten-, Kolonial- und alldeutschen Aktivität). Während der Vergleich mit französischen und belgischen Unternehmern aufhörte und der mit englischen um so populärer und aggressiver wurde, je positiver er ausfallen konnte, fand ein Vergleich mit amerikanischen Unternehmern nur sehr selten statt, da man bis 1917/1918 trotz weltwirtschaftlicher Aktivität zumeist europazentrisch befangen blieb.

Wirkliche politische Bedeutung etwa im Hinblick auf bewußte Herbeiführung von politischer Spannung, Kriegsgefahr und Krieg konnte das Unternehmertum angesichts der Struktur der politischen und sozialen Einfluß- und Entscheidungsgremien (Auswärtiges Amt, Generalstab, Hof, Reichsamt des Innern) kaum gewinnen. Das Fehlen von Überlegungen in der Wirtschaft (im Gegensatz zu militärischen Instanzen) in bezug auf einen kürzeren oder längeren Krieg zeigt, daß die Unternehmer weder auf ihn hingearbeitet noch sich auf ihn vorbereitet haben. Innenpolitisch stand der Unternehmer, in guten Zeiten Freiheit (Liberalismus), in schlechten zugleich Freiheit und Bevorzugung (Protektion) und »Wiederherstellung« des Liberalismus fordernd, fast immer ohne Einschränkung gegen die SPD und die Gewerkschaften – nach 1905 beobachtete man aufmerksam die Entwicklung der SPD zu einer kleinbürgerlichen Massenpartei ohne wirklich revolutionäre Spitze sowie die Beschränkung der Gewerkschaften auf die Sozialpolitik.

Wieweit der Individualismus trotz wachsender Neigung und Bereitschaft zu Interessengemeinschaften, Kartellen und anderen Absprachen ein Wesenszug des Unternehmertums war, zeigt die Verteilung über alle bürgerlichen Parteien bei gewissen wenigstens zum Teil historisch zu erklärenden Schwerpunktbildungen.

Eine Auszählung der biographischen Lexika (ADB und NDB, 11 Bde erschienen) zeigt, daß um 1840 etwa 61% der Eltern bedeutender Unternehmer Arbeiter und Kleinbürger waren, 28% Angehörige des Mittelstandes, selbständige Handwerker, Kaufleute und mittlere Beamte, 11% Adlige, Geistliche, Höhere Beamte und andere Angehörige der »höheren Gesellschaft«, bis 1890 trat eine Verschiebung zum Verhältnis 21:65:14 ein.

Zweifellos kam es insbesondere zwischen etwa 1850 und 1900 zu einer erheblichen intellektuellen Entwicklung des Unternehmertums. Das Ausmaß der Bildung durch Schulen, Hochschulen und Auslandsreisen wuchs beträchtlich. Neben die kaufmännische Lehre traten technische, juristische, volks-, später auch betriebswirtschaftliche Studien, bei denen nicht so wichtig war, daß sie mit einem Examen abgeschlossen wurden, als vielmehr, daß der künftige Unternehmer ebenso die prinzipiellen Grundlagen seines Berufes kennenlernte wie der Ingenieur und der Naturwissenschaftler. Der gesellschaftliche Aufstieg nahm landschaftlich und zeitlich sehr verschiedene Formen und Ausmaße an. Das Ergebnis war überall, daß man um 1900 an der Bedeutung des Unternehmers nicht mehr zweifelte, gleichwohl aber in vielen Kreisen zögerte, ihn voll zu rezipieren – in Pommern und Oberbayern naturgemäß mehr als in Hamburg, Köln und Frankfurt. Das Selbstbewußtsein des Unternehmers wuchs mit seinen Erfolgen und seiner wirklichen oder eingebildeten (Ballin) Position in Gesellschaft und Politik mit seiner Möglichkeit, durch mäzenatische Leistung Anerkennung zu erwerben (Nobilitierung, Orden, Ehrenpromotionen), mit dem Erfolg seiner Produkte im weltwirtschaftlichen Wettbewerb (Weltausstellungen, Atlantikschiffahrt, Eisen- und Stahlproduktion, Zeppelin, Farbstoffindustrie). Einen besonderen sozialen Stil, zuweilen mit überdurchschnittlichem Verständnis für Geschichte und Kultur sowie mit einer eigenen Art geschichtlich und zugleich modern geprägten Selbstbewußtseins, schufen adlige Unternehmer mehr im Südosten und im Süden als in anderen Teilen Deutschlands. Ausdruck fand diese Besonderheit und ihre Breitenwirkung etwa in Bau und Einrichtung von Schlössern und Villen[4].

Der seit 1870 wachsende und militant werdende Antisemitismus wies nachdrücklich auf den *jüdischen Anteil am Unternehmertum* in Deutschland hin. Er war bei rund 1% des jüdischen Bevölkerungsanteils auf manchen Gebieten stärker (Bank, Metallhandel, bei Textilien viel stärker) als 1%, auf anderen (Bergbau, Schwerindustrie, Chemie) beträchtlich geringer, in der Landwirtschaft kaum vorhanden und im ganzen anscheinend nach 1900 im Zurückbleiben begriffen. Zweifellos war der wirtschaftliche und politische Einfluß der Kartelle mit geringerem jüdischen Anteil stärker als der mit relativ hoher jüdischer Beteiligung. Wieweit es merkliche wirtschaftspolitische *Unterschiede* zwischen Unternehmern gegeben hat, die sich zum Protestantismus oder zum Katholizismus bekannten, ist sehr schwer festzustellen, abgesehen von der Diaspora-Mentalität instinktiven oder bewußten wirtschaftlichen Zusammenhalts (neben dem allgemein menschlichen) gegenüber der jeweils stärkeren anderen Konfession. August Thyssen war Katholik, seine führenden Mitarbeiter waren vorwiegend protestantisch, die ihm nachgesagte Verbindung zu kirchlichem Kapital ist nicht festzustellen. Die Krupps waren Protestanten; als Katholiken hätten sie vielleicht weniger gute Beziehungen zu den Hohenzollern gehabt. Der politische Einfluß des jüdischen Reeders Ballin auf Wilhelm II. und auf die Politik war mehr eingebildet als tatsächlich vorhanden und galt stets als (unerfreuliche) Ausnahme. Die Bedeutung und der Einfluß der schlesischen Magnaten waren weit stärker durch Standesposition in der ständischen Gesellschaft bestimmt als durch ihren Katholizismus; ähnlich lag es beim westfälischen Adel. Den jüdischen Großbankiers, die um 1860/70 trotz ihres Glaubens politischen Einfluß auszuüben vermochten, stand bald danach eine schnell wachsende Schicht der Direktoren von Aktienbanken gegenüber, deren konfessionelle Zugehörigkeit kaum bekannt, jedenfalls insgesamt ausgeglichen war. Viele andere für Wirtschafts- und Gesellschaftsgeschichte wichtige Fragen sind vorläufig nur in einzelnen Biographien und Übersichten über kleine Gruppen, nicht im großen Maßstab untersucht worden, so der Familien- und Sippenhintergrund, Geschwister- und Kinderzahlen, die schul- und hochschulmäßige Erziehung und Ausbildung, Bildungsinhalt, Heimatgebundenheit und Auslandsreisen, Beschränkung auf das eigene Werk und Anteilnahme an Verbandsarbeit[5], Innen- und Außenpolitik (Parlamente, zeitweiliges und endgültiges Überwechseln zu Ministerien usw.), Stellung zur sozialen Frage, Vermögensbildung, -schichtung und -verwendung, Erbbräuche, Stiftergesinnung, Generationsprobleme, Wechsel vom selbständigen Unternehmer zum abhängigen Direktorentum, Ursachen der Unternehmermißerfolge usw. Bisher kaum erkannt, geschweige untersucht ist die Bedeutung der hinter den Unternehmern und Führern entstandenen zweiten, breiteren Schicht der technischen und kaufmännischen Direktoren und Prokuristen, der Syndici, der angestellten Forscher (mit dem Problem der Werkserfindung) usw., über die es im allgemeinen so wenig Biographien und Nekrologe gibt wie über die höhere Ministerialbürokratie, die eine ähnliche Stellung einnimmt. Ein sehr umfangreiches Wirtschaftskapitel, aber auch innen- und außenpolitisch wichtig, bleibt die Geschichte der regionalen, fachlichen und über diese Grenzen hinausgehenden Wirtschaftvereinigungen, Verbände usw. (z. B. Langnamverein). Dabei bildete sich deutlich seit etwa 1895 eine Gruppe von mittleren und kleineren Unternehmern, die zur Erhaltung ihrer eigenen Existenz die Begrenzung der industriellen und finanziellen Konzentration (Einfluß der Großbanken) und Oligopol-Bildung forderten, so daß also mindestens auf diesem Gebiet die prinzipiell stets vorhandene Differenzierung der Unternehmerschicht oft unter den Gesichtspunkten der Betriebs- und Kapitalgröße, Marktstärke usw. akzentuiert wurde (vgl. Kap. 21).

In dem Maße, in dem Aktiengesellschaften verschiedener Typen in den Vordergrund traten, Konzerne und Interessengemeinschaften aufgebaut wurden, spielten die Vorstände, die meist aus angestellten Direktoren und Mitarbeitern von Einzelunternehmern (Krupp, Thyssen, Stinnes) bestanden, eine immer größere Rolle. Ihrer Abhängigkeit vom »Arbeitgeber« stand gegenüber, daß sie keinen oder nur geringen Hemmungen durch Familien- und Unternehmensgeschichte unterlagen; allerdings wuchsen schließlich auch die Direktorendynastien heran. Sie waren im allgemeinen wohl aufgeschlossener als die Unternehmer selbst für wirtschaftliches Zusammenwirken und politische Mitarbeit, während allgemein das Unternehmerinteresse an der Parlamentsarbeit nach 1890 – als die Gesetzesgrundlagen für die hochkapitalistisch-neumerkantilistische Volkswirtschaft mit Handelsgesetzbuch, Patentrecht, Bergrecht, Schutzzoll, Aktiengesellschaft- und GmbH-Recht, Sozialversicherung, Kartellrecht usw. geschaffen waren – mit der Begründung reduziert wurde, daß die Kompliziertheit der internen und der Wettbewerbsverhältnisse in der Wirtschaft eine arbeitsreiche politische Aktivität nicht mehr gestattete. Es kam hinzu, daß der zu selbstbewußtem Auftreten neigende Unternehmer (»Herr im Hause«) in Wahlkampf- und Parlamentsdebatten größere Schwierigkeiten hatte als angestellte Direktoren, Verbandssyndici usw., die nun stärker auch in die Parlaments- und Parteiarbeit eingeschaltet wurden; Lobbyismus im eigentlichen Sinne begann wohl erst während des Ersten Weltkrieges im Zusammenhang mit Annexionismus und

Kriegsgesellschaften. Dagegen wurde das technische Interesse und Verständnis des Unternehmers für den Erfinder zuweilen entscheidend wichtig (z. B. bei Eugen Langen für Nikolaus August Otto). »Bei politisch aufstrebenden Bankiers haben wir es mit Ausnahmen zu tun ... Die Mehrzahl war vollauf beschäftigt mit der Bewältigung der Hauptaufgabe, die dem deutschen Kreditgewerbe gestellt war« (Seidenzahl)[6].

Wenig untersucht ist bisher die territorial differenzierte Geschichte des österreichischen Unternehmers, der viele gemeinsame Züge mit dem im südostdeutschen Gebiet, aber doch auch Einflüsse aus Italien und aus Südosteuropa aufgenommen hat. Ein Vergleich etwa der Reeder von Hamburg und Bremen mit denen von Triest und Fiume, von Norddeutschem und Österreichischem Lloyd fehlt bisher[7].

Kaum untersucht, in der Literatur meist nur (W. Treue) erwähnt, ist der in Deutschland besonders häufige Unternehmer im Staats- und Kommunaldienst (etwa seit Rother in Preußen), wie der Komplex der Staats- und Kommunalunternehmen überhaupt. In der »schönen« Literatur ist der Unternehmer von Immermann über Gustav Freytag bis zu Kafka und Doderer[8] vielfach eindringlich dargestellt worden, doch gibt es nur eine wissenschaftliche Untersuchung über den »Unternehmer in der Literatur seiner Zeit « (Rarisch).

[1] Histor. Grundlagen: W. TREUE, Das Verhältnis von Fürst, Staat u. Unternehmer in der Zeit d. Merkantilismus, VSWG 44 (1957). Ders., Hohenzollernfürsten u. Unternehmertum, Tradition 7 (1962). W. ZORN, Typen u. Entwicklungskräfte dt. Unternehmertums im 19. Jh., VSWG 44 (1957). L. BEUTIN, Die märkische Unternehmerschaft in der frühindustriellen Zeit, Westfäl. Forschungen 10 (1957). J. LIESEBACH, Der Wandel d. polit. Führungsschicht d. dt. Industrie (1957). H. SACHTLER, Wandlungen d. industriellen Unternehmers in Dtld. seit Beginn d. 19. Jh. (1937). W. KOCKS, Verhaltensweise u. geistige Einstellung niederbergischer Unternehmer d. frühindustriellen Zeit (1956). K. GROBA, Der Unternehmer im Beginn d. Industrialisierung Schlesiens (1933). E. DITTRICH, Sudetendt. Unternehmertum, Dt. Zs. f. Wirtschaftskde. 4 (1939). K. WIEDENFELD, Die Herkunft d. Unternehmer u. Kapitalisten im Aufbau d. kapitalist. Zeit, Weltwirtsch. Archiv 72 (1954). F. ZUNKEL, Die rhein.-westf. Unternehmer 1834–1879 (1962). W. HUSCHKE, Forschungen über die Herkunft d. thüring. Unternehmerschaft d. 19. Jh., Tradition Beiheft 2 (1962). H. BEAU, Das Leistungswissen d. frühindustr. Unternehmertums in Rhld. u. Westf. (1959). E. DITTRICH, Zur sozialen Herkunft d. sächs. Unternehmertums, Neues Archiv f. sächs. Gesch. 63 (1942). Die NDB (1969 bis Bd. 8) wird die vollständigste Sammlung biograph. Daten enthalten. Dazu W. ZORN, Tradition 2 (1957). H. HARTMANN, Der Anteil d. Akademiker an der Unternehmerschicht, ebd. 4 (1959). Die wichtigen ›Rheinisch-westfälischen Wirtschaftsbiographien‹ bilden leider ein landesgesch. Unikum; Material auch in anderen landesgeschichtl. ›Lebensbildern‹. Die Arbeiten von F. EULENBURG,

der über 3000 Namen erfaßt hatte, zunächst aus polit. Gründen nicht veröffentlicht, sind bis auf eine dem Luftkrieg zum Opfer gefallen: F. EULENBURG, Die Herkunft d. dt. Wirtschaftsführer, Schmollers Jb. 74 (1954). Territorialgeschichtl. gut das Kapitel: Der Wuppertaler Unternehmer d. 19. Jh., in: Industrie- u. Handelskammer Wuppertal 1831–1956 (1956). R. ENGELSING, Bremisches Unternehmertum, Jb. d. Witheit zu Bremen 3 (1958); vgl. auch W. TREUE, Dt. Wirtschaftsführer im 19. Jh., HZ 167 (1942). F. REDLICH, Anfänge u. Entwicklung d. Firmengesch. u. Unternehmerbiogr., Tradition Beiheft 1 (1959). Zum beamteten Unternehmer: W. O. HENDERSON, The State and the Industrial Revolution in Prussia [1958, (dazu W. TREUE in: Kyklos 3, 1959)]. Ders., Peter Beuth and the Rise of Prussian Industry 1810–1845, Econ. Hist. Rev. 8 (1950); vgl. auch ders. Kap. 15, Anm. 27. Ansatz zur Erforschung negativer Komponenten: G. HAHN, Ursachen von Unternehmer-Mißerfolgen (1956). Über Unternehmer in der Politik: W. ZORN, VSWG 45 (1958). Über den Anteil d. Juden: E. ROSENBAUM, Some Reflections on the Jewish Participation in German Economic Life, Year Book 1 of the Leo Baeck Institute of Jews from Germany (1956). W. TREUE, Die Juden in der dt. Wirtschaft, Tradition 3 (1958). H. G. REISSNER, Beitr. d. Leo-Baeck-Inst. zur Firmengesch. u. Unternehmerbiographie, Tradition 13 (1968). Über die Stellung d. Adels zu u. in der Wirtschaft: H. GOLLWITZER, Die Standesherren (1957). Materialzusammenstellung: K. PRITZKOLEIT, Die neuen Herren (1955). W. TREUE, Der landwirtschaftl. Unternehmer in Ostdtld., Tradition 3 (1958).

2 H. KELLENBENZ, Der Bremer Kaufmann, Brem. Jb. 51 (1969). W. TREUE, Unternehmer, Technik u. Politik, Technikgesch. 32 (1965). H. JAEGER, Unternehmer in der deutschen Politik 1890 bis 1918 (1967). Ders., Unternehmer und Politik im wilhelminischen Deutschland, Tradition 13 (1968). F. SEIDENZAHL, Das Spannungsfeld zwischen Staat und Bankier im wilhelminischen Zeitalter, Tradition 13 (1968).

3 G. LUNTOWSKI, Lüneburger Unternehmer im 19. Jh., Lüneburger Bll. 15/16 (1965). W. FISCHER, K. Mez, Tradition 1 (1956). H. KELLENBENZ, Unternehmertum in Südwest-Dtld., Tradition 10 (1965). W. HUSCHKE, Forschungen über die Herkunft d. thüring. Unternehmerschicht d. 19. Jh., Tradition Beiheft 2 (1962). O. BORST, Staat u. Unternehmer in der Frühzeit d. Württ. Ind., Tradition 11 (1966). K. VAN EYLL, Camphausen u. Hansemann, ebd. W. TREUE, Erfinder u. Unternehmer, Tradition 8 (1963); K. ROESELER, Die Freiheit d. Unternehmer, ebd. 14 (1969).

4 W. ZORN, Unternehmer u. Aristokratie in Dtld., Tradition 8 (1963). G. GRUNDMANN, Schlösser u. Villen von Unternehmern im 19. Jh., Tradition 10 (1965). V. KÖHLER, R. Toepffer als Freund u. Förderer d. Kunst, Tradition 13 (1968).

5 J. WINSCHUH, Der Verein mit dem langen Namen (1932). H. A. BUECK, Der Centralverband Dt. Industrieller (1906). Der Weg zum industr. Spitzenverband, in: Festschr. K. Härle (1956). R. LIEFMANN, Die Unternehmerverbände (1897). Zahlreiche Verbandsgesch. in: H. CORSTEN, 100 Jahre Dt. Wirtschaft in Fest- u. Denkschriften (1937); seit 1967 regelmäßig bibliographische Zusammenstellungen von J. NEUMANN in der Zs. Tradition **(seit 1976 Zs. f. Unternehmensgeschichte).**

6 W. TREUE, Erfinder u. Unternehmer, Tradition 8 (1963). Ders., Eugen Langen u. N. A. Otto, Tradition Beiheft 3 (1963). H. NUSSBAUM, Unternehmer gegen Monopole (1966); s. auch Anm. 2. Die Pforzheimer Schmuck- u. Uhrenind. (1966). W. TREUE, Die Feuer verlöschen nie, A. Thyssen-Hütte, Bd. 1, 1890–1926 (1966).

7 H. MATIS, Der österr. Unternehmer, in: Festschr. W. Treue (1969).

8 H. ALBACH, Unternehmer u. Organisation bei F. Kafka, Mitteil. d. List-Ges., Fasc. 7, Nr. 5 (1969).

Kapitel 19
Das Verkehrs- und Nachrichtenwesen

»Die gewerbliche Umwälzung hätte in den ersten Anfängen steckenbleiben müssen, wenn nicht das Verkehrswesen in seine moderne Gestalt hätte übergeführt werden können, und andererseits wiederum: Die beispiellosen Fortschritte des 19. Jh. im Verkehrswesen wären nicht möglich, aber auch gar nicht nötig gewesen, wenn die Anwendung der Dampfkraft in der gewerblichen Produktion mit allen ihren Folgen nicht stattgefunden hätte« (Sartorius von Waltershausen)[1]. Zu Beginn des 19. Jh. war der Ferntransport voluminöser, nicht hochwertiger Waren nur zu Schiff möglich, so daß Binnenländer ohne brauchbare Wasserwege stark benachteiligt waren. Aber auch in anderen Staaten konnten Massengüter wie Getreide, Kohle, Eisen, Holz gewöhnlich nicht weit versandt werden und nur in den der Schiffahrt günstigen Monaten. Überlebte mittelalterliche Stapelrechte und Zonen abgrenzende Verfrachtungsmonopole auf Donau, Rhein, Mosel, Elbe verzögerten und verteuerten den Verkehr. Erleichterungen brachte erst die Wiener Kongreßakte für den Rhein, dann das preußische Zollgesetz 1818 und die Elbeakte 1821, die Weserakte 1823, die Mainzer Rheinschiffahrtsakte 1831, mit stark hemmenden Wirkungen auf Holland, die Emsakte 1843. Kohlen wurden nur im engsten Umkreis der Grube abgesetzt, im Ruhrgebiet von den »Kohlentreibern« mit Packpferden, die $2^1/_2$–3 Zentner trugen[2]. Eine Besserung brachten die erste Regulierung der Ruhr durch Friedrich d. Gr. (1780) und der Bau der beiden ersten Landstraßen des Bezirks 1788 und 1794, die den Wagentransport ermöglichten. Die dadurch und später durch die Eisenbahn und deren Tarifgestaltung ermöglichte Transportverbilligung bei Massengütern hat man als größten und wichtigsten wirtschaftlichen »Fortschritt, der überhaupt im letzten Jahrhundert gemacht« wurde, bezeichnet[3].

Napoleon war auch für Deutschland einer der Hauptförderer des *Straßenbaues* – aus strategischen Überlegungen. Während der politischen Kämpfe um die Schaffung des Zollvereins bildeten für Preußen mit seinen durch »Ausland« voneinander getrennten Staatsteilen Straßenführung und Straßenbau erneut wichtige Waffen sowie wirtschaftliche und militärische Probleme. In Preußen wurde der Straßenbau namentlich in den 40er und 50er Jahren nachdrücklich betrieben, so daß es dort

1837 12888, 1862 28800, 1895 fast 83000 km chaussierte Straßen gab, die ganz auf staatlicher Initiative und Finanzierung beruhten. Die Hauptzeit des deutschen Straßenbaues fiel unmittelbar vor den Anfang des starken Eisenbahnbaues; die Landstraßen wurden wichtige Zubringer für den anfangs nur sehr weitmaschigen Eisenbahnverkehr. Voraussetzung war allerdings die Abschaffung der seit 1834 im Zollverein reduzierten Chausseegelder, die nur dem Unterhalt, nicht der Kapitalverzinsung dienten – in Süddeutschland meist zwischen 1820 und 1840, in Preußen 1875; seitdem gab es in Preußen keine Staatsstraßen, sondern nur noch Provinzstraßen, während der Staat gleichzeitig begann, die Verstaatlichung der Eisenbahnen zu betreiben, und das Schwergewicht seines Verkehrsinteresses (auch aus militärpolitischen Gründen) auf das wichtiger gewordene Verkehrsmittel verlagerte (seit der Wende zum 20. Jh. auch auf den Kraftwagen). Vor den Großunternehmungen des Eisenbahnbaus gaben die Chausseen vielen Straßenarbeitern, Fuhrhaltern und -leuten, Gastwirten, Stellmachern usw. Verdienst. Das Aufkommen der Eisenbahnen bedeutete also eine tiefgreifende Berufsumschichtung, oft mit großen Härten in der Anfangszeit.

»Mir ist nicht bange, daß Deutschland nicht eins werde; unsere guten Chausseen und künftigen Eisenbahnen werden schon das ihrige tun« (Goethe 1828 zu Eckermann). Sosehr diese Erwartung erfüllt wurde, sosehr behinderte der Partikularismus den *Bau der Eisenbahnen*, die mehr als jeder andere technische Fortschritt auch Kunst und Literatur, die »Kultur« beschäftigt haben. Sie konnten ihre Vorzüge am besten im Grenzen sprengenden Fernverkehr erweisen, mußten sich aber lange den Grenzen und Sonderbedürfnissen der Kleinstaaterei ein- und unterordnen (wie der Eisenbahnbau in Österreich dem Nationalitätenproblem), so daß Lists von Arnoldi warm unterstützter Entwurf eines nationalen Bahnsystems (1831) der Erfüllung politischer Grundvoraussetzungen weit vorauseilte. List stand überhaupt der Eisenbahnidee mit grenzenlosem Enthusiasmus gegenüber – »durch die neuen Transportmittel wird der Mensch ein unendlich glücklicheres, vermögenderes, vollkommeneres Wesen« (1837); er erkannte dabei auch ihre den durchschnittlichen Wohlstand hebende, die Kultur demokratisierende Bedeutung. Harkorts Aufsatz ›Eisenbahnen – Railroads‹ und sein Buch ›Die Eisenbahn von Minden nach Cöln‹ (1833, Faks.-Ausg. 1961) blieben in der Theorie stecken.

Dagegen waren im westlichen Teil Preußens Ludolf Camphausen und David Hansemann erfolgreiche Eisenbahnunternehmer, deren Bemühungen und Vorschlägen es vor allem zu verdanken war, daß die preußische Regierung verhältnismäßig früh wichtige Eisenbahnlinien des Rheinlandes genehmigte. 1910 gab es in Deutschland 59000 km Eisenbahnen[4] (stärkstes Wachstum 1870–1875 von 18600 auf 27800 km), in Europa 334000 km. In Frankfurt wurde 1848 die Eisenbahn als Einigungsfaktor nur erwähnt, nicht verwendet. Die ersten, bis 1840 gebauten Eisenbahnen – z. B. Nürnberg–Fürth (6 km), Berlin–Potsdam, Leipzig–Dresden – waren fast ausschließlich Privatunternehmungen; die einzige Staatsbahn war lange Zeit die von Amsberg geschaffene kleine Strecke von Braunschweig nach Wolfenbüttel[5]. Privatunternehmer und -kapital bestimmten bei starker Zurückhaltung der vorsichtigen und mißtrauischen Ministerialbürokratie die erste Eisenbahnphase in Deutschland (»Ära der Privatbahnen«: Eröffnungszeit 1835 bis 1850, wachsende Staatshilfe 1850–1875; »System Strousberg«), noch mehr als im Süden in Preußen, wo 1879 die Hälfte aller Bahnen Privatbetriebe waren. Das Aktienrecht gestattete 1843 ungehinderte Spekulation in Eisenbahnpapieren, bis deren Überspitzung zur Börsenverordnung vom 26. 5. 1844 führte, die alle Zeitkäufe von inländischen und alle Geschäfte mit ausländischen Aktien untersagte. In Preußen als größtem Staat konnten am besten große Linien gebaut, mußten aber auch am stärksten militärische und volkswirtschaftliche Gesichtspunkte berücksichtigt bzw. über die der sofortigen Rentabilität und Notwendigkeit gestellt werden (z. B. Ostbahn, Bahnen in Westpreußen). Ebenso wurde seit 1850 für Berlin (Schwerpunkt des deutschen Eisenbahnnetzes) der Stadt- (1873), Ring- (1865) und Vorortverkehr nach strategischen Vorstellungen angelegt, z. T. entsprechend den Erfahrungen von 1864, 1866 und 1870. Die Zahl der beförderten Personen im Raum von Groß-Berlin wuchs 1866–1913 von 13 auf 1235 Millionen, die der Bevölkerung von 700000 auf 4 Millionen. Noch wichtiger für die Verkehrsentwicklung war, daß Berlin in dieser Zeit überwiegend Wirtschaftsstadt wurde und der Anteil der Erwerbstätigen an der schnell wachsenden Bevölkerung 1882 bis 1907 von 30 auf 41% stieg, für die Staat und Stadt (Straßenbahnen) eine Politik niedriger Fahrpreise und intensiven Ausbaues treiben mußten. Nach dem Scheitern eines Reichseisenbahnprojekts (1876) am Widerstand der Einzelstaaten begann

Bismarck 1879/80 mit der Verstaatlichung der preußischen Bahnen, die 1884 fast abgeschlossen war und bis 1890 zum Erwerb von über 14000 km Privatbahnen führte. Die anderen Bundesstaaten folgten, so daß gegen 1900 die Staatsbahn entschieden vorherrschte (»Ära der Staatsbahnen« 1875–1920). Die preußisch-hessische Eisenbahngemeinschaft bildete 1895 einen entscheidenden Abschnitt in der Entwicklung der deutschen Eisenbahn; sie schuf ein einheitliches Netz von 33000 km, also fast drei Fünftel aller Bahnen. Württemberg, wo der Staat sich 1843 die Hauptlinien vorbehielt und 1845 der private Bahnbau begann, konnte 1850 einen die Linienführung betreffenden Vertrag mit Bayern schließen, der für die Bahnen in beiden Staaten die gleiche (Normal-)Spurweite vorsah, während Baden nach Planungen seit 1831 und dem Eisenbahngesetz von 1838 im Jahre 1840 mit Breitspur begonnen hatte und seit 1853 kostspielige Umbauten vornehmen mußte. Seit der Reichsgründung traten Fragen der Reichsverteidigung stärker als früher in den Vordergrund. In fluß- und kanalnahen Gebieten wie im Westerwald kam es im Laufe der Zeit zuweilen mehrfach entsprechend dem Ausbau der Wasserstraße und der Verkehrsentwicklung (Kohlen, Erze, andere Massengüter) zu starker Konkurrenz der Verkehrsmittel mit Einfluß auf die Frachten. Nassaus Betonung kleinstaatlicher Sonderinteressen über Straßenbau und Schiffahrtspolitik hinaus auch im Eisenbahnwesen erschwerte die großräumige Planung, wie überhaupt besonders bis 1866 der Territorialismus nicht nur den Bau wirtschaftsgemäßer langer Strecken verhinderte oder verzögerte, sondern damit auch den Verkehr stark verteuerte[6].

Wichtig für die Benutzbarkeit der Eisenbahn, die ursprünglich stärker für den Personen- als für den Güterverkehr geplant war, wurde deren *Gütertarifpolitik* in Verbindung mit der Bildung von Eisenbahnverbänden seit der Jahrhundertmitte. Von der Tarifstufung nach Transportgeschwindigkeit ausgehend, gelangte man in den 60er und 70er Jahren zu einer lebhaften Tarifreformbewegung, da die Wirtschaft Vereinheitlichung und Vereinfachung der Tarifsysteme der verschiedenen Eisenbahngesellschaften, schließlich Einführung des Raumtarifsystems verlangte, welches die Frachtrate aus Geschwindigkeit, Gütermenge und Wageneinrichtung (offen, gedeckt) errechnete. Erst 1876 (67 deutsche Eisenbahnverwaltungen mit 1357 Tarifen) gelang die freiwillige Einigung der deutschen Bahnen über einheitliche Tarifgrundsätze. Bald darauf begann die Zeit der Sondertarife für einzelne Wirtschaftszweige und -güter (Gruben, Hütten, Landwirtschaft usw.) sowie für Notstandsgebiete (Lahn und Dill 1886), die also in den großen Rahmen der subventionierenden und protegierenden Nationalwirtschaftspolitik gehörten.

Als 1907 R. Garbe ein Standardwerk über ›Die Dampflokomotive der Gegenwart‹ veröffentlichte, glaubte man, den Höhepunkt der Lokomotivbautechnik und damit des Eisenbahnwesens erreicht zu haben.

In den letzten Jahrzehnten vor dem Eisenbahnbau gab es eine starke Belebung des *Flußverkehrs*, besonders seit der Einführung des Dampfschiffs in den 20er Jahren (z. B. auf der Ruhr wachsende Kohlenbeförderung und -ausfuhr)[7], so daß seit den 30er Jahren viele Schiffahrtsverbesserungen und -erleichterungen nötig wurden (1816 Unterelbe-, Havel- und Oder-, 1817 Unterweser-, 1818 Donau-, 1826 Rhein-Dampfschiffahrt, 1843 Dampfschleppverkehr auf dem Rhein, Dampfschiffahrt auf der Oberweser). Der Güterverkehr, zeitweise in der Form der »Kettenschiffahrt«, stand auch hier entschieden im Vordergrund[8]. Da die Flüsse nur für geringe Teile des Landes Verkehrsmöglichkeiten boten, baute man neben künstlichen Straßen auch künstliche Wasserstraßen zur Ergänzung und als Zubringer: *Kanäle*[9] und Flußausbauten, wie sie Frankreich seit dem 17. Jh., England besonders seit der zweiten Hälfte des 18. und die USA seit der Wende zum 19. Jh. meist mit bestem Ergebnis besaßen. Die deutschen Anfänge, charakterisiert durch den bayerischen Ludwigskanal, der Rhein, Main und Donau miteinander verbinden sollte und 1845 eröffnet wurde, waren wenig leistungsfähig und kamen zu spät, da der Eisenbahnbau sie überholte. Bald nach 1850 begann eine neue Zeit der Flußregulierungen und Kanalbauten, insbesondere seitdem man 1882 den Rhein-Weser-Elbe-Kanal zur Diskussion stellte (auf den Linien Ruhrort–Minden–Hannover–Magdeburg und Ruhrgebiet–Untere Ems/Papenburg–Oldenburg–Niedere Hunte–Unterweser/Bremen–Hamburg). Das Rhein-Main-Donau-Projekt wurde seit 1892 wieder in Angriff genommen, dann seit 1899 – als der vom preußischen Landtag 1886 gebilligte Dortmund-Ems-Kanal eröffnet wurde – unter dem Druck von Westfalen, Südhannover, Sachsen und Schlesien auch der Komplex des erstmals 1856 geforderten »Mittellandkanals«, der auch deshalb nötig wurde, weil die Schwerindustrie schneller wuchs als die Transportkapazität der Eisenbahnen. Dieses

Projekt wurde zu einem Politikum ersten Ranges: Der Bund der Landwirte forderte als Vorleistung die (nicht erreichbare) Verstaatlichung des Kohlenbergbaus in Rheinland und Westfalen (»Kanalrebellen«). Das preußische Wasserstraßengesetz von 1905 brachte das staatliche Schleppmonopol sowie die Erhebung von Schiffahrtsabgaben auf Binnenwasserstraßen. In den Jahren 1914/15 wurden der Rhein-Herne-Kanal, der Datteln-Hamm-Kanal und der Ems-Weser-Kanal eröffnet. Gleichwohl betrug der Güterverkehr auf den Binnengewässern 1912 nur ein Fünftel desjenigen durch die Eisenbahn. Zur Förderung des Küstenkanalprojekts wurde 1898 unter Oldenburgs Führung mit Bremen und Ostfriesland der Nordwestdeutsche Kanalverein gegründet[10].

Voraussetzung für die zweite Kanalepoche wie für den Aufschwung des Seeverkehrs waren starke Steigerung der Schiffsgrößen, Erhöhung der Geschwindigkeit und Vermehrung des Schiffsbestandes. Deutsche Dampfschiffsprojekte gab es seit 1815, erste ausländische Dampfschiffe auf deutschen Flüssen seit 1816 (*Dampfschiffsbestand* 1819: 4, 1840: 35, 1850: 73 Flußdampfer, 1840: 3, 1860: 23 eiserne Seedampfer in Norddeutschland). Zwischen 1840 und 1900 wuchs die Größe der Rheinschiffe[11] von 400 t auf 2000 t; Voraussetzung dafür war allerdings die von Tulla geleitete Oberrheinkorrektur, die neben dem Verkehr auch der Landwirtschaft zugute kam[12]. Insgesamt hat sich der Rheinverkehr zwischen 1835 und 1913 verzehnfacht (1835: 550000 t; 1869: 3,5 Mill. t; 1913: 5,7 Mill. t). Dabei änderte sich mehrfach die Rangfolge der Rheinhäfen: Mannheim wuchs stark an und schuf in der Hochkonjunktur 1895–1901 sein Rheinauer Industrie- und Hafengebiet, Duisburg-Ruhrort wurde größter Binnenhafen der Welt. Auch Berlin erhielt seit 1830 entsprechend seinem Wachstum ein Netz von Wasserstraßen[13]. Dagegen erlag die unregelmäßige Schiffahrt (und der Schiffbau) auf den kleinen Flüssen wie der Ruhr in den 60er Jahren fast ganz der Konkurrenz von Eisenbahn und Straße; die neue Kanalära gab ihnen wieder Bedeutung. Die gleiche Entwicklung charakterisierte den Seeverkehr, so daß gegen das Jahrhundertende der modernste Dampfer des Norddeutschen Lloyd eine größere Tonnage hatte als Bremens gesamte Handelsflotte um 1825. Technisch war die Schiffahrt charakterisiert durch den Übergang vom Segel- zum Dampfschiff und vom Holz- zum Eisen- und Stahlschiff[14]. Die größere Durchschnittsgeschwindigkeit des Dampfers gegenüber der des Seglers erbrachte bei gleicher Tonnage eine Steigerung der Transportfähigkeit bis zum Dreifachen.

Auch die Entwicklung der Binnen- und Seeschiffahrt war durch Kapitalballung und Übergang zur Aktiengesellschaft charakterisiert: In Hamburg seit 1847 die Hapag[15] (Hauptgründer J. A. Bolten; bedeutendster Direktor A. Ballin), in Bremen seit 1857 der Norddeutsche Lloyd[16] (H. H. Meier, Crüsemann, Lohmann, Wiegand) waren bald führend für ihre rivalisierenden Heimatstädte als repräsentative Schiffahrtsunternehmungen, die Deutschland mit allen Erdteilen verbanden. Sie stellten auch die Verbindung zu den Kolonien her durch ihre Leistungen im Personenverkehr (Auswanderer) wie im Güter- und Postverkehr (Reichssubventionsgesetze 1885–1893 unter der Voraussetzung des Schiffbaues auf deutschen Privatwerften, denen grundsätzlich auch der Kriegsschiffbau überlassen wurde, kontrolliert durch die Kostenrechnungen von drei Marinewerften)[17]. Sie übten eine starke Werbewirkung für Deutschlands Wirtschaftskraft aus – um so mehr, als in Schiffbau und Reederei technische, industrielle, finanzielle, organisatorische und selbst künstlerische Leistungen zusammenflossen (1 Arbeiter in der Werftindustrie beschäftigte 7–10 Arbeiter in Zuliefer-Industrien). Norddeutscher Lloyd und Hapag, 1902 der Gefahr des Aufkaufs durch finanzkräftige amerikanische Konkurrenten ausgesetzt, begannen eine nationale Straffung ihrer Geschäftsregeln sowie engere Beziehungen zur Kriegsmarine; sie besaßen gegen das Jahrhundertende mehr als die Hälfte der deutschen Seeschiffahrtstonnage; der Kleinbetrieb wurde wie in der Industrie immer stärker auf Spezialleistungen abgedrängt. Der Aufschwung der deutschen Schiffahrt beschränkte sich vorwiegend auf die Nordseehäfen; die Ostseeschiffahrt – der von Baensch-Drugulin erbaute Nord-Ostsee-Kanal[18] sollte vorwiegend strategische Bedeutung erhalten, ließ Hamburg aber zum wichtigsten Hafen für die Ostsee aufsteigen – blieb besonders nach dem Aufhören des Getreide-Exports und der Verringerung des Schiffbauholz-Exports nach England weiter zurück. Dabei kam es zu zahlreichen Spezialaufgaben und -schiffsentwicklungen (Fleisch, Öl)[19]. Infolgedessen bemühten sich die dortigen Hafenstädte seit etwa 1890, also erst spät, um Industrieansiedlungen (Lübecker Hochofenwerk 1905) und Verbindungen zu den Industriellen-Verbänden. »Der Weltverkehr konzentriert sich eben immer mehr an der Amerika zugewandten Küste Europas« (Pohle).

Dabei nahmen Hamburg und Bremen, nachdem die schweren Verluste aus der Napoleonischen Zeit zumeist verhältnismäßig schnell überwunden waren, einen mächtigen Aufschwung – Hamburg[20], wo es in allen Bereichen von Wirtschaft und Gesellschaft während des ganzen Jahrhunderts einen starken englischen Einfluß gab, besonders nach dem Brand von 1842, der die Modernisierung der Stadt, auch die schnelle Entwicklung des Rückversicherungsgeschäfts zur Folge hatte[21], und nach der Krisis von 1857 in wachsendem Wettbewerb und ständiger Auseinandersetzung mit Englands Schiffahrt und Handel (1830 92 Segelschiffe mit 16400 BRT, 1890 über 300 Dampfschiffe mit 500000 BRT und 257 Segelschiffe mit 166000 BRT, zwei Drittel der Schiffe aus Eisen und Stahl). In Bremen[22] (führende Persönlichkeit 1821–1857 Bürgermeister Joh. Smidt) wuchs durch die Industrialisierung die Zuwanderung so stark, daß 1900 die Hälfte der Einwohner nicht in der Stadt geboren war. Während auch das 1825–1827 gegründete Bremerhaven zum wichtigen Überseehafen wuchs, machten kleinere, ungünstig gelegene Häfen wie Oldenburg die Entwicklung zum weiträumigen Massenverkehr nicht mit[23]. In Hamburg und Bremen entwickelte sich aus dem Schiffseigentümer der Reeder und der große traditionalistisch-fortschrittliche »Kaufmannskapitalismus«, der sich erst allmählich aus der Bank- und Kaufmannsreederei in Handlung, Reederei, Versicherung, Bankgeschäft usw. spezialisierte, während andererseits die »Unterschicht« immer größer wurde und im Hafen- und Industriegebiet eine wichtige Rolle spielte. Hamburg wurde zu einem der wichtigsten Vermittlungshäfen zwischen Mittel- und Osteuropa und Übersee infolge der Befreiung der Kolonien in Südamerika, der Aufnahme des Verkehrs mit dessen Westküste und mit Mexiko, Texas, Kalifornien, in geringerem Maße durch die Handelsexpansion nach der Südsee und Asien seit 1842, mehr nach 1871, mit Afrika seit den 30er Jahren, andererseits durch wachsende Auswanderung und Erschließung eines immer weiteren deutschen und europäischen Hinterlandes durch Eisenbahnen. Diese trugen auch insofern zu dieser Entwicklung bei, als Hamburg den Überseeverkehr Mittel- und Ostdeutschlands, Bremen den weiterer Teile Westdeutschlands auf sich zog. In Bremen wurden zuerst größere Auswanderertransporte nach Nordamerika und von dort Tabak-, später Baumwollsendungen erledigt, behindert durch die Schwächen der Weserschiffahrt, seit 1847 unter

Konzentration auf den Umschlag Eisenbahn-Seeschiff. Der Kolonialpolitik stand man in Hamburg und Bremen um 1880 im allgemeinen abwartend und skeptisch gegenüber; schließlich gehörten die Hamburger jedoch »zu den Hauptnutznießern der deutschen Kolonialpolitik«[23a]. In Verbindung mit dem Aufblühen der Seeschiffahrt wuchs außer dem Bank-, Börsen- und Versicherungsgeschäft auch eine Reihe von Industrien[24] mächtig an und damit die in Bremen ungewöhnlich stark zu Lassalle und dessen Erbe neigende Arbeiterbewegung[25]. Die Schiffbauindustrie (seit den 50er Jahren allgemein Eisenbau; seit 1838 unter bremischer Flagge nur in Bremen gebaute Schiffe erlaubt) wurde mit Anfängen seit den 60er Jahren[26] der englischen allmählich ebenbürtig; 1885–1898 liefen zwei Drittel der Norddeutschen Lloyd-Schiffe auf deutschen Werften von Stapel; 1887 gab die Hapag erstmals bei einer deutschen Werft (Vulcan, Stettin) einen Großschiffbau in Auftrag. Der Bau der deutschen Kriegsflotte wirkte sich auch auf die technische Vervollkommnung des Handelsschiffbaues aus. Für die international repräsentativen Nordatlantik-Passagierdampfer entwickelte sich seit 1890 wie ein hochgezüchtetes Maschinenwesen, so auch eine spezifische »Architektur«, die den Bau- und Inneneinrichtungsstilen zu Lande verwandt, aber nicht mit diesen identisch war[27]. Eine schnell wachsende Bedeutung erhielt auch hier wie im Rahmen der Ernährungswirtschaft die Hochseefischerei[28].

Nachdem entsprechend der internationalen Konjunkturentwicklung durch Überlastung des Marktes mit Tonnage und mit Schiffen in »wilder Fahrt« seit 1890 Seeverkehr und Reederei eine Flaute erlebt hatten, setzte 1895 eine allgemeine Erholung ein (nicht zuletzt beim Auswanderer- und Kajütsverkehr, der einen bedeutenden Geschäftszweig der deutschen Reederei bildete), obwohl das Tonnage-Angebot ständig stieg: 1897–1900 an Segel- und Dampfschiffen über 100 BRT im Weltverkehr von 20,3 auf 21,7 Millionen BRT. Der deutsche Generalhandel stieg gleichzeitig von 75 auf 86 Millionen t. Die deutsche Handelsflotte wurde – auch im 20. Jh. – sehr verjüngt und ebenso wie die Hafeneinrichtung technisch erheblich verbessert (größere Schiffe, kohlensparende Maschinen, Drei- und Vierfach-Expansionsmaschinen, Hochdruck-Heißdampf, Verringerung des Maschinengewichtes; Spezialschiffbau). Während die Betriebskosten gesenkt werden konnten, stiegen allerdings die Kosten für das technische Personal wegen der wachsenden Maschinisierung. Es gab im Deutschen Reich 1896 bzw. 1901: 3600 bzw. 3900 Seeschiffe mit 2 bzw. 2,8 Millionen BRT, davon 1068 bzw. 1206 Dampfer mit 1,3 bzw. 2,2 Millionen BRT. Zunehmend geschahen Ein- und Ausfuhr mit deutschen Schiffen (52 bzw. 58% bei Einfuhr, 62 bzw. 67% bei Ausfuhr). 1912 schrieb R. M. Sloman: »Ob die Zukunft der Dampf- oder Segelschiffahrt gehört, ist eine Frage, die vielfach erörtert wird. Ich wage kein Urteil, obgleich ich doch glaube, daß die angewandte Mechanik auf die Dauer ihre Leistungen billiger und sicherer vollbringen kann und daher den Vorzug für alle einschlägigen Zwecke sich erringen wird ... Auch scheint es, daß die Vergrößerung der Schiffe noch nicht ihre Grenze erreicht hat[29].«

Die *Post*[30], das Hauptnachrichtenwesen, erfuhr im Rahmen der kleindeutschen Einigung eine entsprechende Konzentration. Seit Karl V. hatten die Thurn und Taxis ein Postmonopol im Reich; seit 1615 war ein Angehöriger des Hauses Reichsgeneralpostmeister, was zu Streitigkeiten mit den Reservatrechten der Territorien und zur Errichtung von Territorialposten (Brandenburg 1649) führte. Obwohl der Reichsdeputationshauptschluß von 1803 in § 13 den Besitzstand der Taxis ausdrücklich garantierte, ging dieser doch mit dem Zerfall des Reiches und der Gewährung der vollen Souveränität an die Reichsstände unter. Doch wurde den Taxis aus Zweckmäßigkeitsgründen und gegen Pachtzahlung die Ausübung der Territorialposten belassen, bis die Ablösungen neue Verhältnisse schufen (1808 Bayern, 1811 Baden, 1851 Württemberg, 1866 zahlreiche Klein- und Mittelstaaten, als Preußen durch Abfindung von 3 Millionen Talern Nachfolger von Taxis wurde). Trotz des fiskalischen, auf Gewinn gerichteten Geistes der Thurn-und-Taxis-Post, eines sehr großen Wirtschaftsunternehmens, hat sie den zahlreichen Territorien in Deutschland und damit diesem selbst in bezug auf Verkehr und Wirtschaft große Dienste geleistet und schließlich die Grundlage für die späteren staatlichen Posten gebildet. Die französische Besatzung hemmte fast allen Postverkehr. Hardenberg ließ nach dem Sieg 1813–1815 die Post in Preußen reorganisieren; es folgten verkehrsfördernde Postverträge mit Sachsen, Kurhessen, Österreich und den Niederlanden. Generalpostmeister Nagler schuf seit 1821 Schnellpostverbindungen von Berlin nach Dresden, Hamburg, Leipzig und Rußland. Der internationale Verkehr wurde u. a. befördert durch den deutsch-österreichischen Postverein von 1850. Nach der Ablösung der

Thurn und Taxis unter starker preußischer Pression wurden 1867 Hannover, Schleswig-Holstein und Lauenburg der preußischen Post einverleibt, aufgrund des Postgesetzes von 1867 die Norddeutsche Bundespost geschaffen, Hessen eingegliedert und ein Einheitsportosatz eingeführt. 1870 trat H. Stephan an die Spitze des preußischen Postwesens; anschließend bewies er sein Organisationstalent bei der Feldpost, seit 1871 leitete er als Generalpostmeister des Deutschen Reiches, seit 1880 als Staatssekretär des Reichspostamtes die seit 1876 mit der Telegraphie vereinigte Reichspost (Reichspostgesetz von 1871/1899), der gegenüber Bayern und Württemberg unter beträchtlichen finanziellen Opfern (Bayern 1872–1920 etwa 250 Millionen Mark »Ausgleichabgabe«) ihre Selbständigkeit behaupteten. Stephan organisierte Postkongresse und den Weltpostverein (seit 1874/1878). Sein Nachfolger v. Podbielski beseitigte 1897 die letzten Privatposten (74 in Städten wie Berlin, Hannover, Leipzig, Gießen) und führte die Reichspostmarke ein. Seit 1884 gab es ein Reichspostwesen in den deutschen Schutzgebieten, Postanweisungen in Deutschland zuerst in Preußen seit 1865, Postkarten seit 1870, Postscheckverkehr seit 1905, Luftpost seit 1912.

Grundlegend für Post, Eisenbahnen u. Kanäle: E. R. Huber, Dt. Verf.gesch., Bd. 4 (1969).

[1] W. Treue, K.-H. Manegold u. a., Quellen zur Gesch. d. industr. Revol. (1966). G. Sommer, 100 Jahre dt. Eisenbahnen (1935).

[2] P. Neubaur, Matthias Stinnes u. sein Haus (1908).

[3] L. Pohle (u. M. Muss), Das dt. Wirtschaftsleben seit Beginn d. 19. Jh. (⁶1930).

[4] F. List, Art. »Eisenbahnen«, in: Rotteck u. Welcker, Staatslex. Bd. 4 (1837). A. F. Napp-Zinn, Fr. List als Verkehrspolitiker (1948). NDB 1 (1953), Art. »E. W. Arnoldi«. A. v. Mayer, Gesch. u. Geogr. d. dt. Eisenbahnen (2 Bde. 1891). Beste Zusammenfassung im Jubiläumswerk: 100 Jahre dt. Eisenbahnen (1938). Hanstein-Stumpf, 100 Jahre dt. Eisenbahnen (1940). R. Schmied, Der Reichseisenbahngedanke, Ein Beispiel für die Notwendigkeit polit. Wirtschaftslenkung (1943), nat.-soz., doch mit Bibliogr. f. Einzelgebiete. K. Kumpmann, Die Entstehung d. Rhein. Eisenbahngesellschaft 1830 bis 1844 (1910). H. Ditt u. P. Schöller, Die Entwicklung d. Eisenbahnnetzes in Nordwestdtld., Westfäl. Forsch. 8 (1955). K. van Eyll, Camphausen u. Hansemann, 2 rhein. Eisenbahnunternehmer, Tradition 11 (1966). W. O. Henderson, Die Entstehung d. preuß. Eisenbahnen 1815–1848, in: K. E. Born, Mod. dt. Wirtschaftsgesch. (1966). W. Sombart, Die dt. Volkswirtschaft im 19. Jh. (³1913). M. Riedel, Vom Biedermeier zum Maschinen-Zeitalter, Zur Kulturgeschichte der ersten Eisenbahnen in Deutschland, AKG 43 (1961). P. Mechtler, Streiflichter auf das Nationalitätenproblem bei den österr. Eisenbahnen, MÖStaA 15 (1962).

[5] NDB 1 (1953), Art. »A. P. C. T. v. Amsberg«.

[6] T. Sparla, Die preuß.-hess. Eisenbahnbetriebs- u. Finanzgemeinschaft

1896–1917 (1929). v. UNRUH, Die Erwerbung d. dt. Eisenbahnen durch d. Reich (1876). H. DÖHN, Eisenbahnpolitik u. Eisenbahnbau in Rheinhessen 1835–1914 (1957). W. O. HENDERSON (vgl. Kap. 11, Anm. 24). A. v. D. LEYEN, Die Eisenbahnpolitik d. Fürsten Bismarck (1914). R. ROTTSAHL, Bismarcks Reichseisenbahnpolitik (1936). O. HESS, Das Eisenbahnwesen in Württemberg, F. GEYER, Die Entwicklung d. bad. Eisenbahnen, U. FEYER, Die Entwicklg. d. südwestd. Eisenbahnnetzes; sämtl. Jbb. f. Stat. u. Landeskunde v. Baden-Württemberg 2 (1956). K. FUCHS, Die Erschließung des Westerwaldes durch die Eisenbahn, Nass. Annal. 72 (1961). Ders., Zur Verkehrspolitik d. Hzgt. Nassau 1815–1866, ebd. 77 (1966). H. METHLING, Die Entwicklung des Eisenbahnnetzes in der ehem. Prov. Brandenburg, Jb. f. brandenburg. Landesgesch. 10 (1959). U. KOPPENHAAGEN, Zur Entwicklung des öff. Personennahverkehrs in Groß-Berlin 1865 bis 1914 (1961). E. BAHR, Die Entwicklung des westpreuß. Eisenbahnnetzes bis z. Ausgang d. 1. Weltkriegs, Westpreußen-Jb. 9 (1959). H. HERZFELD (Hg.), Berlin u. die Prov. Brandenburg im 19. u. 20. Jh. (1968). A. KUNTZEMÜLLER, Die bad. Eisenbahnen 1840 bis 1940 (1940). G. MOSEL, Das Siegerland u. die Eisenbahn (1965). F. LERNER, Wirtschafts- u. Soz.gesch. des Nassauer Raumes 1816–1964 (1965). Die Verwaltung der öff. Arbeiten in Preußen 1890 bis 1900 (1901). Dasselbe 1901–1910 (1911). H. KUBITSCHEK, Die Börsenverordnung v. 24. 5. 1844, Jb. f. Wirtsch.-gesch. (1962). A. GÜNTHER, Die Gemeinwirtschaftlichkeit der dt. Eisenbahnen, Arch. f. Eisenbahnwesen 70 (1960). K. OTTMANN, B. H. Strousberg, Eisenbahnkönig der Privatbahnzeit, ebd.

[7] 150 Jahre M. Stinnes (1958). H. LEHMANN, Duisburgs Großhandel u. Spedition vom Ende d. 18. Jh. bis 1905 (1958).

[8] Erfinder: E. Bellingrath, NDB Bd. 2. H. SZYMANSKI, Die Anfänge d. Dampfschiffahrt in Niedersachsen (1958). CH. PIEFKE, Zur Gesch. d. Passagierfahrt auf der Unterweser; F. PRÜSER u. B. JACOB, Aus den Jugendtagen d. Dampferfahrt auf der Oberweser, beide Bremisches Jb. 44 (1955).

[9] G. WEISSLEDER, Donauraum u. Rhein-Main-Donau-Kanal (1944), nat.-soz. verfärbt. W. KOHTE, Westfalen u. der Emsmündungsraum, Ges. f. westfäl. Wirtschaftsgesch. 7 (1960).

[10] S. v. KARDORFF, Wilh. v. Kardorff, nationallib. Parlamentarier im Zeitalter Bismarcks u. Wilh. II. (1936). A. SCHMITT, Der Mittellandkanal, Schritt zur Einheit der dt. Binnenschiffahrt, Jb. f. Nat.ök. u. Stat. 149 (1939). H. SPETHMANN, Die Großwirtschaft an der Ruhr (1925). Die Straße, die alle Ströme vereint (1957). Auswirkungen von Kanalpolitik u. -verkehr auf die einzelnen Unternehmen: W. TREUE, Die Gesch. d. Ilseder Hütte (1960). G. LIMANN, Der Küstenkanal, Oldenburger Jb. 55 (1955). H. HORN, Der Kampf um den Bau des Mittellandkanals (1964). W. FISCHER, Herz des Reviers (1965). F.-I. SCHROIFF, Die verkehrswirtschaftl. Bedeutung der nordwestdt. Wasserstraßen seit ihrem Entstehen im 19. Jh., Technikgesch. 35 (1968).

[11] A. F. NAPP-ZINN, Die Anfänge des dt. Rheindampferbaues (1939). E. GOTHEIN, Geschichtl. Entwicklung d. Rheinschiffahrt (1903). A. GENTSCH, Die Bedeutung des Rheins für das rhein. u. dt. Wirtschaftsleben (1927).

[12] F. SCHNABEL, Dt. Gesch. 3, mit Lit. über Tulla. Für später: A. F. NAPP-ZINN, Die Binnenwasserstraßen d. Rheinraumes, Zs. f. Verkehrswissenschaft 17 (1940). Ders., Ein Jh. Rheinverkehr von d. Rheinschiffahrtsakte bis z. Beginn d. 2. Weltkrieges, in: Festschr. Chr. Eckert (1949).

[13] H. LEHMANN, Duisburgs Großhandel u. Spedition vom Ende d. 18. Jh. bis 1905 (1958). H. GUTZLER, Das Rheinauer Ind.- u. Hafengebiet 1873–1914 (1961). SZYMANSKI (vgl. Anm. 8) technikgeschichtl. wichtig. H. HERZFELD (s. Anm. 6).

[14] O. Höver, Dt. Seegesch. (1940). K. Thiess, Dt. Schiffahrt u. Schiffahrtspolitik d. Gegenwart (1907). G. Leckebusch, Die Beziehungen d. dt. Seeschiffswerften zur Eisenind. an der Ruhr 1850–1930 (1963).

[15] H. Corsten, 100 Jahre dt. Wirtschaft in Fest- u. Denkschriften (1937) Nr. 2614–2624 u. 3951 die gesamte Lit. über Hapag. Über Bolten NDB 2 (1955). E. Rosenbaum, Albert Ballin, A Note on the Style of his Economic and Political Activities, Leo Baeck Instit. Yearbook 3 (1958). L. Cecil, Ballin (1969).

[16] F. Prüser, Hamburg-Bremer Schiffahrtswettbewerb in der Zeit d. großen Segelschiffahrt u. d. Dampfer, Zs. d. Ver. f. Hamburg. Gesch. 49/50 (1964). L. Beutin, Bremen u. Amerika (1953). Corsten (s. Anm. 15). G. Bessell, Norddt. Lloyd 1857–1957 (1957). Über Wiegand Biogr. v. W. Petzet (1939).

[17] W. Strobusch, Geh.Rat Hüllmann, Tradition 10 (1965).

[18] O. Becker, Bismarcks Kampf für den Nordostsee-Kanal, HZ 167 (1943). NDB 1, Art. »O. F.-B. Baensch-Drugulin«. B. H. Strousberg schlug 1878 einen Kanalverlauf Hamburg–Berlin–Stettin vor, wodurch Berlin mitteleurop. Stapelplatz werden sollte; erst später herrschten militär. Überlegungen vor.

[19] B. Kreutzfeldt, Der Lübecker Industrie-Verein 1889–1914 (1969). J. Fahl, Lübecks Wirtschaftsleben in der Gegenwart (1935). E. Hieke, Die Anfänge d. Tankschiffahrt, Tradition 8 (1963). Ders., W. A. Riedemeister (1963). A. Kaegbein, Schiffahrt u. Schiffbau (1914).

[20] G. Ahrens, C. Voght und sein Mustergut Flottbek (1969). Lit. bei P. E. Schramm, Hamburg, Deutschland und die Welt (1943). Ders., Kaufleute zu Haus und über See (1949). Ders., Deutschland und Übersee (1950). Ders., Kaufleute während Besatzung, Krieg u. Belagerung (1806–1815), Tradition 4 (1959). A. Kraus, Die Unterschichten Hamburgs in d. 1. H. d. 19. Jh. (1965). E. Hieke, Rob. M. Sloman Jr. (1968).

[21] H. Speckter, Der Wiederaufbau Hamburgs nach dem großen Brande von 1842 (1952). [E. Helfferich,] Behn, Meyer & Co. – Arnold Otto Meyer (1957).

[22] G. Bessell, Bremen (^{3}1955). Ders., Bremerhaven (1927). Engelsing (s. Kap. 16, Anm. 4). Ders., Bremen als Auswandererhafen 1683–1880 (1961). Ders., Dtld. u. die Vereinigten Staaten im 19. Jh., WaG 18 (1958). Ders., Die brem. Dampfschiffahrt mit England im 19. Jh., Brem. Jb. 46 (1959). Ders., Bremen, England u. die USA im 19. Jh., Bundes-Firmenregister 7 (1960). Ders., Joh. Smidt, in: Männer d. dt. Verwaltung (1963). Bürgermeister Joh. Smidt u. seine Zeit 1773–1857 (1957). F. Seidel, Die Neue Einwanderung (1955). K. Wiborg, Die wirtsch. u. soz. Entwicklung der Stadt Nordenham (1955). Rössler-Franz, Sachwb. z. dt. Gesch. (1956 ff.), Art. »Bremen«. H. L. Schäfer, Bremens Bevölkerung in d. 1. H. d. 19. Jh. (1957). W. Lührs, Die Freie Hansestadt Bremen u. England in der Zeit d. Dt. Bundes (1958). F. Rauers, Brem. Handelsgesch. im 19. Jh. (1913). F. Prüser u. W. Treue, Beitr. zur Brem. Wirtschaftsgesch., Tradition Beiheft 5 (1966). H. Entholt, Gestaltwandel einer Hansestadt (1959).

[23] G. Limann, Der Stau in Oldenburg, Oldenb. Jb. 57 (1958).

[23a] H. Washausen, Hamburg u. d. Kolonialpol. d. Dt. R. 1880–1890 (1968).

[24] D. Herms, Die Anfänge d. brem. Industrie vom 17. Jh. bis zum Zollanschluß 1888 (1952). F. Plass, Gesch. d. Assecuranz u. d. hanseat. Seeversicherungsbörsen Hamburg, Bremen, Lübeck (1902). R. Engelsing (s. Kap. 15, Anm. 26). H. Festerling, Bremens dt. u. hanseat. Pol. in d. 1. H. d. 19. Jh. (1964). D. Glade, Bremen u. d. Ferne Osten (1966).

[25] U. Böttcher, Anfänge u. Entwicklung der Arbeiterbewegung in Bremen von der Revol. bis zur Aufhebung d. Sozialistengesetzes 1890, Schriften d. Witheit zu Bremen, Reihe F, Heft 22 (1953).

[26] E. HIEKE, Hamburgs Exportschiffbau 1866, Hamburg. Wirtschaftschronik 1 (1950). Ders., H. C. Stülcken Sohn (1955), mit Aufsatz von BEUTIN, Tradition 1 (1956). Neue Lit. über Hamburg in der Hamburg. Wirtschaftschronik (seit Okt. 1955).

[27] P. KLEINE, Die Architektur der Nordatlantik-Passagierdampfer, Technikgesch. in Einzeldarstellungen 3 (1967). E. WESTPHAL (Kap. 14, Anm. 27, über Maschinen-, Lokomotiv- und Schiffbau in Elbing).

[28] NDB, Artikel »C. F. Chr. Busse«.

[29] Die Störungen im dt. Wirtschaftsleben während der Jahre 1900 ff., Bd. 4: Verkehrsgewerbe (1903). Verhandlungen d. Ver. f. Socialpol. über die Lage der in der Seeschiffahrt beschäftigten Arbeiter (1904). R. M. SLOMAN, Die Entwicklung d. Hamburger Reederei, Tradition 14 (1969).

[30] E. CROLE, Illustr. Gesch. d. dt. Post ([3]1900). F. DIECKMANN, Postgesch. dt. Staaten (1896). Archiv f. dt. Postgesch. (seit 1933). S. SAUTTER, Gesch. der Post (1951). K. KÖRNER, Dt. Postgesch. (1937/38). TAPFER, Das Privatpostwesen 1885–1900, Arch. f. dt. Postgesch. (1963). O. KÜHNDELT, Vor 50 Jahren erste Postluftfahrt, ebd. (1962). M. PIENDL, Das Ende der Thurn u. Taxis-Post, Tradition 6 (1961). H. HARTMANN, Finanz. Ausgleichsleistungen d. Bundesstaates Bayern an das Dt. Reich für den Besitz d. Reservatrechts 1871–1920, Archiv f. Postgesch. in Bayern 11 (1962). V. ASCHOFF, Die elektr. Nachrichtentechnik im 19. Jh., Technikgesch. 33 (1966).

Kapitel 20
Wirtschaftskrisen

Wirtschaftskrisen betrachtete man in Europa seit der Tulpenspekulation von 1634/35 und Laws Wertpapierbörsenkrisis von 1720 mit wachsender Aufmerksamkeit in der Bemühung, über das Individuelle einer jeden Krisis hinaus Typisches zu entdecken. Doch gelangte man zur wirklichen Konjunktur- und damit zur Krisenforschung und zur Entdeckung der komplizierten, mit einander zusammenhängenden Zyklizität beider Erscheinungen erst im 20. Jh. (Schumpeter, Kondratieff, Juglar, Kitchin). Die Krisen im Kapitalismus – dessen markanteste Differenzierungserscheinungen sie bildeten und zu dessen Stärkung sie indirekt beitrugen – waren am intensivsten in England, dem technisch sowie handels- und verkehrskapitalistisch am weitesten fortgeschrittenen Land; die Wirtschaftskrisen der 20er und 30er Jahre[1] bildeten in Deutschland noch Erschütterungen, wie es sie auch nach dem 30- und nach dem 7jährigen Krieg gegeben hatte: Kriegsnachfinanzierungs- und Wiederanpassungskrisen. Sie hatten alle kriegführenden, häufig auch neutral gebliebene Staaten ergriffen, waren aber niemals *Welt*wirtschaftskrisen gewesen von gleicher Schwere wie schon deren erste von 1857–1859. Agrarvölker mit wenig Verkehr, wenigen und meist kleinen Städten mit Ackerbürgern konnten wie Deutschland in den 30er Jahren durch Krisen nicht unter ein relativ hohes Lebensniveau gedrückt werden. Ohne große Geldvermögen, große Industriegesellschaften mit Aktien oder ähnlichen Anteilen, ohne bedeutende Börsen mußte die Spekulation sich in engsten Grenzen halten und entsprechend die Möglichkeit, durch sie viel Geld zu gewinnen oder zu verlieren. Eine *Welt*wirtschaftskrise setzte eine *Welt*wirtschaft, nicht merkantilistischen Kampf von Nationalwirtschaften mit Kolonialbesitz, sowie Weltnachrichtenmittel voraus, ohne deren Hilfe keine Weltwirtschaft informationsmäßig entstehen und funktionieren konnte.

Noch die große Krisis von 1810/11 wurde über Frankreichs Grenzen hinaus kaum wirksam, in der Kriegs- und Besatzungsmisere der Gesamtsituation nicht als etwas Besonderes vermerkt. Die folgenden Krisen trafen Deutschland im Zustand wirtschaftlicher Vereinzelung. Die Notzeiten und sozialen Unrastjahre seit 1844/45 in Deutschland fielen in eine Zeit wirtschaftlichen Aufschwungs in Europa und beruhten mehr auf Mißernten und Binnenwanderung als auf Konjunkturzyklizität. Die 50er Jahre dagegen wurden in Deutschland erstmals »eine Gründer- und Spekulationsperiode ganz großen Stils, erfüllt von der Entfaltung bis dahin ungeahnter Arbeitsenergien ... Vom weltwirtschaftlichen und weltpolitischen Aspekt aus gesehen, erhalten die 1850er Jahre ihr Signum durch die fortschreitende Ökonomisierung des Gesamtlebens und durch die Schöpfung neuartiger wirtschaftlicher Organisationsformen spezifisch kapitalistischen Gepräges« (Rosenberg)[2], in Deutschland durch die Schaffung neuer Banktypen und durch Bankenverflechtung mit Frankreich und Belgien. Diese entstehende Weltwirtschaft, in der man in Deutschland zunächst erstmals eine allgemeine Gründerhausse miterlebte, geriet seit 1857 innerhalb einer langen, von Baumwolle und Eisenbahn, später Bergbau, Eisenwirtschaft, Dampfschiffbau, Telegraphie und großstädtischer Bauwirtschaft getragenen Aufstiegswelle, die bis etwa 1874 dauerte, in ihre erste, zu einem erheblichen Teil durch den Goldzufluß seit 1848 aus Kalifornien, seit 1851 aus Australien verursachte große (nichtlandwirtschaftliche) Krisis – etwas Neues, die Welt als Ganzes gemeinsam Erschütterndes. Sie ergriff ebenso Deutschland, das wirtschaftlich noch immer hinter Westeuropa zurückstand in bezug auf Börsentechnik, Aktiengesellschaft, Industrie- und

Verkehrsfinanzierung moderner Art; Österreich blieb auch dahinter noch wieder zurück. Zwar gab es in Deutschland, z. T. infolge der Staatskontrolle, weniger als in anderen Staaten spekulative Übersteigerungen und Kapitalfehlleitungen, wohl aber eine wirtschaftliche Verknüpfung mit dem Auslande und damit den Anfang einer Schicksalsgemeinschaft mit der westeuropäisch geführten Weltwirtschaft. Als diese im Anschluß an die Haussebewegung nach Beendigung der Revolutionswirren in eine Überspekulations- und Überproduktionsphase geriet[3], fand sich auch Deutschland, 1856/57 mit ausgedehnten Effektenspekulationen auf dem Höhepunkt seiner Gründerhausse, hineingezogen in diesen Umschlag von der Expansionskonjunktur zur Krisis, was erstmals die Bildung von wirtschaftlichen Interessentenvereinigungen zur Folge hatte. Viele Zeitgenossen betrachteten, trotz augenblicklicher Verluste – u. a. stiegen auch die Feuerschäden sehr stark an – mit einer gewissen Zufriedenheit die Krisenerscheinungen in Deutschland als Beweis für dessen Zugehörigkeit zur Weltwirtschaft; Engels glaubte in der Ausdehnung der Überproduktion auf Industrie, Ackerbau und Tropen einen »famosen« und »großartigen« Beweis für die Richtigkeit der marxistischen Krisen- und Revolutionstheorie sehen zu können[6].

Bei den Bemühungen um Beendigung der Krisis diskutierte man, wie in der schweren Krisis der 70er Jahre, lebhaft auch über *Zoll- und Handelspolitik*. Dabei konnten die Interessentengruppen in partikularistischer Zersplitterung keine radikalen Maßnahmen im Zollverein erzwingen. In Österreich entstand, von Textil- und Montanindustrie ausgehend, eine Schutzzollbewegung, die zugleich der Zollunion mit dem Zollverein widerstrebte. Das wirkte sich, in Verbindung mit dem Krieg von 1859, bis in die Stellungnahme zum Handelsvertrag von 1862 aus (s. Kap. 6). Im Zollverein konnte sich die Schutzzollbewegung süddeutscher Baumwollspinner und westdeutscher und oberschlesischer Eisenhüttenbesitzer gegenüber den mit dem Konsumenteninteresse sich deckenden freihändlerischen Bestrebungen der Getreide exportierenden ostdeutschen Landwirtschaft, des Handels und des überwiegenden Teils der verarbeitenden westdeutschen und sächsischen Industrie nicht durchsetzen. Vielmehr trug die Kontroverse in Verbindung mit der Krisis zur Gründung des liberalen »Kongresses deutscher Volkswirte« 1858 und des »Deutschen Handelstages« 1861 bei. Kleindeutscher Liberalismus und preußische Deutschlandpolitik hatten gemeinsame Ziele und gewährleisteten, daß die liberale Politik mindestens bis zur kleindeutschen Einigung und zur nächsten Weltwirtschaftskrise beibehalten wurde.

Anfangs der 60er Jahre galt die erste Weltwirtschaftskrisis als überwunden. Im nächsten Jahrzehnt folgte eine Konjunktur von mittlerer Intensität. Die Kriege von 1864 und 1866 sowie die Geldkrisis in den USA und England brachten für Deutschlands Wirtschaft keine schweren Erschütterungen. Die Kriegserfordernisse von 1870/71 führten zu leichter Einengung und Lenkung der Wirtschaft, die in eine Hochkonjunktur eintrat, als der Friede geschlossen, territorialer Gewinn und hohe Kriegsentschädigung (4 Milliarden Mark nach 2,2 Milliarden Kriegskosten), also Marktausweitung und Kreditverbilligung gesichert waren[5]. Ausbau der um die französische Ostbahn vergrößerten deutschen Eisenbahnen, die auch die Verwaltung luxemburgischer Linien übernahmen, Einordnung der elsaßlothringischen Wirtschaft in die des Reiches, Erweiterung des Kohlen- und Erzbergbaues, der Hüttenindustrie, des Lokomotiv- und Waggonbaues usw. (Steigerung des Eisenverbrauchs je Kopf der Bevölkerung in Deutschland 1866–1873 von 32,6 auf 71,5 kg), in der Reichshauptstadt und an vielen anderen Orten teils spekulativ begründete, teils auf der Bevölkerungszunahme durch Binnenwanderung, Steigen der Geburtenziffer und Verringerung der Sterblichkeit beruhende, aber auch durch Anlage neuer und Verstärkung alter Festungen veranlaßte Belebung der Bauwirtschaft, mächtige Ausweitung des Binnen- und Außenverkehrs, stärkere Einbeziehung Deutschlands in den sich schnell ausbreitenden Welthandel (1869 Suezkanal), Gründung zahlreicher Banken, besonders in Berlin geführt von der Spezialität der Baubanken, in Bayern von den Dachauer-Banken der ehemaligen Schauspielerin Spitzeder, Rückzahlung zahlreicher Staatsanleihen aus den französischen Reparationen: Alles das führte zu einem früher unbekannten echten Aufschwung der deutschen Wirtschaft – am auffälligsten durch starkes Steigen der Börsenkurse –, der bald in spekulative und selbstbetrügerische Erscheinungen mündete. Die Regierungen, ungeübt in der Handhabung großer Geldmengen, setzten durch ihre Politik schneller Schuldentilgung große Kapitalien für Börsenspekulationen frei und fanden aus Unkenntnis und liberaler Befangenheit kein Mittel, die ins Schädliche und Krankhafte, auch in sinnlose Preis- und Lohnsteigerungen umschlagende Bewegung dieser *Gründer-*

jahre seit 1871 aufzuhalten und abzuleiten. »Die Hochkonjunktur ... war erwünscht, nicht erwünscht war der beispiellose Gründungs- und Bankschwindel und die moralische Geschäftsverwilderung in vielen Kreisen« (Sartorius von Waltershausen). Im Rahmen gewerbefreiheitlicher Maßnahmen wurde der Konzessionszwang für Aktiengesellschaften am 11. 6. 1870 durch ein übereilt verabschiedetes Gesetz aufgehoben, dessen Fehlerhaftigkeit alsbald erkannt und von Adolf Wagner und dem Verein für Socialpolitik kritisiert, aber erst im Rahmen des Neumerkantilismus durch Erhöhung der Mindesteinzahlung 1884 und das Börsengesetz 1896 abgeändert wurde.

»Gründungsfieber« und »Gründungsmanie«[6], damit verbunden der Durchbruch der kapitalistisch-industriellen Wirtschaftsordnung in Deutschland gegenüber der agrarischen, erreichten eine bisher unbekannte Radikalität, zumal der in Hochblüte befindliche Manchesterliberalismus und die zu jener Zeit viel diskutierte biologische Theorie vom »Kampf ums Dasein« und vom »Überleben des Stärkeren und Gesünderen« im rücksichtslos individualistischen Expansionsstreben etwas Natürliches, aufs Ganze und auf die Dauer der Allgemeinheit Nützliches sahen. 1871–1873 wurden 103 neue Aktienbanken, 25 Eisenbahngesellschaften, 102 Bau- und 93 Montanunternehmen, insgesamt 843 Aktiengesellschaften gegründet. Erstmals erprobten sich in großem Umfang die Aktiengesellschaften als Unternehmensform und die Zusammenarbeit von Banken und Industrie mit großem Erfolg. Als Hauptschuldige für die Übersteigerung ins Fieberhafte, für die Übertreibung bis ins Kriminelle wurden mit Vorliebe – nicht immer zutreffend – in Berlin und anderen Großstädten die Neubürger aus Landflucht und ost-westlicher Binnenwanderung, in erster Linie vom Osten eingewanderte Juden bezeichnet. Als ihr »Repräsentant« galt vor allem Dr. B. H. Strousberg[7], ein unternehmerisch hochbegabter, tätiger, einfallsreicher, auch verdienstvoller, schließlich nicht nur durch eigene Schuld fallierter »Eisenbahnkönig«, der als erster in großem Umfang mittlere und kleine Sparkapitalien für den Eisenbahnbau mobilisierte. Doch beschränkten sich die durch die Weitmaschigkeit der Gesetzgebung geförderten zweifelhaften und betrügerischen Gründungen und Unternehmungen, die Unterschlagungen und Erpressungen, das Schwinden der geschäftlichen Solidität und des Verantwortungsgefühls keineswegs, wie Lokalpatrioten und die jetzt schnell anwachsende antisemitische Bewegung behaupteten[8], auf einen rassisch oder in seiner Herkunft geographisch begrenzbaren Kreis oder auf Börsenspekulanten, obgleich die Börsen schließlich Mittelpunkte dieses Treibens wurden. Breiteste Schichten des Volkes, vom Hochadel bis zum Dienstmann, wurden von der Spekulations- und Gründungslust ergriffen, die Geschäftsmoral litt fast allgemein Schaden; es schien, »als ob die Grenzen der menschlichen Dummheit ins Unermeßliche sich erweitert hätten« (Treitschke) und »eine Epidemie entfesselter Geldgier« die Menschen befallen habe (Sartorius v. Waltershausen).

Der Zusammenbruch des Spekulationsgebäudes begann im April 1873 in Wien, wuchs sich dort am 9. 5. zum »großen Krach« aus und ergriff seit August/September Berlin; Ende 1876 lag der durchschnittliche Aktienkurs bei 50% des Kurses von 1872; 61 Banken, 4 Eisenbahn- und 115 Industriegesellschaften waren zusammengebrochen, doch der Tiefpunkt wurde erst 1878/79 erreicht. Die Krisis warf die Wirtschaft zwar um Jahre zurück, bildete aber auch einen Reinigungs- und Ausleseprozeß mit positivem Ergebnis. Zu ihren Begleit- und Folgeerscheinungen gehörte die Verstärkung des sozialen Verantwortungsbewußtseins im besitzenden Bürgertum (Gründung des Vereins für Socialpolitik), der Aufschwung der Aktienbanken über die Privatbankiers (Gründung der Deutschen Bank), der Vorrang der Berliner Börse, die Verstärkung der Verbindung Ruhr-Oberschlesien sowie hauptsächlich die Bildung der großen Schutzzoll-Verbände und der entscheidende Angriff auf den wirtschaftlichen und, verbunden damit, auf den politischen Liberalismus.

Diese »große Depression«[9], die z. T. bis 1896 wirkte, brachte also nicht allein wirtschaftliche Schäden und heftige Preisstürze, die schließlich doch von der allgemeinen Aufwärtsbewegung überholt wurden – wie sich überhaupt Bergbau und Großindustrie angesichts der Bevölkerungszunahme und Technisierung darauf verlassen konnten, daß auf jede Depression ein Konjunkturaufschwung folgen und über die letzte Konjunkturspitze hinausführen würde; A. Thyssen z. B. paßte seine Finanzierungsmethoden diesem Zusammenhang an. Sie hatte auch weit wichtigere, weil auf die Dauer wirksame soziale Auswirkungen, wie z. B. eine »politische Umgruppierung«, den Übergang zum Schutzzoll und von diesem zum Arbeiter- und Mittelstandsschutz sowie die Stärkung des Antisemitismus. Marx bezeichnete mit messianischer Ungeduld und wunschdenkerischer Verkürzung der Kausalitätsketten 1875 im Vorwort zur 2. Auflage des ›Kapitals‹ das Geschehen als die »universale Krisis«, deren weltweite intensive Wirkung selbst in Deutschland den Menschen die Richtigkeit der dialektischen Geschichts- und Wirtschaftsauffassung beweisen werde. Von der großen Arbeitslosigkeit erwarteten er, Engels und ihre Gefolgsleute den Ausbruch der großen proletarischen Revolution. In Wirklichkeit hatten die Arbeitnehmer und Verbraucher, soweit es nicht zu Entlassungen, Lohnkürzungen und Arbeiterelend kam (Durchschnitts-Wochenreallöhne [bei 1913: 100]: 1872/73: 79, 1875: 84, 1879: 74, 1880/81: 70), infolge der Preisstürze eher Vorteile von der Krisis, die übrigens 1879–1882 und 1887–1890 von Aufstiegszeiten unterbrochen wurde, verursacht u. a. durch Umstellung auf das Thomas-Verfahren.

Im ersten Krisenteil (bis 1879) hörte die Stärkung des vorwiegend preußischen Großgrundbesitzes durch Aufkauf von Bauernland auf und wurde sogar rückläufig[10] – eine der Voraussetzungen für die nun einsetzende Verständigung und politische Verbindung von Großgrundbesitz und Bauerntum. Zu den weiteren Folgen gehörte Bismarcks Wendung zum Neumerkantilismus – die auch in Österreich erfolgte; auch die Handwerker- und Kleinhändlerbewegung mit der Forderung nach Staatsschutz lebte wieder auf, Konservatismus und Klerikalismus auf dem Lande wurden bestärkt. Andererseits erhielt die Sozialdemokratie in der Krisis erst in Deutschland, dann in Österreich starken Wählerzulauf; Gothaer und Erfurter Programm (1875 bzw. 1891) entsprachen der 1. und 3. Phase der »großen Depression«, während der Anfang des Revisionismus im Anschluß an die Aufhebung des Sozialistengesetzes in die Zeit des größten wirtschaftlichen Aufschwunges fiel[11]. Dagegen büßten die liberalen Parteien viel an Bedeutung und Gewicht ein, zumal man ihre Führer und Theorien oft für die Krisis verantwortlich machte. Seit 1873 waren Zunahme und Verschärfung des Antisemitismus zu beobachten, die dem Sturz der Aktienkurse entsprachen[12]. In der Forderung nach Zollschutz fanden sich erstmals Industrie und Landwirtschaft zusammen. Angesichts des Rückgangs der Abwanderung nach 1873 hatte die Landwirtschaft weniger als früher über die Anziehungskraft der Industrie auf Landarbeiter zu klagen, während der Rückgang der Industrieinvestitionen den landwirtschaftlichen Kredit verbilligte. In der Zentrumspartei trafen sich die Schutzzollforderungen des agrarischen und industriellen Lagers; ihr Schwergewicht lag in den westdeutschen und schlesischen Gebieten der Eisen- und Textilindustrie und des mittleren Landbesitzes; aus katholischer Gesellschaftsauffassung war sie nie für Wirtschaftsliberalismus und -individualismus eingetreten, sondern wollte den »Bankerott« der »liberalen Wirtschaft« liquidieren (Windthorst 1879). Darüber hinaus kombinierte das Zentrum die Schutzzollforderung mit dem Bemühen um Beendigung des Kulturkampfes.

So wurde die »große Depression« seit 1873 zur entscheidenden Wende vom Wirtschaftsliberalismus zur Betonung nationalwirtschaftlicher Schutz- und Subventionsgesichtspunkte, zur Solidarisierung von Industrie und Landwirtschaft, auf dieser Grundlage zu ersten Schutzzöllen im Jahre 1879, zu weiteren staatlichen Hilfsmaßnahmen sowie zum Gedanken der Verstaatlichung der preußischen Eisenbahnen, andererseits zur Bekämpfung der Sozialdemokratie mit dem Sozialistengesetz von 1878 als negativer Waffe gegen die Idee des Klassenkampfes, mit der Sozialgesetzgebung seit 1881 als positiv gemeinter Ergänzung dazu, fortgesetzt durch Caprivis Gesetzgebung von 1891, GmbH-Gesetz und andere Wirtschafts- und Sozialrechtsmaßnahmen des Verantwortungs- und Sozialbewußtseins, aber auch des Führungsanspruchs der Ministerialbürokratie gegenüber der bürgerlichen Gesellschaft. Die Außenpolitik der Bildung eines konservativen deutsch-österreichischen Blocks in Mitteleuropa entsprach diesen innenpolitischen Wandlungen.

Die Zeitspanne von 1895–1914 bildete im ganzen die stärkste teils individualistische, teils verbands- und staatsorganisierte Entfaltung des Kapitalismus zu einem Hochkapitalismus, der gegenüber den 60er Jahren dirigistisch erscheinen mochte, im Verhältnis zur Zeit nach 1914 jedoch als weltwirtschaftlich offen bezeichnet werden muß. Größere Störungen fehlten in diesen 20 Jahren, auch die Wirtschaftsstockungen in Deutschland 1901/02 und 1908/09 waren kurz und flach bei durchweg steigenden Preisen und Zinssätzen sowie Entwicklung der Elektrizitätswirtschaft und großzügiger Neuorganisation von Bergbau, Eisenindustrie und Verkehr, steigenden Rüstungsausgaben für Heer und Flotte, wachsendem Export von Gütern und Kapital. Bei Kriegsausbruch befand die Wirtschaft sich anscheinend unmittelbar vor Überhitzung und Rückschlag[13].

[1] A. SPIETHOFF, Die wirtsch. Wechsellagen (1955). E. WAGEMANN, Struktur u. Rhythmus d. Weltwirtschaft (1931). R. STUCKEN, Die Konjunkturen im Wirtschaftsleben (1932). R. WAGENFÜHR, Die industriewirtsch. Entwicklungstendenzen der dt. u. internat. Industrieproduktion 1860–1932, Vjh. z. Konjunkturforsch., Sonderheft 31 (1933). A. JACOBS, Die Großhandelspreise in Dtld. 1792–1934, ebd. 37 (1935). H.-U. WEHLER, Bismarck u. der Imperialismus (1969). G. SCHMÖLDERS, Konjunkturen u. Krisen (1955). H. PÖNICKE, Die Wirtschaftskrise in Sachsen vor 100 Jahren (1933).

[2] H. ROSENBERG, Die Weltwirtschaftskrisis von 1857–1859 (1934).

[3] C. W. v. WIESER, Der finanz. Aufbau d. engl. Ind. (1919).

[4] K. MARX u. F. ENGELS, Gesamtausgabe, 3. Abt., Bd. 2 (1930). H. BÖHME, Dt. Handelspolitik 1848–1881 (1966).

[5] A. SARTORIUS v. WALTERSHAUSEN, Dt. Wirtschaftsgesch. (1920). M. WIRTH, Gesch. d. Handelskrisen ([3]1883). J. KAHN, Gesch. d. Zinsfußes in Dtld. (1884). CH. RIST, Gesch. der Geld- u. Kredittheorien von John Law bis heute (1947). Die marxistische Gesch.schreibung spricht von einer system-immanenten Krisis 1866: J. SCHUCHARDT, Die Wirtschaftskrise 1866 in Dtld., Jb. f. Wirtschaftsgesch. (1962). W. GERLOFF, Kriegsanleihen im 19. Jh., Bankarchiv 14 (1914/15). Die französ. Kriegsentschädigung (5 Milliarden frcs. = 1,4 Milliarden Taler) war dreimal so hoch wie das Umlaufgeld im Dt. Reich; vgl. A. SOETBEER, Die 5 Milliarden (1874).

[6] K. H. HOEFELE, Geist u. Gesellsch. d. Bismarckzeit (1967). F. PHILIPPI, Alt-Berlin ([9]1915). A. BERLINER, Die wirtsch. Krisis (1878). R. MEYER, Polit. Gründer u. die Korruption in Dtld. (1877). J. REICH, Die Wiener Presse u. der Wiener Börsenkrach von 1873 im gegenseit. Förderungsprozeß (1947). M. MÜLLER-JABUSCH, So waren die Gründerjahre (1957).

[7] Gutes Zeit- u. Sittenbild die Selbstbiogr. HENRY STROUSBERGS (1876); s. G. REITBÖCK, Der Eisenbahnkönig Strousberg u. s. Bedeutung für das europ. Wirtschaftsleben, Betr. f. d. Technik u. Ind. 17 (1924).

[8] Lit. bei A. SARTORIUS v. WALTERSHAUSEN.

[9] H. ROSENBERG, Political and Social Consequences of the Great Depression of 1873–1896 in Central Europe, Econ. Hist. Rev. 12 (1942). Ders., Große Depression u. Bismarckzeit (1967). G. BRY, Wages in Germany 1871–1945 (1960).

[10] M. SERING, Dt. Agrarpol. auf geschichtl. u. landeskundl. Basis (1934). S. v. FRAUENDORFER, Ideengesch. d. Agrarwirtsch. u. Agrarpolitik (1957).

[11] E. BERNSTEIN, ›Die Voraussetzungen d. Sozialismus u. die Aufgabe d. Sozialdemokratie‹ wurde 1899 geschrieben, ›Der Revisionismus in der Sozialdemokratie‹ 1909 in einem neuen Krisenabschnitt.

[12] R. J. SONTAG, Germany and England, Background of Conflict 1848–1898 (1938).

[13] Verhandlungen d. Ver. f. Soc.Pol. über die Störungen im dt. Wirtschaftsleben während der Jahre 1900 ff. (1903/04). W. GEHLHOFF, Die allgem. Preisbewegung 1890–1913 (1928). G. CLAUSING, Die Übererzeugung in der Ziegelei 1867–1913 (1931). G. TINTER, Die allgem. Preisbildung 1890–1913, Schmollers Jb. 57 (1933). K. EHRKE, Die Übererzeugung in der Zementind. 1858–1913 (1934). HERM. MÜLLER, Die Übererzeugung im Saarländer Hüttengewerbe 1856–1913 (1935). R. PLÖNES, Die Übererzeugung im rhein. Braunkohlenbergbau 1877–1914 (1935). R. WAGENFÜHR, Zur Entwicklung d. Investitionstätigkeit ... seit 1890, Vjh. z. Konjunkt.forsch. 10 (1936). C. WILHELM, Die Übererzeugung im Ruhrkohlenbergbau 1913–1932 (1938). H. MAYER, 100 Jahre österreich. Wirtschaftsentwicklung 1848–1948 (1949).

Kapitel 21
Banken und Versicherungen

In der Napoleonischen Zeit blieb in Berlin das älteste Handels- und Bankhaus von Splitgerber und Daum unter dem Namen Gebr. Schickler das bedeutendste – vom Staat bevorzugt, für diesen das nützlichste. Daneben gab es etwa 15 weitere christliche und jüdische Häuser, u. a. das der Bleichröder, das seit den 40er Jahren – anfangs mit Rothschild-Hilfe – in den Vordergrund trat.

Mit den Befreiungskriegen ging die Zeit der *Hofjuden* zu Ende. Der große Geldgeber, der Hoffaktor, der Heereslieferant, wurde aus seiner privilegierten Stellung nach und nach verdrängt, da die Entwicklung des modernen Kreditwesens den einzelnen Geldgeber durch eine ständig wachsende Menge von Gläubigern aller Vermögenslagen ausschaltete. Die Macht des Hauses Rothschild, das 1818 für Preußen sein erstes internationales Anleihegeschäft machte, blieb unbestritten, bis nach dem Notjahr 1848, dessen Auswirkungen wesentlich zur Umwandlung des deutschen Bankwesens beitrugen, die großen Kreditbanken (»D-Banken«) ihre Tätigkeit begannen. Seitdem waren die Hoffaktoren nicht mehr allseitige Unternehmer, sondern Bankiers, wirtschaftliche Berater, gelegentlich politische Informatoren. Das typische Hofjudentum hatte in der Zeit des Absolutismus vor dem bürgerlichen Kapitalismus mit großen wirtschaftlichen und kulturellen, auch gesellschaftlichen Ergebnissen seine Aufgabe erfüllt[1].

Anfangs wurde *Frankfurt* – 1825 bis 1875 die reichste Stadt Deutschlands – in erster Linie durch das international verzweigte *Haus Rothschild*[2] zum bedeutendsten Geldplatz; viele angesehene Bankiers in anderen Städten waren abhängig von diesem die Börsen beherrschenden, bei Staatsanleihen vielfach bevorzugten, finanzkräftigsten und beweglichsten Unternehmen, das aus der Hofjudenzeit einen glänzenden Weg in die von Kapitalismus, Industrialisierung, Emanzipation und Aufschwung des liberalen Bürgertums fand; dann aber blieb es infolge innerer und äußerer Schwierigkeiten hinter jüngeren, modernen, anders strukturierten Bankhäusern und -gesellschaften zurück, ohne freilich seinen Nimbus des ursprünglich Pionierhaften und der alten Geldaristokratie – es war 1850 noch Bundesbankier – einzubüßen.

Neben den Rothschilds wirkten in den 20er und 30er Jahren

in Frankfurt u. a. die zeitweise den Rothschilds nur wenig nachstehenden Gebrüder Bethmann sowie Gontard und Neufville, in Berlin[3] neben den Gebrüdern Schickler Mendelssohn, Benecke und S. Bleichröder[4], in Hamburg die international verzweigten Parish[5], die wie die Bankiers in anderen Städten Emissions- und Spekulationsgeschäfte mit Staatspapieren sowie Handel mit Wechseln betrieben und Geld umwechselten, sonst aber zu Handel und Industrie kaum Verbindung hatten; in Schlesien stieg Eichborn & Co. bis zur Jahrhundertmitte zum bedeutendsten Bankhaus auf[6]. Der Zollverein belebte auch das Bankgeschäft und brachte ihm eine Strukturveränderung durch die schrittweise Angleichung und Vereinfachung des Münzwesens seit den Dresdener Verhandlungen von 1838.

Den schnellsten und stärksten Aufschwung nahm das Bankwesen in *Köln* durch die Blüte von Handel, Industrie, Bergbau, das Zollgesetz von 1818, Zollverein, Rheinschiffahrtsakte, Eisenbahnbauten sowie starke Verbindungen nach Paris und Brüssel. Die Banken, die sich von anderen – gleichfalls sich verselbständigenden – Geschäftszweigen (Weinhändler) trennten, gewährten Unternehmern Darlehen und bauten die Beziehungen zwischen Finanziers und Unternehmern auf, die nach 1860 eine ähnlich große Rolle spielen sollten wie die zwischen Unternehmern und Erfindern bzw. dem Staat (Deichmann zu Krupp, Henschel u. a.). Seit den 30er Jahren gab es Verbindungen zu der gleichfalls aufblühenden Versicherungswirtschaft (Sal. Oppenheim jr. & Cie., gegr. 1789 in Bonn, nach Köln übergesiedelt 1798, führend tätig beim Aufbau von Rückversicherung, Transport- und Lebensversicherung). Zwischen 1815 und der Gründung des Crédit Mobilier 1852 in Paris (unter Beteiligung von Oppenheim als einziger deutscher Bank)[7], einem tiefen Einschnitt in der Geschichte des Bankwesens, der Geburtsstunde der Großbank, fand die endgültige Wendung des Kölner Bankgewerbes zur Beschaffung von Anlage- und Betriebskapital für die westdeutsche Wirtschaft statt (»Lebensnerv der industriellen Entwicklung in Rheinland und Westfalen«); in den 40er und 50er Jahren folgte die unmittelbare Industriefinanzierung und -beteiligung. Während die Kölner Bankiers so (auch durch Obligationen) die Einzelunternehmungen förderten, trugen sie entscheidend zur Übernahme der Aktie als Kapitalvermittlerin für den kapitalistischen Großbetrieb bei, wobei sie vielfach die Gründungsinitiative hatten und ausländisches Kapital vermittelten sowie über die Rheinprovinz nach Baden, Württemberg und Mitteldeutschland, selbst nach Schlesien und Hamburg ausgriffen. Bald konnte das rheinisch-westfälische Industriegebiet sich auch an Düsseldorfer, Elberfelder, Essener Banken wenden, während die Frankfurter Banken bei Staatsanleihen und Börsengeschäften blieben.

Angesichts der Wirtschaftsbelebung, des größeren Geldbedarfs in vielen Bereichen und der Notenbankgründungen anderer deutscher Staaten in den 30er Jahren nahm *Preußen* aufgrund der Initiative des ideenreichen, tatkräftigen Präsidenten der Kgl. Bank, Christian Rother[8], eine *Bankreform* vor, die zur Gründung der Preußischen Bank als AG an Stelle der alten Staatsbank führte, einer staatlichen, durch den Geschäftsausschuß den Bedürfnissen der Wirtschaft angepaßten Anstalt mit Provinzialfilialen, die (z. B. in Schlesien) viel zur Milderung der Krisenwirkungen, zur Anregung neuer und Förderung wichtiger Unternehmungen beitrugen. Mit dem Notenbankwesen wurden in den 40er und 50er Jahren infolge unklarer Vorstellungen über seine Aufgaben und Grenzen viele unfruchtbare Experimente angestellt, wobei man sich allgemein gegen die private, in Krisen häufig anfällige und nicht ausreichend leistungsfähige Notenbank wandte.

Nach 1850 spielten große Kreditbanken auf Aktiengrundlage für die Finanzierung der Wirtschaftsexpansion eine wichtige Vermittlerrolle. Das erste derartige Institut in Deutschland war der von Mevissen 1848 in eine Aktiengesellschaft umgewandelte A. Schaaffhausensche Bankverein. Damit begann die eigentliche Gründungsperiode der Aktien-Kreditbanken, von »privaten Bankhäusern in erhöhter Potenz« (Geschäftsbericht der Darmstädter Bank), die rund ein Vierteljahrhundert später ihren Abschluß fand, die Gründung der späteren »Großbanken«. In dieser Zeit ging die Führung allmählich von Köln auf Berlin über (Hansemann, Camphausen, v. d. Heydt wurden preußische Minister; Disconto-Gesellschaft 1851, unter deren Führung das Preußenkonsortium stand, das 1870/71 im wesentlichen den Krieg finanzierte), wenngleich die Gesetzgebung zunächst in Preußen die Gründung von Aktienbanken fast unmöglich machte (daher Darmstädter Bank 1853 und unter ausdrücklicher Berufung auf den Crédit Mobilier 1856 die Credit- und Versicherungs-Bank in Lübeck)[9]. Abraham Oppenheim mit dem eigenen Bankhaus und Mevissen mit Schaaffhausen machten gemeinsam unter Einsatz großer Mittel und Mobilisierung sogar der Pariser Börse 1853–1856 den entscheidenden Vorstoß zur *Entstehung des deutschen Aktienbankwesens*, um »solide und große Unternehmen zu fördern und nach Kräften ... dazu mitzuwirken, daß Unternehmungsgeist und Kapital in die richtigen, dem Bedürfnis des Augenblicks entsprechenden Bahnen geleitet werden« (Geschäftsbericht 1855 Darmstädter Bank). »Nicht die Disconto-Gesellschaft, nicht der Schaaffhausensche Bankverein und auch nicht die Berliner Börsenbank wurden zum Vorbild der späteren deutschen Banken, sondern vor allem die Crédit-Mobilier-Bank der Brüder Péreire in ihrer Darmstädter Form« (Böhme); eine Denkschrift Hansemanns aus dem Jahre 1856 bildete die »Nahtstelle zwischen alter und neuer Bankwirtschaft« (Seidenzahl)[10]. Seitdem es Aktienbanken gab (1855 Österreichische Kreditanstalt, 1856 Allgemeine Kreditanstalt in Leipzig, Mitteldeutsche Creditbank zu Meiningen, Norddeutsche Bank, Berliner Handelsgesellschaft)[11], mußte man sie von den Banken alter Art, den »Privatbanken«, unterscheiden, deren Zahl außerordentlich groß (Frankfurt 1855: 109), deren Bedeutung sehr verschieden war, von denen 1857 und gelegentlich anderer Krisen (1862, 1864, 1866) viele zusammenbrachen. Doch wurde die Entwicklung der Aktienbanken bis 1870 durch das Konzessionssystem gebremst. Zu dieser Zeit überwogen also noch die Privatbanken an Zahl, nicht aber mehr an Kapitalkraft (ganz zu schweigen von deren Konzentration). Danach begann auch hier die große Gründerperiode: Die »Privatbanken« selber hatten den Banktyp geschaffen, der sie jetzt, besonders in Nord- und Westdeutschland, überflügelte, während der Süden noch 1906 von Wallich als »Domäne des Privatbankierstandes« bezeichnet wurde, was der allgemeinen Wirtschaftsstruktur entsprach. Das Gesetz betr. die Kommanditgesellschaften auf Aktien und die Aktiengesellschaften vom 11. 6. 1870 hob die Konzessionspflicht der Aktiengesellschaften auf; der Sieg, die Milliarden aus Frankreich und die allgemeine Zuversicht führten zum »Gründungsfieber«. Gegenüber einer Investition von 95 Millionen in neuen Aktienbanken in Preußen 1851–1870 flossen 1870–1874 den entsprechenden Neugründungen (in Preußen 1870: 10, 1871: über 30, 1872: 50; viele nur kurzlebig) mit der Dresdner Bank von 1872 als der wichtigsten, fast 750 Millionen zu, mit denen vielfach Spekulationsgeschäfte betrieben wurden. Dabei zeigte sich auch im Bankwesen schnell der entscheidende Einfluß der Konzentration der Großunternehmungen, die Tendenz zu Fusionen, Interessengemeinschaften und Beteiligungen an mittleren und kleinen Häusern, seit 1880 der Vorrang einiger weniger Berliner Großbanken (die ersten sechs 1912 mit mehr als 1 Milliarde in voll eingezahltem Aktienkapital) mit einem ständig wachsenden großen Filialnetz über ganz Deutschland.

Politische Bedeutung gewannen deutsche *Privatbankiers*, als Bleichröder und Oppenheim 1866 Bismarck vorschlugen, man solle den staatlichen Besitz an Bergwerken, Forsten, Eisenbahnen usw. im Saargebiet in einer Aktiengesellschaft mit staatlicher Majorität zusammenfassen und so offiziell privatisieren, ihn damit bei etwaiger Okkupation des Gebietes durch Frankreich vor Enteignung bewahren und zugleich durch den Verkauf von 15 bis 25% der Aktien an eine rheinische (und französische) Unternehmergruppe die Finanzierung des zu erwartenden Krieges erleichtern. König Wilhelm I. hat diese aller Domänen-Tradition der preußischen Krone widersprechende Aktion schnell verhindert.

Die Privatbankiers waren sich zunächst vielfach nicht der Gefahr bewußt, die ihnen von ihren eigenen Aktienbank-Gründungen drohte. Erst als deren Kapital weit schneller wuchs als das der Privatbanken und als die »Gründerkrisis« zu vielen Zusammenbrüchen führte (Glagau 1879: »Entgründung«), tauchten um 1875 erstmals Formulierungen wie »Konzentration im Bankwesen« und »Verdrängung des Bankiers durch die Aktienbank« auf. Die Krisis nach den Gründerjahren brachte den Konzentrationsprozeß zum Stillstand, nicht aber zum Rückgang; vielmehr wirkten die Zusammenbrüche vieler Banken auf eine andere Art konzentrierend, und in den folgenden Jahrzehnten wechselten Konzentration und Expansion in einem gewissen Rhythmus miteinander ab: »Wir schätzen den indirekten Nutzen nicht ganz gering, welchen die verbleibenden Institute aus der Vermehrung ihrer Kundschaft und aus der Verringerung der für die Vermittlung eines stagnierenden Verkehrs bestimmten Kapitalien ziehen werden« (Geschäftsbericht 1875 Deutsche Bank)[12].

Die Verstaatlichung der Eisenbahnen stellte Preußen Finanzaufgaben, die es nur mit Bankenhilfe zu lösen vermochte; diese brachte eine erhebliche Stärkung des Großkapitals, dessen Übermacht nur dadurch verhindert wurde, daß der Staat sich gegenüber fünf miteinander konkurrierenden Bankkonzernen äußerst geschickt verhielt. Gleichwohl war die wirtschaftliche

Macht der Großbanken mit ihren Konsortien (Preußen-Konsortium, Rothschild-Gruppe), abhängigen Provinzialbanken, lokalen Filialen, Kommanditeinlagen usw. sehr groß. Die Dresdner Bank war 1912 in 200 Gesellschaften vertreten. Die volkswirtschaftliche Berechtigung der Privatbankiers – 1913 gab es 3000 bis 4000 – wurde viel diskutiert; sie traten zwar besonders in Berlin und anderen Großstädten in den Hintergrund, behaupteten jedoch eine wichtige Stellung innerhalb des gesamten Bankwesens. Nach 10jährigem Bemühen wurde 1870 auch mit der Preußischen Central-Boden-Credit-AG die erste Bank dieses Typs mit schnell weitreichender Wirkung unter Führung von Oppenheim, Bleichröder, Hansemann und Rothschild gegründet, um Schuldverschreibungen im ganzen Lande breit zu streuen und dadurch Kapitalien zu mobilisieren[13]. Mit der Gründung der einen programmatischen Namen tragenden *Deutschen Bank* durch Georg von Siemens[14] entstand 1870 ein neuer Banktyp, der sich, in starker Konkurrenz mit englischen Banken, dem deutschen Auslandsgeschäft zuwandte, in allen Erdteilen Filialen schuf und gemeinsam mit seit den 80er Jahren mehrfach gegründeten, anfangs zum Teil kapitalschwachen und unerfahrenen Hamburger Überseebanken[15] zum Anstieg des deutschen Exports und Prestiges nicht weniger beitrug als etwa die Güte deutscher Industrieerzeugnisse, die Leistungsfähigkeit deutscher Auswanderer und die Qualität und Zuverlässigkeit der deutschen Überseeschiffahrt. Zum weiteren Geschäftsraum der Deutschen Bank gehörte auch der politisch wie wirtschaftlich bedeutsame Komplex der Bagdadbahn[16]. Gegenüber der Verbindung der großen deutschen Aktienbanken zu den Bergbau- und Industriegebieten, den Handels-, Börsen- und Schiffahrtszentren war nicht selten die Vernachlässigung der »Provinz« und ein störender Mangel beim Kommunalkredit mit seinen kleinen Verhältnissen und geringen Verdienstmöglichkeiten zu beobachten. Die Regelung des Geldverkehrs blieb ganz der *Reichsbank*[17] überlassen, die mit ihren Provinzfilialen auf die Privatbanken genauso wirkte wie die Großbanken; sie trat aufgrund des Bankgesetzes 1875 an die Stelle der Preußischen Bank und wurde schnell zu einer »mächtigen letzten Geldinstanz des nationalen Kreditverkehrs«. Im Jubiläumsbericht schrieb die Reichsbank selbst 1900, sie habe »ihre Aufgabe darin erblickt . . ., der nationalen Wirtschaft in allen ihren Zweigen gleichmäßig zu dienen«, und »selbst darauf hingewiesen, daß Handwerker und ähnliche

Gewerbetreibende, also der kleingewerbliche Mittelstand, ebensogut wie Kaufleute und Industrielle zum direkten Wechselverkehr zugelassen werden«. Gleichwohl fehlte dem gewerblichen Mittelstand lange Zeit eine Großbank. Daher wurde 1895 in seinem Interesse und auf der Grundlage von 18000 Genossenschaften aller Art, von denen nur 4,3% bei der Reichsbank Wechselkredit genossen, die Preußische Zentralgenossenschaftskasse gegründet, die das Genossenschaftswesen stark förderte[18]. In *Bayern*[19], wo in München sich 1876 die Darmstädter Bank beteiligte und 1889 die Deutsche Bank ihre erste bayerische Filiale errichtete, spielte insbesondere seit der Bankverordnung von 1850 die 1780 gegründete Bayerische Staatsbank mit staatlichem Stammkapital eine schnell wachsende Rolle, während die Bayerische Hypotheken- und Wechselbank mit 60 Millionen Mark Kapital sich von einer behördlich bevorrechtigten Nationalbank zu einer rein erwerbswirtschaftlichen Bank entwickelte. Auch die anderen führenden Banken (Pfälzische, Bayerische Vereinsbank, Bayerische Handelsbank) hatten mit 35 bis 60 Millionen Mark Kapital das Format regionaler Großbanken mit beträchtlichen Provinz-Filialnetzen. In *Elsaß-Lothringen* bildete die »Politik der einheimischen Banken den Schlüssel zur gesamten wirtschaftspolitischen Einstellung der Reichslande«[20]. Lange konnte die geschlossene Front der elsaß-lothringischen Aktienbanken von deutscher Seite her nicht erschüttert werden. Besonders in der oberelsässischen Großindustrie behauptete sich bis unmittelbar vor dem Weltkrieg eine Abneigung gegen Deutschland, die sich auch auf die Verbindung zu Banken ausdehnte.

Neben der Ausbildung von Spezialbanken entsprechend der Differenzierung der Wirtschaft (Hypotheken-, Handels-, Landwirtschaftsbanken usw.) und der in Krisenzeiten verstärkten Konzentration im deutschen Bankwesen in Richtung auf die Aktien-Großbanken gab es eine solche in Richtung auf Berlin[21] als wichtigsten deutschen Bankplatz seit 1866/71, der durch die Vereinheitlichung der Währung, des Handelsrechts, seit 1884 durch die Börsensteuergesetzgebung, die Niederlassung zahlreicher Industrie- und Verkehrszentralen sowie viele andere Umstände begünstigt wurde: 1914 gab es 5 mächtige in Berlin ansässige Bankgruppen, die mit 41 Konzernbanken mehr oder weniger fest durch Interessengemeinschaften verbunden waren (Deutsche Bank 220 Millionen Mark Aktienkapital, Dresdner Bank 180, Disconto-Gesellschaft 170, Darmstädter Bank 154,

Schaaffhausenscher Bankverein 145 Millionen). Diese Entwicklung drängte auch den Bank- und Börsenplatz Frankfurt vom europäischen Rang an die zweite Stelle in Deutschland, zu einem Regionalzentrum für Südwestdeutschland. Die deutschen Privatbankiers aber waren selbst am Ende des 19. Jh. noch trotz wachsender Internationalität ihrer Geschäfte in Köln (das als Bankenstadt zwischen Berlin und Frankfurt stand), Düsseldorf, Augsburg, München, Breslau, Hamburg und Königsberg sehr heimatverbunden und konnten daher auch diese zweite Konzentration nicht mitvollziehen. Ihre Internationalität beruhte im Gegensatz zur Entwicklung der Großbanken auf einem gesunden Provinzialismus. Auch die Gründung vieler Genossenschaftsbanken und Volksbanken wirkte sich gegen sie aus. Insgesamt verloren bei dieser Konzentration allein 1895–1904 mindestens 53 bedeutendere Privatbankiers ihre Selbständigkeit ganz oder teilweise an 15 »Großbanken«, und mit ihnen verlor das Bankgewerbe eine beträchtliche Zahl von Persönlichkeiten. Um 1906 wurde in der Literatur betont, daß den so häufig zitierten Kapitalerhöhungen der Großbanken die Ausschaltung der Kapitalien gegenübergestellt werden müsse, die in den liquidierten, fusionierten und auf andere Weise unselbständig gewordenen Banken vorhanden gewesen waren. Die Öffentlichkeit bewunderte die Konzentration zur »Größe« bei den Banken ebenso wie bei Kohle und Stahl, Schiffahrt und Schiffbau, da sie »Größe« und »Macht« miteinander identifizierte und außerdem in anderen Ländern die gleiche Erscheinung beobachtete. Die Gesetzgebung förderte sie durch das Banken- und Börsengesetz von 1896 und das Stempelgesetz, auch nach der einschränkenden Novelle von 1904. Unmittelbar vor dem Ersten Weltkrieg erklärte v. Schulze-Gävernitz in seinem Buch ›Die Deutsche Kreditbank‹: »Die Privatbanken nehmen an Zahl zu, an Bedeutung ab.« Doch nahm nur die Unterschicht der Privatbankiers zu, »nicht selten dem Wucher benachbart der ›diskrete‹ Kreditgeber kleinerer Geschäftsleute, bis ihm diese durch Genossenschaften entrückt wurden. Zu seinem Geschäft gehört u. a. der Diskont zweifelhafter Wechsel, die Vermittlung von ›Akzeptaustausch‹, der Vertrieb fragwürdiger Effekten an den nichtökonomischen Menschen bis zum Bauern, Dienstmädchen und Professor, die Verleitung zur Effektenspekulation vielfach durch Reisende, daher ›Animierbanken‹« (Schulze-Gävernitz). Diese Geschäftsmoral sowie spektakuläre Zusammenbrüche 1899–1901 hatten einerseits bankfeindliche Gesetzgebung zur Folge, andererseits bei vielen Bankiers »Depression, Mutlosigkeit und Verstörtheit« (Riesser, Vors. d. Centralverbandes des Deutschen Bank- und Bankiergewerbes 1902 auf dem 1. Deutschen Bankiertag).

Die seit 1902 stattfindenden *Bankiertage* spiegelten die Stellung des Bankiers in der Volkswirtschaft und sollten der Meinungspflege in der Öffentlichkeit, besonders in den Parlamenten, dienen. Die beiden ersten Veranstaltungen von 1902 und 1904 führten daher den Abwehrkampf gegen staatliche, parlamentarische und publizistische Verunglimpfungen des Bankierstandes, die ihren Niederschlag in der diskriminierenden und die Konzentration unbeabsichtigt fördernden Börsengesetzgebung von 1896/97 gefunden hatten. Aus der Reaktion darauf erwuchs 1896 der Centralverband des Deutschen Bank- und Bankiergewerbes. Der dritte und letzte Bankiertag vor dem Ersten Weltkrieg (1907) forderte Börsengesetzesreform und Ausdehnung des bargeldlosen Zahlungsverkehrs[22]; auch beschäftigte er sich erstmals im Zusammenhang mit einem Vorschlag von M. M. Warburg mit Fragen der Bank- und Finanzpolitik in einem (unbedingt für kurz gehaltenen) Kriege, doch kam es nicht zu Vorbereitungen auf einen solchen. »Bei politisch auftretenden Bankiers haben wir es immer mit Ausnahmen zu tun. Man prüfe nur die zahlreichen Persönlichkeiten, die den Vorständen der um 1910 noch recht zahlreichen Großbanken angehörten . . . Die Mehrzahl war voll beschäftigt mit der Bewältigung der Hauptaufgabe, die dem deutschen Kreditgewerbe gestellt war[23].«

Parallel zur Entwicklung des Bankwesens verlief die der deutschen *Versicherungswirtschaft* – vielfach im Gegensatz zum Sparkassenwesen für Mittelstand, Handwerker- und Arbeiterschaft unter der Führung der gleichen Männer und Institutionen, stets unter dem Einfluß der gleichen politischen und wirtschaftlichen Geschehnisse, Zielsetzungen, ökonomischen Auffassungen und Moden, eng verflochten mit den Versicherungsobjekten, mit der Sozialpolitik im weitesten Sinne bis zur Versicherung gegen Arbeitslosigkeit und zur Einkommensversicherung, mit Land-, Industrie- und Verkehrswirtschaft im In- und Auslandsverkehr, der immer höheren Wertschätzung des Individuums aller Stände und Schichten – auch mit der gleichen Tendenz zur Verbands- und Kartellbildung[24].

[1] Vgl. Bd. 12, Kap. 10 u. 18. H. SCHNEE, Die Hoffinanz u. der moderne Staat 3 (1955). S. STERN, The Court Jew (1950). Auseinandersetzung m. Stern u.

Schnee: F. L. CARSTEN, The Court Jews, Leo Baeck Inst. Yearbook 3 (1958).

[2] Ironisch im 1. Kap. von Immermanns ›Münchhausen‹ geschildert, die Frankfurter Börsengeschäfte in Hauffs ›Memoiren des Satans‹. E. C. CONTE CORTI, Das Haus Rothschild (2 Bde. 1927, stark gekürzt 1949). F. MORTON, Die Rothschilds (1962). F. SEIDENZAHL, Bismarck u. die Rothschilds, Börsenzeitung 9 (16. 1. 1960). H. SCHNEE, Rothschild (1961). U. HEYN, Private Banking and Industrialization, The Case of Frankfurt/M. 1825–1875 (1969). H.-D. KIRCHHOLTES, Jüdische Privatbanken in Frankfurt (1969).

[3] H. RACHEL, W. PAPRITZ u. P. WALLICH, Berliner Großkaufleute und Kapitalisten ([2]1965). W. TREUE, Abraham Oppenheim, Rhein.-Westfäl. Wirtschaftsbiographie 8 (1962). Ders., Max v. Oppenheim, der Archäologe u. die Politik, HZ 208 (1969). Ders., Dagobert Oppenheim, Tradition 9 (1964). NDB 2 (1955), Art. »Bethmann«.

[4] NDB 1 (1955), Art. »Bleichröder«. D. S. LANDES, The Bleichröder Bank, Leo Baeck Inst. Yearbook 5 (1960).

[5] R. EHRENBERG, Das Haus Parish in Hamburg (1905). P. E. SCHRAMM, Hamburg, Dtld. u. die Welt (1943).

[6] A. KRÜGER, Das Kölner Bankiergewerbe bis 1875 (1925). K. v. EICHBORN, Das Soll u. Haben von Eichborn & Co. in 200 Jahren (1928).

[7] A. WEBER, Die Crédit-Mobilier-Idee in der Gesch. d. rhein. Banken, in: Festschr. Chr. Eckert (1949). Lit. in A. WEBER, Depositenbanken u. Spekulationsbanken ([4]1938). Roos, Das Verhältnis d. Banken zur rhein.-westfäl. Schwerind. vom Beginn d. 19. Jh. bis 1875 (1953). W. WISSKIRCHEN, Burkhardt & Co., Privatbankiers im Herzen d. Ruhrgebiets, Tradition 2 (1957). A. VAGTS, M. M. Warburg & Co., Ein Bankhaus in der dt. Weltpolitik 1905 bis 1933, VSWG 45 (1958). E. ROSENBAUM, M. M. Warburg & Co., Merchant Bankers of Hamburg, Leo Baeck Inst. Yearbook 7 (1962). W. TREUE, Die Juden in der Wirtschaftsgesch. d. rhein. Raumes 1648–1945, Monumenta Judaica (1963).

[8] R. KELLER, Ch. v. Rother als Präsident d. Seehandlung (1930). RACHEL-PAPRITZ-WALLICH (s. Anm. 2). H. STUBEL, Staat u. Banken im preuß. Anleihewesen 1871–1913 (1935). W. DÄBRITZ, Gründung u. Anfänge d. Disconto-Gesellschaft (1931). Ders., D. Hansemann u. A. v. Hansemann (1954). H. GEBHARD, Die Berliner Börse von d. Anfängen bis z. J. 1905 (1928). E. SEIDENZAHL, Eine Denkschrift D. Hansemanns v. J. 1856, Tradition 5 (1960).

[9] CAMERON (s. Kap. 16, Anm. 7). H. BÖHME, Gründung u. Anfänge d. Schaaffhaus. Bankver., der Bank d. Berliner Kassenver., der Disconto-Ges. u. d. Darmstädter Bank, Tradition 10/11 (1965/66). F. SEIDENZAHL, Bismarck u. die Gründung d. Darmstädter Bank, Tradition 6 (1961).

[10] K. MOLSEN, Die Handelsbank in Lübeck 1856–1956 (1956). (R. E. LÜKE,) Die Berliner Handelsgesellsch. in einem Jh. dt. Wirtschaft (1956). Dresdner Bank, Die wirtschaftl. Kräfte Dtlds. (1913).

[11] F. LERNER, Mitteldt. Creditbank (1956). W. STRAUSS, Die Konzentrationsbewegung im dt. Bankgewerbe (1928). E. KORACH, Das dt. Privatbankgeschäft (1910). J. RIESSER, Zur Entwicklungsgesch. d. dt. Großbanken mit bes. Rücksicht auf die Konzentrationsbestrebungen ([2]1906). J. STEINBERG, Die Konzentration im Bankgewerbe (1906). F. W. KLINKER, Stud. zur Entwicklg. u. Typenbildung von 4 rhein.-westfäl. Provinz-Aktienbanken (1913). M. SCHILL, Das dt. Privatbankiergewerbe (1936). S. WOLFF, Das Gründungsgeschäft im dt. Bankgewerbe (1915). F. OTTO, Die Organisation d. privaten dt. Bankgewerbes (1930). H. NUSSBAUM, Unternehmer gegen Monopole (1966).

[12] F. LERNER, Wirtschafts- u. Soz.-gesch. d. Nassauer Raumes 1816–1964 (1965). Verein f. Soc.politik (Hg.), Die Störungen im dt. Wirtschaftsleben

während d. Jahre 1900 ff., Bde. 3 u. 6 (1903).

[13] C. Fürstenberg, Die Lebensgesch. eines dt. Bankiers (1931). E. Achterberg, Berliner Banken im Wandel d. Zeit (1956). W. Zorn (s. Kap. 16, Anm. 7). Dresdner Bank (s. Anm. 10). E. Hoffmann, Wilhelm v. Finck (1953), dazu W. Zorn, VSWG 42 (1955). H. Hassmann, Die Gestalt d. Privatbankiers (1953). E. Loeb, Die Berliner Großbanken 1895–1902 u. die Krisis der Jahre 1900/01, in: Die Störungen im dt. Wirtschaftsleben (s. Anm. 12). F. Lerner, Bestand im Wandel, dargetan an der 100jähr. Gesch. d. Frankfurter Privatbankhauses H. Kirchholtes & Co. (1956). Sammelbesprechungen neuerer Bankgeschichten durch W. Zorn, Tradition 2 (1957) u. 5 (1960). F. Seidenzahl, Die Gründung d. preuß. Zentral-Boden-Kredit-AG, Tradition 9 (1964).

[14] F. Seidenzahl, Hundert Jahre Deutsche Bank (1971). H. A. Simon, Die Banken u. der Hamburger Überseehandel (1909).

[15] Dt. Überseeische Bank 1886–1936 (1936). G. Diouritch, L'expansion des banques allemandes à l'étranger (1909).

[16] Lit. Bd. 16, Kap. 23, Anm. 4.

[17] Lit. über d. Reichsbank: H. Corsten, 100 Jahre dt. Wirtschaft (1932) Nr. 1984–88, sowie K. R. Bopp, Die Tätigkeit der Reichsbank 1876–1914, Weltwirtschaftl. Archiv 72 (1954). E. R. Huber, Deutsche Verfassungsgeschichte 4 (1969). Die Preuß. Staatsbank Seehandlung 1772–1922 (1922). Über Folgen der Zentralisierung für die Länderbanken: J. Ruby, Die Badische Bank 1870–1908 (1911). E. Levy v. Halle, Die Hamburger Giro-Bank und ihr Ausgang (1891). Bedeutung der Reichsbank 1914: R. Stucken, Dt. Geld- u. Kreditpolitik 1914–1953 (^{2}1953).

[18] M. Busche, Zur Gründungsgesch. d. Preuß. Zentralgenossenschaftskasse, Tradition 13 (1968).

[19] F. Steffen u. W. Diehm, Die Bayerische Staatsbank 1780–1955 (1955). K. Bosl (Hg.), Bayern im Umbruch (1969). F. Steffan, Bayerische Vereinsbank 1869–1969 (1969).

[20] W. Bing, Die Entwicklung d. Bank- u. Börsenwesens 1871–1914, in: Die wirtschaftl. Entwicklung Elsaß-Lothringens 1871–1918 (1931).

[21] H. Weber, Der Bankplatz Berlin (1957).

[22] E. Achterberg, Die Chronik der Bankiertage, Zs. f. d. ges. Kreditwesen 11 (1958).

[23] F. Seidenzahl, Das Spannungsfeld zw. Staat u. Bankier im Wilhelmin. ZA, Tradition 13 (1968).

[24] L. Arps, Auf sicheren Pfeilern: Dt. Versich.wirtschaft vor 1914 (1965), mit umfangr. Bibliogr. Ders., Dt. Versich.unternehmer (1968). J. Wysocki, Zahlungsverkehr u. Mittelstandsidee (1969).

Kapitel 22
Neumerkantilismus: Zollpolitik, Sozialistengesetz, Sozialpolitik

Bei der Betrachtung dieser Bereiche ist bisher zu wenig beachtet worden, daß in weiten, vorwiegend preußischen Kreisen des deutschen Volkes der Sieg von 1871 und die Reichsgründung als ein Sieg des lutherischen Protestantismus über den (nicht nur französischen) Katholizismus betrachtet wurde, was die Einstellung zu den gesellschaftspolitischen Problemen im allgemeinsten Sinne häufig um so stärker beeinflußte, als ihrer Behandlung der Kulturkampf parallel lief[1].

Dem auch wirtschaftspolitisch energischen Handeln Bismarcks vor 1871 mit dem Ziel der Reichsbildung entsprach gemäß dem wirtschaftsliberalen »Laisser-faire, laisser-aller« keine ähnlich zielbewußte Aktivität im Sinne einer Wirtschaftseinheit und *Wirtschaftspolitik* des Reiches nach dessen Gründung. Die Schwächen der von Gelehrten, Beamten und wirtschaftlichen Interessenten verfochtenen Freihandelspolitik Preußens und des Zollvereins bei wachsender nationalwirtschaftlicher Rivalität wurden vielfach erst seit 1873 spürbar. Zwar gelang den Liberalen, die den Freihandel als ein des Beweises nicht bedürftiges Axiom behandelten, 1873 gegen wachsenden Widerstand noch die z. T. schrittweise Aufhebung der Zölle auf Roheisen und Eisenwaren, Lokomotiven und andere Maschinen, doch zeigten sich bei der entsprechenden Handelsvertragspolitik 1872/73 und bei der starken ausländischen Konkurrenz auf dem deutschen Markt immer deutlicher die Schwächen des Wirtschaftsliberalismus in einem gegenüber früheren Jahrzehnten sehr veränderten nationalen und internationalen Milieu. Bismarck wurde durch seinen Landwirtschafts- und Industriebesitz selbst zum Leidtragenden des von keinen Zöllen aufgehaltenen Konjunktur- und Marktverfalls. Auch stand er unter dem Einfluß des Großgrundbesitzers und Gründers des Centralvereins deutscher Industrieller v. Kardorff, entfernte sich dagegen seit 1874/75 mehr und mehr von der freihändlerischen Auffassung des Präsidenten des Reichskanzleramtes Delbrück[2], der infolgedessen zurücktrat (aus dem akuten Anlaß des von ihm mißbilligten Reichseisenbahnprojekts von 1875/76). Seit 1876 begann Bismarck die liberale Handelspolitik aufzugeben, zumal er von Haus aus Verständnis für die Sorgen der Landwirtschaft und Sympathien für die Großgrundbesitzer in ihrer Bedeutung für eine neoabsolutistisch-neomerkantilistische Staats-, Wirtschafts- und Sozialordnung hatte. Doch stand seine Wendung zum schützenden nationalen Wirtschaftsstaat in engster Verbindung mit der gleichzeitigen Sozialpolitik für Arbeitertum und Mittelstand und dem Kulturkampf, mit der Eisenbahn- und Kartellpolitik, später auch mit der Kolonial- und Subventionspolitik (z. B. für Postdampfer) – einer großen Konzeption, die nicht nur als Kampfmaßnahme gegen die nationalliberale Partei[3], sondern auch als Versuch einer konservativen Gestaltung des Verhältnisses der gesellschaftlichen Kräfte zueinander und zum Staat anzusehen ist. Ähnliche Tendenzen zeigten sich gleichzeitig auch in Frankreich, Rußland, England, wo es eine z. T. jahrhundertealte »imperialistische« Tradition gab, und anderwärts. In Deutschland aber, dessen Politik im weitesten Sinne stets kontinentaleuropäisch blieb, wurde Preußen auch für die Wirtschafts- und Sozialpolitik des Reiches maßgebend: Das »Preußische« mit dem Vorrang der ostelbischen Landwirtschaft sowie des Bergbaus und der Industrie in Schlesien, an Rhein und Ruhr und in Lothringen gewann unter vielfältiger Verbindung der einzelnen wirtschaftlichen Kräfte und sozialen Gruppen miteinander das Übergewicht gegenüber den betont internationalen Handelsinteressen, besonders in Bremen und Hamburg, die bis 1885/88 das Privileg der Zoll-Exterritorialität und damit, wenn auch unter manchen Verlusten, eine gewisse Sonderstellung behaupten konnten.

Seit 1877 war im Zusammenhang mit der Wirtschaftsdepression eine Abkehr der öffentlichen Meinung vom Liberalismus zu spüren. Adam Smith verlor mit seiner an Großbritannien entwickelten Wirtschafts- und Gesellschaftstheorie rasch an Geltung, während der zum mitteleuropäischen Nationalismus neigende Friedrich List ein Menschenalter nach seinem Verzweiflungstod steigendes Ansehen gewann. Bismarck ließ seit 1876 die Absicht einer Schutzzollpolitik erkennen und bezeichnete es jetzt als Aufgabe der Wirtschaftspolitik, »die gesamte nationale Produktion zu heben«, während vorher der international-weltwirtschaftliche Gesichtspunkt des Liberalismus gegolten hatte. Die Weltwirtschaft löste sich in eine Vielzahl nationaler Volkswirtschaften auf, darauf bedacht, die eigene Produktion und den eigenen Markt zu schützen, vorhandene Arbeitsplätze zu erhalten und neue zu schaffen, die wirtschafts- und militärpolitisch unerwünschte Auswanderung einzudämmen, die ausländische Konkurrenz zu schwächen und zu behindern – eine Wirtschaftsrivalität aller Wirtschaftsgroßmächte untereinander wurde erwartet.

Die ersten *Schutzzölle* für Landwirtschaft und Industrie wurden 1879 eingeführt – sie bildeten in der Wirklichkeit nicht so logisch das Ende einer notwendigen und selbstverständlichen Reihe, die mit dem Großbetrieb begann und über Kartelle zum »nationalwirtschaftlichen Protektionssystem« führte, wie das in der jüngsten, stark theoretisch unterbauten Literatur dargestellt wird. Dagegen stand die koloniale Expansion selbstverständlich – wie der Ausbau des Konsular- und des Postdampfersubventionswesens – in Verbindung mit dem Exportdrang[4]. Daß in den nächsten Jahrzehnten die Produktion, das Nationaleinkommen und -vermögen sich steigerten, auch die Zahl der Arbeitnehmer, Realeinkommen und Lebensstandard der einzelnen Staatsbürger, das Spar- und Anlagekapital usw. wuchsen, hat man, was die Industrie, nicht die Landwirtschaft anbetrifft, gern auf die Wirkung dieser mehrfach erhöhten, umgebauten und erweiterten Schutzzollmauern zurückgeführt. Es beruhte aber z. T. auch auf dem allgemeinen Wirtschaftsaufschwung Europas und Amerikas und der afrikanischen, asiatischen und australischen Handelspartner. Die nationale Wirtschaftspolitik hätte neben ihren positiven Ergebnissen auch empfindliche Einengungen und Einbußen zur Folge gehabt, wäre nicht gleichzeitig auf der ganzen Erde, besonders bei allen Wirtschafts-Großmächten, ein nie zuvor gesehener Auftrieb zu verzeichnen gewesen, der einstweilen den militanten Charakter des Neumerkantilismus verschleierte. So gab es z. B. zwischen Deutschland und England wohl Handelsrivalität, aber infolge der Fülle von Produktions- und Handelschancen kaum vor 1914 in der Politik (Diplomatie) artikulierten Handelsneid, auf der britischen Seite Sorge um den weltpolitischen und weltwirtschaftlichen Vorrang, auf der deutschen wachsendes Selbstbewußtsein angesichts der wirtschaftlichen und technischen Erfolge und der – überschätzten – militärischen Stärke. Auch als nach Bismarcks Ausscheiden die Wirtschaftspolitik des Reiches schwankte zwischen Caprivis Handelsverträgen und Bülows Zolltarif[5], war der allgemeine Aufschwung der Wirtschaft noch so kraftvoll, daß die Politik ihm gegenüber an Bedeutung zurückstand.

Die jüngste Literatur über »Bismarcks Imperialismus«, »einen bis heute umstrittenen Gegenstand« (Wehler), unterstellt mit Formulierungen wie »antizyklische Konjunkturpolitik«, »manipulierter Sozialimperialismus«, »Kolonialenthusiasmus als Krisenideologie«, »Taktik des Sozialimperialismus« und dgl. Zusammenhänge in der Innen- und Außenpolitik Bismarcks, seiner Mitarbeiter, der Unternehmer und der Gegner des Sozialismus, die mindestens nicht in der Klarheit und Bewußtheit vorhanden waren, wie sie Historiker nachträglich aus einer Fülle ursprünglich nicht zusammengehöriger Quellen erschließen möchten. Auch war die Außen- und die Rüstungspolitik des Reiches prinzipiell so europäisch kontinental angelegt, die Kolonialpolitik so systemlos, daß es durchaus zweifelhaft ist, ob selbst nach 1890 überhaupt von einem deutschen »Imperialismus« gesprochen werden kann, dessen Wesenszüge mit dem englischen und französischen vergleichbar sind – gewiß nicht in der Bismarck-Zeit[6].

Das Urteil über *Caprivis Wirtschafts- und Sozialpolitik* wurde bis in die jüngste Zeit einseitig durch Interessen der Landwirtschaft beeinflußt. Sein »neuer Kurs« wollte Industrie und Landwirtschaft versöhnen; »es war ein Weg der Mitte zwischen den Extremen in der Epoche des Übergangs von vorwiegender Agrarwirtschaft zur vorwiegenden Industriewirtschaft«, und »obwohl von den Freihändlern als neue Ära begrüßt, doch nur als ein Zollabbau der sinnvolle Abschluß der von Bismarck 1879 eingeleiteten deutschen Zollpolitik« (Meißner). – Er strebte aus der nationalstaatlichen Enge zur mitteleuropäischen Zollunion in Verbindung mit dem politischen Bündnissystem und im Rahmen von Handelsplänen, die durch Begriffe wie »Berlin–Bagdad«, »Mitteleuropa« und »Drang nach dem Osten« gekennzeichnet sind[7]. Er war sich aber auch über die Alternative des Exports von Menschen oder Waren im klaren und entschied sich für den Güterexport als Grundlage für eine »Periode des blühenden Wohlstandes für die deutsche Industrie«[8]. Andererseits wollte er durch positive Maßnahmen, durch eine auf Bismarck aufbauende, zeitgemäße Sozialpolitik zum »Schutz der nationalen Arbeit« der sozialistischen Gefahr für die Monarchie und die bürgerliche Gesellschaft begegnen: Nichterneuerung des Sozialistengesetzes, Regelung der Arbeitsverhältnisse, Sonntagsruhe, 10-Stunden-Tag, Handwerkergerichte, Rentengütergesetz für ländliche Arbeiter, Steuerreform zur Entlastung der breiten Massen. Es bleibt eine offene Frage, was günstiger wirkte: Caprivis Förderung des Industrialisierungsprozesses oder *Bülows Retardierung*, die im einzelnen gegen bestimmte agrarische Interessen allzu nachgiebig war, aber »im ganzen mit den Bemühungen, auch innerhalb des Industriestaates eine möglichst leistungsfähige Landwirtschaft zu erhalten, eine zum mindesten diskussionsfähige Linie eingeschlagen hat. Erst in der Verknüpfung der aus dem Kräfteüberschuß des gesamten nationalen Lebens sich ergebenden Wirtschaftsexpansion mit der Frage der deutschen Weltstellung nach außen ergeben sich für diesen Zeitraum die eigentlich entscheidenden und umstrittenen Probleme der historischen Wertung« (Herzfeld)[9].

Organisatorisch war die Wirtschaftspolitik des Reiches[10], soweit es eine solche gab, konzentriert im »Zentralbüro des Reichskanzlers«, dem *Reichskanzleramt*, seit 1879 Reichsamt des Innern, der Geschäftszentrale, die dem Verkehr des Reichskanzlers mit den Obersten Reichsbehörden diente und deren Leiter daher große Bedeutung erlangen konnte. Da aber das Reichskanzleramt allein die inneren Aufgaben der Reichspolitik nicht bewältigen konnte, übernahmen die entsprechenden preußischen Ministerialressorts eine große Anzahl von Reichsfunktionen (das preußische Handelsministerium im Bereich der Wirtschaft). Das erregte die Sorge vor »Borussifizierung« und veranlaßte die Bundesländer zu der Forderung, entsprechende Reichsbehörden zu errichten. Doch wurde ein Reichswirtschaftsamt erst im Zusammenbruch des Reiches begründet. Für die Aufsicht über die Eisenbahnen, nicht für ihren Bau und Betrieb, wurde 1873 das schließlich gegenüber den Einzelstaaten erfolglos bleibende Reichseisenbahnamt errichtet, für die Verwaltung der Reichseisenbahnen in Elsaß-Lothringen 1879 das Reichsamt für die Verwaltung der Reichseisenbahnen, das in Personalunion mit dem preußischen Ministerium für Handel und Gewerbe stand. Für die Post wurde 1875 das Amt des Generalpostmeisters als Reichsamt geschaffen. Die Finanz- und Vermögensangelegenheiten des Reiches, insbesondere die Verwaltung des Reichszoll-, des Reichssteuer- und des Reichsmünzwesens, oblagen bis 1879 dem Reichskanzleramt, danach dem Reichsschatzamt. Praktisch übte das Reichskanzleramt u. a. die Funktionen eines kombinierten Handels- und Finanzministeriums aus. Es wurde anfangs nahezu unumschränkt von Rud. v. Delbrück geleitet, seit 1872/73 unter Reibungen mit Bismarck über wirtschaftspolitische Prinzipienfragen und das Problem Reich–Preußen. Aus dem Ideenkreis der Reformer stammend, erwarb sich Delbrück große Verdienste; sein Ausscheiden im April 1876 leitete die wirtschafts- und gesellschaftspolitische Wende Bismarcks ein.

Auch Delbrücks Nachfolger, der Darmstädter Karl Hofmann, war ein Vertreter des preußischen Vorranges. Die Wirtschaftspolitik wurde ihm weitgehend vom preußischen Auswärtigen Amt aus der Hand genommen, die Zollpolitik vom Reichsschatzamt, während Bismarck selbst 1880 das preußische Handelsministerium übernahm; gleichzeitig wurde ein von einem preußischen Unterstaatssekretär geleitetes »Reichsamt für Handel und Gewerbe« errichtet, das freilich im wesentlichen die Sozialpolitik bearbeitete. Ein 1881 gegründeter Preußischer Volkswirtschaftsrat sollte eigentlich eine Vorgründung für einen Deutschen Volkswirtschaftsrat sein, der jedoch vom Reichstag verhindert wurde, während auch jener keine Bedeutung erlangte und 1884 am Ende war. Als Bismarck nach der Erledigung der Zollpolitik und mehrjährigem Vorrang der Sozial- vor der Wirtschaftspolitik 1888 die Idee eines besonderen Reichswirtschaftsressorts wieder aufgriff, weil er die Länder-Handelsministerien »auf die Dauer« für eine »politische Unmöglichkeit« hielt, war für ihn bereits die Schaffung einer solchen zentralen Reichsbehörde nicht mehr möglich. Fortan wurden »auf Jahrzehnte hinaus Wirtschaftsfragen zuerst und zuletzt nach sozialpolitischen Maßstäben beurteilt« (Facius); die eigentliche Wirtschaft hatte kaum mehr Aussicht, »in der Obersten Reichsverwaltung einmal ein selbständiges Organ für ihre Interessen zu erhalten«: Die Wirtschaftspolitik wurde entsprechend den gesellschaftlichen Entwicklungen immer stärker ein Teil der Sozialpolitik – um so mehr, als »Wirtschaft« weder in der Reichsverfassung noch an anderer Stelle definiert war.

Es kam hinzu, daß der Gedanke, Preußens Wirtschaftsverwaltung dem Reiche zuzuführen, für die anderen Bundesstaaten höchst beunruhigend und eigentlich unmöglich erscheinen mußte. Ein solcher riesiger Komplex an materiellen Werten, Potenzen und politischen Aufgaben mußte der Kombination Reich–Preußen ein unerträgliches Übergewicht verschaffen. Genaugenommen legten die kleineren Staaten nach den Erfahrungen mit dem Reichseisenbahnprojekt von 1878 geradezu Wert auf eine relative Verringerung des Gewichts der preußischen Wirtschaft durch das Fehlen einer Reichswirtschaftsverwaltung. Die Reorganisation bzw. Neuschaffung von Abteilungen im Reichsamt des Innern zwischen 1890 und 1904 führte schließlich zur Bildung einer Abteilung IV, in der die meisten wirtschaftspolitischen Aufgaben zusammengefaßt wurden, nicht aber zu deren Verselbständigung als Reichsamt, die 1907, 1910 und 1912 im Reichstag und in den Behörden diskutiert wurde. Der Hauptgrund dafür war – paradox, aber verständlich – das gute Funktionieren des preußischen Handelsministeriums, das die Interessen des größten und bedeutendsten, industrie- und gewerbereichsten Bundesstaates gut bearbeitete und energisch vertrat, aber eifersüchtig die Schaffung eines ihm übergeordneten Reichswirtschaftsministeriums verhinderte, so daß es bis 1917 bei gelegentlichen Ressortverschiebungen in den Abteilungen des Reichsamts des Innern blieb. Auf dem Gebiet der Außenhandelspolitik spielte stets das Auswärtige Amt mit einem relativ dichten Konsulatsnetz und einer betont wirtschaftlich bestimmten konsularischen Berichterstattung eine maßgebliche Rolle.

Bismarcks Nachfolger als preußische Handelsminister haben wie Berlepsch, der zuvor Oberpräsident der Rheinprovinz gewesen war, zumeist die Sozialpolitik als Hauptaufgabe betrachtet. Die Bildung einer die Wirtschaftspolitik auf einen etwaigen Krieg vorbereitenden Behörde ist nie geplant worden, doch wurde 1912 eine ständige Kommission gebildet, die »selbständig oder auf Anregung einer Behörde die aus dem Kriegsfalle sich ergebenden wirtschaftlichen Fragen sowie die in Aussicht genommene Mobilmachung auszuarbeiten« hatte. Sie stand unter der Leitung eines Unterstaatssekretärs im Reichsamt des Innern, Dr. Richter, der über den Ausgang eines solchen Krieges für Deutschland sehr pessimistisch dachte. Sie beriet nach mehreren Denkschriften des Reichsamts im Mai 1914 zum ersten Mal, beschränkte sich aber wie andere Behörden (mit Ausnahme der militärischen) ausschließlich auf theoretische Erörterungen von Ernährungsfragen. Am 1. 7. 1914 fand die erste Bestandsaufnahme an Getreidevorräten statt. Als am 24. Juli holländische Vorräte aufgekauft werden sollten, waren die Lager in Rotterdam bereits geräumt.

Die *sozialdemokratische Bewegung*[11], ausgehend von Karl Marx, der bis Ende der 60er Jahre in der deutschen Öffentlichkeit wenig bekannt war (1867: 1. Band des ›Kapital‹), erlebte erst in der »Gründerzeit« nach 1871, besonders nach dem Einigungskongreß zu Gotha, einen starken Aufschwung[12]. In zunehmendem Maße schloß sich ihr vor allem die rasch wachsende Industriearbeiterschaft an und bekannte sich zu ihrem klassenkämpferischen, im Sinne des Kommunistischen Manifests international-proletarischen Programm. Das wirtschaftlich florierende Bürgertum war zu selbstbewußt und optimistisch, die soziale Problematik zu neuartig, als daß es sich frühzeitig eingehend mit den neuen Kräften und Komplexen befaßt hätte. Gerade die Industriearbeiterschaft konnte sich lange als mißachtet, vernachlässigt, ausgebeutet und dem Elend hilflos überlassen vorkommen, falls sie nicht zur Selbsthilfe schritt. Die angemessene theoretische und programmatische Formulierung sowie parteimäßige Organisation schien ihr – nach unzureichenden Ergebnissen von Bemühungen der Vertreter der Konfessionen, Lassalles, der Genossenschaftsbewegung u. a. – die sozialdemokratische Partei zu bieten. Die Krisenerscheinungen seit 1873 (Lohnsenkungen, Arbeitslosigkeit), auch die propagandistisch bestärkte Furcht vor Steigerung der Lebenshaltungskosten durch Getreidezölle trugen zur Radikalisierung der Haltung gegen den Staat als Träger der kapitalistischen Gesellschafts- und Wirtschaftsordnung bei.

Mit der »Arbeiterfrage« hatte Bismarck, nachdem er sie in Frankreich kennengelernt hatte, sich bereits während des Verfassungskonfliktes beschäftigt[13], dann aber das Problem hinter das der deutschen Einigung zurücktreten lassen – was zugleich dazu führte, daß er in den 60er Jahren die Wirtschaft ganz unter dem politischen Aspekt dieses preußisch-österreichischen Problems betrachtete und behandelte (vgl. Kap. 6). Der »staats- und gesellschaftsgefährdenden« Bewegung trat man nicht zuerst mit einem sozialpolitischen Programm entgegen; sondern weiter zurückreichenden Plänen für ein Ausnahmegesetz gegen die Sozialdemokratie (Parteiverbot 1875/76) folgte 1878 nach Liebknechts Gothaer Programm von 1875, das dem als Bedrohung der bürgerlichen Gesellschaft empfundenen organisatorischen Zusammenschluß dieser sozialdemokratischen Arbeiterbewegung entsprach, und aktuell nach Hödels Attentat auf Wilhelm I. der erste, vom Reichstag abgelehnte, nach Nobilings Attentat der zweite, angenommene Entwurf des *Sozialistengesetzes*[14]. Während dieses die gewerkschaftliche Bewegung, die Ersatzvereine schuf, wenig beeinträchtigte, wurden die öffentlichen Organisationen der Sozialdemokratie vernichtet; nach einem »Jahr der Verwirrung« traten an ihre Stelle »Gesangvereine«, »Lesezirkel«, »Geschichtsvereine« usw. mit »Unterhaltungsblättern« u. dgl. als Tarnungs- und Geheimbünde. Die Reichstagswahlen wurden nicht behindert, die Sozialdemokratie errang 1881 über 300000, 1887 über 760000 Stimmen. Die Tätigkeit der Abgeordneten beschränkte sich jedoch auf Opposition und Obstruktion. Seit 1881 verbreitete sich die Auffassung, daß der Erfolg der von der Regierung geplanten, vom Kaiser angekündigten *Sozialpolitik* durch eine strenge Durchführung der antisozialistischen Gesetze beeinträchtigt würde. Daher erhielten die Gewerkschaften größere, von den Sozialisten sofort zu verstärkter Agitation ausgenutzte Bewegungsfreiheit. Erst seit 1890, als das Sozialistengesetz aufgehoben war und die Partei wieder öffentlich auftreten konnte, trat die Gewerkschaftsbewegung, die 1877 in dreißig Einzelgewerkschaften etwa 50000 Mitglieder bei rund 2 Millionen Erwerbstätigen in den betroffenen Gewerbezweigen zählte und deren Hauptbedeutung darin lag, daß sie die Lösung der sozialen Lage immer dringender erscheinen ließ, stärker aus der Abhängigkeit von politischen Gruppierungen heraus, während die Sozialdemokratie selbst sich 1891 ein neues, erstmals eindeutig auf Marx und Engels beruhendes Programm gab. Sie beruhte, nach Sombart, gleichwohl seit der Aufhebung des Sozialistengesetzes auf einem Kompromiß zwischen Sozialismus und Kapitalismus. Das Problem der Sozialisierung der Wirtschaft, also ihrer Vergesellschaftung, wurde wie manches andere aufgrund dilettantischer Vorstellungen von der Realität bis nach 1918 nur sehr oberflächlich diskutiert, obgleich es einen zentralen Teil einer sozialistischen Gesellschaftstheorie bilden mußte.

Seit 1895 nahm die Sozialdemokratie einen zahlenmäßigen Aufschwung und erfuhr eine innere Festigung, wobei die Arbeiterbewegung insgesamt außer einer Emanzipations- auch eine Kulturbewegung wurde. Parallel zu den sozialistischen Organisationen entstanden liberale Verbände nach dem Beispiel der Trade Unions sowie christliche Gewerkschaften[15]. Insgesamt trug das Sozialistengesetz entschieden zur Verbitterung, Radikalisierung und klassenkämpferischen Konzentration der sozialistischen Bewegung bei sowie zum Anschluß vieler, die sich durch die Gesetzgebung deklassiert, aus der nationalen Gemeinschaft ausgestoßen fühlten (Juden, Polen, Angestellte). Abneigung und Haß der Betroffenen gegen die Regierung verstärkten auch die feindliche Haltung gegen Unternehmer und Kapitalismus schlechthin. Das Gesetz gehörte zu den nicht wenigen großen innenpolitischen Mißerfolgen Bismarcks. Zwischen allgemeinem Wahlrecht, Erlaubnis zu gewerkschaftlichen Koalitionen, sozialpolitischen Absichten und Ansätzen stellte es eine unlogische, durch seine ausschließliche Negativität unglückliche, zum Mißerfolg verurteilte Maßnahme dar, die jeden Versuch einer positiven Sozialpolitik bedenklich vorbelasten mußte.

1872 führten Übertreibungen des Manchester-Liberalismus und Besorgnis über die Zunahme der sozialen Spannungen[16] zur Gründung des *Vereins für Socialpolitik*. Er forderte (Programm von Gustav Schmoller) vom Staat Eingreifen in die Einkommensverteilung, d. h. in die Entwicklung der Sozialverhältnisse, Verhinderung liberaler Auswüchse, wirksamere

Fabrikgesetzgebung, stärkeren Einfluß der Arbeitnehmer auf den Arbeitsvertrag, Verbesserung der Wohnverhältnisse, höhere Volksbildung usw. Er schlug also ähnlich wie die Fabian Society in England, nur mit geringerem Erfolg, grundsätzlich den gleichen Weg vom Liberalismus zur Staatsintervention ein, den Bismarck wenig später betrat, beeindruckt vom Auftreten jenes Vereins, der Staat und Wissenschaft auf wichtige Probleme hinwies und durch deren Untersuchung gesetzgeberische Aktionen anregte und vorbereiten half. Die Tätigkeit dieser »Kathedersozialisten«[17] und die 1875 von Schmoller und seinem national-liberalen Gegner Treitschke eingeleitete Diskussion um Grundfragen der Sozialpolitik trugen viel dazu bei, daß man sich überhaupt dem Problemkreis zuwandte, der schließlich zur sozialpolitischen Gesetzgebung führte. Die konservativen, handwerkerfreundlichen und börsenfeindlichen Steuer- und Wirtschaftsreformer arbeiteten grundsätzlich in gleicher Richtung. Auf katholischer Seite ging die Sozialbewegung[18], religiös bestimmt, den Genossenschaftsgedanken betonend, schon seit 1848 vom Mainzer Bischof Frhr. v. Ketteler aus, besonders aber seit 1864/69 modifiziert, Lassalles »Ehernes Lohngesetz« anerkennend; sie fand durch Adolf Kolping mit seinen Gesellenvereinen, Schriften und Zeitschriften eine besondere Form. Auf protestantischer Seite wurde sie anfangs von J. H. Wichern und V. A. Huber repräsentiert und stand später zeitweise unter dem Einfluß von A. Stoecker und Fr. Naumann[19]. Der Versuch von F. C. v. Fechenbach, 1880 protestantische und katholische Konservative auf dem Boden eines Sozialreformprogramms zu einer Partei zu vereinigen, schlug fehl; Fechenbach selbst wandte sich anschließend dem antisemitischen Flügel der Mittelstandsbewegung zu[20]. Ihrer aller Bedeutung – auch die der Bodenreformer F. Oppenheimer und A. Damaschke – lag vornehmlich darin, daß sie, auf dem Boden der geltenden Gesellschaftsordnung, den Staat Bismarcks und die Ministerialbürokratie immer stärker von der Notwendigkeit einer Sozialpolitik überzeugten, die der modernen Inustriegesellschaft angepaßt war, soziale Spannungen verringerte, vom Verantwortungsbewußtsein des Volkes und der Regierung getragen wurde und die vom marxistischen Sozialismus umworbene Arbeiterschaft dem Staat und der Volksgemeinschaft wieder zuzuführen sich bemühte.

Napoleon III. hatte 1844 gedanklich, 1849 praktisch Sozialpolitik zur Gewinnung der Arbeiter gegen Bourgeoisie und

Klerikale zu treiben begonnen. Georg Egestorff bereitete in Hannover 1866 eine auf diese spezielle Situation bedachte Sozialpolitik vor, doch machte der Krieg ihre Verwirklichung unmöglich[21]. Im weiten Rahmen des Reiches lagen die Verhältnisse sehr viel komplizierter, aber auch dringlicher als im kleinen, agrarisch bestimmten Hannover[22]. Immerhin wurden Anregungen durch Napoleons Politik und Erfahrung für die Gewerbeordnung von 1869 genutzt. Bismarcks Gespräche mit Lassalle, angeregt von dem konservativen Sozialisten H. Wagener, der wiederum V. A. Huber und andere sozialpolitische Theoretiker und Praktiker kannte[23], waren 1863 ergebnislos geblieben. Seit 1879/80 aber – ein Jahrhundert nach dem Hauptwerk der liberalen Wirtschafts- und Gesellschaftstheorie von Adam Smith – schuf Bismarck das erste große *sozialpolitische Gesamtwerk* der modernen industriekapitalistischen Gesellschaft. Es erwuchs aus seiner Persönlichkeit und aus der merkantilistisch-sozialpolitischen Tradition der friderizianischen Monarchie, nur in bezug auf die Gewinnung staatsbejahender Untertanen auch aus dem um 1880 »unmodernen« liberalen Denken der Reformer vom Anfang des Jahrhunderts. Der Geist des modifizierten wirtschaftlichen, weniger des gesellschaftlichen Liberalismus wurde erst wieder wirksam in der Weimarer Republik und bei der Grundlegung der Bundesrepublik Deutschland. Bismarcks sozialpolitisches Werk hat spätere Unternehmungen in anderen Staaten angeregt, wenngleich vor 1918 nirgends die Staatsintervention und -fürsorge unter Einengung der Mitwirkung derer, für die die Maßnahmen getroffen wurden, so stark geworden sind wie in Deutschland mit seiner staatswirtschaftlichen Überlieferung.

Die Notwendigkeit einer modernisierenden Sozialgesetzgebung[24] wurde bereits 1869 in der preußischen Gewerbeordnung anerkannt, die sich jedoch als unzureichend erwies. Nach 1871 folgten Anträge im Reichstag, eine Regierungsenquête, 1878 eine Novelle, die den Schutz der Kinder, Jugendlichen und Frauen verbesserte, das Truckverbot ausdehnte und die Sicherheitsvorschriften verschärfte. Die Reform der Knappschaftskassen und die Sicherung des Existenzminimums bei Arbeitslosigkeit, Unfallversicherung und ähnliche Fragen wurden mehrfach beraten. Aber gerade die Existenz vieler im ganzen unbefriedigender Einzelmaßnahmen und -projekte legte die Schaffung eines sozialpolitischen Gesamtwerkes aus einheitlicher Konzeption nahe. Es wurde durch die Kaiserliche

Botschaft vom 17. 11. 1881 angekündigt und in den großen *Versicherungsgesetzen* der folgenden acht Jahre verwirklicht: 1883 wurden, anknüpfend an bereits Vorhandenes, die *Krankenkassen* geschaffen, 1884 die Unfallversicherung, unter Friedrich III. und Wilhelm II. folgten 1889 die Gesetze über *Alters- und Invalidenversorgung* (in Kraft 1891) sowie ergänzende Detailmaßnahmen. Das Krankenversicherungsgesetz, im Laufe der Zeit durch mehrere Novellen ausgebaut und 1911 mit den anderen Versicherungsgesetzen zur Reichsversicherungsordnung zusammengefaßt, sicherte den Arbeitern in der Kassenform der Ortskrankenkasse den weitesten Spielraum innerhalb aller Selbstverwaltungseinrichtungen. Auf genossenschaftlichem Prinzip fußend, bestand ihre Generalversammlung zu zwei Dritteln aus Arbeitnehmern und einem Drittel aus Arbeitgebern, so daß die Verwaltung vornehmlich in den Händen der Arbeitervertreter, insbesondere der Freien Gewerkschaften, lag. Diese sozialdemokratische Vorherrschaft in den Ortskrankenkassen, in denen 1907 mehr als 50% aller Versicherungspflichtigen waren, führte zum Vorwurf, die Ortskrankenkassen seien »Nebenorganisationen« der SPD.

Die Sozialpolitik schuf neues Recht und »hat damit unsere Arbeitswelt im Recht verankert« (Schnorbus), das zu verstehen für die meisten Betroffenen unmöglich war, so daß die Freien Gewerkschaften seit 1894 »Arbeitssekretariate« zur Rechtsberatung einrichteten. Wenig untersucht ist bisher die Wirkung dieser Gesetze auf die Ärzteschaft und deren standespolitisch und gesellschaftspolitisch begründete Reaktion (Winau).

Mit dieser Gruppe von Gesetzen – einem umfangreichen Pionierwerk – erhielt die neue Wirtschaftspolitik des Kaiserreiches ihre organische sozialpolitische Ergänzung und logische Abrundung, zugleich wurde dadurch die negative antisozialistische Verbotspolitik positiv ergänzt, soweit es die Staats- und Gesellschaftsauffassung der Regierung und des adlig-bürgerlich bestimmten Reichstages gestattete. Eines der Hauptziele der Grundkonzeption in dieser Sozialpolitik, die Rückgewinnung und Wiedereinordnung der Industriearbeiterschaft in Staat und Volk – ein für den inneren Frieden sehr wichtiger Gesichtspunkt – kam allerdings in der Einzelarbeit schließlich zu kurz: Die Arbeiterschaft, die ihrerseits freilich auch in Partei und Gewerkschaft wenig Bereitschaft zur Mitarbeit zeigte, wurde zum Objekt sozialpolitischer Institutionen, nicht aber durch eine ihrer Bedeutung angemessene Mitarbeit am Staat interessiert und zu mitverantwortlichen Staatsbürgern gemacht; hier fehlte der Sozialgesetzgebung vom Ende des 19. Jh. der Geist staatsbürgerlicher Erweckung, der am Anfang so Großes geleistet hatte. Er fehlte nicht nur, weil Bismarck kein Reformer aus Steins Geist war, sondern auch, weil das liberale, entwicklungsgläubige Besitz- und Bildungsbürgertum den Zusammenhang von Recht und Pflicht in der Gemeinschaft von Volk und Staat aus dem Auge verlor und deshalb seine Verantwortung auch für die Kehrseite des Aufschwungs in der industriellen Revolution nicht ernst genug nahm. Schließlich ist zu beachten, daß Bürokratie und Reichstag Bismarcks ursprüngliche Konzeption stark veränderten, so daß ein parlamentarischer und geheimrätlicher Zwitter entstand. Immerhin zeichnete sich seit der Aufhebung des Sozialistengesetzes der Anfang einer Auseinandersetzung der Sozialdemokratie z. B. mit wohlfahrtspflegerischen Fragen innerhalb des kapitalistischen Systems ab[25].

Nicht allein der Arbeiterschaft erschien der staatlich verordnende Gehalt der Sozialpolitik, die nach Bismarcks Auffassung einem berechtigten Anspruch der »Arbeitenden Klasse« und der Fürsorgepflicht des christlichen Staates entsprach[26], zu stark, sondern auch Unternehmern, die gerade die menschlich-persönliche Verbindung mit ihrer Arbeiterschaft zu erhalten bemüht waren oder suchten. Dieser Auffassung entstammten – neben Krupps an Fugger erinnerndem Sozialwerk[27] – zwei Extreme sozialpolitischer Haltung: das »System Stumm«[28], in seiner Grundkonzeption stärker der vornapoleonischen Zeit als dem 19. Jh. angehörig, und Ernst Abbes Konstruktion der Carl-Zeiss-Stiftung[29]: Gegen viel Mißtrauen und Widerstand verband sie Züge amerikanischer Stiftergesinnung mit großer Unternehmer- und Erfinderbescheidenheit, vor allem aber mit stärkstem (ausdrücklich nicht christlichem) sozialem Verantwortungsbewußtsein ohne Vertrauen zu den sozialpolitischen Fähigkeiten und Möglichkeiten des Staates; sie beruhte auf Abbes zu seiner Zeit ganz ungewöhnlicher Auffassung vom »Unternehmergewinn«. Allerdings handelte es sich in allen solchen Fällen um industrielle Großunternehmungen, die als »Staaten im Staate« ihre eigenen sozialpolitischen Systeme entwickeln und durchführen konnten. Für den übrigen weiten Bereich der Wirtschaft bedurfte es, gerade nach den Erfahrungen der 60er und 70er Jahre, des staatlichen Gebotes, das selbst jene anregte und antrieb.

Wilhelms II. Sozialpolitik, hinter die sich auch Papst Leo XIII. stellte (›Rerum Novarum‹ 1891), versuchte nach Bismarcks Entlassung, die nicht zuletzt wegen seiner dem Kaiser allzu zögernd und geradezu reaktionär erscheinenden sozialpolitischen Haltung erfolgte, über den Rest der »Armenpflege« in Bismarcks Politik hinauszuführen, und unterschied sich dadurch grundsätzlich von jener. Dabei bildete der Verein für Socialpolitik den »Stoßtrupp der Sozialreform« gegenüber wirtschaftlichen Interessentengruppen, Reichsregierung und Staatenregierungen; es kam in ihm zur Auseinandersetzung mit Kapitalismus und Sozialismus und zu einem »Konflikt der Generationen« (Lindenlaub)[30]. »Zur Zeit Berlepschs, Posadowskys und Bethmann Hollwegs bis 1911 hat der staatlichen Sozialpolitik ein eigenes systematisches Programm zugrunde gelegen. Sie hat an diesem Programm festgehalten gegen den immer wieder auftretenden Widerspruch des Unternehmertums und der konservativen Parteien. Trotzdem ist die Aussöhnung zwischen der deutschen Monarchie und der Arbeiterbewegung nicht gelungen ... Mit der Gleichberechtigung der Arbeiter war die Frage nach der Änderung der politischen Verfassung, nach der parlamentarischen Monarchie gestellt ... Die staatliche Sozialpolitik mußte daher in dem Augenblick haltmachen, als weitere Schritte nach Ansicht der Regierung die Stabilität des bestehenden monarchischen Staates angerührt hätten« (Born)[31]. Ein wichtiges Objekt der sozialpolitischen Forderungen der Arbeiterschaft war die industrielle Mitbestimmung. Die relativ geringen Erfolge waren das Ergebnis von drei Herkunftslinien: einer Angebotslinie der Unternehmer, einer Forderungslinie der Arbeiter und einer Gesetzgebungslinie des Staates, die erstmals 1916 im Hilfsdienstgesetz zusammenliefen[32].

Weite Bereiche der sozialen Mängel wurden von der Sozialpolitik gar nicht oder nur ungenügend berührt, z. B. das *Wohnungselend* der Unter- und unteren Mittelschichten in den Mietskasernen Berlins, vieler Großstädte und der meisten Industriestädte[33]. Die Ballung der Menschen in unhygienischen Wohnungen, der Wohnungen in unhygienischen Häusern, der Häuser in äußerst schnellwachsenden Vorstädten, die Bodenspekulation, die auch nach der Wende vom Sozialliberalismus zum Sozialprotektionismus beibehaltene Stadtbaupolitik (Berliner Pläne von 1852–1862; Mieteraufstände) waren bis 1914 stärker als die Ansätze zur Reform durch Ausstellungen, Tagungen, Enquêten, Literatur, Baugenossenschaften, Gemeinnützige Baugesellschaften, »Verein Reichs-Wohnungsgesetz« (seit 1897) usw. Die Diskrepanz der Entwicklungen in den Wohnvierteln der Gutsituierten, Wohlhabenden und Reichen und in den Mietkasernen-Quartieren beruhte nicht zuletzt darauf, daß die Bauordnungen der 80er und 90er Jahre nicht allein in Berlin, sondern auch in den anderen Großstädten natürlich dem Geist des Kapitalismus entstammten und damit einerseits der Unternehmeraktivität Raum schufen, andererseits aber auch riesige Unternehmergewinne ermöglichten, ohne Vorschriften hinzuzufügen, welche der Sozialpolitik zugunsten der Industriearbeiterschaft und des Mittelstandes seit 1881/84 entsprachen. Stärkerer Beachtung als bisher bedarf das weite Gebiet der Geschichte der Sozialmedizin, das Anwachsen der Tuberkulose, der alten und neuen Berufskrankheiten im Zusammenhang mit der Industrialisierung (1869 Niederrhein. Verein für öffentl. Gesundheitspflege und Deutsche Vierteljahresschrift, 1873 Deutscher Verein für dasselbe; 1876 Kaiserliches Gesundheitsamt), auch die wirtschaftliche Bedeutung der letzten großen Seuchen (Cholera, Pocken), ferner die Tropen-Human- und -Veterinär-Medizin nach 1884 im Zusammenhang mit Flotten- und Kolonialpolitik (1887 Archiv für Schiffs- und Tropenhygiene; 1900 Hamburger Institut für Schiffs- und Tropenkrankheiten). Schließlich sind die Zusammenhänge zwischen Sozialdemokratie, fortschrittlichen Großstadtärzten und gesundheitspolitischer Gesetzgebung sozialgeschichtlich von großer Bedeutung. Die zentrale Persönlichkeit auf dem engeren Gebiet der Sozialmedizin war Alfred Grotjahn, der als Sozialdemokrat über Studien betreffend Alkoholismus und Ernährung zu der Auffassung gelangte: »Soziale Hygiene und Sozialismus sind Geschwister«; er bezeichnete sich selbst als Kathedersozialist und Gegner des Manchester-Liberalismus, studierte 1902/03 bei Schmoller Wirtschaftswissenschaft und Wirtschaftsgeschichte, wurde 1904 einer der Gründer der »Deutschen Gesellschaft für öffentliche Gesundheitspflege«, leitete mit dem Vortrag ›Was ist und wozu betreiben wir soziale Hygiene?‹ die »Geburtsstunde der Sozialen Hygiene als Wissenschaft« ein und schuf 1912 mit seiner ›Sozialen Pathologie, Versuch einer Lehre von den sozialen Beziehungen der Krankheiten als Grundlage der sozialen Hygiene‹ ein Fundamentalwerk[34].

Oberhalb der Arbeiterschaft entstand eine breite Schicht des *Mittelstandes*[35], im Laufe der Jahrzehnte sehr verschieden, aber fast stets vom Einkommen her definiert (schon Goethe: »... in beschränkten, aber doch wohltätigen, auch ein sittliches Behagen fördernden Verhältnissen«). Zu ihm gehörte eine ältere, historisch gewachsene Gruppe mit Inhabern von Kleinbetrieben auf gewerblicher, kaufmännischer oder landwirtschaftlicher Grundlage und die neue Gruppe abhängiger Angestellter und Beamter (in Deutschland 1882: 81500, 1907: 2,4 Millionen Staats- und Reichsangestellte und Beamte). Er stieg prozentual stärker an als die Zahl der Erwerbstätigen insgesamt. Seit 1890 begann die Organisation der Angestelltenschaft, die zwar nie die Zahl, Intensität und Schlagkraft der Arbeiterorganisationen erreichte, doch aber die Mißstände herausstellte: Arbeitslosigkeit, Lehrlingszüchtigung, lange Arbeitszeiten, kurze Kündigungsfristen, geringe Gehälter, kurz die *Angestelltenfrage*, so daß rund 20 Jahre nach den ersten Arbeiterschutzgesetzen auch erste sozialpolitische Maßnahmen für die Angestellten beschlossen wurden. Hauptangestelltenorganisation war der 1893 gleichzeitig mit dem »Bund der Landwirte« gegründete »Verband Deutscher Handlungsgehilfen«, der mit ständischen Gesellschaftsvorstellungen, Protesten gegen Frauenarbeit, Antisemitismus, Wendung gegen Konsumvereine insbesondere die untere Angestelltenschaft an sich zog. Allgemein gab es in der Angestellten-, auch in der Beamtenschaft, die sich wie das Bauerntum als »staatserhaltend« und daher bevorrechtigt betrachtete, eine Anti-Bewegung gegen Technisierung und industrielle Konzentration, gegen Warenhäuser (Anteil der Einzelhandels-Großbetriebe am Gesamtumsatz 1913 nur 2,5%, trotzdem Warenhaus-Sondersteuer seit 1899 in Bayern, 1900 in Preußen und Sachsen, 1903 in Württemberg, Baden, Braunschweig), gegen Börse, Sozialpolitik, Juden und Sozialismus. Wirtschafts- und sozialpolitisch war der Mittelstand organisiert in den Allgemeinen Gewerbevereinen, Haus- und Grundbesitzervereinen, Kleinhandelsverbänden, seit 1911 in der Deutschen Mittelstandsvereinigung sowie im konservativen Reichsdeutschen Mittelstandsverband, der 1913 eine Interessengemeinschaft mit dem Bund der Landwirte und mit dem Centralverband deutscher Industrieller einging; er wandte sich also schließlich stärker gegen die Sozialdemokratie als gegen das Großunternehmertum.

Die Mittelstandsbewegung war z. T. auch verbunden mit einer seit 1895–1900 wachsenden Bewegung gegen die großkapitalistische Konzentration besonders bei Kohle, Eisen und

Stahl im Rhein-Ruhr-Gebiet und in Oberschlesien[36]. Träger dieser Bewegung war der Bund der Industriellen, der sich 1900 zum Interessenvertreter der Fertigindustrie erklärte, Anhängerschaft insbesondere in den nicht preußischen (vielfach katholischen) Fertigindustriegebieten fand (in Sachsen und Süddeutschland) und seit 1902–1907 einen energischen Vertreter in Gustav Stresemann hatte.

Grundlegend für alle in diesem Kap. behandelten Themen: E. R. Huber, Dt. Verf.-gesch. 4 (1969). K. E. Born, Wirtschaftsentwicklung u. Wirtschaftsstil im 1. Jahrzehnt nach der Reichsgründung, in: Festschr. W. Treue (1969).

[1] C. Schwarz, Predigten aus der Gegenwart 16 (1873). H. Kober, Studien zur Rechtsanschauung Bismarcks (1961). E. R. Huber, Dt. Verf.gesch. 3 (1963). F. Hartung, Dt. Gesch. 1871–1919 ([6]1952). H. Rothfels, Prinzipienfragen d. Bismarckschen Soz.pol. (1929), dazu H. Herzfeld, VSWG 25 (1932). F. Lütge, Die Grundprinzipien d. Bismarckschen Soz.pol., Jb. f. Nat.ök. u. Stat. 134 (1931). H. Rothfels, Bismarcks Staatsanschauung, GWU 4 (1953). C. Jantke, Der Vierte Stand (1955). G. Brodnitz, Bismarcks nat.-ökonom. Anschauungen (1902). E. Schraepler, Quellen z. Geschichte d. soz. Frage in Dtld. 1800–1870 (2 Bde. [2]1965/67). F. Facius, Kap. 3 in Ergänzung zu Kap. 11, Anm. 2. R. Morsey, Die oberste Reichsverwaltung unter Bismarck 1867–1890 (1957).

[2] E. v. Vietsch, Die polit. Bedeutung d. Reichskanzleramtes für d. inneren Ausbau des Reiches 1867–1880 (1936).

[3] L. Maenner, Dtlds. Wirtschaft u. Liberalismus in der Krisis von 1879, Arch. f. Politik u. Gesch. 9 (1927). Die Initiative zur Zollreform wird den »in großen Interessentenverbänden sich zusammenschließenden Industriellen« und »vor allem« Wilhelm I. (Schreiben an Bismarck v. 2. 2. 1876) zugemessen bei A. Meister (Hg.), Die Grafschaft Mark, Festschr. zum Gedächtnis der 300jähr. Vereinigung mit Brandenburg-Preußen 1 (1909). Th. Hassler, Aufzeichnungen über Bismarck u. den Centralverband dt. Industrieller, Tradition 7 (1962).

[4] Zeitgenöss. Interessentenurteil: Generaldirektor Klewitz, in: Stahl u. Eisen 15. 5. 1895. S. v. Kardorff, Wilhelm v. Kardorff (1936). Zur Reaktion d. Länder etwa M. Bühler, Die Stellung Württembergs z. Umschwung in der Bismarckschen Handelspol. 1878/79 (1935). F. Kestner, Die dt. Eisenzölle 1879–1900 (1902). L. Rathmann, Bismarck u. der Übergang Dtlds. zur Schutzzollpolitik, Zs. f. Gesch.wiss. 4 (1956). R. Sonnemann, Die Auswirkung d. Schutzzolls auf die Monopolisierung d. Eisen- u. Stahlind. (1960). I. N. Lambi, Free Trade and Protection in Germany 1868–1879, VSWG Beih. 44 (1963). W. Herrmann, Bündnisse u. Zerwürfnisse zw. Landwirtsch. u. Ind. seit d. Mitte d. 19. Jh. (1965).

[5] A. Robinet de Clery, La politique douanière de l'Allemagne depuis l'avènement de Caprivi jusqu'à nos jours, 1890 à 1925 (1935).

[6] So jüngst H.-U. Wehler, Bismarck u. der Imperialismus (1969), m. beißenden Urteilen über anders Urteilende u. sehr warmen über Autoren, die sozialistische, z. T. politische Kritik üben (dazu Rez. W. Treue, Frankfurter Allg. Ztg. 11. 7. 1969). A. Ascher, Imperialists within German Social Democracy prior to 1914, Journal of Central Europ. Affairs 20 (1960/61).

[7] H. C. Meyer, German Econ. Relations with Southeastern Europe 1870 to 1914, AHR 57 (1951/52).

[8] W. Lotz, Die Handelspolitik d. Dt. Reiches unter Caprivi u. Hohenlohe (1901). R. Stadelmann, Der neue Kurs in Dtld., GWU 4 (1953), stellt das Urteil auf eine angemessene Basis. Übertrieben Art. »G. L. Graf v. Caprivi« in NDB 3 (1957). H. O. Meissner, Der Reichskanzler Caprivi, Zs. f. d. ges. Staatswiss. 111 (1955). H. C. Meyer, Mitteleuropa (1955).

[9] Die minister. Arbeit am Zolltarif 1902: H.-H. Borchard, 50 Jahre Preuß. Minist. für Handel u. Gewerbe 1879–1929 (1929). H. Walther, Aus dem Leben von Th. A. v. Möller (1958). Dies., Th. A. v. Möller 1840–1925 (1958).

[10] W. Treue, Gesch. d. Wirtschaftspolitik in Dtld. (1975). F. Facius, Wirtschaft u. Staat (1959). E. R. Huber, Dt. Verf.gesch. 2 u. 3 (1965). Morsey (s. Anm. 1). Vietsch (s. Anm. 2). J. Curtius, Bismarcks Plan eines dt. Volkswirtschaftsrates (1919). Borchard (s. Anm. 9). Ders., Bismarck als preuß. Handelsmin., Zs. f. Pol. 19 (1930). C. Delbrück, Die wirtschaftl. Mobilmachung in Dtld. (1924). L. Burchardt, Dtlds. kriegswirtsch. Vorbereitungen vor 1914 (1967).

[11] S. Bd. 16, Kap. 20. H. Wachenheim, Die dt. Arbeiterbewegung 1844 bis 1914 (1967). E. Oberländer, Der Kommunismus als Zielvorstellung v. Marx bis z. Gegenwart, Beilage z. Wochenztg. Das Parlament B. 23/69 (7. 6. 1969). H. Lademacher, Vom Arbeiterverein zur Massenpartei, in W. Först (Hg.), Politik u. Landschaft (1969).

[12] Lütge (s. Anm. 1) bezeichnet dies als Hauptanlaß dafür, daß Bismarck sich wieder dem in seiner Bedeutung schon 20 Jahre zuvor erkannten Problemkomplex zuwandte. L. F. Labusch, Die Entwicklung d. dt. Sozialdemokratie z. konstitut. Oppositionspartei 1890–1914 (1956).

[13] K. E. Born, Sozialpol. Probleme u. Bestrebungen in Dtld. v. 1848 bis zu Bismarcks Sozialgesetzgebung, VSWG 46 (1959). A. Richter, Bismarck u. d. Arbeiterfrage im preuß. Verf.konflikt (1933).

[14] Vgl. Bd. 16, Kap. 11. I. Auer, Nach 10 Jahren (1889, Ndr. 1929). W. Pöls, Sozialistenfrage u. Revol.furcht (1960). W. Pack, Das parlamentar. Ringen um das Soz.gesetz (1961). F. Tönnies, Der Kampf um das Soz.gesetz 1878 (1929). G. Schümer, Die Entstehungsgesch. d. Soz.ges. (1929). E. Nübel, Soz.gesetz, Zollpolitik u. Steuerreformen als Kampfmittel in Bismarcks Ringen mit dem Liberalismus (1934). H. J. Varain, Freie Gewerkschaften, Soz.demokratie u. Staat (1956). Rössler-Franz, Sachwb. z. dt. Gesch., Art. »Gewerkschaften«. S. Miller, Das Problem d. Freiheit im Sozialismus (1964). L. Stern (Hg.), Der Kampf d. dt. Soz.demokr. in der Zeit d. Soz.ges. (1956). J. Corvey, Die dt. Soz.demokr. unter dem Ausnahmegesetz (1884). G. Eckert, Die Braunschweiger Arbeiterbewegung unter dem Soz.-gesetz (1961). Chr. Paulmann, Die Soz.demokr. in Bremen 1864–1964 (1964). B. Andreas, Marx über die SPD, Bismarck u. das Soz.gesetz, Archiv f. Soz.gesch. 5 (1965). R. Höhn, Die vaterlandslosen Gesellen, Bd. 1 (1964). H. Hirsch, A. Bebel (1969).

[15] H. J. Varain, Die dt. Gewerkschaften in ihrem pol.-soz. Wirken zu Ausgang d. 19. Jh., GWU 5 (1954). J. Höffner, Die Stellung d. dt. Katholizismus in den soz. Entscheidungen d. 19. Jh., ebd. 4 (1953). K. Schürmann, Zur Vorgesch. der christl. Gewerkschaften (1958). G. A. Ritter, Die Arbeiterbewegung im wilhelmin. Reich (²1963). G. Beier, Schwarze Kunst u. Klassenkampf, Gesch. d. Ind.gewerkschaft Druck u. Papier, Bd. 1 (1968). F. Opel u. a., 75 Jahre Industriegewerkschaft (1966).

[16] H. Grebing (Hg.), Geschichte der sozialen Ideen in Deutschland (1969).

[17] F. Boese, Geschichte des Vereins für Sozialpolitik 1872–1932 (1939), letzter (188.) Band der Schriften des V. f. Sozialpolitik, einer einzigartigen Sammlung von Materialien zur sozialen Frage. D. Lindenlaub, Richtungskämpfe im

V. f. Soz.pol., VSWG Beih. 52/53 (1967). L. BRENTANO, Mein Leben (1931). G. WITTROCK, Die Kathedersozialisten bis zur Eisenacher Versammlung 1872 (1939). J. RADUCANU, Vom Leben u. Werk Adolf Wagners, Schmollers Jb. 63 ff. (1939). E. THIER, Rodbertus, Lassalle, Ad. Wagner, Ein Beitrag zur Theorie u. Gesch. d. dt. Staatssozialismus (1930).

[18] P. BOCKISCH, Die Wirtschaftsgesinnung d. Katholisch-Sozialen in Dtld. im 19. Jh. (1927). E. FILTHAUT, Dt. Katholikentage 1848–1958 u. die soz. Frage (1960). K. H. GRENNER, Wirtschaftsliberalismus u. kathol. Denken (1967). J. SEITERS, Die Katholiken u. die dt. Sozialgesetzgebung (1969). J. HÖFFNER, W. E. v. Ketteler u. die kathol. Sozialbewegung im 19. Jh. (1962). M. SCHMOLKE, A. Kolping als Publizist (1966).

[19] J. H. WICHERN, Sämtl. Werke, hg. v. P. MEINHOLD (seit 1953). M. GERHARDT, J. H. Wichern (3 Bde. 1927 bis 1931). P.-G. HÜBNER, A. Stoeckers sozialethische Anschauungen (1930). W. O. SHANAHAN, German Protestants Face the Social Question (1954), dazu F. FISCHER, HZ 180 (1955). W. FRANCK, Hofprediger A. Stoecker u. die christl.-soz. Bewegung (1928). TH. HEUSS, F. Naumann ([2]1949). A. MILATZ, F.-Naumann-Biographie (1957). W. SCHÜSSLERS einseitigen Aufsatz in GWU 3 (1953) ergänzt J. PAULSEN, ebd. 5 (1954) durch den ebenso einseitigen Beitrag: V. A. Huber u. die Sozialpolitiker ([2]1956). Ders., Christl. Sozialismus u. staatl. Soz.pol. in Dtld. (1955). K. KUPISCH, Quellen zur Gesch. d. dt. Protestantismus 1871–1945 (1960). F. NAUMANN, Werke (6 Bde., 1964/69).

[20] H.-J. SCHOEPS, CDU vor 75 Jahren, Zs. f. Rel.- u. Geistesgesch. 9 (1957). G. BRAKELMANN, Die soziale Frage des 19. Jh. (1964).

[21] G. LUDWIG u. a., Wirtschaftliche und kulturelle Zustände in Alt-Hannover ([2]1929) mit handschriftlichen Nachträgen von Ludwig. W. TREUE, Die Egestorffs (1956).

[22] H. LINDE, Das Kgr. Hannover an der Schwelle des Industriezeitalters, N. Arch. f. Niedersachs. 21 (1951). H. ROSENBERG, Große Depression u. Bismarckzeit (1967).

[23] W. MOMMSEN, Bismarck u. Lassalle, Arch. f. Soz.gesch. 3 (1963). B. ANDREAS, Zur Agitation u. Propaganda d. Allg. Dt. Arbeitervereins, ebd. H. J. SCHOEPS, H. Wagener, konservat. Sozialist, Zs. f. Rel.- u. Geistesgesch. 8 (1956). Ders., Das andere Preußen (1957). W. SAILE, H. Wagener u. s. Verhältnis zu Bismarck (1958). SHANAHAN (s. Anm. 19).

[24] G. SCHMOLLER, 4 Briefe über Bismarcks soz.pol. u. volkswirtsch. Stellung u. Bedeutung (1898). O. QUANDT, Die Anfänge d. Bismarckschen Soz.-gesetzgebung u. die Haltung d. Parteien (1938). H. ROTHFELS, Th. Lohmann u. die Kampfjahre d. staatl. Soz.pol. 1871 bis 1905 (1927). W. VOGEL, Bismarcks Arbeiterversicherung (1951), beste, umfassende, die ält. Forschung verarbeitende Darstellung; dazu H. HEFFTER, HZ 177 (1954) (vgl. auch Kap. 17, Anm. 36). G. STOLLEIS, Die Entwickl. d. dt. Soz.gesetzgebung ([2]1975). A. SCHNORBUS, Wirtsch. u. Gesellsch. in Bayern vor dem 1. Weltkr., in: K. BOSL (Hg.), Bayern im Umbruch (1969). H. G. KIRCHHOFF (s. Kap. 17, Anm. 16). J. HADRICH, Die Arztfrage in d. dt. Sozialversicherung (1955). HAKER, Die Lage d. dt. Ärzte (1903). CHR. MARX, Die Entwicklung d. ärztl. Standes s. d. ersten Dezennien d. 19. Jh. (1907).

[25] A. MONAT, Sozialdemokr. u. Wohlfahrtspflege (1961).

[26] H. KOBER, Studien zur Rechtsanschauung Bismarcks (1961).

[27] E. SCHRÖDER, A. Krupps Generalregulativ, Tradition 1 (1956).

[28] F. HELLWIG, C. Frhr. v. Stumm-Halberg (1936).

[29] NDB, Art. »E. Abbe«. F. SCHOMERUS, Werden u. Wesen d. Carl-Zeiss-Stiftg. ([2]1955). M. v. ROHR, Zur Gesch. d. Zeissischen Werkstätte bis zum Tode E. Abbes (1930). Ders., Ernst Abbe (1940). W. DAVID, Die C.-Zeiss-Stiftung

(1954). H. KÜHNERT, Meine erste Begegnung mit Dr. O. Schott, Tradition 6 (1961). H. VOLKMANN, C. Zeiss und E. Abbe (1966).

30 J. KLIERSFELD, Die Haltung K. Wilhelms II. zur Arbeiterbewegung und Sozialdemokratie (1933). R. SCHOLZ, Der Wandel in der Sozialpolitik von Bismarck bis zur Gegenwart (1939). Die soziale Frage und der Katholizismus, Festschr. d. Görres-Ges. zum 40jähr. Jubil. der Enzyklika ›Rerum Novarum‹ (1931), darin C. BAUER, Wandlungen d. soz.pol. Ideenwelt im dt. Katholizismus. E. MUHLER, Die Soz.lehre d. Päpste (1958). Später wurde die »wehrpolitische« Bedeutung d. Soz.gesetzgebung seit 1881 hervorgehoben u. behauptet, sie u. die Gewerkschaftsbewegung hätten »wesentlich dazu beigetragen, daß 1914 die dt. Volksgemeinschaft Wirklichkeit geworden« sei: G. ALBRECHT, Dtlds. soz. Kriegsvorbereit. vor dem Weltkriege, Jbb. f. Nat.ök. u. Stat. 143 (1936). D. LINDENLAUB, Richtungskämpfe im Ver. f. Soz.pol. (1965).

31 K. E. BORN, Staat u. Soz.pol. seit Bismarcks Sturz (1957). W. REAL, Die Soz.pol. d. Neuen Kurses, in: Festschr. H. Herzfeld (1958). G. A. RITTER (s. Anm. 15). P. RASSOW u. K. E. BORN (Hg.), Akten zur staatl. Soz.pol. 1890 bis 1914 (1959). W. HIRSCHWEBER, Gewerkschaften in der Politik. Von der Massenstreikdebatte zum Kampf um das Mitbestimmungsrecht, Schrift. d. Inst. f. pol. Wiss., Berlin 13 (1959). Für das Ruhrgebiet: H. G. KIRCHHOFF (s. Kap. 17, Anm. 16).

32 H.-J. TEUTEBERG, Gesch. d. industr. Mitbest. in Dtld. (1961).

33 W. TREUE, Haus u. Wohnung im 19. Jh., in: W. ARTELT (Hg.), Städte-, Wohnungs- u. Kleidungshygiene d. 19. Jh. in Dtld. (1969). H. WURM, Die Industrialisierung des Hausbaues, Tradition 14 (1969).

34 W. TREUE, Das Interesse des Wirtschafts- und Sozialhistorikers der Neuzeit an der Medizingesch., Medizinhistor. Journal 2 (1967). B. GEBHARDT, A. Grotjahns Soz. Pathologie, Bundesgesundheitsbl. (1967). A. GROTJAHN, Erlebtes u. Erstrebtes (1926). Ders., Soz. Pathologie (^{3}1923).

35 G. SCHMOLLER, Was verstehen wir unter dem Mittelstand? (1897). E. LEDERER, Soz.pol. Chronik, Arch. f. Soz.wiss. u. Soz.pol. 37 (1913). Ders., Die wirtschaftl. Organisation (1913). G. W. SCHIELE, Gedanken über die Stellung des Haus- u. Grundbesitzes (1912). B. LOEWENSTEIN, Zur Problematik d. dt. Antidemokratismus, Historica (Prag) 11 (1965). SCHNORBUS (s. Anm. 24). H. UHLIG, Die Warenhäuser im 3. Reich (1956). J. P. CULLITY, The Growth of Governmental Employment in Germany 1882–1950, Zs. f. d. ges. Staatswiss. 123 (1967). R. ENGELSING, Die wirtsch. u. soz. Differenzierung d. dt. kaufmänn. Angestelltenschaft 1690 bis 1900, ebd. I. HAMEL, Völk. Verband u. nat. Gewerkschaft. Der DHV 1893 bis 1933 (1967). J. WYSOCKI, Zahlungsverkehr u. Mittelstandsidee (1969).

36 H. NUSSBAUM, Unternehmer gegen Monopole (1966). W. KANTOROWICZ, Kartell-Probleme (1911). F. MIETHKE, Dr. G. Stresemann als Wirtschaftspolitiker (1919). F. BACHMANN, Organisationsbestrebungen in der dt. Tuch- u. Wollwarenindustrie (1915). F. HAUENSTEIN u. a., Der Weg zum industr. Spitzenverband (1956).

Kapitel 23
Deutschlands Wirtschaft und Bevölkerung am Vorabend des Ersten Weltkriegs

Während 1851–1913 das nominale Volkseinkommen sich verfünffachte, je Kopf der wachsenden Bevölkerung allerdings bei etwa um 10% steigenden Preisen nur verdreifachte (am stärksten 1891/95–1911/13, am steilsten in Preußen, am höchsten in Hamburg/Bremen, danach Sachsen und Baden), kam es zwischen 1871 und 1914 zu einer Vervierfachung der deutschen Ausfuhr, zu einer Versechsfachung der Industrieproduktion. Während dieser Zeit bestand eine wachsende Tendenz zum größeren Betrieb: Die durchschnittliche Beschäftigtenzahl je Betrieb stieg im gesamten Gewerbe um 75%, in Industrie und Handwerk um mehr als 100%. Aber während die Gesamtzahl der Beschäftigten in der gewerblichen Wirtschaft um 7,85 Millionen = 120% wuchs, stieg auch im Gewerbe insgesamt die Zahl der Betriebe um 0,83 Millionen, d. h. um mehr als 25%, während im produzierenden Gewerbe, Industrie und Handwerk (gemeinsam als »Industrie« bezeichnet) die Beschäftigtenzahl von 5,44 auf 10,70 Millionen stieg, die Zahl der Betriebe aber um 83000 = 3,6% zurückging. Das Wachstum betraf also Handel und Verkehr, deren Anteil an der gesamten Beschäftigtenzahl von 16% 1875 auf 23% 1907 und weiter stieg. Innerhalb der produzierenden Gewerbe ging die Zahl der Betriebe bei Textilien und Holz um 38% zurück, während bei Maschinen-, Apparate- und Fahrzeugbau, Elektrotechnik, Feinmechanik, Optik, Chemie, Papier, Kautschuk, Wasser, Gas, Elektrizität und anderen die Beschäftigtenzahl um 275%, die Zahl der Betriebe um 52100 stieg. Neben den Groß- und Mittelbetrieben nahm, beträchtlich langsamer, auch die Zahl der Kleinbetriebe zu. Man kann annehmen, daß die meisten Groß- und Mittelbetriebe nicht als solche entstanden, sondern von unten heraufwuchsen. Es sank im produzierenden Gewerbe die Zahl der Betriebe in den »alten« Gewerbezweigen; in den »jungen«, die zumeist Investitionsgüter erzeugten, stieg die Zahl der Betriebe z. T. erheblich (Wasser, Gas, Elektrizität um 750%, Kautschuk 250%)[1]. Um 1900 galten diese Entwicklungen als notwendig für die Behauptung der Großmachtstellung. Hörten sie auf, so würde das Deutsche Reich »ein Land mit rückgehender Bevölkerung, bescheidenen Mitteln, engem Wirkungskreis und sinkender Kultur; es würde ausgestrichen aus der Reihe der Großmächte, weil es weder die Volkszahl noch den Raumumfang, noch die Mittel hätte zur Erfüllung seiner nationalen und internationalen Aufgaben«; es würde als »weltexpansive Großmacht, als Kolonialmacht, als internationaler Gläubigerstaat« (Huber) aufhören zu existieren.

In diesen Zusammenhang gehört, daß 1910 die Zeitschrift ›Weltwirtschaft‹ begründet wurde, 1911 das ›Institut für Weltwirtschaft und Seeverkehr‹ an der Universität Kiel, 1913 die Zeitschrift ›Weltwirtschaftliches Archiv‹, und daß 1912 das Buch des Nationalökonomen B. Harms ›Volkswirtschaft und Weltwirtschaft – Versuch der Begründung einer Weltwirtschaftslehre‹ Aufsehen erregte, weil hier von einem Manne, der diesen ganzen Komplex als Pionier bearbeitete, wissenschaftlich die Konsequenz der wirtschaftlichen und technischen Entwicklung der jüngsten Jahrzehnte gezogen wurde[2].

Am 1. 1. 1913 veröffentlichte die Dresdner Bank einen Überblick über ›Die wirtschaftlichen Kräfte Deutschlands‹[3], der z. T. zwar die Ursachen und Zusammenhänge des Geschehens noch nicht genau erkannte, doch aber besonders für die letztvergangenen Jahrzehnte die Dynamik der Entwicklung deutlich werden ließ. Wenig später erschien Karl Helfferichs Buch über ›Deutschlands Volkswohlstand 1888–1913‹ zunächst als Beitrag zu einem Jubiläumswerk über ›Soziale Kultur und Volkswohlfahrt während der ersten 25 Regierungsjahre Kaiser Wilhelms II.‹[4].

Deutschlands Bevölkerung zählte 1913 65 Millionen und war seit 1875 um 52% gewachsen; neben der Reichshauptstadt mit 2 Mill. Einwohnern (mit Vororten 3,7; London 4,5; Paris 2,8) gab es 47 weitere Großstädte. Seitdem die liberale Wirtschaftsauffassung dem Neomerkantilismus gewichen war, hatten sich zunehmend staatswirtschaftliche Tendenzen durchgesetzt: Post, Telegraph und Telephon waren Reichs- bzw. Staatsmonopolbetriebe; in Preußen 95% aller Vollspurbahnen in Besitz und Verwaltung des Staates, der große, seit Friedrich Wilhelm I. gepflegte und vermehrte land- und forstwirtschaftliche Domänen und einen im 19. Jh. erheblich gewachsenen Bestand an Bergwerken besaß. Damit hing es z. T. zusammen, wenn die Verschuldung des Staates je Kopf der Bevölkerung geringer war als in den anderen europäischen Großstaaten. Über die Hälfte der Reichs- und Staatseinnahmen kam aus eigenen Wirtschaftsbetrieben, 34% aus Bahnen, 20% aus sonstiger Erwerbstätigkeit. Das Anlagekapital der preußischen

Staatsbahnen war erheblich größer als Preußens Staatsschuld; die Einnahmen der Eisenbahnen überstiegen den Anleihedienst. Zinsfuß (und Rendite) der deutschen Staatsanleihen lagen im Durchschnitt weit über dem französischer und englischer Staatsanleihen. Für ein Heer von etwa 660000 Mann Friedensstärke (100000 Mann mehr als in Frankreich) und eine Kriegsflotte von etwa 1,2 Millionen t (1,5 Millionen t weniger als die großbritannisch-irische) betrugen die jährlichen Ausgaben je Kopf der Bevölkerung 21,17 Mark (12,41 in den USA, 27,08 in Frankreich und 32,18 in England).

Die Erfolge des wirtschaftlichen Aufstiegs zeigten sich in einem Vermögenszuwachs von jährlich 3 bis 4 Milliarden Mark. Das gesamte Volksvermögen betrug etwa 270 (Dresdner Bank) bis 310 (Helfferich) Milliarden Mark (gegen 260 bis 300 Milliarden in England, 170 Milliarden in Frankreich, 450 bis 500 Milliarden in den USA). Um 1890 hatten 30% der Bevölkerung das steuerpflichtige Mindesteinkommen erreicht, 1913 60%. Seit 1880 hatten sich die Sparkasseneinlagen auf 16,8 Milliarden Mark verzehnfacht, im Vergleich zur Bevölkerungsbewegung etwa verfünffacht, weit über den Stand der Vergleichsstaaten in Europa hinaus[5].

Noch immer gehörte das stark industrialisierte Deutschland zu den europäischen Hauptagrarländern, der Struktur des landwirtschaftlichen Besitzes nach ein Bauernland, in dem fast 80% der landwirtschaftlichen Nutzfläche bäuerlichen Betrieben unter 100 ha gehörten, Vieh-, insbesondere Schweinezucht eine starke Rolle spielte und 2,5 Millionen Landwirte genossenschaftlich organisiert waren.

Die bergbaulichen Grundlagen wurden auch für die Zukunft als gut bezeichnet; die Eisenindustrie hatte quantitativ wie qualitativ eine führende Position, Roheisen- und Stahlproduktion betrugen je etwa 25% der Weltproduktion. Die chemische Industrie galt als besonders fortgeschritten und leistungsfähig. Die 5340 Aktiengesellschaften (gegen 2143 im Jahre 1886) mit 16,1 Milliarden Nominalkapital (gegen 4,9 Milliarden eingezahltem Kapital 1886) verteilten im Durchschnitt eine Dividende von 8,1%. Der Außenhandel war 1891–1911 von 7,3 Milliarden Mark (4,1 Import, 3,2 Export) auf 17,8 Milliarden Mark (9,7 bzw. 8,1) um 143% gestiegen und lag wohl hinter dem britischen mit 21 Milliarden zurück, doch war dieser gleichzeitig nur um 66%, der Frankreichs um 10,5%, der der USA um 70% gestiegen, was (wie die Entwicklung der Spargelder, der Bergwerks- und Stahlproduktion usw.) gern als Beweis für Deutschlands überlegene Aufstiegsgeschwindigkeit angesehen wurde und Anlaß zu günstigen wirtschaftlichen und ungünstigen politischen Prognosen gab, da die Meinung verbreitet war, daß Großbritannien ein Überholtwerden im Bereich von Wirtschaftsleistung und Wohlstandsentwicklung nicht dulden könne. Hamburgs Hafenverkehr rangierte mit 11⅔ Millionen t nur hinter dem von New York und Antwerpen, aber vor dem von London mit 11,3, Liverpool mit 10 und Marseille mit 8,2 Millionen t.

Die wirtschaftliche und soziale Seite der *Kolonialpolitik* (vgl. Bd. 16, Kap. 6) ist bisher wissenschaftlich wenig behandelt worden[6]. Sie hing stärker als früher angenommen mit Bismarcks Reaktion auf die wirtschaftliche Depression seit 1873 bis 1875 zusammen, mit seiner Wendung vom Freihandel zum Schutzzoll, zum »Schutz der nationalen Arbeit« im weitesten Sinne, zur Arbeiter-Sozial- und Mittelstands-Schutzpolitik, d. h. einerseits mit seiner Rückkehr zu verstärkter staatlicher Aktivität in der Wirtschafts- und Gesellschaftspolitik, andererseits mit der Entwicklung einer deutschen Form der Weltpolitik, die ebensosehr von der mitteleuropäisch-kontinentalen Geschichte mitgeprägt war wie die englische, französische und später die amerikanische Imperialismus-Politik von der westeuropäisch-atlantischen. Wieweit Bismarcks Übersee- und Kolonialpolitik die englische zu verstärkter Aktivität angeregt, wieweit sie von dieser nur als Vorwand benutzt wurde, bedarf noch genauer Untersuchung. Ohne Zweifel trug sie wie später die Entwicklung bei Kohle, Eisen und Stahl zur Entstehung einer wirtschaftlichen und politischen, schließlich auch menschlichen Wettbewerbssituation und Spannung bei, die 1914 nach und neben vielen anderen politisches Gewicht erhielten.

Die schnell wachsende Industrialisierung in Deutschland führte gerade in der Zeit der langen Depression seit 1873 zur Suche nach Auslandsmärkten, und Bismarck wußte, daß er der nationalen Stimmung entsprach, wenn er eine zumeist wirtschaftlich motivierte Kolonialpolitik gestattete, protegierte, betrieb, die zugleich zu einem »Faktor der nationalen Integration« wurde (Pogge; u. a. Erfolge des Kolonialvereins – 1882 – und der Gesellschaft für Deutsche Kolonisation – 1884 –, Deutsche Kolonial-Gesellschaft 1887) und zu einem Instrument der Innenpolitik. Eine beachtliche, wenig untersuchte Rolle spielte im wirtschaftlichen Bereich die Entwicklung geeigneter

Kolonialgesellschaftstypen (engl. Limited Company, dt. GmbH). Doch blieb trotz vieler Hinweise, trotz Bismarcks Druck und Hohn das Interesse und die Beteiligung deutscher Unternehmer und insbesondere Bankiers an der risikoreichen, erst nach hohen, langfristigen Investitionen verhältnismäßig bescheidene Gewinne versprechenden Kolonialwirtschaft (Plantagengründung, Eisenbahnen, Häfen usw.) von Anfang bis Ende für Bismarck und Wilhelm II. enttäuschend gering, selbst in Hamburg und Bremen, wo man eher internationale Verwicklungen als wirtschaftliche Vorteile erwartete; die wenigen Ausnahmen (z. B. v. d. Heydt, A. v. Hansemann) waren z. T. privat begründet.

Man bevorzugte trotz und wegen der alldeutschen Aktivität seit dem Helgoland-Vertrag Unternehmungen in englisch und nordamerikanisch entwickelten und beherrschten Teilen Afrikas, Asiens und Südamerikas, beteiligte sich also, wie etwa die Auseinandersetzungen um die portugiesischen Kolonien zeigten, eher am englischen »Imperialismus«, als daß man sich für die späten Ansätze zu einem deutschen finanziell im größeren Umfang interessierte. Vielmehr wurden dem Staat Initiative und Risiko überlassen, die er in anderen Bereichen, z. T. gegen den Wunsch der Betroffenen, seit etwa 1875 entwickelte. So blieb es bei »Kronkolonien« im eigentlichen Sinne, und der Versuch, angesichts der enttäuschenden Zurückhaltung des Großkapitals einen »Volkskolonialismus« (Peters) aufzubauen, um das Kapital des mittleren und des Kleinbürgertums zu aktivieren, blieb gleichfalls erfolglos. Auch F. Fabris Angriff 1889 auf Bismarcks Art der Kolonialpolitik, seine Forderung nach Reichsverwaltung und -schutz für investierte Kapitalien hatte keinen Erfolg. Das deutsche Kapital hielt sich gegenüber kolonialen Geschäften zurück und wurde, soweit es anlagebereit war, von Afrika zu dem Bagdadbahn-Komplex und in gewissem Umfang auf den Kapitalexport nach Österreich-Ungarn abgeleitet.

Der wirtschaftliche Wert der Kolonien für die deutsche Volkswirtschaft blieb gering; er existierte mehr für die subventionierte Seeschiffahrt und den Handel als für die Versorgung mit kolonialen Rohstoffen. Die Deutschen in den deutschen Kolonien (1903: 5000 und 1913: 23000; 50% in Deutsch-Südwestafrika; mehr als 3000 Soldaten und Polizisten) hatten im Verhältnis zu den Auswanderern nach USA (1887–1906 annähernd 1 Million) keine wirtschaftliche Bedeutung. Die kühle wirtschaftliche Überlegung, die auf dem Gebiet der Tropenmedizin (die seit 1887 in Verbindung zur Kolonialpolitik geriet) den Wert eines jeden Negers »als Steuerkraft, Produzent, Konsument oder nur als Nachwuchserzeugender«, den unter solchen Gesichtspunkten entstehenden volkswirtschaftlichen Verlust durch Seuchen und die Kosten der ärztlichen Versorgung gegeneinander aufrechnete (Regierungsarzt Dr. Külz, Kamerun, 1909), blieb eine groteske Ausnahme und hat die Kolonialpolitik im allgemeinen und die Eingeborenenpolitik im besonderen nicht repräsentiert, geschweige denn beeinflußt.

Die international-wirtschaftlichen Fragen standen stets an weltpolitischer Bedeutung weit hinter den politischen und militärischen Problemen zurück. Zwischen der englischen und der deutschen Wirtschaft bestand wie zwischen jener und der nordamerikanischen ein seit der Jahrhundertwende lebhafter werdendes Konkurrenzverhältnis, das jedoch, von wenigen Ausnahmen abgesehen, auf beiden Seiten nicht die Formen des politisierenden Handelsneides annahm. Atlantikschiffahrts-Pool, Einigung in der Frage der Fortführung des Bagdadbahnbaues, das Verhältnis britischer und deutscher Handelsfirmen im Fernen Osten und die Tätigkeit deutscher, englischer und nordamerikanischer Banken in Südamerika bewiesen, daß einstweilen noch Expansions- und wachsende Gewinnmöglichkeiten für alle Beteiligten vorhanden waren. Verschärfungen des natürlichen wirtschaftlichen Wettbewerbes in Zeiten von Wirtschaftskrisen wurden gelegentlich in beiden Ländern von einem Teil der Presse und einigen Interessentengruppen übertreibend aufgegriffen und – zuweilen unter Verwendung militärischer Terminologie – propagandistisch ausgenutzt, so daß in den Gruppen beider Völker, die sich für Wirtschaftsprobleme interessierten, der Eindruck entstehen konnte, die wirtschaftliche Konkurrenz auf dem Weltmarkt sei ein wesentlicher Teil eines politisch-militärischen Wettbewerbs in größerem Rahmen. Der Umstand, daß in England die auf altem Überlegenheitsbewußtsein beruhende freihändlerische, in Deutschland die dem jüngeren Industriestaat angemessenere, aber aggressiver erscheinende schutzzöllnerische und subventionistische Tradition vorherrschte, wirkte in der gleichen Richtung. Weder die Politik der englischen noch die der deutschen Regierung ist jedoch von dem Gesichtspunkt des Handelsneides bestimmt worden. Das wirtschaftliche Verhältnis zwischen Deutschland und Frankreich wurde durch deutsche

Expansionsbestrebungen (Erzbedarf, Export, Nordafrika) einerseits, durch seit 1871 nicht verringertes Mißtrauen andererseits, schließlich sehr stark durch große Politik und Aufrüstung bestimmt[6a]. Daß von einem, wie F. Fischer meinte, »Bündnis von Wirtschaft, Bildungsbürgertum, hoher Bürokratie, Marine und Armee« sowie »der deutschen Kriegstheologie beider Kirchen« *vor* 1914 jedenfalls keine Rede sein kann, geht allein schon aus dem Mangel an zivil- und militärwirtschaftlichen und -finanziellen Kriegsvorbereitungen deutlich hervor. Der gleichen bürgerlichen Gesellschaft angehörend, waren jene Schichten durch »Berufsethos«, ständisches Selbstbewußtsein, Erziehung und Denkweise streng geschieden: Von Schlieffens Offiziersdenken, das wirtschaftlich, gesellschaftlich und psychologisch unrealistisch war, führte trotz manchen Anscheins und äußerlicher Übereinstimmung kein Weg zu Ballins Selbstüberschätzung des weltwirtschaftlich Erfolgreichen auf dem Gebiet der Diplomatie, von A. Thyssen keiner in die einflußreiche Umgebung Wilhelms II. Letztlich hat der »Stil« des Denkens und Redens, des Ziele setzenden oder fordernden Kaisers mit seinem »persönlichen Regiment« seine »Untertanen« aller Schichten stärker beeinflußt als sie ihn, die Politiker und Militärs[7].

Gleichzeitig hatte die gesellschaftliche Entwicklung wichtige, auch politisch bedeutsame Etappen durchmessen. Vom Proletariat zum Kleinbürgertum, das in seiner Haltung vom sozialdemokratischen Revisionismus gelenkt wurde, war die eine Linie verlaufen[8]. Die andere war die des »Mittelstandes« (das Wort wurde um 1810 gebildet), des »Bürgertums als Gesellschaftsstand«[9], die sich viel stärker in der unpolitischen Wirtschaft als im politischen Bereich abspielte, bei der die materiellen Interessen seit Jahrzehnten im Vordergrund standen. Aus dem Bürgertum erwuchs die ganz neue Schicht der »Unternehmer«, die zu den »beweglichsten Teilen im Volksbau« zählte, stets aus Handwerk, Bauern- und Arbeitertum gespeist wurde, aber auch aus dem grundbesitzenden Adel Zuwachs erhielt. So stark gliederte sich dieses »Bürgertum« im 19. Jh. auf, daß es als Gesellschaftsgruppe innerhalb der nun gleichfalls entstehenden »Massengesellschaft«[10] nur noch unscharf umschrieben werden konnte und zu Adel, Bauerntum, Handwerk und Arbeiterschaft fließende Übergänge zeigte. Das erschwerte die Bildung eines »bürgerlichen« Bewußtseins und machte die einer gemeinsamen politischen Auffassung unmöglich, so daß es in der politischen Führungsschicht der Sozialdemokratie sowohl wie im radikalen Nationalismus vertreten war. Die Protestanten überwogen im wirtschaftlichen Bereich zahlenmäßig wie im Einfluß auf Wirtschafts- und Sozialauffassung. Die Ergebnisse von 1848, die keineswegs nur negativ waren, sondern den echten Fortschritt des Dreiklassenwahlrechts, die Verbesserung des Rechtswesens sowie die Beseitigung der Zensur gebracht hatten[11], bestärkten die Wendung dieses Bürgertums vom politischen zum Wirtschaftsbereich und zur »Bildung«; dieser Weg führte zugleich auf die Höhe des Liberalismus und damit wirtschaftlich in eine im Extrem manchesterliche Gegnerstellung zum nachdrängenden, aufstrebenden, politische und wirtschaftliche Rechte fordernden Arbeitertum. Die christliche Fürsorge war diesem Arbeitertum zu gering und genügte nicht; aber während einer über die Zukunft entscheidenden kurzen Reihe von Jahren waren weder Regierung noch Bürgertum bereit, den Schritt aus dem doktrinären Liberalismus in eine neue Gesellschaftsauffassung und -ordnung zu tun, der gleichzeitig in England glückte. In Deutschland bildete sich vielmehr die sozialistische Partei als Vertreterin einer Klasse, die erst seit den 70er Jahren Selbst-, d. h. Klassenbewußtsein entwickelte, seit der Aufhebung des Sozialistengesetzes (1890) aber ihren Hauptangriffspunkt verlor sowie durch höhere Geldlöhne und Lebensformen (Wohnung, Verpflegung durch Kantinen, Militärverpflegung, Konserven, Großbrauereien, Fischtransporte durch die Eisenbahn, städtische Großmärkte, Kaufhäuser usw.) seit den 90er Jahren erheblich aufstieg. Programmatisch und praktisch ging sie von der Revolutions- zur Evolutions- und Reformideologie, zum Revisionismus, schließlich zur kleinbürgerlichen Bejahung des Privatkapitalismus und seiner Gesellschaft über: Expropriation der Expropriateure und Sozialisierung der Produktionsmittel wurden immer verschleierter formulierte Fernziele, deren Erreichung man nur über lange Entwicklungszeiten anstrebte und auf deren Konsequenz (Übernahme der Regierung und Verwaltung) man sich einstweilen weder personell noch gedanklich vorbereitete. Andererseits gelangten Sozialpolitik und -entwicklung des Reiches auch nach 1879/81 nicht über die Spaltung der Gesellschaft hinweg, während die Wirtschaftsentwicklung viel geradliniger aufwärts und über Großunternehmen, Konzerne und Kartelle, also industrielle Interessenpolitik neben und mit der landwirtschaftlichen, zu Großbürgertum und Großkapitalismus führte, der »in seinem Kern etwas Neues, nicht mehr Bürgerliches, etwas die alten Einteilungen und Ordnungen Zerstörendes, neue Menschengruppen und -klassen Schaffendes« war (Beutin). Ein Ausdruck dieser Entwicklung waren Bildung, Wachstum und wirtschaftliche und politische Macht der Arbeitgeberverbände, die nach den Gewerkschaften aus Tarifvertragsvereinigungen und Antistreikvereinen hervorgingen (»Centralverband deutscher Industrieller zur Förderung und Wahrung nationaler Arbeit«, 1876/77), nach 1880 schnell an Zahl und Macht zunahmen (1895 liberaler »Bund der Industriellen«) und 1904 eine »Hauptstelle deutscher Arbeitgeberverbände«, bald danach einen »Verein deutscher Arbeitgeberverbände« gründeten, die sich 1913 zur »Vereinigung deutscher Arbeitgeberverbände« zusammenschlossen und sich gleichzeitig mit weltwirtschaftlicher Zielsetzung von den imperialistischen Agitationsverbänden distanzierten[12].

An der Prosperität haben alle Volksschichten teilgenommen; Realeinkommen, Lebensstandard, Spareinlagen, Sicherung gegen Not und Alterssorgen sind für alle gewachsen; aber während der »Klassenkampf« zwischen dem zweiten und dritten Stand vom Bürgertum her seit der Reichsbildung mehr und mehr aufgegeben wurde und der Einfluß des Militärischen auf beide Seiten verbindend wirkte, wurde die Kluft zwischen dem dritten und vierten Stand[13] nicht aufgefüllt, nahm er freilich auch den Bestand von Volk und Reich bedrohende Ausmaße zunächst nicht an. Denn stärker und eindrucksvoller, alle Schichten befriedigend, war die Zunahme von Macht und Ansehen in der Welt. Erst als diese schwanden und die wirtschaftlichen Errungenschaften verlorengingen, Staat und Volk in Schwäche und Armut sanken, erwiesen die sozialen Gegensätze sich als ausreichend für eine kurze und – abgesehen vom Wechsel der Staatsform – wirtschaftlich und sozial nicht tiefgreifende Erschütterung, die, wie bereits die Anfänge der »Weimarer Republik« zeigten, nicht Revolution genannt werden konnte.

Viele wichtige Erscheinungen, die mit dem ganzen hier berührten Komplex eng verbunden waren, sind noch nicht oder nur andeutungsweise untersucht. So hat H. Freyer zwar Ausführungen über ›Die Idee der Freiheit im technischen Zeitalter‹ gemacht[14]; aber z. B. die Wirkungen der Rechtsentwicklung auf die Wirtschaft und umgekehrt die der Wirtschaft auf die Veränderung des Rechts und die Erweiterung des Bereiches wirtschafts- und sozialrechtlicher Regelungen in der sich bildenden Industriegesellschaft, der liberalen und neomerkantilistischen deutschen Gesellschaft stellen nicht weniger wichtige, bisher kaum beachtete Themen dar. Das gleiche gilt für das Wechselverhältnis von Kirche und Schule in weitestem Sinne sowie Wirtschaft, Technik und Naturwissenschaften – was z. T. daran liegt, daß die Vertreter des einen Forschungsbereiches nicht mehr instande sind, die Ergebnisse anderer Forschungszweige zur Kenntnis zu nehmen, geschweige denn die erwünschte, weitverzweigte Zusammenarbeit zu organisieren. Wichtiges Material über die Spiegelung der wirtschaftlichen und sozialen Ereignisse in der öffentlichen Meinung bieten die Archive und die historischen Darstellungen im Bereich der Presse[15]. Aber auch die der Universitäten, Technischen Hochschulen, Wirtschafts- und Sozialverbände, der wirtschaftlichen Unternehmen und Unternehmer müssen stärker, und zwar von ganzen Gruppen von Wirtschafts-, Technik- und Sozialhistorikern, Politologen und Soziologen durchforscht werden.

Der bisher ergebnisreichste Versuch, die Entwicklung von 15–20 im 19. Jahrhundert wichtigen Bereichen (u. a. Technik, Naturwissenschaft, Wirtschaft, Recht, Medizin, Philosophie, Theologie) in Arbeitsgruppen parallel zueinander und zugleich miteinander mit dem Schwergewicht bei der Zeit seit 1850 zu untersuchen und die Ergebnisse (z. B. in ›Studien zur Geschichte der Naturwissenschaft, Technik und Wirtschaft im 19. Jahrhundert‹) zu veröffentlichen, bildet seit etwa 20 Jahren das »Forschungsvorhaben ›Neunzehntes Jahrhundert‹ der Fritz Thyssen Stiftung«. Die in diesem Rahmen durchgeführten Georg Agricola-Gespräche behandelten u. a. die Erweiterung des Erfahrensbereiches des Menschen durch die Naturwissenschaften, die Physik, die Chemie und die chemische Industrie, Technik, die Biologie und das physiologische Denken, die mathematische Methode und die Rolle der Mathematik in der Technik, die Elektrizität und das elektrische Nachrichtenwesen, die Biologie, das Verhältnis des Ingenieurs zur Naturwissenschaft, die Technischen Hochschulen und Bergakademien, Photographie, technisches Glas, Feinmechanik und Apparatewesen. Die Auswertung dieser und weiterer Ergebnisse durch die traditionellen »Fach«-Historiker (und Wirtschafts- und Sozialhistoriker) wird viele bisher gültige Auffassungen modifizieren und ergänzen sowie neue Fragestellungen eröffnen[16].

[1] K. RIEKER, Die Konzentrationsentwicklung in der gewerbl. Wirtsch., Tradition 5 (1960).

[2] E. FRANCKE u. a., Reden u. Aufsätze über Handels- u. Machtpol. (2 Bde. 1900). F. O. HUBER, Dtld. als Industriestaat (1901). W. G. HOFFMANN, Das Wachstum d. dt. Wirtsch. seit der Mitte d. 19. Jh. (1965). Ders. u. J. G. MÜLLER, Das dt. Volkseinkommen 1851–1957 (1959). W. TREUE, 75 J. techn. Fortschritt – 75 J. Vogel-Verlag (1966).

[3] Dresdner Bank, Die wirtschaftl. Kräfte Dtlds. (1913).

[4] Hg. von BEHR-PINNOW u. a. HELFFERICHS Sonderdruck erschien zuletzt 1917 in 7. Aufl. Während in der 2. bis 6. Aufl. jeweils in neuen Vorworten die optimistische Grundkonzeption d. Buches gerechtfertigt wurde (noch in der 6. Aufl. mit dem Erfolg d. 2. Kriegsanleihe), blieb die 7. Aufl. ohne Vorwort. Nützliche Teildarstellung G. BONDI, Dtlds. Außenhandel 1815–1870 (1958, Dt. Ak. d. Wiss., Berlin I/s).

[5] HOFFMANN-MÜLLER (s. Anm. 1). Trotz dieses Vermögenszuwachses hieß es im Verwaltungsbericht d. Reichsbank für 1914 (vom 13. 3. 1915): »Wie kaum ein anderes Land hat Deutschland sein Wirtschaftsgebäude auf Kredit errichtet; wie kein anderes hat es durch sorgsam bedachte Einrichtungen seinen Personal- wie Realkredit organisiert und mobil gemacht; wie kein anderes hat es die baren Gelder und Barforderungen der Einzelnen in Kreditinstituten, Kredit- und Hypothekenbanken, Sparkassen, Genossenschaften usw. zusammengefaßt. Durch den Ausbruch des Krieges wurde dieses ganze Kreditgebäude einer schweren Belastung ausgesetzt.« – A. TRENDE, Gesch. d. dt. Sparkassen bis z. Anfang d. 20. Jh. (1957). Ders., Beitr. z. Gesch. d. dt. Sparkassen, Tradition 3 (1958); auf das Problem der Geldentwertung im Laufe d. 19. Jh. kann hier nicht eingegangen werden. Sie war nach 1870 größer als davor. Andererseits sind die Realpreise für viele Güter im Laufe d. Jh. gestiegen oder gefallen, weil jene Güter ihren relativen Wert innerhalb der Wirtschaft verändert haben – man denke an Fleisch, Eisen, Stahl, Baumwolle. Vgl. A. JACOBS u. H. RICHTER, Die Großhandelspreise in Dtld. 1792–1934, Sonderheft d. Instituts f. Konjunkturforschung 37 (1935). H. RITTERSHAUSEN, Die dt. Außenhandelspolitik 1879–1948, Zs. f. d. ges. Staatswiss. 105 (1949). Ders., Internat. Handels- u. Devisenpolitik ([2]1955). G. STOLPER, Dt. Wirtschaft 1870–1914 (1950).

[6] Die dt. kolonialgesch. Lit. beachtete bis 1918 die wirtschaftl. Fragen ungenügend, unterlag danach polit. Gesichtspunkten (»Kolonial-Schuldlüge«, Rückgewinnung), wurde seit 1945 in der DDR politisiert, in der BRD vernachlässigt. H. POGGE v. STRANDMANN, Domestic Origins of Germany's Colonial Expansion under Bismarck, Past & Present (1969). Ders., The Practice of German Imperialism (1970). Ders. u. A. SMITH, The German Empire in Africa and British Perspectives, in: P. GIFFORD u. W. R. LOUIS, Imperial Rivalry and Colonial Rule (1967). H.-U. WEHLER, Bismarck u. der Imperialismus (1969, mit umfangr. Bibliographie). H.-CH. SCHRÖDER, Sozialismus u. Imperialismus, Teil 1 (1968). O. HINTRAGER, Südwestafrika in der deutschen Zeit (1955). A. KRUCK, Gesch. d. Alldeutschen Verbandes 1890–1939 (1954). W. TREUE, Dt.-portugies. Wirtsch.-beziehungen im 19. u. 20. Jh., VSWG 50 (1963). Ders. (s. Kap. 22, Anm. 34). W. O. HENDERSON, Studies in German Colonial Hist. (1962). H. WASHAUSEN, Hamburg u. die Kolonialpolitik d. Dt. Reiches 1880–1890 (1968). H. C. MEYER, Mitteleuropa 1815–1945 (1955). M. L. FLANINGHAM, German Eastward Expansion 1890–1918, Journal of Central Europ. Affairs 14 (1955). F. KATZ, Hamburger Schiffahrt nach Mexiko 1870 bis 1914, Hans. Gesch.bll. 83 (1965). H. KRAFT, Dtld.-Ostasien, in: Ostasiat. Verein Hamburg-Bremen zum 60jähr. Bestehen (1960).

[6a] POIDEVIN (s. Kap. 12, Anm. 1).

[7] F. FISCHER, Kontinuität des Irrtums, Zum Problem der deutschen

Kriegszielpolitik im I. Weltkrieg, HZ 191 (1950). Ders., Deutsche Kriegsziele 1914–1918, HZ 188 (1959). Erwiderung darauf von H. HERZFELD, Zur deutschen Politik im I. Weltkrieg, HZ 191 (1960). J. C. G. RÖHL, Deutschland ohne Bismarck (1969). L. BURCHARDT, Friedenswirtschaft und Kriegsvorsorge (1968).

[8] Exemplar. Einzeluntersuchung E. NEUSS, Entstehung und Entwicklung der Klasse der besitzlosen Lohnarbeiter in Halle, Sächs. Ak. 51, 1 (1958). W. KÖLLMANN, Industrialisierung, Binnenwanderung u. »Soziale Frage«, VSWG 46 (1959).

[9] L. BEUTIN, Das Bürgertum als Gesellschaftsstand im 19. Jh., Bll. f. dt. Landesgesch. 90 (1953). L. MÜFFELMANN, Die moderne Mittelstandsbewegung (1913).

[10] L. BEUTIN, Die Massengesellschaft im 19. Jh., WaG 17 (1957).

[11] BEUTIN (s. Anm. 9).

[12] H. KAELBLE, Industr. Interessenpolitik in der wilhelmin. Gesellsch., Centralverband dt. Industrieller 1895 bis 1914 (1967). W. HERRMANN, Art. »Arbeitgeberverbände« u. »Industrielle Organisationen«, in: Hdwb. d. Soz.wiss. (1960). W. TREUE, Zur Gesch. d. Ernährung in Berlin im 19. Jh., Weltgesundheitskongreß Hamburg (1967). TH. J. ORSAGH, The Probable Geographical Distribution of German Income 1882–1962, Zs. f. d. ges. Staatswiss. 124 (1968). Ders., Löhne in Dtld. 1871–1913, ebd. 125 (1969), unterschätzt unter Verwendung von Kuczinskis Zahlen das Steigen von Löhnen u. Lebensstandard.

[13] A. TILLE, Die Ständebildung in der industriellen Handarbeiterschaft, Stahl u. Eisen 25 (1905). C. JANTKE, Der Vierte Stand (1955).

[14] H. FREYER, Die Idee d. Freiheit im techn. Zeitalter, in: Festschr. C. Schmitt (1959). Ders., Theorie d. gegenwärt. ZA (1955). Zum Verhältnis d. Rechts zu Gesellschaft u. Wirtschaft: G. RADBRUCH, Der Mensch im Recht (1957).

[15] Beispiel dafür die Gesch. der ›Frankfurter Zeitung‹ (1911).

[16] Verzeichnis der Veröffentlichungen: ›Neunzehntes Jahrhundert‹, Forschungsunternehmen der Fritz Thyssen Stiftung (1972); W. Treue u. K. Mauel, Technik, Naturwissenschaft und Wirtschaft im 19. Jahrhundert, Acht Georg Agricola-Gespräche 1963–1972, 2 Bde. (1976).

Übersicht der Taschenbuchausgabe des Gebhardt

Die erste Auflage des ›Handbuchs der deutschen Geschichte‹, herausgegeben von dem Berliner Realschullehrer Bruno Gebhardt (1858–1905) in Zusammenarbeit mit elf Gymnasiallehrern, Bibliothekaren und Archivaren, erschien 1891/92 in zwei Bänden. Von der zweiten bis zur siebenten Auflage wurde das Handbuch unter seinen Herausgebern Ferdinand Hirsch, Aloys Meister und Robert Holtzmann unter immer stärkerer Heranziehung von Universitätslehrern jeweils nach dem erreichten Forschungsstand überarbeitet und ergänzt und fand im wachsenden Maße bei Lehrenden und Lernenden an den Universitäten Verwendung. Nach dem Zweiten Weltkrieg nahm Herbert Grundmann mit neuen Autoren eine völlige Neugestaltung des ›Gebhardt‹ in Angriff, und auf diese in den Jahren 1954 bis 1960 in vier Bänden erschienene achte Auflage geht die nun vorliegende, wiederum überarbeitete und ergänzte, 1970 bis 1973 erschienene neunte Auflage zurück.

Um das bewährte Studien- und Nachschlagewerk vor allem den Studenten leichter zugänglich zu machen, haben sich der Originalverlag und der Deutsche Taschenbuch Verlag im Einvernehmen mit den Autoren zu dieser Taschenbuchausgabe entschlossen. Das Handbuch erscheint ungekürzt und, von kleinen Korrekturen abgesehen, unverändert in folgender Bandaufteilung:

1. Ernst Wahle: Ur- und Frühgeschichte im mitteleuropäischen Raum
2. Heinz Löwe: Deutschland im fränkischen Reich
3. Josef Fleckenstein und Marie Luise Bulst-Thiele: Begründung und Aufstieg des deutschen Reiches
4. Karl Jordan: Investiturstreit und frühe Stauferzeit (1056 bis 1197)
5. Herbert Grundmann: Wahlkönigtum, Territorialpolitik und Ostbewegung im 13. und 14. Jahrhundert (1198–1378)
6. Friedrich Baethgen: Schisma und Konzilszeit, Reichsreform und Habsburgs Aufstieg
7. Karl Bosl: Staat, Gesellschaft, Wirtschaft im deutschen Mittelalter
8. Walther Peter Fuchs: Das Zeitalter der Reformation
9. Ernst Walter Zeeden: Das Zeitalter der Glaubenskämpfe (1555–1648)
10. Max Braubach: Vom Westfälischen Frieden bis zur Französischen Revolution
11. Gerhard Oestreich: Verfassungsgeschichte vom Ende des Mittelalters bis zum Ende des alten Reiches
12. Wilhelm Treue: Wirtschaft, Gesellschaft und Technik in Deutschland vom 16. bis zum 18. Jahrhundert
13. Friedrich Uhlhorn und Walter Schlesinger: Die deutschen Territorien
14. Max Braubach: Von der Französischen Revolution bis zum Wiener Kongreß
15. Theodor Schieder: Vom Deutschen Bund zum Deutschen Reich
16. Karl Erich Born: Von der Reichsgründung bis zum Ersten Weltkrieg
17. Wilhelm Treue: Gesellschaft, Wirtschaft und Technik Deutschlands im 19. Jahrhundert.

Es ist vorgesehen, die Taschenbuchausgabe in angemessenem zeitlichen Abstand nach Erscheinen des vierten Bandes des Handbuchs, der die deutsche Geschichte seit 1914 behandelt, weiterzuführen.

Namen- und Sachregister

(Bei den weltlichen und geistlichen Fürsten sind neben den Regierungszeiten im allgemeinen auch die Lebensdaten angegeben; sonst bezeichnen die Zahlen in Klammern die Lebensdaten.)